公路工程标准规范解读系列丛书

《公路路基施工技术规范》释义手册

中交第三公路工程局有限公司
于跟社　主编

人民交通出版社股份有限公司
北　京

内 容 提 要

本书为《公路路基施工技术规范》(JTG/T 3610—2019)配套用书,以新旧规范条文对照的形式,介绍了2019版规范条文的出处、修改、补充内容,以及修改理由,并详细介绍了为满足施工规范技术、质量要求可采取的技术措施和施工方法,使规范条文更具可操作性,方便读者理解和应用规范。

本书涵盖了公路路基施工方方面面的内容,是公路路基施工技术人员不可多得的常备工具书。

图书在版编目(CIP)数据

《公路路基施工技术规范》释义手册 / 于跟社主编. — 北京：人民交通出版社股份有限公司, 2020.7
ISBN 978-7-114-16552-8

Ⅰ. ①公… Ⅱ. ①于… Ⅲ. ①公路路基—工程施工—技术规范—技术手册 Ⅳ. ①U416.104-65

中国版本图书馆 CIP 数据核字(2020)第 079133 号

公路工程标准规范解读系列丛书
Gonglu Luji Shigong Jishu Guifan Shiyi Shouce

书　名：	《公路路基施工技术规范》释义手册
著 作 者：	于跟社
责任编辑：	丁　遥　李　沛　周佳楠
责任校对：	赵媛媛
责任印制：	刘高彤
出版发行：	人民交通出版社股份有限公司
地　　址：	(100011)北京市朝阳区安定门外外馆斜街3号
网　　址：	http://www.ccpcl.com.cn
销售电话：	(010)59757973
总 经 销：	人民交通出版社股份有限公司发行部
经　　销：	各地新华书店
印　　刷：	北京市密东印刷有限公司
开　　本：	720×960　1/16
印　　张：	31.25
字　　数：	410千
版　　次：	2020年7月　第1版
印　　次：	2024年8月　第3次印刷
书　　号：	ISBN 978-7-114-16552-8
定　　价：	120.00元

(有印刷、装订质量问题的图书,由本公司负责调换)

前 言

根据交通运输部《关于下达2013年度公路工程行业标准制修订项目计划的通知》(交公便字〔2013〕23号)的要求,中交第三公路工程局有限公司承担《公路路基施工技术规范》(JTG F10—2006)(以下简称"06版规范")的修订工作。

新修订的《公路路基施工技术规范》(JTG/T 3610—2019)(以下简称"2019版规范")已经交通运输部批准颁布,于2019年12月1日实施。为帮助广大技术人员更好地理解规范条文及编制背景,正确运用规范解决工程实际问题,规范编写人员编写了《〈公路路基施工技术规范〉释义手册》(以下简称"本手册")。本手册以条为单元进行释义解读,对章和节的主要内容进行概要说明,对特殊填料、特殊路基等条款进行详尽解读。

本手册内容仅供参考,如有与2019版规范不一致之处,以规范规定为准。

为便于读者阅读,本手册中的2019版规范条文采用黑体,06版规范条文采用楷体,条文释义采用宋体。

本手册由2019版规范编写人员共同编写,编写过程中得到了行业有关单位和专家的大力支持,在此表示衷心感谢!特别感谢刘树良先生提供的资料和宝贵建议!

由于编者水平有限,不妥之处在所难免,敬请广大读者批评指正。

编 者
2020年6月

目 录 MULU

1 总则	1
2 术语和符号	6
2.1 术语	6
2.2 符号	10
3 施工准备	11
3.1 一般规定	11
3.2 施工测量	13
3.3 试验	23
3.4 地表处理	24
3.5 试验路段	28
4 一般路基	31
4.1 一般规定	31
4.2 路床	34
4.3 挖方路基	36
4.4 填土路堤	41
4.5 填石路堤	49
4.6 土石路堤	57
4.7 高路堤与陡坡路堤	60
4.8 台背与墙背填筑	63
4.9 粉煤灰路堤	64
4.10 土工泡沫塑料路堤	69
4.11 泡沫轻质土路堤	75
4.12 煤矸石路堤	84
4.13 工业废渣路堤	86
4.14 填砂路堤	89
4.15 取土与弃土	92
4.16 路基拓宽改建	95

5 路基排水工程 ... 100
5.1 一般规定 ... 101
5.2 地表排水 ... 105
5.3 地下排水 ... 115
5.4 路基排水工程质量标准 ... 143

6 路基防护与支挡工程 ... 151
6.1 一般规定 ... 152
6.2 植物防护 ... 154
6.3 坡面工程防护 ... 164
6.4 沿河路基防护 ... 175
6.5 边坡锚固 ... 190
6.6 重力式挡土墙 ... 206
6.7 石笼式挡土墙 ... 218
6.8 悬臂式和扶壁式挡土墙 ... 220
6.9 锚杆挡土墙 ... 228
6.10 锚定板挡土墙 ... 233
6.11 加筋土挡土墙 ... 238
6.12 抗滑桩 ... 243
6.13 土钉支护 ... 252
6.14 柔性防护网系统 ... 259

7 特殊路基 ... 267
7.1 一般规定 ... 268
7.2 滑坡地段路基 ... 270
7.3 崩塌与岩堆地段路基 ... 279
7.4 泥石流地区路基 ... 286
7.5 岩溶地区路基 ... 294
7.6 软土地区路基 ... 302
7.7 红黏土与高液限土地区路基 ... 340
7.8 膨胀土地区路基 ... 346
7.9 黄土地区路基 ... 356
7.10 盐渍土地区路基 ... 369

7.11 多年冻土地区路基 ………………………………… 380
7.12 风沙地区路基 …………………………………… 383
7.13 雪害地段路基 …………………………………… 393
7.14 涎流冰地段路基 ………………………………… 400
7.15 采空区路基 ……………………………………… 405
7.16 滨海地区路基 …………………………………… 412
7.17 水库地区路基 …………………………………… 415
7.18 季节性冻土地区路基 …………………………… 419
7.19 沿河地段路基 …………………………………… 428

8 冬期雨期路基施工 …………………………………… 431
8.1 一般规定 ………………………………………… 432
8.2 冬期施工 ………………………………………… 433
8.3 雨期施工 ………………………………………… 437

9 路基施工安全 ………………………………………… 441
9.1 一般规定 ………………………………………… 441
9.2 防火、用电、照明和通风 ………………………… 448
9.3 施工排水 ………………………………………… 449
9.4 施工便道 ………………………………………… 450
9.5 施工机械设备使用 ……………………………… 452
9.6 既有结构物的拆除 ……………………………… 456
9.7 路堑、基坑和沟槽开挖 ………………………… 457
9.8 路堤和路床填筑 ………………………………… 459
9.9 支护结构与排水设施施工 ……………………… 460
9.10 取土和弃土 …………………………………… 468

10 路基施工环境保护 ………………………………… 469
10.1 一般规定 ……………………………………… 469
10.2 土地资源利用与水土保持 …………………… 472
10.3 生态保护与生态恢复 ………………………… 476
10.4 水资源保护与废弃物污染控制 ……………… 479
10.5 空气污染控制 ………………………………… 480
10.6 噪声和振动控制 ……………………………… 484

10.7　文物保护 …………………………………………………… 487
11　路基整修与验收 …………………………………………… 488
　11.1　路基整修 …………………………………………………… 488
　11.2　路基交接验收 ……………………………………………… 489
　11.3　路基竣(交)工验收 ………………………………………… 490

1 总　　则

根据《公路工程标准编写导则》(JTG A04—2013)的相关规定,规范的总则按下列内容和顺序逐条编写:①制修订标准的目的;②标准的适用范围;③标准的共性要求;④执行相关标准的要求。

06版规范总则共有11条,本次修订通过对原条文内容进行归纳和梳理,删除了06版规范第1.0.7、1.0.8、1.0.10三条,合并了第1.0.4、1.0.5两条,增加了职业健康安全保障、质量管理和施工标准化建设等方面的内容。主要修订理由如下:

(1)公路路基施工为野外作业,影响施工人员职业健康和安全的因素较多,因此应建立健全施工人员健康、安全保障体系,改善施工人员职业健康、安全生产条件。

(2)公路路基为线状构造物,施工范围广、工序多,施工质量受到各种因素的影响,管理难度大,质量管理显得尤为重要。遵守《中华人民共和国建筑法》和《建设工程质量管理条例》等法律法规,制定质量管理措施和加强质量管理是路基施工过程中必须做好的重要工作。

(3)公路路基施工点多、面广、线长,属于典型的劳动密集型行业。交通运输部提出"发展理念人本化、项目管理专业化、工程施工标准化、管理手段信息化、日常管理精细化"的理念,全面推行现代工程管理,促进高速公路建设施工标准化、规范化、精细化,提高公路建设管理水平。

(4)文物是国家的一种特殊财产,一旦损坏则不可恢复。2019版规范中有专门的文物保护章节,故删除了相关条文。

(5)施工组织设计已有相关的国家规范,故删除了相关条文。

(6)在相关章节规定了特殊路基的施工要求,故删除了动态施工要求。

1.0.7 公路路基施工,必须遵守国家文物保护的法律法规,遇有文物时,应立即停止施工,并保护好现场,会同有关单位妥善处理。

1.0.8 公路路基施工前,应进行施工组织设计。

1.0.10 特殊路段路基,宜进行动态施工。

1.0.1 为提高公路路基工程施工技术水平,保证工程质量与安全,制定本规范。

1.0.1 为提高公路路基工程施工技术水平,保证施工质量,制定本规范。

本条是制修订标准的目的,在06版规范第1.0.1条基础上,增加了保证安全的要求。路基作为公路路面的基础,其施工质量将直接影响公路的使用质量和服务水平。路基施工质量受到各种因素的影响,因此必须制定统一的施工技术要求、质量标准来规范施工行为,使施工做到方法正确、工艺合理、技术先进,并达到经济合理、安全环保、施工质量可靠的目的。

1.0.2 本规范适用于各等级新建和改扩建公路的路基施工。

1.0.2 本规范适用于各级公路的新建和改(扩)建路基工程施工。

本条是2019版规范的适用范围。对06版规范第1.0.2条的文字作了调整。2019版规范对不同等级公路的施工质量标准作了相应规定,施工时可按公路等级选用相应的质量标准。

1.0.3 公路路基应满足设计要求的强度、稳定性和耐久性。

1.0.3 公路路基应达到设计要求的强度、稳定性和耐久性。

第1.0.3~1.0.8条是2019版规范的共性要求。公路作为基础设施,需要为社会提供良好的服务,而路基作为路面的基础,必须满足设计要求。满足设计要求的强度、稳定性和耐久性,是保证路基服役性能的基本条件。

1 总　则

1.0.4　公路路基施工，应遵守国家建设工程的有关法律法规，建立健全质量保证体系，明确质量责任，加强质量管理。

本条是根据《中华人民共和国建筑法》和《建设工程质量管理条例》等法规新增的保证质量要求的条款。公路路基为线状构造物，施工范围广、工序多，施工质量受到各种因素的影响，管理难度大，质量管理显得尤为重要。遵守国家质量管理法律法规，制定质量管理措施，加强质量管理，是路基施工过程中必须做好的重要工作。

1.0.5　公路路基施工，应遵守国家安全生产的有关法律法规，建立健全安全生产管理体系，明确安全责任，制定安全技术措施，严格执行安全操作规程，保障施工人员的职业健康。

1.0.4　公路路基施工，必须遵守国家安全生产法律法规，制定安全技术措施，加强安全管理，严格执行安全操作规程，确保安全施工。

1.0.5　公路路基施工，必须遵守国家职业健康安全法律法规，健全施工人员健康安全保障体系，改善职业健康安全条件。

本条由06版规范第1.0.4、1.0.5条综合整理而成。

公路路基为线状构造物，在施工期间，人员、设备多且分散，施工范围广，相互干扰大，工序多，工艺复杂，管理难度大，因此安全管理显得尤为重要。遵守国家安全生产法律法规，制定安全技术措施，加强安全管理，严格执行安全操作规程，确保安全施工，是路基施工过程中必须做好的重要工作。

公路路基施工为野外作业，影响施工人员身体健康和人身安全的因素较多，因此应对职业健康方面做出明确规定，确保施工人员身体健康与人身安全。

路基施工过程中，使用石灰、粉煤灰、水泥、电石渣时，岩石爆破钻孔时，级配石料破碎时，水泥拌和站拌和时，汽车运送填料或弃方时，难免会形成各种粉尘。粉尘对作业人员的身体健康有较大危害，施工时应遵守国家职业健康、安全的法律法规,改善作业人员的作业条件,保障作业人员的人身安全与身体健康。

1.0.6 公路路基施工,应遵守国家环境保护的有关法律法规,节约用地,少占农田,减少污染,保护环境。完工后应按要求对取土坑和弃土场进行修整。

1.0.6 公路路基施工必须遵守国家生态、环境保护、土地管理的有关法律法规,尽量保护原有植被地貌,防止噪声和粉尘污染,对于施工废弃物必须妥善处理。

在06版规范第1.0.6条基础上,本条文字表述稍有变动。

在路基设计方案中,往往会出现填挖不平衡等情况。因此,路基施工中应科学组织,合理调配土石方,尽量减少弃方,节约用地。

在路基施工中,应重视土地的节约,保护农田水利设施,合理规划取土、弃土方案,改荒地造良田,或改旱地为水田或鱼塘,达到合理取土、节约土地、少占农田的目的。

路基施工作业破坏了原有的植被、地貌,施工机械作业的噪声及扬尘都会对周围环境产生不良影响。因此,施工时一定要按设计要求做好边坡防护与绿化,特别是在生态环境脆弱地区,更要注重保护,达到环境保护要求。采取措施控制噪声和扬尘,对人们的生活环境与身体健康,对农作物的生长,都是极为重要的。

1.0.7 公路路基施工,应积极推广应用可靠的新技术、新工艺、新材料和新设备。

1.0.9 公路路基施工,在满足质量标准的前提下,鼓励采用新技术、新工艺、新材料和新设备。

本条在06版规范第1.0.9条基础上稍有变动,鼓励积极推广应用可靠的新技术、新工艺、新材料和新设备。本条所指的新技术、新工艺、新材料和新设备,必须是经试验或实践证明有效、可行的。

1.0.8　公路路基施工应推行标准化,提高规范化和精细化水平。

本条为新增。

公路建设推行标准化施工管理是现阶段提升质量的必然选择和根本保证,是提升管理水平、提高工程质量、增强环保、保障安全和确保工期的客观要求。标准化施工管理有助于实现项目管理更加规范、施工现场更加整洁有序、管理流程更加合理、施工工艺更加缜密、施工环境更加良好,并可以加强相关单位和从业人员标准化意识,确保公路工程建设质量,实现经济效益、社会效益和环境效益的有机统一。标准化施工管理的主要内容包括施工场地标准化、施工过程标准化和管理标准化。通过施工过程标准化提升路基施工的规范化和精细化水平。

1.0.9　公路路基施工除应符合本规范的规定外,尚应符合国家和行业现行有关标准的规定。

1.0.11　公路路基施工,除应符合本规范规定外,还应符合国家现行有关标准和规范规定。

本条是执行相关标准的要求,对 06 版规范第 1.0.11 条稍作改动,明确 2019 版规范与执行相关规范的关系。

2 术语和符号

本次修订了 06 版规范 7 条术语中的 5 条,新增 21 条,修订后为 28 条。

《公路工程名词术语》(JTJ 002—87)中已有的术语,2019 版规范原则上不再选列。基于规范的使用人员主要为一线的施工人员,2019 版规范尽量多地选列路基工程的常用术语,以便于理解。

规范中术语的含义是概括性的,并非国际或国家公认的定义。术语的英文名称有可能不是标准化名称,使用时仅供参考。

2019 版规范选列符号 12 个,引用 06 版规范的符号 8 个,并增加了 CBR(加州承载比)、CBR_{max}(最大加州承载比)、e_{ps}(膨胀土的胀缩总率)、w_{CBR}(土的最大 CBR 含水率)4 个符号。

2.1 术　　语

2.1.1　路基　subgrade

按路线位置和一定技术要求修筑的带状构造物,是路面的基础,承受由路面传来的行车荷载。

2.1.2　路床　roadbed

路面结构层以下 0.8m 或 1.20m 范围内的路基部分,分为上路床及下路床两层。上路床厚度 0.3m;下路床厚度在轻、中及重交通公路为 0.5m,特重、极重交通公路为 0.9m。

2.1.3　路堤　embankment

高于原地面的填方路基。路堤在结构上分为上路堤、下路堤,上路堤是指路床以下 0.7m 厚度范围的填方部分,下路堤是指上路堤以下的填方部分。

2.1.4 路堑 cutting
低于原地面的挖方路基。

2.1.5 高路堤 high embankment
路基填土最大边坡高度大于20m的路堤。

2.1.6 陡坡路堤 steep slope embankment
地面斜坡陡于1:2.5的路堤。

2.1.7 填石路堤 rock fill embankment
用粒径大于40mm且含量超过总质量70%的石料填筑的路堤。

2.1.8 土石路堤 earth-rock embankment
用石料含量占总质量30%~70%的土石混合材料填筑的路堤。

2.1.9 深挖路堑 deep cutting
边坡高度超过20m的土质路堑或边坡高度超过30m的岩石路堑。

2.1.10 特殊路基 special subgrade
位于特殊土地段、不良地质地段,受水、气候等自然因素影响强烈的路基。

2.1.11 湿陷性黄土 collapsibility loess
在自重或一定压力下受水浸湿后,土体结构迅速破坏,并产生显著下沉现象的黄土。

2.1.12 红黏土 laterite
碳酸盐类岩石在温湿气候条件下经风化后形成的褐红色粉质土或黏质土。

2.1.13　高液限土　high liquid limit soil

液限大于50%的细粒土。

2.1.14　膨胀土　expansive soil

含亲水性矿物并具有明显的吸水膨胀与失水收缩特性的高塑性黏土。

2.1.15　盐渍土　saline soil

易溶盐含量大于规定值的土。

2.1.16　多年冻土　permafrost

冻结状态连续两年或两年以上的温度低于0℃且含冰的土。

2.1.17　泡沫轻质土　foamed mixture lightweight soil

采用物理方法将发泡剂制备成泡沫,再将泡沫按特定比例混入到搅拌均匀的由水泥浆料及外加剂或细集料组成的混合料浆中,浇注成型,养护固结而形成的一种含有大量均匀封闭微气孔的轻质固态材料。

2.1.18　土工塑料泡沫　expanded polystyrene,EPS

膨胀性聚苯乙烯泡沫塑料。

2.1.19　加州承载比　California bearing ratio,CBR

表征路基土、粒料、稳定土强度的一种指标,即标准试件在规定贯入量时所施加的试验荷载与标准碎石材料在相同贯入量时所施加的荷载之比值,以百分率表示。

2.1.20　最大加州承载比　maximum California bearing ratio,CBR_{max}

红黏土、高液限土、膨胀土等在击数一定时,当含水率低时,击实后的CBR值随着含水率的增加而增大;而当含水率达到某一值时,CBR值达到最大值,含水率继续增加反而导致CBR的减小,这一击实功下的CBR最大值称为最大CBR值。

2.1.21　最大加州承载比含水率　maximum water content CBR

最大 CBR 值时相对应的土的含水率。

2.1.22　挡土墙　retaining wall

承受土体侧压力的墙式构造物。

2.1.23　抗滑桩　slide-resistant pile

抵抗滑坡下滑力或土压力的横向受力桩。

2.1.24　土钉　soil nailing

在土质或破碎软弱岩质边坡中设置钢筋钉，维持边坡稳定的支护结构。

2.1.25　预应力锚杆（索）　prestressed anchor

由锚头、预应力筋、锚固体组成，通过对预应力筋施加张拉力以加固岩土体的支护结构。

2.1.26　柔性支护结构　flexible supporting structure

对路基边坡进行支护，限制路基边坡发生过大变形，允许结构出现一定的变形的一种路基支挡形式。

2.1.27　冲击碾压　impact roller compaction

采用冲击压路机对碾压面的压实，主要作用是提高被压对象的密实度与强度。

2.1.28　湿法试验　wet testing method

当土的含水率高于目标含水率时，将天然含水率状态下的土分成若干份，使其分别风干到不同的目标含水率，再进行相关试验的试验方法。

2.2 符　号

CBR——加州承载比；

CBR_{max}——最大加州承载比；

E_0——路基回弹模量；

e_{ps}——膨胀土的胀缩总率；

I_p——土的塑性指数；

l_0——路基顶面实测代表弯沉；

w——土的天然含水率；

w_c——土的天然稠度；

w_{CBR}——土的最大 CBR 含水率；

w_l——土的液限；

w_O——土的压实最佳含水率；

w_p——土的塑限。

3 施 工 准 备

本章06版规范为5节21条,现调整为5节30条,保留了06版规范的章节结构。本章主要根据《公路勘测规范》(JTG C10—2007)对测量部分的要求进行了更新。将06版规范中第3章第3节"场地清理"更改为"地表处理",并将06版规范第4章第4.2.2条中有关地表处理的内容整合至本章。

本章主要修订了以下内容:
(1)新增"四新"项目的研究与论证要求。
(2)新增测量桩点的保护要求。
(3)更新测量技术要求。
(4)整合地表处理及场地清理的相关要求。
(5)新增特殊地段路基核对地勘资料的要求。
(6)增加试验路段的长度。

3.1 一 般 规 定

3.1.1 路基工程施工前应熟悉设计文件、领会设计意图。

3.1.2 应进行施工调查及现场核对,根据设计要求、合同条件及现场情况等编制施工组织设计。

3.1.1 路基开工前,应在全面理解设计要求和设计交底的基础上,进行现场调查和核对。

3.1.2 在详尽的现场调查后,应根据设计要求、合同、现场情况等,编制实施性施工组织设计,并按管理规定报批。

这两条根据06版规范修改而成。施工规范侧重于技术要求,删除了报批的管理要求。

设计交底是指在施工图完成并经审查合格后,设计单位在设计文件交付施工时,按法律规定的义务就施工图设计文件向施工单位和监理单位做出详细的说明。其目的是使施工单位和监理单位正确贯彻设计意图,加深对设计文件特点、难点、疑点的理解,掌握关键工程部位的质量要求,确保工程质量。设计交底是理解设计意图的手段,故在条文中不作规定。

经现场核对和仔细调查后,如发现工程地质、地形和水文资料与设计有较大出入,施工单位应及时向相关单位反馈。对涉及质量、工期、投资三大目标控制的变更设计,应按相关规定进行。

3.1.3 路基开工前应建立健全质量、环境、职业健康安全管理体系,对各类施工人员进行岗位培训和技术、安全交底。

3.1.3 路基开工前必须建立健全质量、环保、安全管理体系和质量检测体系,并对各类施工人员进行岗位培训和技术、安全交底。

本条根据06版规范修改而成。2019版规范依据ISO9001/ISO14001/OHSAS18001标准,对06版规范中的体系名称进行了调整。

3.1.4 临时工程应满足正常施工需要,保证路基施工影响范围内原有道路、结构物的使用功能,保护农田水利设施等。临时工程宜与永久工程相结合。

3.1.4 临时工程,应满足正常施工需要,应保证路基施工影响范围内原有道路、结构物及农田水利等设施的使用功能。

本条根据06版规范修改而成,增加了"临时工程宜与永久工程相结合"的内容。临时工程和永久工程相结合可节约资源,降低造价。

3.1.5 对拟采用新技术、新工艺、新材料、新设备的工程项目,应提前做好试验研究和论证工作。

本条为新增,根据《公路工程标准编写导则》(JTG A04—2013)制定。

《公路工程标准编写导则》(JTG A04—2013)第6.1.5条第6款要求"宜对新技术、新材料、新方法、新工艺的使用作出规定。"

3.2 施 工 测 量

3.2.1 应根据公路等级和测量精度要求,选择测量方法。控制性桩点,应进行现场交桩,在复测原控制网的基础上,根据施工需要适当加密、优化,建立施工测量控制网,妥善保护。

3.2.1 控制性桩点,应进行现场交桩,并保护好交桩成果。

本条根据06版规范补充修订而成,增加了测量方法的选择依据、复测控制网、建立施工控制网的内容。

现场交桩是设计与施工衔接的一个重要环节,交桩一般要有交桩记录,并经设计、监理、施工单位三方签字。如发现交桩成果有误,一般应会同监理联合测量后确认。

为便于施工测量工作的进行,施工单位应会同设计、监理单位在现场进行交桩。

交桩的范围包括:

(1)路线控制桩,如直线转点桩、交点桩、缓和曲线和圆曲线的起讫点桩等;当中线由导线控制时,应交接沿着选线走廊布设的导线点桩、与线路有联系的"国家三角点"(等级、编号、坐标和地点)。

(2)工程控制桩,如桥、隧两端的控制桩、导线网、三角网,以及间接测量所布设的控制桩等。

(3)水准点及与其有联系的"国家水准点"(等级、编号、高程和地点)。

交桩程序如下:

(1)根据设计单位提供的原设桩、点的有关资料,进行室内审核和现场核对。

(2)用测量仪器对这些重要桩点进行施测交接,并做好详细记录。

(3)在交接中发现的问题,如误差超限、错误、漏项以及需要补测或精测等事项,应明确处理办法及负责施测单位。

(4)交桩要有纪要,并需交接参与单位签认。

桩的保护:施工过程中往往会造成一些重要桩点的破坏、移动,必须认真加设保护桩,确保施工顺利进行。

3.2.2 平面控制测量应符合下列规定:

1 平面控制测量应采用卫星定位测量、导线测量、三角测量或三边测量方法进行。

本款为新增,根据《公路勘测规范》(JTG C10—2007)第4.1.1条第1款制定,明确了平面控制测量的方法。

2 平面控制测量等级与技术要求应符合表3.2.2-1的规定。

表3.2.2-1 平面控制测量等级与技术要求

公 路 等 级	测量等级	最弱点点位中误差(mm)	最弱相邻点相对点位中误差(mm)	最弱相邻点边长相对中误差	相邻点间平均边长参照值(m)
高速、一级公路	一级	±50	±30	≤1/20 000	500
二、三、四级公路	二级	±50	±30	≤1/10 000	300

3.2.2 控制测量

1 各级公路的平面控制测量等级应符合表3.2.2-1的规定。

表3.2.2-1 平面控制测量等级

公 路 等 级	平面控制网等级
高速公路、一级公路	一级小三角、一级导线、四级GPS控制网
二级公路	二级小三角、二级导线
三级及三级以下公路	三级导线

本款根据06版规范修改而成。

3 卫星定位测量的主要技术要求应符合表 3.2.2-2 的规定。

表 3.2.2-2 卫星定位测量的主要技术要求

测量等级	固定误差 a(mm)	比例误差系数 b(mm/km)
一级	≤10	≤3
二级	≤10	≤5

本款为新增,根据《公路勘测规范》(JTG C10—2007)第 4.1.3 条第 1 款制定。

4 导线测量的主要技术要求应符合表 3.2.2-3 的规定。

表 3.2.2-3 导线测量的主要技术要求

测量等级	附(闭)合导线长度(km)	边数	每边测距中误差(mm)	单位权中误差(″)	导线全长相对闭合差	方位角闭合差(″)
一级	≤6	≤12	±14	±5.0	≤1/17 000	≤$10\sqrt{n}$
二级	≤3.6	≤12	±11	±8.0	≤1/11 000	≤$16\sqrt{n}$

注:1. 表中 n 为测站数。
  2. 以测角中误差为单位权中误差。
  3. 导线网节点间的长度不得大于表中长度的 0.7 倍。

3 导线测量技术要求应符合表 3.2.2-3 的规定。

表 3.2.2-3 导线测量技术要求

等级	附合导线长度(km)	平均边长(m)	每边测距中误差(mm)	测角中误差(″)	导线全长相对闭合差	方位角闭合差(″)	测回数 DJ$_2$	测回数 DJ$_6$
一级	10	500	17	5.0	1/15 000	±$10\sqrt{n}$	2	4
二级	6	300	30	8.0	1/10 000	±$16\sqrt{n}$	1	3
三级	—	—	—	20.0	1/2 000	±$30\sqrt{n}$	1	2

根据《公路勘测规范》(JTG C10—2007)第 4.1.3 条第 2 款,本款对 06 版规范进行了修订。

5 三角测量的主要技术要求应符合表3.2.2-4的规定。

表3.2.2-4 三角测量的主要技术要求

测量等级	测角中误差(″)	起始边边长相对中误差	三角形闭合差(″)
一级	±5.0	≤1/40 000	≤15.0
二级	±10.0	≤1/20 000	≤30.0

2 三角测量技术要求应符合表3.2.2-2的规定。

表3.2.2-2 三角测量技术要求

等级	平均边长(m)	测角中误差(″)	起始边边长相对中误差	最弱边边长相对中误差	三角形闭合差(″)	测回数 DJ_2	测回数 DJ_6
一级小三角	500	±5.0	1/40 000	1/20 000	±15.0	3	4
二级小三角	300	±10.0	1/20 000	1/10 000	±30.0	1	3

根据《公路勘测规范》(JTG C10—2007)第4.1.3条第3款,本款对06版规范进行了修订。

6 三边测量的主要技术要求应符合表3.2.2-5的规定。

表3.2.2-5 三边测量的主要技术要求

测量等级	测距中误差(mm)	测距相对中误差
一级	±14.0	≤1/35 000
二级	±11.0	≤1/25 000

本款为新增,根据《公路勘测规范》(JTG C10—2007)第4.1.3条第4款制定。

3.2.3 高程控制测量应符合下列规定:

1 高程控制测量应采用水准测量或三角高程测量的方法进行。

3 施工准备

2 高程控制测量等级与技术要求应符合表3.2.3-1的规定。

表3.2.3-1 高程控制测量等级与技术要求

公 路 等 级	测量等级	最弱点高程中误差（mm）	每公里高差中数中误差(mm)		附合或环线水准路线长度（km）
			偶然中误差 M_Δ	全中误差 M_w	
高速、一级公路	四等	±25	±5	±10	25
二、三、四级公路	五等	±25	±8	±16	10

3 水准测量的主要技术要求应符合表3.2.3-2的规定。

表3.2.3-2 水准测量的主要技术要求

测 量 等 级	往返较差、附合或环形闭合差(mm)		检测已测测段高差之差（mm）
	平原、微丘	重丘、山岭	
四等	≤20 $\sqrt{l}$	≤6.0 $\sqrt{n}$ 或≤25 $\sqrt{l}$	≤30 $\sqrt{L_i}$
五等	≤30 $\sqrt{l}$	≤45 $\sqrt{l}$	≤40 $\sqrt{L_i}$

注：计算往返较差时，l 为水准点间的路线长度（km）；计算附合或环形闭合差时，l 为附合或环形的路线长度（km）。n 为测站数。L_i 为检测测段长度（km），小于1km时按1km计算。

5 各级公路的水准测量等级应符合表3.2.2-5的规定。

表3.2.2-5 水准测量等级

公 路 等 级	水准测量等级	水准路线最大长度（km）
高速公路、一级公路	四等	16
二级及二级以下公路	五等	10

6 公路高程测量应采用水准测量。在水准测量确有困难的地段，四、五等水准测量可以采用三角高程测量。采用三角高程测量时，起讫点应为高一个等级的控制点。

7 水准测量精度应符合表3.2.2-6的规定。

表3.2.2-6 水准测量精度要求

等级	每公里高差中数中误差（mm）		往返较差、附合或环线闭合差(mm)		检测已测测段高差之差（mm）
	偶然中误差 M_Δ	全中误差 M_w	平原微丘区	山岭重丘区	
三等	±3	±6	±12 $\sqrt{L}$	±3.5 $\sqrt{n}$ 或 ±15 $\sqrt{L}$	±20 $\sqrt{L_i}$

续表 3.2.2-6

等级	每公里高差中数中误差（mm）		往返较差、附合或环线闭合差（mm）		检测已测测段高差之差（mm）
	偶然中误差 M_Δ	全中误差 M_W	平原微丘区	山岭重丘区	
四等	±5	±10	±20$\sqrt{L}$	±6.0$\sqrt{n}$ 或±25$\sqrt{L}$	±30$\sqrt{L_i}$
五等	±8	±16	±30$\sqrt{L}$	±45$\sqrt{L}$	±40$\sqrt{L_i}$

注：1. 计算往返较差时，L 为水准点间的路线长度(km)；
　　2. 计算附合或环线闭合差时，L 为附合或环线的路线长度(km)；
　　3. n 为测站数，L_i 为检测测段长度(km)。

本款对 06 版规范进行了修订。根据《公路勘测规范》(JTG C10—2007)第 4.2.1、4.2.3 条调整而成。

4 光电测距三角高程测量的主要技术要求应符合表 3.2.3-3 的规定。

表 3.2.3-3　光电测距三角高程测量的主要技术要求

测量等级	测回内同向观测高差较差(mm)	同向测回间高差较差(mm)	对向观测高差较差(mm)	附合或环线闭合差(mm)
四等	≤8$\sqrt{D}$	≤10$\sqrt{D}$	≤40$\sqrt{D}$	≤20$\sqrt{\sum D}$
五等	≤8$\sqrt{D}$	≤15$\sqrt{D}$	≤60$\sqrt{D}$	≤30$\sqrt{\sum D}$

注：D 为测距边长度(km)。

本款为新增，根据《公路勘测规范》(JTG C10—2007)第 4.2.3 条第 2 款制定。

3.2.4 路基施工与隧道、桥梁施工共用的控制点，尚应符合现行《公路隧道施工技术规范》(JTG F60)、《公路桥涵施工技术规范》(JTG/T F50) 的有关规定。

8 路基施工与隧道、桥梁施工共用的控制点，应分别满足《公路隧道施工技术规范》、《公路桥涵施工技术规范》的规定。

本条根据06版规范修改而成。

3.2.5 施工期间,应保护好所有控制桩点,及时恢复被破坏的桩点,根据情况对控制桩点进行复测。

本条为新增。

路基施工中,极易造成控制桩点破坏,桩点必须进行醒目的标识,并进行适当加固。

3.2.6 导线复测应符合下列规定:

1 导线测量精度应符合表 **3.2.2-3** 的规定。

2 原有导线点不能满足施工需要时,应增设满足相应精度要求的附合导线点。

3 同一建设项目内相邻施工段的导线应闭合,并满足同等级精度要求。

4 可能受施工影响的导线点,施工前应加固或改移,并应保持其精度。

5 导线桩点应进行不定期检查和定期复测,复测周期应不超过 **6** 个月。

3.2.3 导线复测

1 导线测量精度应符合表 3.2.2-3 的规定。

2 原有导线点不能满足施工需要时,可增设满足相应精度要求的附合导线点。

3 同一建设项目内相邻施工段的导线应闭合,并满足同等级精度要求。

4 对可能受施工影响的导线点,施工前应加以固定或改移,从开工至竣工验收的时间段内应保证其精度。

本条根据06版规范修改而成,新增了导线点的复测要求。导线点定期复测可保证其精度满足要求,防止施工过程中导线点扰动后未及时发现而造成测量误差。

施工复测的工作内容包括导线、中线、基平、中平和横断面等。施工复测的主要目的是检测原测量结果的准确性,而不是重新测设。所以,经过复测,当与原来的成果或桩位的误差在允许范围内时,一律以原有的成果为准,不作改动。对经过多次复测确定,证明原有成果有错误或桩位有较大变动时,应报有关单位,经审批后方能改动。施工前,除恢复路线中桩外,为了施工方便,尚需加设临时水准点及补测。

施工复测的准备工作:对设计单位移交的有关资料,如路线平面图、路线纵断面图、路线桩志固定表等,进行室内检核和现场核对,全面了解路线与附近建筑物之间的关系及地形情况,以便确定相应的测量方法。

测量前的准备工作一般包括以下内容:

(1)根据工作实际需要选任测量人员;全面熟悉设计文件,领会设计意图及要求。

(2)熟悉测量设备与工具,并按有关规定进行测量仪器设备的常规检验和校正。

(3)对测量人员进行培训交底,公布工作纪律和标志设置要求,明确桩志书写方式和其他注意事项。

(4)对原设桩志进行现场核对,了解移动、丢失情况;拟定新测设或补加桩志计划。

3.2.7 水准点复测与加密应符合下列规定:

1 水准点精度应符合表 **3.2.3-2** 的规定。

2 同一建设项目应采用同一高程系统,并应与相邻项目高程系统相衔接。

3 沿路线每 **500m** 宜有一个水准点,高速公路、一级公路宜加密,每 **200m** 有一个水准点。在结构物附近、高填深挖路段、工程量集中及地形复杂路段,宜增设水准点。临时水准点应符合相应等级的精度要求,并与相邻水准点闭合。

4 对可能受施工影响的水准点,施工前应加固或改移,并应保持其精度。

5 水准点应进行不定期检查和定期复测,复测周期应不超过6个月。

3.2.4 水准点复测与加密

1 水准点测量精度应符合表 3.2.2-6 的规定。

2 沿路线每500m 宜有一个水准点。在结构物附近、高填深挖路段、工程量集中及地形复杂路段,宜增设水准点。临时水准点应符合相应等级的精度要求,并与相邻水准点闭合。

3 当水准点有可能受到施工影响时,应进行处理。

本条根据06版规范修改扩充而成,新增了加密水准点的间隔及水准点的复测要求。

3.2.8 中线放样应符合下列规定:

1 路基开工前,应进行全段中线放样并应固定路线主要控制桩,宜采用坐标法进行测量放样。

2 中线放样时,应注意路线中线与结构物中心、相邻施工段的中线闭合,发现问题应及时查明原因,进行处理。

3 实际放样与设计图纸不符时,应查明原因后进行处理。

3.2.5 中线放样

1 路基开工前,应进行全段中线放样并固定路线主要控制桩,高速公路、一级公路宜采用坐标法进行测量放样。

2 中线放样时,应注意路线中线与结构物中心、相邻施工段的中线闭合,发现问题应及时查明原因,进行处理。

3 设计图纸和实际放样不符时,应查明原因后进行处理。

本条根据06版规范修改而成,删除了06版规范中"高速公路、一级公路"的限定。随着全站仪的普及使用,中线放样采用坐标法已成为常规做法。

3.2.9 路基放样应符合下列规定:

1 施工前应对原地面进行复测,核对或补充横断面。

2 施工前应设置标识桩,将路基用地界、路堤坡脚、路堑坡顶、取土坑、护坡道、弃土堆等的具体位置标识清楚。

3 深挖高填路段,每挖填一个边坡平台或者3~5m,应复测中线和横断面。

3.2.6 路基放样

1 路基施工前,应对原地面进行复测,核对或补充横断面,发现问题时,应进行处理。

2 路基施工前,应设置标识桩,对路基用地界、路堤坡脚、路堑坡顶、取土坑、护坡道、弃土堆等的具体位置标识清楚。

3 对深挖高填路段,每挖填3~5m或者一个边坡平台(碎落台)应复测中线和横断面。

4 高速公路和一级公路施工中,标高控制桩间距不宜大于200m。

5 施工过程中,应保护好所有控制桩点,并及时恢复被破坏的桩点。

本条根据06版规范精简而成。

3.2.10 每项测量成果应进行复核,原始记录应存档。

3.2.7 每项测量成果必须进行复核,原始记录应存档。

本条采用06版规范,但对程度用词进行了调整。

3.2.11 路基施工测量除应符合本规范的规定外,尚应符合现行《公路勘测规范》(JTG C10)的有关规定。

本条为新增，对06版规范未规定的施工测量内容明确了执行标准。

3.3 试 验

3.3.1 路基施工前，应建立具备相应试验检测能力的工地试验室。

3.3.1 路基施工前，应按照有关规定和要求，建立试验室。

本条根据06版规范修改而成。

试验检测工作是控制工程施工质量的有效保障手段，客观准确的试验检测数据是反映工程项目实体质量和指导现场施工的重要依据。工地试验室的试验检测数据是工程实体质量的基础数据。因此路基施工前应根据合同要求建立工地试验室，试验室应取得具备资质的母体试验室的授权。

3.3.2 路基填前碾压前，应对路基基底原状土进行取样试验。每公里应至少取2个点，并应根据土质变化增加取样点数。

3.3.2 路基施工前，应对路基基底土进行相关试验。每公里至少取2个点；土质变化大时，视具体情况增加取样点数。

本条根据06版规范修改而成。

掌握和了解路基基底土质情况是路基施工前必须要做的一项工作。为了能做到这一点，必须进行足够数量的试验工作。

3.3.3 应及时对拟作为路堤填料的材料进行取样试验。土的试验项目应包括天然含水率、液限、塑限、颗粒分析、击实、CBR等，必要时还应做相对密度、有机质含量、易溶盐含量、冻胀和膨胀量等试验。

3.3.3 应及时对来源不同、性质不同的拟作为路堤填料的材料进行复查和取样试验。土的试验项目包括天然含水量、液限、塑限、标准击实试验、CBR试验等，必要时应做颗粒分析、相对密度、有机质含量、易溶盐含量、冻胀和膨胀量等试验。

本条根据06版规范精简而成。

不同性质的土会有不同的压实特性。对土质差别比较大的填料,或者取土场中同一土层中填料有变化时,都应按照有关规定进行土质试验。条文中仅规定了一般填料的试验项目,对于特殊土(黄土、软土、盐渍土、红黏土、高液限黏土和膨胀土等)还应进行相关试验,以确定其性质及处置方案。对直接用于填筑的填料中的易溶盐含量有明确的规定,如确需使用,应进行试验以确定其性质及处置方案。

3.3.4 使用特殊材料作为填料时,应按相关标准进行相应试验检验,经批准后方可使用。

3.3.4 使用特殊材料作为填料时,应按相关标准做相应试验,必要时还应进行环境影响评估,经批准后方可使用。

本条根据06版规范精简而成。

使用特殊材料作为填料时,除材料本身的性质、质量满足其本身的标准外,还应确保其不影响路基的强度、稳定性、耐久性。利用工业废渣等填筑材料前,应进行环境评估,经地方政府和甲方批准后才能施工。

3.4 地表处理

3.4.1 地基表层碾压处理压实度控制标准为:二级及二级以上公路一般土质应不小于90%;三、四级公路应不小于85%。低路堤应对地基表层土进行超挖、分层回填压实,其处理深度应不小于路床厚度。

4.2.2 土质路堤

1 地基表层处理应符合下列规定:

1)二级及二级以上公路路堤基底的压实度应不小于90%;三、四级公路应不小于85%。路基填土高度小于路面和路床总厚度时,基底应按设计要求处理。

3 施 工 准 备

本条根据06版规范修改而成。

路基基底的压实对基底以上填土层的压实影响较大。符合压实要求的基底,不仅为基底以上各填土层的压实提供了一个坚实的基础;同时,也使路基基底处于良好的水稳定状态。因此,施工中应特别重视基底的压实工作。基底压实深度范围一般为清理整平后地面以下300mm。但有的地段(潮湿低洼地段)根本无法压实,压实度甚至连85%都达不到。即使压实度达到规定,但在那种潮湿自然环境中,基底材料吸水后压实度也会下降而不再满足规定。根据施工经验,可采取以下措施对浅层湿软地基进行处理:

(1)清表后使用合适的压实机具,以不出现"弹簧"为限进行碾压,然后填筑一定厚度[一般为300~500mm(较软地基取高值,反之取低值)]的砂、砂砾或其他水稳定性好的材料并压实,随后即可正常作业。

(2)清表后填筑500mm厚的岩渣(爆破的石渣)并进行压实,随后即可正常作业。

(3)清表后填筑500mm厚的砂砾或岩渣,采用25kJ三边形冲击压路机冲压30~40遍,再正常作业。

基底的压实度应符合现行《公路路基设计规范》(JTG D30)的规定,对于一般土地段,高速公路、一级公路和二级公路的基底压实度应不小于90%,三、四级公路应不小于85%。低路堤应对地基表层土进行超挖、分层回填压实,其处理深度不小于路床深度。

3.4.2 原地面坑、洞、穴等,应在清除沉积物后,用合格填料分层回填、分层压实,压实度应符合本规范第3.4.1条的规定。对可能存在空洞隐患的,应结合具体情况采取相应的处置措施。

2)原地面坑、洞、穴等,应在清除沉积物后,用合格填料分层回填分层压实,压实度符合4.2.2条第1款第1)项的规定。

本条根据06版规范扩充而成。

25

空洞隐患指的是隐藏在地表下的溶洞或陷穴等，常用的处理方式有强夯、注浆等。

3.4.3 泉眼或露头地下水，应按设计要求采取有效导排措施，将地下水引离后方可填筑路堤。

3）泉眼或露头地下水，应按设计要求，采取有效导排措施后方可填筑路堤。

本条根据06版规范修改而成。

在清表时特别要注意调查地下水状况，切勿遗漏任何一处细微的地下水源，以便在填筑前进行针对性疏导处理，消除隐患。

3.4.4 地基为耕地、松散土质、水稻田、湖塘、软土、过湿土等时，应按设计要求进行处理，局部软弹的部分应采取有效的处理措施。

4）地基为耕地、松散土、水稻田、湖塘、软土、高液限土等时，应按设计要求进行处理，局部软弹的部分也应采取有效的处理措施。

本条根据06版规范修改而成。

基底为耕地或松土时，应先清除有机质土、种植土，挖除全部树根。清表深度应以种植土厚度确定，一般不小于150mm，以避免形成薄弱层或产生不均匀沉陷，导致路基破坏。清除的种植土集中堆放，路基成形以后可以将种植土铺在路堤边坡上，以利于植物生长，起到边坡防护作用；种植土也可以用于耕地恢复，以利于农业耕种。

在有地面积水的地段，为保证填筑路基的稳定，不受冲刷损坏，施工前应切实做好基底的排水工作，保持排水畅通。在排水的沟渠完成之前，不应正式填筑路基。当路基稳定受到地下水影响时，应在填筑路基前，在基底填筑一层水稳定性较好且不易风化的材料（砂砾、碎石等）作为路基基底垫层。必要时还应采用石灰、水泥等无机结合料对基底垫层实施加固处理。基底垫层厚度至少为300mm或按设计设置隔离层，以保证路基的水稳定性。

3.4.5 陡坡地段、填挖结合部、土石混合地段、高填方地段地基等应按设计要求进行处理。

6）陡坡地段、土石混合地基、填挖界面、高填方地基等都应按设计要求进行处理。

本条根据06版规范修改而成。

原地面横坡陡于1∶5时，原地面应挖成台阶并压实，以提高填土路基的稳定性。台阶的宽度一般应不小于1m，高度应为压实机具压实厚度的整倍数。一般每层为150mm，最大高度宜为300mm。采用压路机时，一般每级高度不大于600mm，宽度则为压路机行驶所必需的宽度，一般不小于3m。台阶顶面应做成2%～4%的向内倾斜的横坡，以增加稳定性。当地基为岩石时，台阶高度不大于400mm。对于原地面横坡不陡于1∶5的岩基，挖台阶很困难，且成本也高，一般都不做台阶。

当地面坡度陡于1∶2.5，填土有可能下滑时，应对填土地基抗滑稳定性进行验算，然后根据验算结果进行针对性的处理。

对于一侧为山坡、一侧为坡地或平地的半填半挖路基，一般采取以下措施：自路基中线靠山坡一侧宽度不小于2m、路基顶面下不小于0.8m范围内的土应予挖除换填。换填的材料要与填方一侧的土相同，以保证路基的整体性和避免不均匀沉降。

3.4.6 地下水位较高时，应按设计要求进行处理。

5）地下水位较高时，应按设计要求进行处理。

本条内容未修订。

经过水田、池塘、洼地时，基底受到地下水影响，应根据具体情况采取挖沟、排水、疏干、堵截、隔离等工程措施，换填水稳定性好的填料，如粗砂、砂砾、砾石、碎石、块石等材料或用无机结合料（生石灰粉、粉煤灰、水泥等)进行处理,确保路基基底具有足够的稳定性。对设计未做具体处理方案的地段,应将施工设计和实施方案报有关单位批准后实施。

3.4.7 特殊地段路基应先核对地勘资料,确定设计资料与实际的符合性、处理方法的适用性,必要时重新补勘地质、水文资料,根据结果重新确定处理方案。

本条为新增。

特殊地段指滑坡、崩塌与岩堆、泥石流、岩溶、软土、红黏土与高液限土、膨胀土、黄土、盐渍土、多年冻土、采空区地段等。

3.5 试验路段

3.5.1 下列情况应进行试验路段施工:
1 二级及二级以上公路路堤;
2 填石路堤、土石路堤;
3 特殊填料路堤;
4 特殊路基;
5 拟采用新技术、新工艺、新材料、新设备的路基。

3.5.1 下列情况下,应进行试验路段施工:
1 二级及二级以上公路路堤;
2 填石路堤、土石路堤;
3 特殊地段路堤;
4 特殊填料路堤;
5 拟采用新技术、新工艺、新材料的路基。

本条基本采用06版规范,仅将特殊地段路堤替换为特殊路基。

特殊填料是指具有与一般土质不同工程特性的填料,如煤矸石、泡沫轻质土等。

特殊路基在术语第 2.1.10 条中定义为：位于特殊土地段、不良地质地段，受水、气候等自然因素影响强烈的路基。

3.5.2 试验路段应选择地质条件、路基断面形式等具有代表性的地段，长度宜不小于 200m。

3.5.2 试验路段应选择在地质条件、断面形式等工程特点具有代表性的地段，路段长度不宜小于 100m。

本条将 06 版规范中试验路段长度最小值由 100m 修改为 200m，以便增强试验的代表性，更有利于机械化作业。

3.5.3 试验路段施工总结宜包括下列内容：
　1 填料试验、检测报告等；
　2 压实工艺主要参数：机械组合、压实机械规格、松铺厚度、碾压遍数、碾压速度、最佳含水率及碾压时含水率范围等；
　3 过程工艺控制方法；
　4 质量控制标准；
　5 施工组织方案及工艺的优化；
　6 原始记录、过程记录；
　7 对施工图的修改建议等；
　8 安全保证措施；
　9 环保措施。

3.5.3 路堤试验路段施工应包括以下内容：
　1 填料试验、检测报告等；
　2 压实工艺主要参数：机械组合；压实机械规格、松铺厚度、碾压遍数、碾压速度；最佳含水量及碾压时含水量允许偏差等；
　3 过程质量控制方法、指标；
　4 质量评价指标、标准；

5 优化后的施工组织方案及工艺；

6 原始记录、过程记录；

7 对施工设计图的修改建议等。

本条根据06版规范修改而成。

试验路段施工总结报告内容根据实际需要适当增减，但试验路段施工总结报告内容要全面、真实地反映试验情况，为后续施工提供依据。

4 一般路基

本章将06版规范章名"一般路基施工"改为"一般路基",因整本规范都是针对路基施工,故章名中不需要带"施工"二字。06版规范为5节,现调整为16节。由于《公路工程标准编写导则》(JTG A04—2013)中规定条不能为短语,故将部分条升级为节。主要变化是将路床单独作为一节;将填方路基分为填土路堤、填石路堤、土石路堤等;将原轻质填料路堤扩充至6种特殊填料的路基填筑并单独成节;整合了高路堤和陡坡路堤的内容。

本章主要修订了以下内容:

(1)适当放宽粉质土填筑较低等级公路路床的限制。

(2)路床单独成节。

(3)将06版规范路堤施工中"施工取土"和挖方路基施工中的"弃方"合并成一节。

(4)增加了施工过程中路基中线和坡率控制的要求。

(5)将06版规范第6章特殊路基施工中的湿黏土路基施工整合到本章填土路基节中。

(6)增加了各特殊填料的适用范围。

(7)新增填砂路堤一节。

(8)补充了路基拓宽改建中的防护支挡拆除、排水顺接、沉降观测等内容。

4.1 一般规定

4.1.1 路基填料应符合下列规定:

1 宜选用级配好的砾类土、砂类土等粗粒土作为填料。

本款为新增。

06版规范4款均为反面规定,提出什么样的土不宜或不得作为路基填料,2019版规范从正面提出应优先选用的填料。

2 含草皮、生活垃圾、树根、腐殖质的土严禁作为填料。

4.1.2 路基填料应符合下列规定:
1 含草皮、生活垃圾、树根、腐殖质的土严禁作为路基填料。

本款保留06版规范内容,仅删除"路基"两字,更精练。

3 泥炭土、淤泥、冻土、强膨胀土、有机质土及易溶盐超过允许含量的土等,不得直接用于填筑路基;确需使用时,应采取技术措施进行处理,经检验满足要求后方可使用。

2 泥炭、淤泥、冻土、强膨胀土、有机质土及易溶盐超过允许含量的土,不得直接用于填筑路基;确需使用时,必须采取技术措施进行处理,经检验满足设计要求后方可使用。

本款基本保留06版规范内容,"泥炭"改为更准确的"泥炭土",程度用词由"必须"改为"应","满足设计要求"改为"满足要求",更符合工程实际。

对于泥炭土、淤泥、冻土、强膨胀土、有机质土及易溶盐超过规定的土,可采取的技术措施一般包括排水、清淤、晾晒、换填、加筋、外掺无机结合料等。

4 粉质土不宜直接用于填筑二级及二级以上公路的路床,不得直接用于填筑冰冻地区的路床及浸水部分的路堤。

4 粉质土不宜直接填筑于路床,不得直接填筑于浸水部分的路堤及冰冻地区的路床。

本款将06版规范的"不宜直接填筑于路床"改为"不宜直接用于填

筑二级及二级以上公路的路床",适当放宽了粉质土的适用范围。

路床强度和模量对路面结构层附加应力有直接影响,粉质土受水影响大,不宜用于二级及二级以上公路的路床;因其冻胀量大、毛细现象明显,也不得用于冻胀地区的路床及浸水部分路堤。

4.1.2 路基填料最小承载比和最大粒径应符合表 4.1.2 的规定。

表4.1.2 路基填料最小承载比和最大粒径要求

填料应用部位(路面底面以下深度)(m)			填料最小承载比CBR(%)			填料最大粒径(mm)
			高速、一级公路	二级公路	三、四级公路	
填方路基	上路床		0~0.30	8	6	5	100
	下路床	轻、中及重交通	0.30~0.80	5	4	3	100
		特重、极重交通	0.30~1.20				
	上路堤	轻、中及重交通	0.8~1.5	4	3	3	150
		特重、极重交通	1.2~1.9				
	下路堤	轻、中及重交通	>1.5	3	2	2	150
		特重、极重交通	>1.9				
零填及挖方路基	上路床		0~0.30	8	6	5	100
	下路床	轻、中及重交通	0.30~0.80	5	4	3	100
		特重、极重交通	0.30~1.20				

注:1.表列承载比是根据路基不同填筑部位压实标准的要求,按现行《公路土工试验规程》(JTG E40)试验方法规定浸水96h确定的CBR。
2.三、四级公路铺筑沥青混凝土和水泥混凝土路面时,应采用二级公路的规定。
3.表中上、下路堤填料最大粒径150mm的规定不适用于填石路堤和土石路堤。

5 填料强度和粒径,应符合表4.1.2的规定。

表4.1.2 路基填料最小强度和最大粒径要求

填料应用部位(路床顶面以下深度)(m)		填料最小强度(CBR)(%)			填料最大粒径(mm)
		高速公路、一级公路	二级公路	三、四级公路	
填方路基	上路床(0~0.30)	8	6	5	100
	下路床(0.30~0.80)	5	4	3	100
	上路堤(0.80~1.50)	4	3	3	150
	下路堤(>1.50)	3	2	2	150

续表 4.1.2

填料应用部位 (路床顶面以下深度)(m)		填料最小强度(CBR)(%)			填料最大粒径 (mm)
		高速公路、 一级公路	二级公路	三、四级公路	
零填及 挖方路基	0~0.30	8	6	5	100
	0.30~0.80	5	4	3	100

注：1. 表列强度按《公路土工试验规程》规定的浸水96h的CBR试验方法测定。

2. 三、四级公路铺筑沥青混凝土和水泥混凝土路面时，应采用二级公路的规定。

3. 表中上、下路堤填料最大粒径150mm的规定，不适用于填石路堤和土石路堤。

CBR值是表征材料的水稳定性和抵抗局部压入变形能力的指标，本条根据设计规范将表格中"填料最小强度(CBR)(%)"改为"填料最小承载比CBR(%)"，与《公路路基设计规范》(JTG D30—2015)中的对应名称相一致；根据《公路工程技术标准》(JTG B01—2014)，按交通荷载等级划分下路床、上路堤、下路堤的厚度范围。表4.1.2中的路基填料CBR应在室内试验的基础上，根据路基实测压实度通过插值确定。室内CBR试验的条件应涵盖路基现场的工况，如碾压含水率和压实度。

4.2 路　　床

路床对道路的总体性能有重要影响，同时为了与设计规范保持一致，2019版规范将路床单列一节。

4.2.1　路床填料应符合下列规定：

1　路床填料应符合表4.1.2的规定。

2　高速公路、一级公路路床填料宜采用砂砾、碎石等水稳性好的粗粒料，也可采用级配好的碎石土、砾石土等；粗粒料缺乏时，可采用无机结合料改良细粒土。

路床是路面结构层与路基的联结层。我国路面结构多采用半刚性基层，刚度与模量大，整体性强。路床填料如果不采用砂砾、硬质石渣等粗粒土,路床模量易在水、温度等外界因素的作用下明显下降,导致路面与路基的模量差异太大,不利于汽车荷载向下传递,甚至还可能导致路床产生塑性变形。我国路基高度普遍较高,施工工期较短,工后沉降量较大,这与国外的公路差异明显,国外公路一般路基高度较低,路基沉降量很小。路基沉降导致路基与路面间的衔接不连续,使得路面结构层在汽车荷载作用下附加应力显著增加,从而减少路面结构层的抗疲劳作用次数或缩短其使用寿命,甚至出现路面开裂和沉陷等病害。而砂砾、石渣等散体材料对路基的差异沉降具有一定的调节作用。我国铁路下垫道砟、人行道砖铺砌等刚性材料均通过碎石或细砂调节沉降变形和分散应力。因此,路床对道路使用寿命起着重要作用,必须重视路床的填料控制。从路床的模量要求和调节路基的工后差异沉降考虑,条文推荐采用水稳性良好的粗粒料。

路床采用砂砾、碎石土等粗粒料填筑可大幅提高路基的整体强度与水稳性。考虑到一些地区砂石料严重缺乏,规范未硬性规定路床采用粗粒料填筑。在砂石料缺乏地区,也可采用无机结合料改良细粒土,以保证路基的承载力和稳定性。

4.2.2 零填、挖方路段的路床施工应符合下列规定:

1 路床范围原状土符合要求的,可直接进行成形施工。

2 路床范围为过湿土时应进行换填处理,设计有规定时按设计厚度换填,设计未规定时按以下要求换填:高速公路、一级公路换填厚度宜为 **0.8~1.2m**,若过湿土的总厚度小于 **1.5m**,则宜全部换填;二级公路的换填厚度宜为 **0.5~0.8m**。

3 高速公路、一级公路路床范围为崩解性岩石或强风化软岩时应进行换填处理,设计有规定时按设计厚度换填,设计未规定时换填厚度宜为 **0.3~0.5m**。

零填、挖方路段的路床为过湿土时,路床的性能在外界环境的影响下将发生明显衰减,对路面性能影响较大,因此条文建议进行换填处理。一般而言,我国高速公路路面结构层厚度在800mm左右,若路床换填800mm以上,汽车荷载对换填层以下土层的影响已很小;另一方面,环境对下面土层的影响也将减弱。综合技术经济因素,条文规定高速公路、一级公路换填厚度为800~1200mm,二级公路换填厚度为500~800mm。如果软弱土层的厚度小于1.5m,条文要求全部换填,这主要是因为这部分土层一般位于岩土结合面,含水率很高,强度很低,若换填不彻底,则可能以软弱夹层的形式存在,对路面极为不利。

零填、挖方路段的路床为崩解性岩石或强风化软岩时,因崩解性岩石和强风化软岩遇水会崩解软化,即使在施工时的崩解性岩石或强风化软岩的强度(模量、弯沉、加州承载比CBR值)、压实度满足路床的要求,也要进行换填处理。当设计未规定换填厚度时,宜为300~500mm。

4.2.3 路床填筑,每层最大压实厚度宜不大于300mm,顶面最后一层压实厚度应不小于100mm。

推荐每层的最大压实厚度,是为了保证路床压实度能够满足设计要求;而规定路床顶面最后一层压实厚度,是为了避免薄层找补,土方顶面如太薄,则易起皮剥离。

4.3 挖方路基

4.3.1 土方开挖应符合下列规定:

4.3.1 土方工程

1 开挖施工应符合下列规定:
将"开挖施工"改为"土方开挖",与后面的"石方开挖"相对应。

1 应自上而下逐级进行,严禁掏底开挖。

2) 土方开挖应自上而下进行,不得乱挖超挖,严禁掏底开挖。

4 一般路基

掏底开挖,易造成坍塌危及人身安全。

2 开挖至边坡线前,应预留一定宽度,预留的宽度应保证刷坡过程中设计边坡线外的土层不受到扰动。

3)开挖过程中,应采取措施保证边坡稳定。开挖至边坡线前,应预留一定宽度,预留的宽度应保证刷坡过程中设计边坡线外的土层不受到扰动。

删除了06版规范中的"开挖过程中,应采取措施保证边坡稳定",主要原因是规定太过宽泛,不利于执行。

3 拟用作路基填料的土方,应分类开挖、分类使用。非适用材料作为弃方时,应按本规范第4.15.2条的规定处理。

1)可作为路基填料的土方,应分类开挖分类使用。非适用材料应按设计要求或作为弃方按4.3.4条的规定处理。

本款将06版规范中的"可作为"改为"拟用作"。

4 开挖至零填、路堑路床部分后,应及时进行路床施工;如不能及时进行,宜在设计路床顶高程以上预留至少**300mm**厚的保护层。

5)开挖至零填、路堑路床部分后,应尽快进行路床施工;如不能及时进行,宜在设计路床顶标高以上预留至少300mm厚的保护层。

本款采用06版规范内容,仅将"尽快"改为"及时"。挖方路基挖到设计高程不能进行下一步施工时,应预留保护层,目的是减轻或不使路床受水和冰冻等侵害。

5 应采取临时排水措施,施工作业面不得积水。

6)应采取临时排水措施,确保施工作业面不积水。

本款将语言叙述进行了规范。将06版规范"确保施工作业面不积

37

水"改为"施工作业面不得积水"。按《公路工程标准编写导则》(JTG A04—2013)的要求,规范中不得使用目的性语言。

4.3.2 土方开挖遇到地下水时,应按下列规定处理:

1 应采取排导措施,将水引入路基排水系统,不得随意堵塞泉眼。

2 路床土含水率高或为含水层时,应采取设置渗沟、换填、改良土质等处理措施。路床填料除应符合表 4.1.2 的规定外,还应具有好的透水性和水稳性。

3 挖方路基施工遇到地下水时应按下列规定处理:

1)应采取排导措施,将水引入路基排水系统,不得随意堵塞泉眼。

2)路床土含水量高或为含水层时,应采取设置渗沟、换填、改良土质、土工织物等处理措施,路床填料除应符合表 4.1.2 的规定外,还应具有良好的透水性能。

本条内容未作修改,仅对个别措辞进行了调整。

4.3.3 石方开挖施工应符合下列规定:

1 应根据岩石的类别、风化程度、岩层产状、岩体断裂构造、施工环境等因素确定开挖方案。

4.3.2 石方工程

1 石方开挖应根据岩石的类别、风化程度、岩层产状、岩体断裂构造、施工环境等因素确定开挖方案。

本款内容未作修改。

2 应逐级开挖,逐级按设计要求进行防护。

2 深挖路基施工,应逐级开挖,逐级按设计要求进行防护。

本款将 06 版规范中"深挖路基施工"的限定删除,石方路基开挖均应进行逐级防护。

3 施工过程中,每挖深 3～5m 应进行边坡边线和坡率的复测。

本款为新增,主要目的是保证断面位置符合设计要求。

4 爆破作业应符合现行《爆破安全规程》(GB 6722)的有关规定。

3 爆破作业必须符合《爆破安全规程》(GB 6722)的规定。爆破施工组织设计应按相关规定报批。

本款将06版规范中的"爆破施工组织设计应按相关规定报批"予以删除,2019版规范侧重于技术条款,弱化管理要求。《爆破安全规程》(GB 6722—2014)对爆破施工组织设计有详细规定。

5 严禁采用硐室爆破,靠近边坡部位的硬质岩应采用光面爆破或预裂爆破。

4 石方开挖严禁采用硐室爆破,近边坡部分宜采用光面爆破或预裂爆破。

硐室爆破,单次起爆药量较大,对边坡稳定扰动大,同时由于装药量多,施工安全风险大。

采用光面爆破、预裂爆破等毫秒微差爆破技术能提高边坡坡面的平整度,最大限度地减少开挖时对边坡的扰动,施工后形成的边坡岩体稳定、平整美观。

本款对靠近边坡部位适合采用光面爆破或预裂爆破的岩石类型进行了明确。硬质岩采用光面爆破、预裂爆破效果较好。

6 爆破法开挖石方,应先查明空中缆线、地下管线的位置,开挖边界线外可能受爆破影响的建筑物结构类型、居民居住情况等,对不能满足安全距离的石方宜采用化学静态爆破或机械开挖。

5 爆破法开挖石方,应先查明空中缆线、地下管线的位置,开挖边界线外可能受爆破影响的建筑物结构类型、居民居住情况等,然后制订详细的爆破技术安全方案。

本款对不满足安全距离的石方开挖推荐采用化学静态爆破或机械开挖,保证安全。

静态爆破法通常是在炮孔内装入破碎剂(一般为含有铝、镁、钙、铁、氧、硅、磷、钛等元素的无机盐粉末),利用药剂自身产生的膨胀力,缓慢地作用于孔壁,经过数小时至24h达到30~50MPa的压力,使介质开裂。该法适用于在设施附近、高压线下等特定条件下的岩石开挖或建(构)筑物拆除。静态爆破法的优点是安全可靠,没有爆破所产生的公害;缺点是破碎效率低,开裂时间较长。

机械开挖法通常使用带有松土器的重型推土机破碎岩石,一次破碎深度为0.6~1.0m。该法适用于软岩石方工程。带有破碎锤的液压履带挖掘机开挖路基破碎岩石,适用于硬质岩和土石混合的孤石。这些方法的优点是没有钻爆工序作业,不需要风、水、电辅助设施,简化了场地要求,而且施工进度快,生产效率高。

7 边坡应逐级进行整修,同时清除危石及松动石块。

7 边坡整修及检验

1)挖方边坡应从开挖面往下分段整修,每下挖2~3m,宜对新开挖边坡刷坡,同时清除危石及松动石块。

2)石质边坡不宜超挖。

3)石质边坡质量要求:边坡上无松石、危石。

本款对06版规范内容进行了精简。

4.3.4 石质路床清理应符合下列规定:

1 欠挖部分应予凿除,超挖部分应采用强度高的砂砾、碎石进行找平处理,不得采用细粒土找平。

2 路床底面有地下水时,可设置渗沟进行排导,渗沟应采用硬质碎石回填。

3 路床的边沟应与路床同步施工。

8 路床清理及验收

1）欠挖部分必须凿除。超挖部分应采用无机结合料稳定碎石或级配碎石填平碾压密实,严禁用细粒土找平。

2）石质路床底面有地下水时,可设置渗沟进行排导,渗沟宽度不宜小于100mm,横坡不宜小于0.6%。渗沟应用坚硬碎石回填。

3）石质路床的边沟应与路床同步施工。

本条对06版规范的程度用词进行了修改;取消了渗沟结构尺寸的内容,该部分内容一般由设计文件规定。

4.3.5 深挖路堑施工应符合下列规定:

1 应根据地形特征设置边坡观测点,施工过程中应对深挖路堑的稳定性进行监测。

2 施工过程中,应核查地质情况,如与设计不符应及时反馈处理。

3 每挖深3~5m应复测一次边坡。

本条删除了06版规范中编制施工方案的内容,细化了地质核查、稳定性监测等内容。深挖路堑由于边坡高、开挖量大,对周围地质环境扰动大、易坍塌,工程影响大,往往是全线控制工期的重点工程。因此,在施工前应详细复查设计文件中的工程地质资料、边坡加固形式、工程数量,并做好土工试验。

4.4 填 土 路 堤

4.4.1 填筑应符合下列规定:

1 性质不同的填料,应水平分层、分段填筑,分层压实。同一层路基应采用同一种填料,不得混合填筑。每种填料的填筑层压实后的连续厚度宜不小于500mm。路基上部宜采用水稳性好或冻胀敏感性小的填料。有地下水的路段或浸水路堤,应填筑水稳性好的填料。

4.2.2 土质路堤

2 路堤填筑应符合下列规定：

1）性质不同的填料，应水平分层、分段填筑，分层压实。同一水平层路基的全宽应采用同一种填料，不得混合填筑。每种填料的填筑层压实后的连续厚度不宜小于500mm。填筑路床顶最后一层时，压实后的厚度应不小于100mm。

2）潮湿或冻融敏感性小的填料应填筑在路基上层。强度较小的填料应填筑在下层。在有地下水的路段或临水路基范围内，宜填筑透水性好的填料。

本款将06版规范中第1项和第2项内容进行合并，删除了06版规范中"填筑路床顶最后一层时，压实后的厚度应不小于100mm"，该内容在"4.2 路床"节中已有规定。

路堤内填筑性质不同的填料应采用适宜的施工工艺。不合理的施工工艺会引起路基不均匀沉降、水囊现象和滑动等病害。采用分层并按规定的层厚填筑，可得到较为均匀的压实度。

2 在透水性差的压实层上填筑透水性好的填料前，应在其表面设2%~4%的双向横坡，并采取相应的防水措施。不得在透水性好的填料所填筑的路堤边坡上覆盖透水性差的填料。

3）在透水性不好的压实层上填筑透水性较好的填料前，应在其表面设2%~4%的双向横坡，并采取相应的防水措施。不得在由透水性较好的填料所填筑的路堤边坡上覆盖透水性不好的填料。

本款内容未修订。

3 每种填料的松铺厚度应通过试验确定。

4）每种填料的松铺厚度应通过试验确定。

本款内容未修订。

4 一般路基

如填层过厚,则填层底部不易达到要求的压实度。顶面填土摊铺压实厚度若太薄,则易起皮剥离,影响路堤质量。

4　每一填筑层压实后的宽度不得小于设计宽度。

5)每一填筑层压实后的宽度不得小于设计宽度。
本款内容未修订。

土质路基如按设计断面尺寸填筑,路基边缘部分的压实度很难达到要求,实际上等于缩小了路基断面,使路基质量受到影响。可采取适当增加填筑宽度等有效措施,保证全断面的压实质量。

5　路堤填筑时,应从最低处起分层填筑,逐层压实。

6)路堤填筑时,应从最低处起分层填筑,逐层压实;当原地面纵坡大于12%或横坡陡于1:5时,应按设计要求挖台阶,或设置坡度向内并大于4%、宽度大于2m的台阶。

本款删除了06版规范中原地面挖台阶的内容,该部分内容一般由设计文件规定。

6　填方分几个作业段施工时,接头部位如不能交替填筑,先填路段应按1:1～1:2坡度分层留台阶;如能交替填筑,应分层相互交替搭接,搭接长度应不小于2m。

7)填方分几个作业段施工时,接头部位如不能交替填筑,则先填路段,应按1:1坡度分层留台阶;如能交替填筑,则应分层相互交替搭接,搭接长度不小于2m。

本款将接头部位的坡度由1:1改为1:1～1:2,以便于现场控制。

4.4.2 湿黏土路堤施工应符合下列规定:
1 应按设计要求对基底湿黏土层进行处理。
2 湿黏土填料宜采用石灰进行改良,石灰宜采用消石灰或磨细生石灰粉。石灰粒径应不大于20mm,质量宜符合三级及三级以上标准。

3 施工前应取现场有代表性的土做石灰掺配试验,确定石灰用量。

4 灰土拌和可采用路拌法,翻拌后填料的块状粒径超过15mm的含量宜小于15%,填筑层厚度宜不超过200mm。

5 改良后的湿黏土路堤质量应采用灰剂量与压实度两个指标控制,灰剂量应不低于设计掺量,压实度应符合表4.4.3的规定。应采用设计灰剂量的击实试验确定最大干密度。

6.2 湿黏土路基施工

6.2.1 用不符合6.1.4条规定的湿黏土填筑路基时,应进行处理,处理后应符合表4.1.2的规定,压实质量应符合表4.2.2-1的规定。

6.2.2 基底为软土时,应按设计要求进行处治。

6.2.3 不同类的填料,不得填筑在同一压实层上。

6.2.4 路堤填筑时,每层宜设2%~3%的横坡。当天的填土,宜当天完成压实。

6.2.5 填筑层压实后,应采取措施防止路基工作面暴晒失水。

6.2.6 水稻田地段路基施工应符合下列规定:

1 水稻田地段路基施工,不得影响农田排灌。

2 施工前应采取措施排除公路用地范围内的地表水。疏干地表水确有困难时,应按设计要求进行处治。

3 二级及二级以上公路路堑段,应在边坡顶适当距离外,筑埂并挖截水沟;土质、风化岩石边坡,应浆砌护墙或护坡;路堑路段宜加大边沟尺寸并采用浆砌。

6.2.7 河、塘、湖地段路堤施工应符合以下规定:

1 受水浸润作用的路堤部分,宜用水稳性好、塑性指数不大于6、压缩性小、不易风化的透水性填料填筑。

2 在洪水淹没地段的路堤,两侧不得取土;三、四级公路,特殊情况下可在下游侧距路堤安全距离外取土。

4 一 般 路 基

3 两侧水位差较大的河滩路堤,根据具体情况,宜放缓下游一侧边坡、设滤水趾和反滤层、在基底设隔渗墙或隔渗层。

4 防洪工程应在洪水期前完成,施工期间应注意防洪。

6.2.8 多雨潮湿地区路基施工应符合下列规定:

1 多雨潮湿地区施工,应注意排水。机具停放地、库房、生活区域应选在地势较高不易被水淹的地点,并有完善的排水防洪设施。

2 多雨潮湿地区,应按设计要求对基底过湿土层进行处理。

本条将06版规范第6章特殊路基中的第2节调整至第4章第4节,理由是湿黏土路基不属于特殊路基,并对内容进行了精简。

4.4.3 土质路基压实度应符合表4.4.3的规定。

表4.4.3 土质路基压实度标准

填筑部位(路面底面以下深度)(m)				压实度(%)		
				高速、一级公路	二级公路	三、四级公路
填方路基	上路床		0~0.30	≥96	≥95	≥94
	下路床	轻、中及重交通	0.30~0.80	≥96	≥95	≥94
		特重、极重交通	0.30~1.20			—
	上路堤	轻、中及重交通	0.8~1.5	≥94	≥94	≥93
		特重、极重交通	1.2~1.9			—
	下路堤	轻、中及重交通	>1.5	≥93	≥92	≥90
		特重、极重交通	>1.9			
零填及挖方路基	上路床		0~0.30	≥96	≥95	≥94
	下路床	轻、中及重交通	0.30~0.80	≥96	≥95	
		特重、极重交通	0.30~1.20			

注:1. 表列压实度以现行《公路土工试验规程》(JTG E40)重型击实试验法为准。

2. 三、四级公路铺筑水泥混凝土路面或沥青混凝土路面时,其压实度应采用二级公路的规定值。

3. 路堤采用特殊填料或处于特殊气候地区时,压实度标准在保证路基强度要求的前提下根据试验路段和当地工程经验确定。

4. 特殊干旱地区的压实度标准可降低2~3个百分点。

4 土质路基压实度应符合表4.2.2-1的规定。

表4.2.2-1 土质路基压实度标准

填挖类型		路床顶面以下深度(m)	压实度(%)		
			高速公路、一级公路	二级公路	三、四级公路
填方路基	上路床	0~0.30	≥96	≥95	≥94
	下路床	0.30~0.80	≥96	≥95	≥94
	上路堤	0.80~1.50	≥94	≥94	≥93
	下路堤	>1.50	≥93	≥92	≥90
零填及挖方路基		0~0.30	≥96	≥95	≥94
		0.30~0.80	≥96	≥95	—

注:1. 表列压实度以《公路土工试验规程》重型击实试验法为准。

2. 三、四级公路铺筑水泥混凝土路面或沥青混凝土路面时,其压实度应采用二级公路的规定值。

3. 路堤采用特殊填料或处于特殊气候地区时,压实度标准根据试验路在保证路基强度要求的前提下可适当降低。

4. 特别干旱地区的压实度标准可降低2%~3%。

根据《公路工程技术标准》(JTG B01—2014)第5.0.4条,按交通荷载等级对"下路床、上路堤、下路堤"的范围进行了调整,路基各层压实度要求并未调整。

在表注中,将06版规范中"压实度标准根据试验路在保证路基强度要求的前提下可适当降低"调整为"压实度标准在保证路基强度要求的前提下根据试验路段和当地工程经验确定"。

特别干旱地区是指年降水量很少(一般不超过250mm)、蒸发强烈的地区,如沙漠、戈壁等。在特别干旱地区,路基压实是相当困难的,同时受水的影响较小,故2019版规范规定压实度标准可降低2~3个百分点。

4.4.4 填土路堤施工过程质量控制应符合下列规定:

1 施工过程中,每一压实层均应进行压实度检测,检测频率为每1000m^{2}不少于2点。压实度检测可采用灌砂法、环刀法等方法,检测应符合现行《公路路基路面现场测试规程》的有关规定。

2 施工过程中,每填筑 2m 宜检测路线中线和宽度。

5 压实度检测应符合以下规定:

1)用灌砂法、灌水(水袋)法检测压实度时,取土样的底面位置为每一压实层底部;用环刀法试验时,环刀中部处于压实层厚的 1/2 深度;用核子仪试验时,应根据其类型,按说明书要求办理。

2)施工过程中,每一压实层均应检验压实度,检测频率为每 1 000 m² 至少检验 2 点,不足 1 000 m² 时检验 2 点,必要时可根据需要增加检验点。

本条改动较大,将 06 版规范中的"压实度检测"改为"施工过程质量控制",增加了"路线中线和宽度检测",涵盖内容更全面。

删减了取样位置的内容;增加了"检测应符合现行《公路路基路面现场测试规程》的有关规定";删除了核子仪试验,近年来工程实践发现核子仪存在辐射风险,基本停止使用。

压实度以重型击实标准为准,试样应具有代表性,至少应取 1 组。

4.4.5 路堤填筑至设计高程并整修完成后,其施工质量应符合表 4.4.5 的规定。

表 4.4.5 土质路堤、土石路堤施工质量标准

项次	检查项目	规定值或允许偏差			检查方法和频率
		高速、一级公路	二级公路	三、四级公路	
1	压实度	符合表 4.4.3 规定	符合表 4.4.3 规定	符合表 4.4.3 规定	密度法:每 200m 每压实层测 2 处
2	弯沉 (0.01mm)	满足设计要求	满足设计要求	满足设计要求	—
3	纵断高程 (mm)	+10,-15	+10,-20	+10,-20	水准仪:每 200m 测 2 点
4	中线偏位 (mm)	50	100	100	全站仪:每 200m 测 2 点,弯道加 HY、YH 两点

续表 4.4.5

项次	检查项目	规定值或允许偏差			检查方法和频率
		高速、一级公路	二级公路	三、四级公路	
5	宽度(mm)	≥设计值	≥设计值	≥设计值	尺量:每200m测4处
6	平整度(mm)	≤15	≤20	≤20	3m直尺;每200m测2处×5尺
7	横坡(%)	±0.3	±0.5	±0.5	水准仪;每200m测2个断面
8	边坡坡度	满足设计要求	满足设计要求	满足设计要求	每200m测4点

6 路堤填筑至设计标高并整修完成后,其施工质量应符合表4.2.2-2的规定。

表4.2.2-2 土质路堤施工质量标准

项次	检查项目	规定值或允许偏差			检查方法和频率
		高速公路、一级公路	二级公路	三、四级公路	
1	压实度	符合规定	符合规定	符合规定	施工记录
2	弯沉	不大于设计值	不大于设计值	不大于设计值	—
3	纵断高程(mm)	+10,-15	+10,-20	+10,-20	每200m测4个断面
4	中线偏位(mm)	50	100	100	每200m测4点,弯道加HY、YH两点
5	宽度	不小于设计值	不小于设计值	不小于设计值	每200m测4处
6	平整度(mm)	15	20	20	3m直尺;每200m测2处×10尺
7	横坡(%)	±0.3	±0.5	±0.5	每200m测4个断面
8	边坡坡度	不陡于设计坡度	不陡于设计坡度	不陡于设计坡度	每200m抽查4处

本条根据《公路工程质量检验评定标准 第一册 土建工程》(JTG F80/1—2017)进行了调整,将 06 版规范中"土质路堤"改为"土质路堤、土石路堤",明确了土石路堤的施工质量标准;对检测方法和频率进行了修改。

4.5 填石路堤

本节将 06 版规范"4.2.3 填石路堤"调整为节,并补充修订了部分内容,共 8 条。本节新增了软质岩石路基的相关规定。

4.5.1 填料应符合下列规定:

1 硬质岩石、中硬岩石可用于路堤和路床填筑;软质岩石可用于路堤填筑,不得用于路床填筑;膨胀岩石、易溶性岩石和盐化岩石不得用于路基填筑。

2 路基的浸水部位,应采用稳定性好、不易膨胀崩解的石料填筑。

3 路堤填料粒径应不大于 **500mm**,并宜不超过层厚的 **2/3**。路床底面以下 **400mm** 范围内,填料最大粒径不得大于 **150mm**,其中小于 **5mm** 的细料含量应不小于 **30%**。

4.2.3 填石路堤

1 填料应符合以下规定:

1)膨胀岩石、易溶性岩石不宜直接用于路堤填筑,强风化石料、崩解性岩石和盐化岩石不得直接用于路堤填筑。

2)路堤填料粒径应不大于 500mm,并不宜超过层厚的 2/3,不均匀系数宜为 15~20。路床底面以下 400mm 范围内,填料粒径应小于 150mm。

3)路床填料粒径应小于 100mm。

本条由 06 版规范补充修订而成。

第 1 款中明确了可使用和不可使用的岩石填料类型,新增并限定了软质岩石的可用范围;第 2 款新增路基浸水部位填料的要求;第 3 款中增加了路床底面以下400mm范围内"小于5mm的细料含量应不小于30%"的规定,避免了路床顶部填筑时细粒料较少时孔隙率过大的问题。

(1)膨胀性岩石、易溶性岩石、崩解性岩石和盐化岩石稳定性较差,其工程性质很容易受水、大气等环境影响而发生变化,不得用于路堤填筑。

根据《工程岩体分级标准》(GB/T 50218—2014),岩石的坚硬程度按岩石的饱和单轴抗压强度划分,岩石分类如表4-1所示。

表4-1 岩 石 分 类

岩石类型	单轴饱和抗压强度(MPa)	代表性岩石
硬质岩石	≥60	1. 花岗岩、闪长岩、玄武岩等岩浆岩类; 2. 硅质、铁质胶结的砾岩及砂岩、石灰岩、白云岩等沉积岩类;
中硬岩石	30~60	3. 片麻岩、石英岩、大理岩、板岩、片岩等变质岩类。
软质岩石	5~30	1. 凝灰岩等喷出岩类; 2. 泥砾岩、泥质砂岩、泥质页岩、泥岩等沉积岩类; 3. 云母片岩或千枚岩等变质岩类。

软质岩石分为较软、软和极软三类,如表4-2所示。

表4-2 软 质 岩 石 分 类

名称	软质岩石		
	较软	软	极软
分级标准(MPa)	15~30	5~15	<5

软质岩石指强度低、孔隙率大、胶结度差、受构造面切割及风化影响显著或含有膨胀性矿物的松、散、软、弱岩石或岩块,在外力作用下能产生显著塑性变形或破碎。软质岩石主要包括泥岩、页岩、粉砂岩、泥质砂岩等。软质岩石路基面临的主要问题是遇水易崩解,性能不稳定。未采取封闭、隔离及防渗措施的软岩填料路堤,在降水和地表水的作用下,工后沉降量较大,沉降速度较快。与软土路基的连续沉降曲线不同,软质岩石路基的沉降曲线表现出明显的台阶特征。软质岩石路基沉降主要是颗粒

破碎与运移所致。因此，软质岩石路基病害是比较突出的。

用软质岩石填筑路堤时，应按土质路堤施工规定先检验其CBR值是否符合要求，CBR值不符合要求时不得使用，符合使用要求时应按土质路堤的技术要求施工，并采取相应的封闭、隔离及防渗措施。

（2）在路堤填筑区，最大粒径宜控制在350~500mm，不均匀系数宜控制在15~20，同时粒径大于200mm的填料含量应控制在20%~40%，粒径在20mm以下的填料含量应控制在10%~15%。

（3）用于路床填筑区时，最大粒径应不大于100mm，不均匀系数宜控制在10~20，这是为了保证路床有良好的均匀性和平整度。

（4）路堤顶部一定范围内控制填料最大粒径，可以提高路床施工工作面的平整度，并使路床受力均匀。同时，考虑到路堤顶部细粒料较少通常会导致该层位孔隙率过大，因此要求填料"小于5mm的细料含量应不小于30%"。

填石料的崩解对路基的工后沉降影响很大，因此应作为填料的一个控制指标。

填石路堤的沉降主要是细小颗粒在雨水等外力作用下的运移所致，因此良好的级配对于减少路堤工后沉降量有着极为重要的作用。填石料的级配应从爆破开挖、机械解小、装运、摊铺和撒铺细料嵌缝等环节着手，借鉴既往经验，合理制订施工方案，提高压实质量，减少工后沉降。

4.5.2 填筑应符合下列规定：

1 填石路堤应分层填筑压实。在陡峻山坡地段施工特别困难时，三级及三级以下砂石路面公路的下路堤可采用倾填方式填筑。

3 填筑应符合以下规定：

3）二级及二级以上公路的填石路堤应分层填筑压实。二级以下砂石路面公路在陡峻山坡地段施工特别困难时，可采用倾填的方式将石料填筑于路堤下部，但在路床底面以下不小于1.0m范围内仍应分层填筑压实。

本款根据06版规范进行适当精简。

2 岩性相差大的填料应分层或分段填筑,软质石料与硬质石料不得混合使用。

4)岩性相差较大的填料应分层或分段填筑。严禁将软质石料与硬质石料混合使用。

本款采用06版规范内容,对程度用词进行了调整。填石路堤国内进行了较多的研究,相关工程案例也很多。一些施工企业认为对填石路堤的填料粒径、层厚等可放宽些,以节约成本、缩短工期,这样做有许多成功的案例。交通运输部公路科学研究所对填石路堤的观测分析表明,填石路堤的稳定性良好、强度高,但是,填石路堤填筑完后的工后沉降量并不比同样高度的细粒土小。一些成功的工程案例除与填筑工艺相关外,也与工期较长、地质状况较好等因素有关。国内一些高速公路的工期较短,路基工后自然沉降时间不足,因此对填石料的粒径和层厚等控制指标不宜太松。若能确保填石路堤经过2个以上雨季的自然沉降,则可根据实际情况适当放宽粒径和层厚控制指标。

3 填石路堤顶面与细粒土填土层之间应填筑过渡层或铺设无纺土工布隔离层。

7)在填石路堤顶面与细粒土填土层之间应按设计要求设过渡层。
本款新增了"无纺土工布隔离层"。

4 压实机械宜选用自重不小于18t的振动压路机。

6)压实机械宜选用自重不小于18t的振动压路机。
本款内容未修订。

5 填石路堤采用强夯、冲击压路机进行补压时,应避免对附近构造物造成影响。

本款为新增。

增强补压前应查明补压范围内地下管线及附近各种构造物,并应根据构造物采取相应的保护措施。一般情况下可按表4-3确定作业场地与拟被保护构造物的水平安全距离。对于不符合表4-3中的安全距离但又需施工的场地,可采取以下措施减轻振动的不利影响:①开挖宽不小于0.5m、深不小于1.5m的隔振沟进行隔振;②降低冲击压路机行驶速度,并增加补压遍数。如果施工场地与受影响构造物之间存在具有明显防振效果的河沟,并经确认施工作业不会对构造物造成不利影响,可适当减小安全距离。对于拟采取保护措施的构造物,施工前应在保护范围外围设置明显标记物。

表4-3 补压作业场地与拟被保护构造物的水平安全距离

构造物类型	补压水平安全距离	构造物类型	补压水平安全距离
U形桥台和涵洞通道	距桥台翼墙端或涵洞通道5m	导线点、水准点、电线杆	10m
其余类型桥台	10m	地下管线	5m
重力式挡土墙	距墙背内侧2m	互通式立交桥	10m
扶壁/悬臂式挡土墙	距扶壁/立壁内侧2.5m	建筑物	30m

4.5.3 中硬、硬质石料填筑路堤时,应进行边坡码砌。码砌防护的石料强度、尺寸应满足设计要求。边坡码砌与路基填筑应基本同步进行。

5)中硬、硬质石料填筑路堤时,应进行边坡码砌。码砌边坡的石料强度、尺寸及码砌厚度应符合设计要求。边坡码砌与路基填筑宜基本同步进行。

本条由06版规范第4.2.3条第3款第5项修订而成。填石路堤边坡防护形式主要是码砌,码砌显得整齐,有利于减少冲刷。

4.5.4 采用易风化岩石或软质岩石石料填筑时,应按设计要求采取边坡封闭和底部设置排水垫层、顶部设置防渗层等措施。

本款为新增,主要目的是防止软质岩石遇水后产生湿化变形。

4.5.5 填石路堤压实质量标准应符合表 4.5.5 的规定。

表 4.5.5 填石路堤压实质量标准

分　区	路床顶面以下深度（m）	硬质石料孔隙率（%）	中硬石料孔隙率（%）	软质石料孔隙率（%）
上路堤	0.80~1.50	≤23	≤22	≤20
下路堤	>1.50	≤25	≤24	≤22

4 填石路堤施工质量应符合以下规定：

1)上、下路堤的压实质量标准见表4.2.3-1。

表 4.2.3-1 填石路堤上、下路堤压实质量标准

分　区	路床顶面以下深度（m）	硬质石料孔隙率（%）	中硬石料孔隙率（%）	软质石料孔隙率（%）
上路堤	0.8~1.50	≤23	≤22	≤20
下路堤	>1.50	≤25	≤24	≤22

本条压实标准指标未修订。

4.5.6 施工过程质量控制应符合下列规定：

1 施工过程中每一压实层,应采用试验路段确定的工艺流程、工艺参数控制,压实质量可采用沉降差指标进行检测。

2 施工过程中,每填高 3m 宜检测路基中线和宽度。

2)填石路堤施工过程中的每一压实层,可用试验路段确定的工艺流程和工艺参数,控制压实过程;用试验路段确定的沉降差指标检测压实质量。

本条第1款对06版规范中的表述进行了凝练,第2款对路基中线和宽度进行了要求。关于填石路堤的质量控制手段,目前国内对面波仪、K30 平板荷载试验、PFWD(便携式落锤弯沉仪)等方法均进行了试验研

究,但这些方法在精度与可靠性方面尚难以满足工程要求。因此,本条仍然维持 06 版规范的方法,也就是在试验路段修筑时,通过采用压实度和孔隙率指标检验,确定相应的施工工艺流程、工艺参数与压实沉降差控制标准。在路堤施工时,采用试验路段确定的施工工艺流程、工艺参数和沉降差作为压实质量检测的控制指标。

4.5.7 填石路堤填筑至设计高程并整修完成后,其施工质量应符合表 4.5.7 的规定。

表 4.5.7 填石路堤施工质量标准

项次	检查项目		规定值或允许偏差		检查方法和频率
			高速、一级公路	其他公路	
1	压实		孔隙率满足设计要求		密度法:每 200m 每压实层测 1 处
			沉降差≤试验路段确定的沉降差		精密水准仪:每 50m 测 1 个断面,每个断面测 5 点
2	纵断高程(mm)		+10,-20	+10,-30	水准仪:每 200m 测 2 点
3	弯沉(0.01mm)		满足设计要求		—
4	中线偏位(mm)		≤50	≤100	全站仪:每 200m 测 2 点,弯道加 HY、YH 两点
5	宽度(mm)		满足设计要求		尺量:每 200m 测 4 处
6	平整度(mm)		≤20	≤30	3m 直尺:每 200m 测 2 处×5 尺
7	横坡(%)		±0.3	±0.5	水准仪:每 200m 测 2 个断面
8	边坡	坡度	满足设计要求		尺量:每 200m 测 4 点
		平顺度	满足设计要求		

3)填石路堤填筑至设计标高并整修完成后,其施工质量应符合表 4.2.3-2 的规定。

表4.2.3-2 填石路堤施工质量标准

项次	检查项目	规定值或允许偏差		检查方法和频率
		高速公路、一级公路	其他等级公路	
1	压实度	符合试验路确定的施工工艺		施工记录
		沉降差≤试验路确定的沉降差		水准仪:每40m检测1个断面,每个断面检测5~9点
2	纵面高程(mm)	+10,-20	+10,-30	水准仪:每200m测4个断面
3	弯沉	不大于设计值		—
4	中线偏位(mm)	50	100	经纬仪:每200m测4点,弯道加HY、YH两点
5	宽度	不小于设计值		米尺:每200m测4处
6	平整度(mm)	20	30	3m直尺:每200m测4点×10尺
7	横坡(%)	±0.3	±0.5	水准仪:每200m测4个断面
8	边坡 坡度	不陡于设计值		每200m抽查4处
	边坡 平顺度	符合设计要求		

本条根据《公路工程质量检验评定标准 第一册 土建工程》(JTG F80/1—2017)进行了修订。

4.5.8 成形后的外观质量标准应符合下列规定:

1 路堤表面应无明显孔洞。

2 大粒径石料应不松动。

3 边坡码砌紧贴、密实无松动,砌块间承接面向内倾斜,坡面平顺。

4 路基边线与边坡不应出现单向累计长度超过50m的弯折。

5 上边坡不得有危石。

4)填石路堤成型后的外观质量标准:路堤表面无明显孔洞;大粒径石料不松动,铁锹挖动困难;边坡码砌紧贴、密实,无明显孔洞、松动,砌块间承接面向内倾斜,坡面平顺。

本条第1~3款根据06版规范调整了个别文字,第4款和第5款为新增。

4.6 土石路堤

4.6.1 填料应符合下列规定:

1 膨胀岩石、易溶性岩石等不宜直接用于路基填筑,崩解性岩石和盐化岩石等不得用于路基填筑。

4.2.4 土石路堤

1 填料应符合以下规定:

1)膨胀岩石、易溶性岩石等不宜直接用于路堤填筑,崩解性岩石和盐化岩石等不得直接用于路堤填筑。

本款内容未修订,仅删除了06版规范后半句中的"直接"二字,对崩解性岩石和盐化岩石提出了更高的要求。

2 天然土石混合填料中,中硬、硬质石料的最大粒径不得大于压实层厚的2/3;石料为强风化石料或软质石料时,其CBR值应符合表4.1.2的规定,石料最大粒径不得大于压实层厚。

2)天然土石混合填料中,中硬、硬质石料的最大粒径不得大于压实层厚的2/3;石料为强风化石料或软质石料时,其CBR值应符合表4.1.2的规定,石料最大粒径不得大于压实层厚。

本款内容未修订。

中硬、硬质石料的粒径过大,在碾压时易造成压路机碾压轮的架空,不利于其中间土的压实,因此规定中硬、硬质石料的最大粒径不得超过压实层厚的2/3。

4.6.2 填筑应符合下列规定：

1 压实机械宜选用自重不小于 18t 的振动压路机。

3 填筑应符合以下规定：
1）压实机械宜选用自重不小于 18t 的振动压路机。
本款内容未修订。

2 应分层填筑压实，不得倾填。

3）土石路堤不得倾填，应分层填筑压实。
本款将正面规定调整到反面规定的前面。

3 应使大粒径石料均匀分散在填料中，石料间孔隙应填充小粒径石料和土。

4）碾压前应使大粒径石料均匀分散在填料中，石料间孔隙应填充小粒径石料、土和石渣。
本款内容无实质性修改，仅调整了文字。

4 土石混合料来自不同料场，其岩性或土石比例相差大时，宜分层或分段填筑。

6）土石混合材料来自不同料场，其岩性或土石比例相差较大时，宜分层或分段填筑。
本款内容未修订。

5 填料由土石混合材料变化为其他填料时，土石混合材料最后一层的压实厚度应小于 **300mm**，该层填料最大粒径宜小于 **150mm**，压实后表面应无孔洞。

7）填料由土石混合材料变化为其他填料时，土石混合材料最后一层的压实厚度应小于 300mm，该层填料最大粒径宜小于 150mm，压实后，该层表面应无孔洞。

本款内容无实质性修改,仅精简了文字。

6 中硬、硬质石料填筑土石路堤时,宜进行边坡码砌,码砌与路堤填筑宜同步进行,软质石料土石路堤的边坡按土质路堤边坡处理。

8)中硬、硬质石料的土石路堤,应进行边坡码砌。码砌边坡的石料强度、尺寸及码砌厚度应符合设计要求。边坡码砌与路堤填筑宜基本同步进行。软质石料土石路堤的边坡按土质路堤边坡处理。

本款对进行边坡码砌的程度用词由"应"调整为"宜",适当放宽了要求。"石料强度、尺寸及码砌厚度应符合设计要求"为通用做法,修订时删除了相应文字。

7 采用强夯、冲击压路机进行补压时,应避免对附近构造物造成影响。

本款为新增。

因施工机械和填料的差异,对补压附近构造物水平安全距离的要求也有所差别。

4.6.3 施工过程质量控制应符合下列规定:

1 中硬及硬质岩石的土石路堤填筑施工过程中每一压实层,应采用试验路段确定的工艺流程、工艺参数,压实质量可采用沉降差指标进行检测。

2 软质石料的土石路堤填筑质量标准应符合本规范第 **4.4.3** 条的规定。

3 施工过程中,每填筑 **3m** 高宜检测路线中线和宽度。

4 中硬、硬质石料土石路堤质量应符合以下规定:

1)施工过程中的每一压实层,可用试验路段确定的工艺流程和工艺参数,控制压实过程;用试验路段确定的沉降差指标,检测压实质量。

5 软质石料填筑的土石路堤,应符合4.2.2条的规定。

本条前两款由06版规范第4款、第5款合并而成,并新增了第3款,加强施工过程路基宽度与位置控制,防止路基成形宽度不足。

4.6.4 路基成形后质量应符合表4.4.5的规定。

　　4 中硬、硬质石料土石路堤质量应符合以下规定:
2)路基成型后质量应符合表4.2.3-2的规定。
本条内容未修订。

4.6.5 外观质量标准应符合下列规定:
　　1 路基表面无明显孔洞。
　　2 大粒径填石应不松动。
　　3 中硬、硬质石料土石路基边坡应码砌紧贴、密实无松动,砌块间承接面应向内倾斜,坡面平顺。

　　6 土石路堤的外观质量标准:路基表面无明显孔洞;大粒径填石无松动,铁锹挖动困难;中硬、硬质石料土石路基边坡码砌紧贴、密实,无明显孔洞、松动,砌块间承接面应向内倾斜,坡面平顺。

本条第1~3款根据06版规范调整了个别文字。

4.7　高路堤与陡坡路堤

本节由06版规范"4.2.5 高填方路堤"与新增的"陡坡路堤"整合而成。

4.7.1 高路堤段应优先安排施工,宜预留1个雨季或6个月以上的沉降期。

　　4.2.5 高填方路堤
　　3 高填方路堤填筑应符合下列规定:

3）高填方路堤宜优先安排施工。

本条新增了预留沉降期的要求。

高填方自身的沉降量与其高度直接相关。观测结果表明，高填方的工后沉降量为其竖向高度的 0.5%～1.2%，其沉降量与降雨直接相关，具有明显的台阶性。粗粒土与细粒土路基的工后沉降量差别不明显。高填方第一个雨季的沉降量约占总沉降量的一半，因此，在路面铺筑前高填方至少需经过 1 个雨季或 6 个月的自然沉降。如果条件允许，以经历 2 个雨季为宜，因此应有合理的工期安排。以往对高填方的压实较重视，但对高填方自然沉降稳定时间的考虑不足，这也是导致路面开裂、沉陷的重要原因。

高填方尤其是横向半填半挖的高填方易产生横向差异沉降，导致纵向裂缝，因此观测高填方的沉降量和沉降速率对路面铺筑有着重要作用。国内以往对此重视不够，路面铺筑很少考虑路基的工后沉降，导致路面铺筑不久即出现开裂、沉陷等病害。

一些高填方位于山谷间，地表及地下渗水量较大，若排水系统不完善，高填方填筑体将渗水，影响其稳定与沉降，若其底部有挡墙，则可能导致挡墙外鼓。因此，在汇水量较大的高填方处应设置完善的排水系统。

事实上，在路基稳定性满足要求的情况下，路基总沉降量一般均呈现收敛趋势。在路基填筑期间，路面铺筑之前的路基沉降量可通过路基填筑予以调平补齐，而路面铺筑以后路基发生的沉降量对路面性能将会产生较大的影响。预留一定时间段的沉降期，是保证高填方路堤路段路面服役性能的必然要求。

考虑到高填方填筑的填料往往来自隧道和边坡开挖，高填方填筑作业实施会受到其他工序制约，因此应综合考虑各种施工影响因素，编制专门的施工组织计划。

4.7.2 高路堤宜采用强度高、水稳性好的材料。路堤浸水部分应采用水稳性和透水性好的材料。

1 高填方路堤填料宜优先采用强度高、水稳性好的材料,或采用轻质材料。受水淹、浸的部分,应采用水稳性和透水性均好的材料。

本条内容无实质性修改,删除了基本不用的"轻质材料",对措辞进行了调整。

4.7.3 高路堤施工中应按设计要求预留高度与宽度,并进行动态监控。

3 高填方路堤填筑应符合下列规定:
1)施工中应按设计要求预留路堤高度与宽度,并进行动态监控。
本条内容未修订。

4.7.4 高路堤宜每填筑 2m 冲击补压一次,或每填筑 4~6m 强夯补压一次。

本条为新增。

高填方的累计沉降量较大,加之填料的不均匀性,即使按规定的压实度和填料填筑,仍存在一定的工后压缩变形和不均匀变形,造成路面开裂、不平整等病害,故高填方宜进行分层冲击补压或强夯补压,以减少工后沉降量。增强补压前应对补压范围内的地下管线及附近各种构造物采取防振措施,确保周围建筑安全。

4.7.5 高路堤填筑过程中应进行沉降和稳定性观测。

2)施工过程中宜进行沉降观测,按照设计要求控制填筑速率。
本条在06版规范的基础上增加了稳定性观测的内容。

由于地质勘探存在一定局限性,通过沉降和稳定性观测等可以有效控制施工速率,保证路基稳定,同时根据观测资料可以分析评价路堤的工后沉降,合理确定路面的铺筑时间。

4.7.6 在不良地质路段的高路堤与陡坡路堤填筑,应控制填筑速率,并进行地表水平位移监测,必要时应进行地下土体分层水平位移监测。

本条为新增。

在一些不良地质路段,地质状况难以完全探明,导致高路堤的整体失稳现象时有发生。路基填筑速率过快有时也是整体失稳的一个诱发因素。因此,在不良地质路段开展地基的水平位移监测可以及时分析判断路基的整体稳定性,提前采取必要的技术措施防止路基失稳,确保工程质量。

4.8 台背与墙背填筑

本节将06版规范"4.2.6 桥、涵及结构物的回填"改为"台背与墙背填筑"。

4.8.1 填料宜采用透水性材料、轻质材料、无机结合料稳定材料等,崩解性岩石、膨胀土不得用于台背与墙背填筑。

4.2.6 桥、涵及结构物的回填

1 填料宜采用透水性材料、轻质材料、无机结合料等,非透水性材料不得直接用于回填。

本条将06版规范中的"非透水性材料不得直接用于回填"改为"崩解性岩石、膨胀土不得用于台背与墙背填筑。"崩解性岩石、膨胀土遇水后变形量大,易导致桥头跳车等工程病害,故作此规定。

4.8.2 台背与墙背填筑施工应符合下列规定:

1 二级及二级以上公路应按设计做好过渡段,过渡段路堤压实度应不小于96%;二级以下公路的路堤与回填的联结部,应预留台阶。

2 台背和锥坡的回填宜同步进行。

3 台背与墙背 **1.0m** 范围内回填宜采用小型夯实机具压实。

4 分层压实厚度宜不大于 **150mm**,填料粒径宜小于 **100mm**,涵洞两侧回填填料粒径宜小于 **50mm**,压实度应不小于 **96%**。

5 部位狭窄时,可采用低强度等级混凝土、浆砌片石等材料回填。

6 涵洞两侧应对称分层回填压实。

7 回填部分的路床宜与路堤路床同步填筑。

8 台背与墙背回填，应在结构物强度达到设计强度的75%以上时进行。

3 台背及与路堤间的回填施工应符合以下规定：

1）二级及二级以上公路应按设计做好过渡段，过渡段路堤压实度应不小于96%，并应按设计做好纵向和横向防排水系统。

2）二级以下公路的路堤与回填的联结部，应按设计要求预留台阶。

3）台背回填部分的路床宜与路堤路床同步填筑。

4）桥台背和锥坡的回填施工宜同步进行，一次填足并保证压实整修后能达到设计宽度要求。

4 涵洞回填施工应符合以下规定：

1）洞身两侧，应对称分层回填压实，填料粒径宜小于50mm。

2）两侧及顶面填土时，应采取措施防止压实过程对涵洞产生不利后果。

本条由06版规范第3款、第4款整合而成，明确了台背与墙背1.0m范围内回填的机具要求，明确了台背与墙背回填时结构物的强度要求。

桥台、涵洞及挡墙等结构物背部的回填作业面较小，压实困难，此外该处路基往往是等结构物完成后再填筑，工后沉降时间较短，加之路基与结构沉降变形有较大的差别，因此路桥(涵)过渡位置易产生桥头跳车等病害。国内对此问题进行了许多研究，提出了一些技术措施，如铺设土工格栅，采用液态粉煤灰、灰土处理等，这些措施取得了较好的工程效果。

4.9 粉煤灰路堤

本节由06版规范"4.4.1 粉煤灰路堤"的内容补充修订而成。

粉煤灰具有很好的路用性质，用于道路工程具有密度小、固结作用较强、透水性好、压缩性低等特点，并已有一些成功的工程实例。在软弱地基上填筑路基时，其优点更能得到体现，利用粉煤灰质量轻、压缩性小、固结快的特点,减轻路堤自重,减小软土地基的附加应力,从而减少总沉降量并提高路堤的稳定性。但粉煤灰填筑路堤和就地取土筑路相比,存在着运输成本较高、用水量加大、施工工艺有特殊要求等问题。

在一些煤化工和能源基地,粉煤灰的产量和堆弃量较大,路堤填料就地利用既可节约填料成本,又可减少取土占地,减轻环境压力,社会效益和经济效益显著。

本节参考《公路路基设计规范》(JTG D30—2015)、《公路软土地基路堤设计与施工技术细则》(JTG/T D31-02—2013)中关于粉煤灰路堤的相关成果,对粉煤灰路堤的适用范围、填料要求、施工工艺、质量控制标准等进行了相应修订。

4.9.1 粉煤灰可用于各级公路路堤填筑,不得用于高速公路、一级公路的路床和二级公路的上路床。

4.4.1 粉煤灰路堤

1 用于高速公路、一级公路路堤的粉煤灰,烧失量宜小于20%;烧失量超过标准的粉煤灰应做对比试验,分析论证后采用。

粉煤灰可以应用于各等级公路路堤部位。但是,考虑到粉煤灰的强度特点,本条规定不得用于高速公路、一级公路的路床和二级公路的上路床。

4.9.2 用于路基填筑的粉煤灰的烧失量应不大于20%,SO_3含量宜不大于3%,粉煤灰中不得含团块、腐殖质及其他杂质。

为了保证粉煤灰填料物理力学性质的稳定性和耐久性提出本条要求。考虑对地下水及土壤环境的保护要求,本条增加了SO_3含量的指标要求。粉煤灰的烧失量和SO_3含量的测试,按现行《建材用粉煤灰及煤矸石化学分析方法》(GB/T 27974)执行。

4.9.3 储运粉煤灰应符合下列规定:

1 调节粉煤灰含水率宜在储灰场或灰池中进行。

2 粉煤灰的装卸、运输和堆放,应采取洒水封盖等防止扬尘的措施。

3 粉煤灰填料宜从厂家或渣场直接运输至施工作业面使用。

5 储运粉煤灰应符合下列规定:

1)调节粉煤灰含水量宜在储灰场或灰池中进行。

2)粉煤灰运输、装卸、堆放,应采取有效措施防止扬尘、流失与污染环境。

3)储灰场地,应排水通畅,地面应硬化。大的储灰场宜设置雨水沉淀池。堆场应安装洒水设备,防止干灰飞扬。

在粉煤灰装卸、运输及压实等作业环节可能形成扬尘污染环境,在施工中应采取必要的防扬尘措施。为减轻对环境的不利影响并降低运输和装卸成本,应尽量避免二次转运。

4.9.4 粉煤灰路堤填筑应符合下列规定:

1 大风或气温低于0℃时不宜施工。

6 粉煤灰路堤填筑应符合下列规定:

1)温度在0℃以上方可施工,并避开大风季节。

考虑到粉煤灰压实含水率通常较高,如果粉煤灰内含有大量冰晶,将会影响路基压实效果和工程质量,所以规定粉煤灰路堤施工作业期间的环境温度应在0℃以上。另外,在大风天气进行粉煤灰施工将会产生扬尘,对施工人员健康及周围环境将会形成不利影响,所以规定施工时应避开大风天气。

2 有显著差别的灰源应分别堆放,分段填筑。

3 路堤高度超过**4m**时,可在路堤中部设置土质夹层。

4 粉煤灰路堤应进行包边防护,包边土应与粉煤灰同步施工,宽度宜不小于**2m**。

2)颗粒组成、最大干密度和最佳含水量有显著差别的灰源应分别堆放,分段填筑。

5)土质包边土施工,应与粉煤灰填筑同步进行。土质护坡铺筑宽度应保证削坡后的净宽满足设计要求,同时应按设计要求做好土质护坡的排水盲沟,底层盲沟标高应避免地表水倒灌。

粉煤灰性质受含水率的影响明显,干时易松散,为保证粉煤灰路堤边坡的稳定性,应对粉煤灰路堤进行包边防护。考虑到满足填料要求的各类土质填料均可实现包边的效果,本条取消了对包边土和顶面封层的填料塑性指数的要求。

包边宽度主要考虑机械施工的可操作性,通常自卸车上料的宽度为2～3m,推土机和压路机的作业宽度也接近2m,所以提出包边宽度宜不小于2m,如图4-1所示。同时,上料重载车在粉煤灰压实层上行驶困难,因此包边土也可作为施工便道使用。

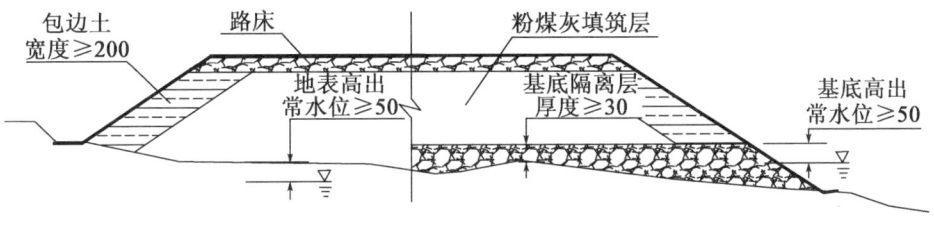

图 4-1 粉煤灰路堤典型横断面示意图(单位:cm)

5 施工过程中,作业面应及时洒水润湿,并应合理设置行车便道。

6 施工间歇期,作业面应洒水润湿,并应封闭交通;间隙期长时,应在粉煤灰压实层顶面覆盖封闭土层。

6)施工过程中,应及时洒水,防止干灰飞扬。

7)粉煤灰摊铺后,必须及时碾压,做到当天摊铺,当天碾压完毕。

8)粉煤灰路堤的压实,应遵循先轻后重、先低后高的原则。

9)铺筑上层时,宜采取洒水润湿,控制卸料车行驶路线、速度、掉头、紧急制动等措施,防止压实层松散。

10) 若暂时不能及时铺筑上层粉煤灰,除特殊情况外,禁止车辆通行,并洒水润湿,防止表面干燥松散。施工间隔较长时,应在路堤顶面覆盖适当厚度的封闭土层,并压实,横坡宜稍大于路拱。

11) 当铺筑至粉煤灰路堤顶层时,宜及时按设计要求做封闭层。

12) 应按设计要求做好粉煤灰与混凝土结构、金属结构物等接触界面的防护。

4.9.5 粉煤灰路堤压实度标准应通过试验路段确定,并应符合表4.9.5的规定。包边土和顶面封层土的压实度应符合表4.4.3的规定。粉煤灰路堤压实度可采用填上层检下层的方式进行检测。

表4.9.5 粉煤灰路堤压实度标准

填料应用部位	压实度(%)	
	高速、一级公路	二级及二级以下公路
下路床	—	≥92
上路堤	≥92	≥90
下路堤	≥90	≥88

注:表列压实度以现行《公路土工试验规程》(JTG E40)重型击实试验法为准。

7 粉煤灰路堤压实度应符合表4.4.1的规定。

表4.4.1 粉煤灰路堤压实度标准

填料应用部位(路床顶面以下深度)(m)	压实度(%)	
	二级及二级以上公路	其他等级公路
上路床	0~0.30	≥95	≥93
下路床	0.30~0.80	≥93	≥90
上路堤	0.80~1.50	≥92	≥87
下路堤	>1.50	≥90	≥87

注:1.表列压实度以部颁《公路土工试验规程》重型击实试验法为准。

2.特别干旱或潮湿地区的压实度标准可降低1%~2%。

3.包边土和顶面封层压实度应符合表4.2.2-1的规定。

与06版规范相比,本条对不同等级公路的压实度标准有所调整。

粉煤灰材料具有粒径单一、级配较差等特点,粉煤灰路堤的压实效果与施工含水率、压实功能大小、摊铺厚度等因素密切相关,其中施工含水率是最重要的影响因素,根据工程经验,施工含水率控制在1~1.1倍最佳含水率时,更有利于压实。在西部一些干旱地区,料场的粉煤灰含水率普遍较低,巨大的掺水量可能是一个难题,在填筑前应重点考虑掺水工艺。

现场压实度检测方法根据现行《公路土工试验规程》(JTG E40)可选择环刀法或灌砂法。但实践中发现环刀法的结果比灌砂法偏小1%左右,填筑层在施工过程中表层粉煤灰易松散,采用填上层检下层的方式进行压实度检测,更具有代表性。

针对干旱地区含水率低的压实度条件,粉煤灰路堤沉降变形规律研究表明,粉煤灰路堤总沉降量较小,沉降变形速率较快,只要确保一定的自然沉降时间及隔离包边措施,粉煤灰路堤就可以满足质量要求。

4.10 土工泡沫塑料路堤

本节由06版规范"4.4.2 EPS路堤"补充修订而成。本节将06版规范中英文缩写"EPS"统一修改为"土工泡沫塑料"。土工泡沫塑料是由发泡剂产生的蜂窝结构,可以在现场装配之前由工厂预制,或为适应特定需要,在现场切成各种不规则的形状。工业技术上的发展几乎可以把所有品种的树脂都加工制成泡沫塑料,但在土工应用中目前多采用聚苯乙烯(Polystyrene)泡沫塑料。有两种生产方法:一种是模室法生产,简写为EPS(Expanded Polystyrene);另一种是挤出法生产,简写为XPS(Extruded Polystyrene)。挤出法是将聚苯乙烯珠粒与发泡剂和成核剂在挤塑机中充分加热,熔化混合。混合物在压力下挤出模口即处在常压下,气化膨胀,经吹塑制成均匀而紧密的多孔性泡沫塑料。两种生产方法生产出的产品在性能上有些差别。

美国和欧洲各国在土工应用上只采用EPS,原因是价格便宜,而日本则两种材料都有使用,所以在文献上有时以EPS泛指两类聚苯乙烯泡沫塑料。

4.10.1 土工泡沫塑料可用于软土地基上路堤、桥涵与挡土墙构造物台背路堤、拓宽路堤和修复失稳路堤等。

本条为新增,明确了土工泡沫塑料可以使用的范围。常用范围如下:

(1)作为软土路堤的轻质填筑料,降低基底荷载压力,减少沉降量。

(2)作为拓宽路堤的轻质填筑料,降低拓宽路堤部位的基底压力,提高地基的稳定性,减少沉降和侧向变形,降低新路堤对老路堤的影响。

(3)作为桥头路堤连接部位的填筑料,降低基底应力,减少沉降量和调节不均沉降,降低桥头结构的侧向压力,提高桥台的稳定性。

(4)作为挡墙结构或护岸结构墙背充填料,降低墙背侧向土压力,提高结构的稳定性。

(5)作为路堤下埋置的管道及结构物通道上的上覆填料,以减轻上覆荷载压力,防止或减小差异沉降。

(6)应用于路堤滑动后的修复,作为轻质填料,提高其稳定性。

4.10.2 土工泡沫材料密度宜不小于$20kg/m^3$,10%应变的抗压强度宜不小于110kPa,抗弯强度宜不小于150kPa,压缩模量宜不小于3.5MPa,7d体积吸水率宜不大于1.5%。

本条为新增,引用了相关产品标准,规定了一些常规的技术质量指标,与《公路路基设计规范》(JTG D30—2015)第3.9.3条规定一致。

4.10.3 土工泡沫塑料块体在工地堆放时,应采取防火、防风、防鼠、防雨水滞留、防有机溶剂及石油类油剂的侵蚀等保护措施,并应采取措施避免阳光直接照射。

4 一般路基

4.4.2 EPS路堤

1 EPS块体在工地堆放时，应采取防火、防风、防雨水滞留、防有机溶剂及石油类油剂的侵蚀等保护措施，采取措施避免强阳光直接照射。

本条内容采用06版规范，仅增加了"防鼠"的要求，土工泡沫塑料易受鼠害，储存时要采取措施避免老鼠对土工泡沫塑料的损坏。

4.10.4 土工泡沫塑料块体铺筑应符合下列规定：

1 铺筑前应对材料进行检测。

本款为新增。

2 非标准尺寸土工泡沫塑料块体宜在生产车间加工。现场加工时，宜用电热丝进行切割。

3 EPS块体铺筑应符合下列规定：

1）非标准尺寸EPS块体宜在生产车间加工。现场加工时，宜用电热丝进行切割。

本款内容未修订。

3 铺筑前应设置垫层，垫层宽度宜超过路基边缘0.5～1.0m，垫层顶面应保持干燥。

2 垫层应厚度均匀、密实，垫层宽度宜超过路基边缘0.5～1m。

本款根据06版规范进行了调整，增加了"垫层顶面应保持干燥"的要求。垫层一般采用砂垫层，厚度一般为100～200mm。

4 最底层块体与垫层之间、同一层块体侧面联结、不同层块体之间的联结应牢固，联结件应进行防锈处理。

5）最底层块体与垫层之间、同一层块体侧面联结、不同层的块体之间的联结应牢固，联结件应进行防锈处理。

本款内容未修订。

为防止相互错位,充分发挥土工泡沫塑料块体间整体作用,采用联结件设法加以固定是有必要的。联结件一般由1mm厚的A3钢板冲轧而成。为防锈,采用镀锌处理。一个联结件约能承受0.5kN的抗力。联结件设计时可按构造布置,沿土工泡沫塑料块长度方向布置,间距不大于1m。双面爪形联结件用于上下两层EPS之间的联结;单面爪形联结件用于土工泡沫塑料顶层或在中间现浇混凝土板下的土工泡沫塑料层顶面。

5 应逐层错缝铺设,缝隙或高差可用砂或无收缩水泥砂浆找平。

2)施工基面必须保持干燥。EPS块体应逐层错缝铺设。允许偏差范围之内的缝隙或高差,可用砂或无收缩水泥砂浆找平。

本款根据06版规范精简而成。

6 严禁重型机械直接在土工泡沫塑料块体上行驶。

3)严禁重型机械直接在EPS块体上行驶。

本款内容未修订。

7 与其他填料路堤或旧路基的接头处,土工泡沫塑料块体应呈台阶铺设,台阶宽度与坡度应满足设计要求。

4)与其他填料路堤或旧路基的接头处,EPS块体应呈台阶状铺设。

本款内容采用06版规范,并增加了"台阶宽度与坡度应满足设计要求"的规定。

8 顶面的钢筋混凝土薄板、土工膜或土工织物等,应覆盖全部土工泡沫塑料块体,并向土质护坡延伸 0.5~1.0m。

6)EPS块体顶面的钢筋混凝土薄板、土工膜或土工织物等,应覆盖全部EPS块体,并向土质护坡延伸0.5~1.0m。

本款内容未修订。

9 土工泡沫塑料路堤两边应进行土质包边,包边法向厚度应不小于0.25m,并应分层夯实,防渗土工膜宜分级回包。

7)EPS路堤两边的土质护坡,坡面法向厚度应不小于0.25m,分层碾压夯实,防渗土工膜宜分级回包。

本款内容采用06版规范,仅删除"碾压"二字。

4.10.5 土工泡沫塑料路堤质量应符合表4.10.5的规定。

表4.10.5 土工泡沫塑料路堤质量标准

项次	检查项目		允许偏差	检查方法和频率
1	土工泡沫塑料块体尺寸	长度	1/100	尺量,抽样频率:<2 000m³抽检2块,2 000~5 000m³抽检3块,5 000~10 000m³抽检4块,≥10 000m³每2 000m³抽检1块
		宽度	1/100	
		厚度	1/100	
2	土工泡沫塑料块体密度		≥设计值	天平,抽样频率同项次1
3	基底压实度		≥设计值	环刀法或灌砂法,每1 000m²检测2点
4	垫层平整度(mm)		10	3m直尺,每20m测3点
5	土工泡沫塑料块体之间平整度(mm)		20	3m直尺,每20m测3点
6	土工泡沫塑料块体之间缝隙、错台(mm)		10	尺量,每20m测1点
7	土工泡沫塑料块体路堤顶面横坡(%)		±0.5	水准仪,每20m测6点
8	护坡宽度		≥设计值	尺量,每40m测1点
9	钢筋混凝土板厚度(mm)		+10,-5	尺量,量板边,每块2点
10	钢筋混凝土板宽度(mm)		±20	尺量,每100m测2点
11	钢筋混凝土板强度(MPa)		满足设计要求	按《公路工程质量检验评定标准 第一册 土建工程》(JTG F80/1—2017)附录D检查
12	钢筋网孔间距(mm)		±10	尺量

注:路线曲线部分的土工泡沫塑料块体缝隙不得大于50mm。

4 EPS路堤质量应符合表4.4.2的规定。

表4.4.2 EPS路堤质量标准

项次	检查项目		规定值或允许偏差	检查方法和频率
1	EPS块体尺寸	长度	1/100	卷尺丈量,抽样频率:<2 000m³抽检2块,2 000~5 000m³抽检3块,5 000~10 000m³抽检4块,≥10 000m³每2 000m³抽检1块
		宽度	1/100	
		厚度	1/100	
2	EPS块体密度		≥设计值	天平,抽样频率同项次1
3	基底压实度		≥设计值	环刀法或灌砂法,每1 000m²检测2点
4	垫层平整度(mm)		10	3m直尺,每20m检查3点
5	EPS块体之间平整度(mm)		20	3m直尺,每20m检查3点
6	EPS块体之间缝隙、错台(mm)		10	卷尺丈量,每20m检查1点
7	EPS块体路堤顶面横坡(%)		±0.5	水准仪,每20m检查6点
8	护坡宽度		≥设计值	卷尺丈量,每40m检查1点
9	钢筋混凝土板厚度(mm)		+10,-5	卷尺丈量,量板边,每块2点
10	钢筋混凝土板宽度(mm)		20	卷尺丈量,每100m检查2点
11	钢筋混凝土板强度		符合设计要求	抗压试验,每工作台班留2组试件
12	钢筋网间距(mm)		±10	卷尺丈量

注:路线曲线部分的EPS块体缝隙不得大于50mm。

本条内容未修订。

土工泡沫塑料较脆,块体较大,搬运中要注意防折断。施工质量控制关键是材料、联结牢固度和平整度。

土工泡沫塑料路堤使用的材料块技术指标要求,国内各省市大体相同。表4-4为沪宁高速公路拓宽施工土工泡沫塑料的技术指标。

表4-4 沪宁高速公路拓宽施工土工泡沫塑料的技术指标

技术指标	单位	技术要求
标准块体尺寸	m	长×宽×高:3.00×1.27×0.63
块体平整度	mm	≤3
密度	kg/m³	≥20
抗压强度(压应变5%)	kPa	≥50
抗压强度(压应变10%)	kPa	≥110
抗弯强度	kPa	≥150
抗剪强度	kPa	≥120
压缩模量	MPa	≥35
体积吸水率(7d)	%	≤1.5
燃烧自灭时间	s	≤3

4.11 泡沫轻质土路堤

本节为新增。

泡沫轻质土是指采用物理方法将发泡剂制备成泡沫,再将泡沫按特定比例混入到搅拌均匀的由水泥浆料及外加剂或细集料组成的流态混合料中,浇注成型,通过凝固和养生而形成的一种含有大量均匀封闭微气孔的轻质固态材料。泡沫轻质土的英文名称为 foamed mixture lightweight soil,国内也有其他一些名称,如气泡混合轻质土、泡沫混凝土以及现浇泡沫轻质土等。

4.11.1 用于公路路基的泡沫轻质土的无侧限抗压强度应满足设计要求,设计未规定时应符合表4.11.1的规定。

表 4.11.1 泡沫轻质土无侧限抗压强度

路基部位		无侧限抗压强度(MPa)	
		高速、一级公路	二级及二级以下公路
路床	轻、中及重交通	≥0.8	≥0.6
	特重、极重交通	≥1.0	
上路堤、下路堤		≥0.6	≥0.5
地基置换		>0.4	

注:无侧限抗压强度为龄期28d、边长100mm的立方体抗压强度。

泡沫轻质土抗压强度试件为100mm×100mm×100mm的立方体,试件应采用保鲜袋密封养护,养护温度应为20℃±2℃。该试件尺寸不同于桥梁工程的水泥混凝土试件尺寸、桥梁预应力管道压浆水泥浆试件尺寸。

泡沫轻质土用在路基不同部位,其承受的自重、车辆荷载和其他作用也不同,因而提出了不同的强度要求。用于公路路基的泡沫轻质土的无侧限抗压强度指标值引用《公路路基设计规范》(JTG D30—2015)的规定值。

4.11.2 泡沫轻质土施工湿重度应符合设计要求,设计未规定时泡沫轻质土施工最小湿重度应不小于 5.0kN/m³,施工最大湿重度宜不大于 11.0kN/m³。

泡沫轻质土的湿重度与强度呈较好的正比关系,施工过程中通过控制泡沫轻质土的湿重度来控制泡沫轻质土的强度,因而规定了泡沫轻质土施工湿重度的下限。泡沫轻质土路堤的重度过大,就不能发挥减轻路基荷载的作用,因而规定了泡沫轻质土湿重度的上限。公路路基泡沫轻质土的施工湿重度指标值引用《公路路基设计规范》(JTG D30—2015)的规定值。

4.11.3 泡沫轻质土施工流动度宜为 170~190mm。特重、极重交通高

速公路及一级公路路床部位的泡沫轻质土配合比宜采用掺砂配合比,流动度宜为 150~170mm,且砂与水泥的质量比宜控制在 0.5~2.0。

流动度是表征泡沫轻质土流动性的参数。若流值过大,则会出现材料离析现象;若流值过小,则会因流动性明显降低而影响施工。特重、极重交通高速公路及一级公路路床部位的泡沫轻质土要求无侧限抗压强度不小于1.0MPa,因而泡沫轻质土宜采用掺砂配合比,对掺砂泡沫轻质土的掺砂量和流动度提出要求。用于公路路基的泡沫轻质土的流动度和掺砂泡沫轻质土的掺砂量与流动度指标值引用《公路路基设计规范》(JTG D30—2015)的规定值。

4.11.4 泡沫轻质土的原材料应符合下列规定:

1 水泥应符合现行《通用硅酸盐水泥》(GB 175)的规定,其强度等级宜为 42.5 级。

2 用水应符合现行《混凝土用水标准》(JGJ 63)的规定,且温度应不低于 5℃。

3 泡沫剂应符合现行《泡沫混凝土用泡沫剂》(JC/T 2199)的规定。

4 外加剂、掺合料应满足相关规范要求,使用前应进行效果试验,确认对泡沫轻质土无不良影响。

水泥是现浇泡沫轻质土重要的原材料,目前市场上大多数泡沫轻质土采用纯水泥浆制得。作为路用泡沫轻质土,主要利用其轻质性、高流动性以及固化后良好的承载特性和耐久性。《通用硅酸盐水泥》(GB 175—2007)规定,硅酸盐水泥、普通硅酸盐水泥最低强度等级为 42.5 级。矿渣硅酸盐水泥、火山灰硅酸盐水泥、粉煤灰硅酸盐水泥、复合硅酸盐水泥最低强度等级为 32.5 级。

《气泡混合轻质土填筑工程技术规程》(CJJ/T 177—2012)规定水泥强度等级宜采用42.5 级及以上,浙江省地方标准《公路工程泡沫混凝土应用技术规范》(DB33/T 996—2015)规定水泥强度等级应为 42.5 级及以上,江苏省工程建设标准《现浇轻质泡沫混凝土应用技术规程》(DGJ32/TJ 104—2010)规定水泥强度等级应采用32.5级及以上。行业标准《泡沫混凝土》(JG/T 266—2011)、《泡沫混凝土应用技术规程》(JGJ/T 314—2014),中国工程建设协会标准《现浇泡沫轻质土技术规程》(CECS 249:2008),天津市公路工程地方标准《现浇泡沫轻质土路基设计与施工技术规程》(TJG F10 01—2011),天津市政工程建设标准《现浇泡沫混凝土应用技术规程》(DB/T 29-215—2013)以及广东省地方标准《气泡混合轻质土填筑工程技术规程》(DBJ 15-58—2008)均未对水泥强度等级提出要求。

4.11.5 泡沫轻质土的施工设备应符合下列规定:

1 水泥浆拌和设备应具有配合比自动配置及记录功能,且单台套产能宜不低于 $35m^3/h$。

2 泡沫轻质土拌和设备应具有配合比自动配置及记录功能,且单台套产能宜不低于 $90m^3/h$。

泡沫轻质土的施工应采用专用施工设备。泡沫轻质土的施工设备的控制系统应具有对发泡剂、发泡液、压缩空气、泡沫、水泥浆、泡沫轻质土流量的实时数显功能,并能集中显示于触摸屏或便携式计算机上。泡沫轻质土施工的专用设备应具有足够的生产能力,以减少泡沫轻质土浇注的时间差,保证泡沫轻质土浇注体的均匀性。设备产能要求参考了天津市公路工程地方标准《现浇泡沫轻质土路基设计与施工技术规程》(TJG F10 01—2011)的规定。

4.11.6 泡沫轻质土配合比试验应符合下列规定:

1 泡沫轻质土配合比应进行湿重度、流动度、抗压强度试验,并应满足设计要求。

2 泡沫轻质土抗压强度试件为 $100mm \times 100mm \times 100mm$ 的立方体,试件应采用保鲜袋密封养护,养护温度应为 $20℃ \pm 2℃$。

3 泡沫轻质土的设计强度不大于 **1.0MPa** 时,试配强度应为设计强度的 **1.1** 倍;设计强度大于 **1.0MPa** 时,试配强度应为设计强度加 **0.05MPa**。试配 **7d** 龄期抗压强度应在合格标准的 **50%** 内。

泡沫轻质土具有强度和重度可调的工程特性。配合比设计是泡沫轻质土配制的关键环节。公路工程泡沫轻质土配合比设计包括湿重度、流动度、抗压强度等多项控制指标,必要时还应包括吸水率、抗冻性等指标。配合比设计时,水泥浆料采用水与水泥掺量质量比配制,水泥浆料与泡沫群混泡时按体积配合比配制。

行业标准《气泡混合轻质土填筑工程技术规程》(CJJ/T 177—2012)、中国工程建设协会标准《现浇泡沫轻质土技术规程》(CECS 249:2008),浙江省地方标准《公路工程泡沫混凝土应用技术规范》(DB33/T 996—2015)、江苏省工程建设标准《现浇轻质泡沫混凝土应用技术规程》(DGJ32/TJ 104—2010)、天津市公路工程地方标准《现浇泡沫轻质土路基设计与施工技术规程》(TJG F10 01—2011)等均规定泡沫轻质土抗压强度试件为 100mm×100mm×100mm 的立方体。行业标准《气泡混合轻质土填筑工程技术规程》(CJJ/T 177—2012)、天津市公路工程地方标准《现浇泡沫轻质土路基设计与施工技术规程》(TJG F10 01—2011)等明确规定试件应采用保鲜袋密封养护,养护温度应为 20℃±2℃。

根据国内外大量的试验资料,泡沫轻质土 7d 龄期和 28d 龄期抗压强度具有较稳定的线性关系,7d 龄期强度满足设计强度的 0.5 倍时,其 28d 龄期强度可以满足设计要求。本规范在配合比试验及泡沫轻质土路基强度中间检验时,均采用 7d 龄期强度不低于 0.5 倍设计强度的判别标准,一方面是基于大量的试验数据,另一方面是为了节约工期,避免因为强度试验而导致工期延误。当某些特殊工程有要求或者设计另有规定时,检验 28d 龄期抗压强度。天津市公路工程地方标准《现浇泡沫轻质土路基设计与施工技术规程》(TJG F10 01—2011)也是规定 7d 龄期强度不低于 0.5 倍设计强度。

4.11.7 泡沫轻质土路堤地基应按设计高程和尺寸进行开挖、清理、整平、压实,设置排水沟或其他排水设施。当在地下水位以下浇注时,应有降水措施,不得在基底有水的状态下浇注。

地下水位以下的泡沫轻质土,采取临时降水措施可以保证施工浇注质量不受影响。如果施工未达到抗浮要求,撤除降水措施可能会导致泡沫轻质土填筑体上浮而造成无法挽救的后果。

4.11.8 泡沫轻质土路堤施工应符合下列规定：

1 泡沫轻质土路堤施工前,应将路基划分为面积不大于 $400m^2$、长轴不超过 **30m** 的浇注区,每个浇注区单层浇注厚度宜为 **0.3~1.0m**。轻质土路堤每隔 **10~15m** 应设置一道变形缝。

2 泡沫宜采用压缩空气与发泡剂水溶液混合的方式生产,不得采用搅拌发泡法生产泡沫。

3 原材料配合比计量应采用电子计量,泡沫剂、水泥、水、外加剂和外掺料计量精度均为 **±2%**。

4 用于制备泡沫轻质土的料浆在储料装置中的停滞时间宜不超过 **1.5h**。

5 泡沫轻质土应在出料软管的前端直接浇注,出料口宜埋入泡沫轻质土中。

6 单个浇注区浇注层的浇注时间不得超过水泥浆的初凝时间。上下相邻两层浇注间隔时间宜不少于 **8h**。

7 泡沫轻质土不得在雨天施工。已施工尚未硬化的轻质土,在雨天应采取遮雨措施。

8 泡沫轻质土浇注至设计厚度后,应覆盖塑料膜或无纺土工布进行保湿养护,养护时间宜不少于 **7d**。

9 不宜在气温低于 **5℃** 时浇注,否则应采取保温措施。

10 泡沫轻质土顶层铺筑过渡层之前,不得直接在填筑表面进行机械或车辆作业。

泡沫轻质土路堤施工前,应根据工程规模、泡沫轻质土拌和能力、输送能力和浇注能力,将路基分为若干个浇注区,每个浇注区应划分成若干个面积适中、长宽比合理的浇注层。本条规定的浇注区划分与天津市公路工程地方标准《现浇泡沫轻质土路基设计与施工技术规程》(TJG F10 01—2011)一致。

要求发泡装置能够连续稳定地产生气泡,提出泡沫生产工艺的规定,即泡沫宜采用压缩空气与发泡剂水溶液混合的方式生产。采用搅拌发泡法生产泡沫,很难获得稳定的泡沫,故不得在泡沫轻质土生产中采用搅拌发泡法。

水泥、水、外加剂、外掺料等原材料计量精度与中国工程建设协会标准《现浇泡沫轻质土技术规程》(CECS 249:2008)的规定一致,泡沫剂计量精度较 CECS 249:2008 规定值高。

如果同一浇注层未能在初凝时间内完成浇注,则会使轻质土内部形成大量的隐性剪切裂缝。上下相邻两层浇注层间隔时间与保湿养护时间的规定,与天津市公路工程地方标准《现浇泡沫轻质土路基设计与施工技术规程》(TJG F10 01—2011)的规定一致。

表面覆盖塑料膜或无纺土工布进行保湿养护,是为避免泡沫轻质土在硬化过程中因表面失水过多而导致表层强度降低。

4.11.9 旧路加宽老路堤与泡沫轻质土交界的坡面,清理厚度宜不小于 0.3m,从老路堤坡脚向上按设计要求挖台阶。土体台阶必须密实、无松散物。泡沫轻质土浇注应采用分层分块方式,不宜沿公路横向分块浇注。纵向填挖结合段,应合理设置台阶。

为增加拓宽路基施工和运营的稳定性,泡沫轻质土分层浇注,横向不分块浇注。

4.11.10 泡沫轻质土分区施工时,分区模板应安装拼接紧密,不漏浆。宜在分区浇注施工缝处设置变形缝。变形缝宜采用18mm胶合板或20～30mm聚苯乙烯板,上下可不贯通。

泡沫轻质土是水泥胶结性材料,具有收缩徐变的特性,其施工工艺是在现场分层分块浇注。因而,分层分块浇注的施工缝可以作为变形缝,其浇注模板可以不拆除。变形缝是泡沫轻质土水泥胶结性的收缩徐变的结构缝,因而上下可以不贯通。但是,如果变形缝用作沉降缝,变形缝上下应贯通。

4.11.11 泡沫轻质土路基路床强度应符合表4.11.1的规定,对CBR值、弯沉值可不作要求。

泡沫轻质土是水泥基胶凝材料经物理化学作用硬化形成的一种轻质固态材料,其强度换算的CBR值远大于2019版规范要求的路基填料的CBR值,换算的弹性模量也远大于土基路床的回弹模量。所以对泡沫轻质土采用强度指标控制,对CBR值和弯沉值可不作要求。

4.11.12 泡沫轻质土在浇注过程中应做湿重度现场检测,检测方法应采用容量筒法,每一浇注区浇注层检测次数应不低于6次。

泡沫轻质土路堤可以减轻路堤自重荷载。重度过大则不能发挥泡沫轻质土路堤的作用,因而规定了泡沫轻质土施工最大湿重度。2019版规范中泡沫轻质土的施工湿重度指标值引用《公路路基设计规范》(JTG D30—2015)的规定值。

4.11.13 泡沫轻质土应在固化后28d进行无侧限抗压强度和密度检测。抗压强度和密度应按现行《公路工程水泥及水泥混凝土试验规程》(JTG E30)进行检测,并满足设计要求。

本规范在泡沫轻质土配合比试验及路基强度中间检验时,均采用7d

龄期强度不低于0.5倍设计强度的判别标准;在交工检验时,采用28d龄期抗压强度。

4.11.14 泡沫轻质土施工质量应符合表4.11.14的规定。

表4.11.14 泡沫轻质土施工质量标准

项次	检查项目	规定值或允许偏差	检查方法和频率
1	强度(MPa)	在合格标准内	2组/400m³
2	干重度(kN/m³)	≤设计值	2组/400m³
3	顶面高程(mm)	+10,−15	水准仪:每20m测1点
4	轴线偏位(mm)	20	全站仪:每20m测1点
5	宽度(mm)	≥设计值	尺量:每10m测1点

泡沫轻质土要承受路堤自重、行车荷载以及地震等其他因素的作用,因而将强度作为泡沫轻质土施工质量控制指标之一。考虑到泡沫轻质土的湿重度与强度呈较为稳定的线性关系,施工过程中检测泡沫轻质土的湿重度也就间接地控制了泡沫轻质土的强度。

泡沫轻质土因其自重轻,被用于需要减轻自重荷载的公路路堤工程,所以将干重度作为泡沫轻质土施工质量控制的另一项指标。泡沫轻质土路堤顶面高程和宽度应符合《公路工程质量检验评定标准 第一册 土建工程》(JTG F80/1—2017)中土方路基质量检验标准的有关要求。考虑到泡沫轻质土通过安装模板浇注成型,其轴线偏位指标采用JTG F80/1—2017中水泥混凝土面层的标准。

4.11.15 泡沫轻质土的外观质量应符合下列规定:

1 面板应光洁平顺,线形平顺,沉降缝上下贯通顺直。

2 表面不得出现宽度大于**2mm**的非受力贯穿缝。

泡沫轻质土路堤浇注体的沉降缝应上下贯通顺直。泡沫轻质土施工工艺是在现场分层分块浇注,其浇注模板可以不拆除,用作沉降缝或变形缝的填充材料。

如果浇注过程中轻质土内部出现消泡或气泡逸出,则会造成上层轻质土凝结后因自重产生沉降开裂。此类病害对于轻质土路堤的稳定性危害较大,因而要限制泡沫轻质土表面的非受力贯穿缝。

4.12 煤矸石路堤

本节为新增。

煤矸石一般是指煤矿开采和选煤过程中产生的固体废弃物,含热量低。我国一些西部省份的公路建设中,常会遇到含低热量煤的煤系地层。在煤系地层中进行隧道与边坡开挖,会形成的大量弃渣。对于这些特殊弃渣,若弃之不用,对环境与造价都会造成很大影响。从性能上,可以将煤系地层挖方弃渣也归为煤矸石填料。但是,应注意煤系地层挖方弃渣与选煤场的煤矸石在颗粒组成等方面还存在一定差异,选煤场的矸石较为均匀。

4.12.1　煤矸石可用于公路路堤填筑,不宜用于高速公路、一级公路上路堤,不得用于路床。需要保护的水源地区域不宜采用煤矸石进行路堤填筑。

煤矸石具有自燃和遇水崩解的特点,为了确保路基的长期性能,不建议用于高速公路、一级公路的上路堤,路床部分则禁止使用。如果将煤矸石用于需要保护的水源地区,应进行环境影响评价。

4.12.2　用于路堤填筑的煤矸石填料应符合下列规定:

1　经过充分氧化或存放 3 年以上的煤矸石可直接用于路堤填筑。

2　煤矸石填料 CBR 值应大于 8%,耐崩解性指数应大于 60%,硫化铁含量宜小于 3%。

3　遇水崩解的软质煤矸石不得用于路堤浸水部位的填筑。

煤矸石的一个显著特点是自燃,这主要是由于煤矸石中所含的有机物和黄铁矿(FeS)可被空气中的氧气氧化并释放热量。随着热量的聚积,矸石温度逐渐升高。当温度上升至矸石及可燃物燃点(300~350℃)时,即会发生自燃现象。另外,一些煤矸石遇水崩解风化,使用时对路基的性能影响很大,在降雨作用下极易造成路基出现较大的沉降,不利于路基的性能稳定。因此要对煤矸石填料进行硫化铁含量和耐崩解指数试验。试验方法可参照现行《建材用粉煤灰及煤矸石化学分析方法》(GB/T 27974)及《公路工程岩石试验规程》(JTG E41)。

选煤场的矸石山自燃现象较普遍,一般而言,在自然环境下存放3年以上的煤矸石要么已过火,要么不易自燃,性能稳定,可作为正常填料用于路堤填筑。

4.12.3 来源不同的煤矸石填料,性能相差大时,应分段填筑。

4.12.4 未经充分氧化与陈化的煤矸石用于路堤填筑时应采取封闭措施,并应符合下列规定:

1 每填筑2~3m应设置300mm厚的细粒土隔离层,路堤顶面应进行封闭处理。

2 应采用细粒土进行包边防护,包边土应与煤矸石同步施工,宽度宜不小于2m,包边土底部0.5m范围宜采用透水性填料。

3 煤矸石路堤发生自燃时可灌注石灰浆、水泥浆进行封闭处理。

公路经过煤系地层时,隧道与边坡开挖均会遇到大量煤矸石,若弃之不用,对环境与造价影响很大。煤矸石路堤面临的主要问题是自燃。国内一些公路曾发生过一些煤矸石自燃现象。煤矸石路堤发生自燃后,大多是采用灌注石灰浆或水泥浆方法予以封闭处理。因此对煤矸石填料进行隔离封闭是确保煤矸石路堤稳定的基本要求。采用未经充分氧化或陈化的煤矸石填筑路堤,可采用如图4-2所示的典型横断面形式。

包边宽度主要考虑机械施工的可操作性,通常自卸车上料的宽度为

2~3m,推土机和压路机的作业宽度也接近2m。

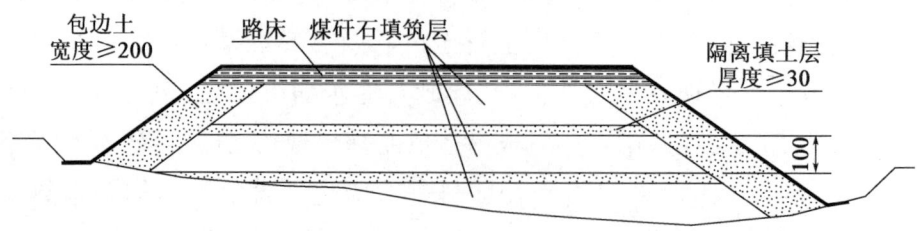

图4-2 未充分养护煤矸石路堤典型横断面示意图(单位:cm)

4.12.5 煤矸石路堤及包边土压实度标准应符合表 4.4.3 的规定。当煤矸石填料粒径大时,施工控制及压实质量标准可参照填石路堤。

除了具有自燃和遇水崩解等的特殊性质之外,煤矸石作为路基填料的物理力学性质总体上与石质填料类似。因此,煤矸石路基施工控制及压实度质量标准均可参考填石路堤的标准。

4.13 工业废渣路堤

工业废渣又称工业固体废物,是能源、电力、化工、冶炼等重工业废弃物,主要包括脱硫石膏、锅炉灰渣、汽化渣、钢渣、高炉矿渣等,工业废渣在全国重工业基地均有分布,其逐年增加的堆弃量造成了巨大的环境压力。工业废渣就近用于公路建设,可节约工程造价,并减少取土占地,是工业废渣综合利用的良好途径。

本节为新增,针对工业废渣用于路堤填筑的适用范围、环保及运输要求、施工工艺、质量控制标准等进行了规定。

4.13.1 工业废渣可用于公路路堤填筑,不得用于高速公路、一级公路路床和路堤浸水部分。

根据工业废渣的力学性能和稳定性特点以及工业废渣可能对环境产生的不利影响,规定了工业废渣允许使用的路基部位。

4.13.2 工业废渣填料用于路堤填筑时,必须符合国家现行环境保护的有关规定,严禁采用有害物质超标的工业废渣作为路堤填料。

工业废渣的检测指标宜包括重金属含量、非挥发性有机化合物等,试验方法应符合现行《固体废物浸出毒性测定方法》(GB/T 1555)的有关规定,采用现行《危险废物鉴别标准 浸出毒性鉴别》(GB 5085.3)作为鉴别标准。

4.13.3 储运工业废渣应符合下列规定:
1 调节工业废渣含水率应在渣场中进行。
2 工业废渣的装卸、运输和堆放,应采取洒水封盖等防止扬尘措施。
3 工业废渣填料宜从厂家或渣场直接运输至施工作业面使用。

工业废渣的装卸、运输、压实等作业工艺是产生扬尘污染的重要原因,应遵守国家及地方的环保政策和要求,及时洒水除尘。基于施工成本和环保等方面的考虑,要求在渣场调节含水率,并避免二次转运。运距是影响工业废渣路堤造价的重要因素,建议采用厂家直接定点运输至路基施工作业面的运输模式,以利于节约运输和装卸成本。

4.13.4 工业废渣路堤填筑应符合下列规定:
1 有显著差别的填料应分段填筑。
2 应采用细粒土进行包边防护,包边土应与工业废渣同步施工,宽度宜不小于2m,包边土底部0.5m范围宜采用透水性填料。
3 每填筑2~3m应设置300mm厚的细粒土隔离层,路堤顶面应进行封闭处理。
4 施工间歇期作业面应封闭交通,洒水润湿。施工间隔长时,应在工业废渣压实层顶面覆盖封闭土层。

工业废渣路用性能差异性较大,应用之前应根据室内试验结果确定路堤填筑的具体施工工艺及防护措施。包边封顶的措施主要基于防止冲刷及环保要求,为防止冲刷并避免工业废渣对环境产生不利影响,工业废渣路堤应采取包边封顶的措施。由于自卸车上料的宽度为 2～3m,推土机和压路机的作业宽度也接近 2m,考虑机械施工的可操作性,提出包边土宽度宜不小于 2m。工业废渣路堤典型横断面如图 4-3 所示。

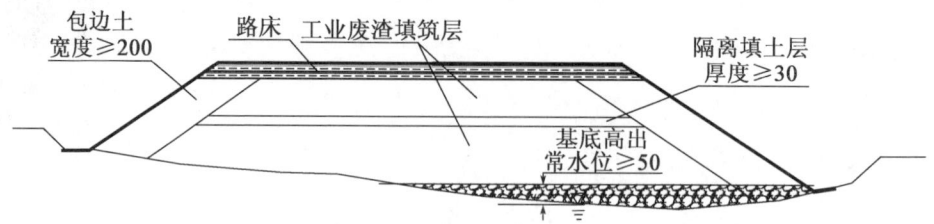

图 4-3　工业废渣路堤典型横断面示意图(单位:cm)

4.13.5　工业废渣路堤压实度标准应通过试验路段确定,并应符合表 4.13.5 的规定。包边土的压实度应符合表 4.4.3 的规定。工业废渣路堤压实度可采用填上层检下层的方式进行检测。

表 4.13.5　工业废渣路堤压实度标准

填料应用部位	压实度(%)	
	高速、一级公路	二级及二级以下公路
下路床	—	≥93
上路堤	≥93	≥90
下路堤	≥90	≥88

注:表列压实度以现行《公路土工试验规程》(JTG E40)重型击实试验法为准。

工业废渣由于类型不同,其路用性能差异巨大。例如,高炉矿渣、钢渣、汽化渣等经过高温煅烧或蒸馏,其性质相对稳定,强度较高。所以,工业废渣用于路堤填筑应充分考虑填料强度、耐久性、水稳性及环保要求,在充分论证可行性并铺筑试验路后应用。

在特殊干旱或潮湿等气候地区,工业废渣路堤压实度标准应通过试验路确定,并适当延长自然沉降时间。

4.14 填砂路堤

本节为新增。

粗粒土中砾粒组质量小于或等于砂粒组质量的土称为砂类土。砂类土中细粒组质量小于或等于总质量5%的土称为砂,砂类土中细粒组质量为总质量的5%~15%(含15%)的土称为含细粒土砂,以砂或含细粒土砂作为填料的路基称为填砂路堤。

4.14.1 砂料可用于公路路堤填筑,不宜直接用于路床填筑。

本条明确了砂料可填筑的路基部位。填砂路基在施工过程中通常失水较快。处于干燥状态已成形的填砂路基顶层,若承受施工车辆与施工机械设备的进一步碾压与扰动,将会出现填料松散,不利于填砂路基稳定和路面结构层的施工。因此,砂料不宜直接用于路床填筑。

4.14.2 含草皮、生活垃圾、树根、腐殖质的砂料不得作为路基填料,砂料中有机质含量应不超过5%。

本条明确了用作路基填料的砂料的质量要求。条文所列的非砂料成分若混杂到填料中,将会对路基质量产生不利影响,必须严格控制。

4.14.3 填砂路堤施工应符合下列规定:

1 在填筑前先填筑黏土或石灰改良土下封层,下封层厚度宜不小于**400mm**,应分两层施工。

2 应全断面分层填筑和压实,最大松铺厚度宜不超过**400mm**,施工作业段长度宜为**400~500m**,超填宽度每侧宜不小于**500mm**。

3 不得土砂夹层混填。

4 宜采用洒水压实法或水沉法逐层密实。受条件限制只能采用小型压实机具时,最大松铺厚度应不大于**150mm**,并充分灌水后压实。

5 应经常洒水,保持表层湿润,形成的车辙应及时整平、碾压。

填砂路基的黏土下封层主要起封水、排水和承载作用。首先,通过设置封层,防止地基的毛细水升至填砂路基内部,引起路基承载力下降或发生冻胀;其次,通过设置封层,防止填砂中的孔隙水渗入地基,进而引起地基土的软化和承载力降低;第三,通过设置封层,防止填砂中的细颗粒随渗流流失,进而在填砂路基中形成空洞,产生局部不均匀沉陷;第四,通过设置封层,提高地基承受填砂路基路面荷载及行车荷载作用的能力。若用于封层的土质较差,可掺加石灰等改善土质,提高强度,满足设计要求。对掺用的石灰等结合料要进行相关试验,以保证改良土的质量。不透水黏土下封层宜设置4%左右的横坡,以利于排除路基内部的水分。如设计有下封层,则其上铺筑的第一层砂的松铺厚度应按400mm控制;如设计无下封层,则第一层砂的松铺厚度可按400~600mm控制。

作业段不宜太长,主要是考虑运砂车辆在其上长距离行驶较为困难。同时为保证运砂重车在砂层上正常行驶、掉头,砂层要经常洒水(特别是在旱季),保持表层湿润,形成的车辙要及时整平、碾压,机械设备的调度距离不宜过长。所以,本条提出施工作业段长度宜为400~500m。若采用接管灌水,大功率的潜水泵或其他压力泵的泵送距离也不宜太长,否则水压力不够。同时,填砂时要求半幅挂线施工,并保证在同一个作业段形成流水作业,不至于因灌水碾压滞后造成待工现象。

考虑到砂的黏聚力很小,在碾压过程中,压路机不能过分靠边碾压,否则容易下陷,不安全,设计路基宽度内不能有效压实,因此要确保摊铺宽度宽出设计宽度500mm。设计有包边土时可不按此规定执行。在施工过程中,路基边缘压路机碾压不到处,可以考虑用TY140以上的履带式推土机补压。另外,填砂路基顶面层不宜太薄,否则易形成顶面填筑层剥离,从而影响路基质量。

填砂摊铺采用推土机粗平并配合平地机精平。大型推土机可作为填砂路基的初压设备,初压时按照一般土方的压实工艺,从路基边缘向内侧逐轮碾压,碾压时轮迹重叠宽度不小于1/2轮宽,轮迹布满一个作业面为

1遍,共需碾压2遍,碾压时也可采用纵横向交错的碾压方式。

压路机碾压需满足以下要求：

(1)碾压前应对填砂松铺厚度和含水率进行检查,符合要求后方可碾压。

(2)压实应根据试验段确定的压实遍数进行控制。若控制压实遍数超过10遍,应考虑减小填料层厚,经压实度检验合格后方可转入下道工序,压实度不合格时应洒水补压再做检验,直至合格。

(3)振动压路机一般碾压6遍以上,碾压时轮迹重叠宽度应不小于1/3轮宽,轮迹布满一个作业面为1遍。采用20t以上的前后轮驱动振动压路机进行碾压。碾压时先慢后快,用高频低振的方法进行振压。压路机的碾压行驶速度不超过4km/h。碾压时直线段由两边向中间,小半径曲线段由内侧向外侧,纵向进退式进行。

(4)前后相邻两区段(碾压区段之前的平整预压区段与其后的检验区段)应纵向重叠2m以上,达到无漏压、无死角,确保碾压均匀。

(5)终压用振动压路机静压1~2遍。

(6)路基边缘压路机碾压不到处,应采用小型压(夯)实机具进行补压。机械在碾压成形后的填砂路基上行驶需缓慢匀速,掉头半径尽量大一些。

填砂路基填料的最佳含水率在压实施工过程中一般控制在10%~15%,可在小雨中施工。

4.14.4 填砂路基压实度应符合表4.4.3的规定。

填砂路基压实度的检测方法,可采用灌砂法检测密度,采用红外线微波加热法快速检测含水率。

4.14.5 填砂路基边坡防护应符合下列规定：

1 边坡防护可采用包边土,包边土宽度宜为**3m**,应先填筑包边土,与填砂交错进行。

2 应考虑坡面排水能力、整体抗冲刷能力，以及与周边环境的协调性，路基坡脚应设干砌片石护脚。

3 雨季施工边坡防护不能及时完成时，宜采取油毛毡或塑料薄膜覆盖等临时防护措施。

填砂路堤的黏聚力小、抗冲刷性弱，因此路基边坡要及时防护。常用的防护形式还有袋装砂码边。

4.15 取土与弃土

本节根据06版规范"4.2.1 施工取土"和"4.3.4 弃方"整合而成。

4.15.1 取土应符合下列规定：

1 取土应根据设计要求，结合路基排水和土地规划、环境保护、公路建设要求进行。

2 取土应不占或少占耕地，取土深度应结合地下水等因素综合考虑，原地面耕植土应先集中存放。

3 桥头两侧不宜设置取土场。

4 取土场与路基之间的距离，应满足路基边坡稳定的要求。

5 线外取土场与排水沟、鱼塘、水库等设施连接时，应采取防冲刷、防污染措施。

6 取土场周边坡度应满足稳定性要求。

7 对取土造成的裸露面，应采取整治或防护措施。

4.2.1 施工取土

1 路基填方取土，应根据设计要求，结合路基排水和当地土地规划、环境保护要求进行，不得任意挖取。

2 施工取土应不占或少占良田，尽量利用荒坡、荒地，取土深度应结合地下水等因素考虑，利于复耕。原地面耕植土应先集中存放，以利再用。

3 自行选定取土方案时,应符合下列技术要求:

1)地面横向坡度陡于1:10时,取土坑应设在路堤上侧。

2)桥头两侧不宜设置取土坑。

3)取土坑与路基之间的距离,应满足路基边坡稳定的要求。取土坑与路基坡脚之间的护坡道应平整密实,表面设1%~2%向外倾斜的横坡。

4)取土坑兼作排水沟时,其底面宜高出附近水域的常水位或与永久排水系统及桥涵出水口的标高相适应,纵坡不宜小于0.2%,平坦地段不宜小于0.1%。

5)线外取土坑等与排水沟、鱼塘、水库等蓄水(排洪)设施连接时,应采取防冲刷、防污染的措施。

4 对取土造成的裸露面,应采取整治或防护措施。

在正常情况下,路基施工取土都应按设计的取土位置、取土深度、取土范围进行。但是,有时设计指定的取土场由于质量、数量或其他问题不能满足路基填筑的要求,需要施工单位另外寻找合适的取土场。

取土场选择与设计应注意以下要点:

(1)结合路线现场的实际情况,综合考虑路基排水、土地规划、环境保护。

(2)在符合质量要求的情况下,选择运距最小、挖运方便、成本最低的填料。

(3)最大限度地少占耕地,并结合区域土地规划,通过取土,为改山地、坡地、荒地为耕地、鱼塘、水塘等创造条件。

(4)取土坑的设计,应采取措施防止冲刷、水土流失和环境污染,并确保路基和取土坑边坡稳定。

(5)取土坑兼作排水沟时,应确保排水通畅,其深度应与设计排水系统及桥涵出水口的高程相适应。

(6)对不能恢复使用的取土坑,其外侧边缘至用地边界的宽度应不小于 1 m。对取土造成的裸露面,应进行整治或采取防护措施。对需恢复耕田的应覆盖种植土。

4.15.2 弃土应符合下列规定:

1 施工前应对设计提供的弃土方案进行现场核对,如有问题应及时反馈处理。

2 弃土宜集中堆放,并与周边环境相协调。

3 严禁在贴近桥梁墩台、涵洞口处弃土。

4 不得向水库、湖泊、岩溶漏斗及暗河口处弃土。

5 弃土宜分层填筑,分层压实,弃土场的边坡不得陡于 1:1.5,顶面宜设置不小于 2% 的排水坡。

6 弃土作为路基反压护道时,宜与路基同步填筑。

7 在地面横坡陡于 1:5 的路段,路堑顶部高侧不得设置弃土场。

8 弃土场应及时施作防护和排水工程,坡脚应按设计要求进行加固。

4.3.4 弃方

1 施工前,应对设计提供的弃土方案进行现场核对,若有疑问,应及时处理。

2 弃土不得占用耕地。

3 沿河弃土不得影响排洪、通航,不得加剧河岸冲刷。不得向水库、湖泊、岩溶漏斗及暗河口处弃土。禁止在贴近桥墩台、涵洞口处弃土。

4 沿线弃土堆设置应符合设计要求;设计无要求时应符合下列规定:

1) 弃土应相对集中堆放,并与周边环境相协调,严禁随意处理。

2) 弃土堆的几何尺寸、压实程度、位置,应保证路基边坡和弃土堆自身的稳定。弃土堆的边坡不陡于 1:1.5,顶面向外设不小于 2% 的横坡,其内侧高度不宜大于 3m。

3)在地面横坡陡于1:5的路段,不得在高于路堑边坡顶的山坡上方设弃土堆。

4)在山坡上侧的弃土堆,应连续而不间断,并在弃土堆上侧设置截水沟。山坡下侧的弃土堆,应每隔50~100m设宽度不小于1m的缺口排水,排水主流方向不得对地面结构物及农田等造成不利影响,必要时可设人工沟渠导引排水。弃土堆坡脚应进行防护和加固。

5 弃土应按设计要求进行压实。

6 应按设计要求及时完成弃土场的防护、排水工程。

岩溶地区的漏斗处、暗河的地面水排泄孔道、地下水出水口通道等处不得弃土。如将弃土堆积于此处,可能造成地面积水、地下水无法排走,危及路基稳定、安全。

弃方随意堆放,既影响施工,又破坏环境;弃土堆积在灌溉渠道会堵塞农田水利设施;弃方倾入河流,将造成水流污染,堵塞、挤压桥孔,增加水流速度,改变水流方向,冲刷河岸等。因此制定相应的条款。

弃土的处理还应注意以下要点:

(1)尽量将弃土集中堆弃于荒地。条件允许时,应将弃土堆推平以利于改地造田,或植树、种草。

(2)在沿河线,有条件时可将弃土筑坝,以保护沿河村舍及农田的安全。弃土不得堵塞河道或引发河流改道而冲刷两岸村舍农田。弃土不得引起道路积水、积雪、积砂等病害。

(3)注意路容整齐,在不设边沟地段,弃土堆积高度宜低于路基高程。

4.16 路基拓宽改建

本节根据06版规范"4.5 路基拓宽改建施工"修订而成,变动较大。随着我国公路交通量越来越大,拓宽改建项目日益增多,而拓宽改建在施工中遇到的问题要比新建公路复杂。新老路基的结构、强度和工后沉降差异较大,将导致新老路基结合部产生沉降突变和应力集中现象;并且公路路基拓宽作业场地狭小,大型压路机碾压困难,压实度不容易保证。

本节主要修订内容为:增加了截排水、路床填料、防护与支挡工程拆除、挖方路基拓宽、高路堤和陡坡路堤拓宽、沉降和稳定性观测要求等。

4.16.1 不中断交通路基拓宽施工时,应采取交通管制和安全防护措施。

4.5.4 边通车边拓宽时,应有交通管制和安全防护措施。

本条采用06版规范的内容,仅对措辞进行了调整。

4.16.2 施工前应截断流向拓宽作业区的水源,开挖临时排水沟。施工期间应在水流汇集的路肩外侧设置拦水带,根据水流情况在拓宽路基中合理设置临时急流槽与泄水口。

4.5.1 路堤拓宽施工

2 施工前应截断流向拓宽作业区的水源,开挖临时排水沟,保证施工期间排水通畅。

本条在06版规范的基础上增加了"拦水带、急流槽、泄水口"等截排水措施。

4.16.3 拓宽路堤的填料宜与老路基相同,或选用水稳性好的砂砾、碎石等填料,且应满足表4.1.2的要求。路床应采用水稳性好的粗粒土或无机结合料稳定材料填筑。

6 拓宽路堤的填料宜选用与老路堤相同的填料,或者选用水稳性较好的砂砾、碎石等填料。

本条在06版规范的基础上增加了路床的填料要求。

4.16.4 一般路堤拓宽施工应符合下列规定:

1 拓宽路堤填筑前,应拆除原有排水沟、隔离栅等设施。拓宽部分的基底清除原地表土应不小于0.3m,清理后的场地应进行平整压实。老

4 一般路基

路堤坡面,清除的法向厚度应不小于0.3m。

1 应按设计拆除老路路缘石、旧路肩、边坡防护、边沟及原有构造物的翼墙或护墙等。

4 老路堤与新路堤交界的坡面,挖除清理的法向厚度不宜小于0.3m,然后从老路堤坡脚向上按设计要求挖设台阶;老路堤高度小于2m时,老路堤坡面处理后,可直接填筑新路堤。严禁将边坡清挖物作为新路堤填料。

本款由06版规范的两款整合而成,文字进行了精简。

2 拓宽路基的地基处理应符合设计和本规范有关规定。

3 拓宽部分路堤的地基处理应按设计和本规范有关条款处理。

本款采用06版规范的内容,仅对表达方式进行了调整。

3 上边坡的既有防护工程宜与路基开挖同步拆除,下边坡的防护工程拆除时应采取措施保证既有路堤的稳定。

本款为新增,目的是保证防护工程安全拆除。

4 既有路堤的护脚挡土墙及抗滑桩可不拆除。路肩式挡土墙路基拼接时,上部支挡结构物应予拆除;宜拆除至路床底面以下。

本款为新增,明确了路基支挡结构拆除的要求。既有的护脚挡土墙及抗滑桩对路基的稳定仍然有作用,故可不拆除;而上部的支挡结构物对路基及路床的填筑造成一定的障碍,影响填筑质量,故应拆除。

5 既有路基有包边土时,宜去除包边土后再进行拼接。

本款为新增,对有包边土路基的拼接提出去除包边土的要求。主要是因为路基包边土压实质量不一定能保证;包边土夹在新旧路基填料中间,因土的物理力学性质不同,人为造成填料的不均匀,有可能发生不均匀沉降。

6 从老路堤坡脚向上开挖台阶时，应随挖随填，台阶高度应不大于1.0m，宽度应不小于1.0m。

本款为新增，明确了开挖台阶的尺寸要求。

7 拼接宽度小于0.75m时，可采取超宽填筑再削坡或翻挖既有路堤等措施。

本款为新增，对拼接宽度较小的路基拓宽给出处理措施。

8 宜在新、老路基结合部铺设土工合成材料。

本款为新增。

路基拓宽改建一直存在着如何处置新老路基结合部的问题，该问题直接影响路基的沉降和整体稳定。一方面，既有公路路基经过多年运营，沉降已基本完成，而新路基由于固结等原因将产生较大的沉降，导致新老路基存在差异沉降，通常在拓宽路面开放交通后的一段时间内，新老路面结合部有可能产生纵向裂缝。另一方面，新老路基的强度和密实程度不同，如果新老路基差异沉降过大或施工过快，易在结合部产生滑动剪切面，导致路基整体失稳。使用土工合成材料可以减少新老路基的不均匀沉降和提高新路基的稳定性，使应力的传递更加合理，因此采用土工合成材料已经成为处置新老路基结合部极其有效的措施。处置新老路基结合部常用的土工合成材料包括土工格栅、土工布等。

4.16.5 高路堤与陡坡路堤拓宽施工应符合下列规定：

1 原坡脚支挡结构不宜拆除，结构物邻近处可用小型机具薄层夯实。

2 老路底部设置有渗沟或盲沟时，应做好排水通道的衔接施工。

3 高路堤与陡坡路堤拓宽施工，尚应符合本规范第4.7节的相关规定。

本款为新增。

高路堤和陡坡路堤的稳定性非常重要,拓宽施工时既要保证老路基的稳定,又要保证新填筑路基的稳定。支挡结构拆除时须慎重,同时做好排水,保证既有排水设施的衔接顺畅。

4.16.6 挖方路基拓宽施工应符合下列规定:

1 应在既有路基边缘设置防止飞石或落石的安全防护措施,并应设置警示标志。

2 边通车边施工时,宜采用机械开挖或静力爆破方式进行开挖。

3 采用爆破方式时,应按爆破施工方案组织施工,宜统一规定爆破时间段,爆破时应临时封闭交通。

4 拓宽施工中的挖方路基施工,除执行本条规定外,尚应执行本规范第4.3节的相关规定。

本款为新增。

06版规范对挖方路基拓宽未做特殊要求。挖方路基拓宽的重点是保证安全,本次修订补充了部分安全方面的要求。

4.16.7 拓宽路基应进行沉降观测,观测点应按设计要求设置。高路堤和陡坡路堤路段尚应进行稳定性监测。

本款为新增。

由于路基拓宽改变了既有路基的受力状态,有可能造成沉降和失稳,故补充了沉降观测和稳定性监测的相关要求。

5 路基排水工程

06版规范第5章"路基排水"共有"一般规定""地表排水""地下排水"及"路基排水工程质量标准"4节27条。本次修订维持06版规范4节不变,共有37条,新增10条。施工质量标准依照《公路工程质量检验评定标准 第一册 土建工程》(JTG F80/1—2017)进行了修订。

水是造成路基病害的主要因素之一,流经或存于路基边坡表面则造成路基边坡损坏,渗入路基内部则降低路基承载能力或形成渗流带走路基自身材料,最终导致路基失稳,影响道路行车安全。

2019版规范根据《公路排水设计规范》(JTG/T D33—2012)及《公路路基设计规范》(JTG D30—2015)的相关要求,结合路基排水施工情况,对公路路基排水系统施工做出相关规定。

公路路基施工组织,宜先施工涵洞、桥梁工程以及路基施工现场内外的地表水、地下水临时和永久排水设施,使工程不受水侵害,确保工程的质量、安全、进度。

路堑施工中,除防止上边坡方向的水流入外,还应防止雨水存积。当开挖面积较大时,在大雨时积水量会很大,条文仅原则性地规定了"及时排除地表水"。各地的实际情况相差很大,多雨地区施工中应引起高度重视。

路堑边坡上方如有泥沼、水塘、沟渠、水田等水源时,应做详细调查,确定是否有渗水情况,并针对具体情况,采取必要的防渗措施。

路基的含水率直接影响路基的强度,含水率大会引起路基密度下降,造成填土变软、强度降低、边坡坍塌、路基沉陷或滑动,影响交通。因此,各级公路应根据沿线的降水与地质水文等具体情况,做好必要的地面排水、地下排水、路基边坡排水等设施,并与沿线桥涵配合,形成良好的排水系统,以保证路基具有足够的强度和稳定性。

路基的排水,需要根据实际情况采用不同的排水设施,尽快排除路基范围内的地表水、地下水,确保路基的强度与稳定。

排水设施可分为:

(1)地面排水设施,其作用是拦截影响路基稳定的地面水,并排除到路基范围以外,防止地表水漫流、停积或下渗。一般应做好包括边沟、截水沟、排水沟、跌水、倒虹吸、渡槽等工程。

(2)地下排水设施,其作用是对影响路基稳定的地下水予以截断、疏干、降低并引导至路基范围以外。一般包括渗沟、渗管、渗井等工程。

路基排水施工的一般原则如下:

(1)各种路基排水设施的设置和连接应尽量不占或少占农田,并与当地农田水利建设相配合,必要时可适当加大涵管孔径或增设涵管,以利于农田排灌。一般情况下,不应利用边沟作为灌溉渠道,当不得已需将灌溉渠与边沟合并使用时,除应加大边沟断面外,还应采取必要的加固、防渗措施,以防水流危害路基。

(2)施工前必须进行调查研究,使排水系统的设置做到正确合理。

(3)排水施工要因地制宜、经济适用。排水沟渠应选择在地形、地质较好的地段范围内通过,以减少加固工程。对于排水困难和地质不良地段,应进行特殊处理。

(4)排水沟渠的出水口应尽可能引接至天然(原有)河沟,以减少桥涵工程,不应直接使水冲入农田损害农业生产。

(5)排水构造物的施工,应贯彻因地制宜、就地取材的原则,应能迅速有效地排除对路基有害的水,保证公路运输畅通。

5.1 一般规定

本节06版规范共5条,2019版规范共7条。增加了路段施工组织原则、边沟一般规定、排水设施质量要求;删减了06版规范第5.1.5条。

增加和删减的理由如下：

（1）公路建设一般分段组织实施，路基段工程内容包含路基工程、桥涵工程，施工组织上涵洞宜尽早开工完成，有利于整个路段形成完善的排水系统，此次纳入2019版规范第5.1.3条路段施工组织原则。

（2）由于排水设施工程在整个公路工程的造价比例较低，在施工管理、标段质量验收各个环节又非主要控制项，排水设施的内在质量、外观质量较主体工程有一定差距。为此增加第5.1.6条边沟一般规定、第5.1.7条排水设施质量要求。

（3）06版规范"5.1.5 施工中应对地下水情况进行记录并及时反馈"，这条内容在2019版规范的第1章总则中已有规定，属于管理职责，而非技术条款，故予以删减。

5.1.1 施工前，应对排水设计进行现场核对，如有问题应及时反馈处理。全线的沟渠、桥涵等应形成完整的排水系统。

5.1.2 临时排水设施宜与永久排水设施相结合。施工期间，应经常维护临时排水设施。

5.1.1 施工前，应校核全线排水设计是否完善、合理，必要时应提出补充和修改意见，使全线的沟渠、管道、桥涵组合成完整的排水系统。临时排水设施应尽量与永久排水设施相结合，排水方案应因地制宜、经济实用。

第5.1.1、5.1.2条与06版规范第5.1.1条基本相同。在勘察时，受地上附着物的影响，调查难免有疏漏。因此，施工前应该对现场进行核查，保证路基排水设计能形成完善的排水系统。路基排水系统要永久性与临时性统筹兼顾，应完善、合理，因地制宜、经济适用，使路基无论是在施工时，还是在以后的使用中都不受水的侵害，保持路基具有足够的强度与稳定性，故作此规定。

5 路基排水工程

5.1.3 路堤段落设计有涵洞时,宜安排涵洞先行施工。地表水、地下水的临时和永久排水设施应及时完成。

本条为新增,目的是防止施工单位在施工组织中忽视涵洞、临时工程和永久排水设施的施工安排,造成排水设施进度滞后,影响路段综合排水系统及早形成,导致路基工程在施工过程中发生不必要的损毁。

5.1.4 路堤填筑期间,作业面应设 2%～4% 的排水横坡,表面不得积水。边坡应采取临时排水措施。

5.1.5 路堑施工时应及时排除地表水。

5.1.2 施工前,宜先完成临时排水设施。施工期间,应经常维护临时排水设施,保证水流畅通。

5.1.3 路堤施工中,各施工作业层面应设 2%～4% 的排水横坡,层面上不得有积水,并采取措施防止水流冲刷边坡。

5.1.4 路堑施工中,应及时将地表水排走。

以上 2 条规定内容与 06 版规范基本相同,序号有所调整。在路基施工时,先做临时排水,并确保排水畅通,使施工过程中路基不受水的危害。

施工过程中,临时排水设施施工应符合下列要求:

(1)路基施工中,为防止施工层表面留有积水,填方路堤应根据土质情况和施工时气候状况,做成 2%～4% 的排水横坡。挖方施工中路基各层顶面的纵、横坡,应根据路堑横断面形状、路线纵坡的大小、路堑施工断面长度和施工方法等因素确定,以确保在施工过程中能及时将雨水排走。

(2)施工过程中,当路堑或边坡内发生地下水渗流时,应根据渗流水的位置及流量大小设置排水沟、集水井、渗沟等设施,降低地下水位或将地下水排走。

(3)路基施工前应先做好截水沟、排水沟等排水及防渗设施,特别是多雨地区和雨期施工更应加强这方面的工作。排水沟的出口应通至桥涵进出口处;排水沟、截水沟挖出的废土应堆置在沟与路堑边坡顶一侧,与地表自然接顺,并予以夯实。

(4)通过水田的路堑,可在坡顶上筑起拦水的田埂。田埂须认真夯实,以防止田间积水渗入路堑。

(5)地面排水设施(边沟、截水沟和排水沟)在下列情况下应采取防冲刷及加固措施:

①位于松软或透水性大的土层,以及有裂缝的岩层上;
②流速较大,可能引起冲刷地段;
③当纵坡大于4%时,或易产生路基病害地段的边沟;
④路堑与路堤交接处的边沟出口处;
⑤水田地区,土路堤高度小于0.5m地段的排水沟;
⑥兼作灌溉沟渠的边沟和排水沟;
⑦有集中水流进入的截水沟和排水沟。

5.1.6 边沟、排水沟、截水沟等地表排水设施迎水侧不得高出地表,局部有凹坑时应填平。

本条为新增。

设计中的边沟、排水沟、截水沟后,沟两侧地面是高于沟顶的,地面带有一定的横坡,地表水能汇入沟,但从工程实践看,并非如此。由于边沟、排水沟、截水沟为线形设施,地形起伏,并非理想的平顺,沟两侧往往局部具有凹坑或拱起,影响地表水汇入水沟;沟外侧坑穴还导致水沟边墙缺少保护墙身的岩土,公路运营过程中常常出现边沟墙局部倒塌,影响排水功能及路容路貌的美观。

5.1.7 排水设施的混凝土、浆砌圬工施工应符合现行《公路桥涵施工技术规范》(JTG/T F50)的有关规定。

本条为新增。

公路工程中,排水设施相对路基、桥涵、隧道来讲工程规模小,造价在标段工程中占比较低,工程质量的重视度往往相对较低。高速公路虽然也规定混凝土、砂浆集中搅拌,但由于现场施工分散,一个工点每日完成工程量较小,经常现场自行搅拌制作砂浆,混凝土、砂浆等质量得不到很好的控制。排水设施多为混凝土及浆砌结构,涉及工艺多,质量控制要求多,规范受篇幅限制,无法对共性的混凝土、浆砌结构物等做出规定。

对这方面的材料质量控制应提出要求。因此,在本章"一般规定"中增加"排水设施的混凝土、浆砌圬工施工应符合现行《公路桥涵施工技术规范》(JTG/T F50)的有关规定"的要求。

5.2 地 表 排 水

本节共7条17款,维持06版规范7条内容,新增5款,删减3款,实际增加2款。主要增加删减条款如下:

(1)边沟施工要求,第2款"土质地段的边沟纵坡大于3%时应采取加固措施"的规定不够准确,因此取消该款规定。

(2)急流槽、跌水补充了进水口、出水口及槽体基础的规定。

5.2.1 边沟施工,沟底纵坡应衔接平顺。

5.2.1 边沟

1 边沟沟底纵坡应衔接平顺。

2 土质地段的边沟纵坡大于3%时应采取加固措施。

本条保留了06版规范第1款,删除第2款。第2款为设计内容,并且该规定也不够准确,边沟是否加固取决于边沟岩土类别及边沟水流流速,而流速与边沟的纵坡和断面形状有关。明沟加固措施能适应的最大允许流速见表5-1。

表 5-1　明沟最大允许流速

明沟类别	最大允许流速(m/s)	明沟类别	最大允许流速(m/s)
亚砂土	0.8	片碎石(卵砾石)加固	2.0
亚黏土	1.0	干砌片石	2.0
黏土	1.2	浆砌片石	3.0
草皮护面	1.6	水泥混凝土	4.0

5.2.2 截水沟施工应符合下列规定：

1 截水沟应先行施工,与其他排水设施衔接时应平顺,纵坡宜不小于0.3%。

2 不良地质路段、土质松软路段、透水性大或岩石裂隙多地段的截水沟沟底、沟壁、出水口应进行防渗及加固处理。

5.2.2　截水沟

1　截水沟应先施工,与其他排水设施应衔接平顺。

2　截水沟应按设计要求进行防渗及加固处理。地质不良地段、土质松软路段、透水性大或岩石裂隙较多地段,截水沟沟底、沟壁、出水口都应进行加固处理,防止水流渗漏和冲刷。

本条与06版规范基本相同。

第1款强调截水沟应该先施工并与排水系统衔接好,以利于截水、排水作用的发挥。第2款则是要求施工单位在施工阶段对路段排水设施进行核查时,应重点核查地质不良地段、土质松软路段、透水性大或岩石裂隙较多地段,核对截水沟沟底、沟壁、出水口等设计图纸是否采取了加固措施。

截水沟应结合地形合理布置并接顺,在转折处应以曲线连接,沟底纵坡应不小于0.5%,以免水流停滞。

当路堤边坡上方或路堑上方流向路界的地表水径流量大时,应设置拦截地表径流的截水沟。截水沟的位置,在无弃土堆的情况下,截水沟的边缘离开路堑坡顶的距离视土质情况而定,原则是不影响边坡稳定。一般土质条件下,此距离应不小于5m;在黄土地区应不小于10m,同时应进行防渗加固。

从截水沟挖出的土,可用于填筑路堑与截水沟之间的土台,台顶应筑成2%倾向截水沟的横坡。

路基上方有弃土堆时,距离截水沟边沿的距离应不小于5m。弃土堆坡脚距离路基挖方坡顶应不小于10m,弃土堆顶部应做成2%倾向截水沟的横坡。

山坡上路堤的截水沟应离开路堤坡脚至少2m(图5-1),并用挖截水沟的土填在路堤与截水沟之间,修筑成2%倾向截水沟的护坡道或土台。

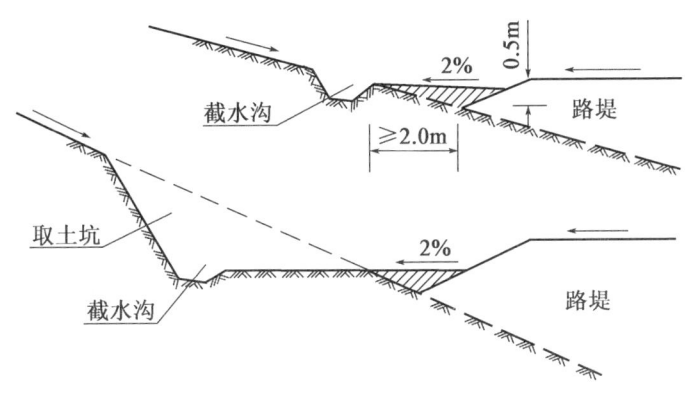

图5-1 山坡路堤上方截水沟

截水沟的长度超过500m时应设置出水口,将水引入自然河沟或桥涵进水口。截水沟的出水口宜设置排水沟、急流槽或跌水,与其他排水设施平顺衔接。

截水沟内的水流应避免流入边沟,应将水流排入截水沟所在山坡一侧的自然沟或直接引入桥涵进口处,以防止在山坡上任其自流,造成冲刷。

加固后的截水沟在山坡上方一侧的砌体与山坡土体连接处容易产生渗漏水,应严格进行夯实和防渗处理,截水沟边墙顶面不得高于夯填后的地表。需强调的是地质不良地段、土质松软路段、透水性大或岩石裂隙较多地段,截水沟沟底、沟壁、出水口应采取加固措施,以防止顺山坡下来的水渗入路堑上边坡而影响山坡稳定。

施工中应注意截水沟的防渗措施是否做到位,截水沟(包括沟内、外)渗水的危害较大,也是施工中常被忽略的问题之一,施工中应引起高度重视。

5.2.3 排水沟施工应符合下列规定:

1 排水沟线形应平顺,转弯处宜为弧线形。

2 排水沟的出水口应设置跌水或急流槽,水流应引出路基或引入排水系统。

5.2.3 排水沟

1 排水沟线形应平顺,转弯处宜为弧线形。

2 排水沟的出水口,应设置跌水和急流槽将水流引出路基或引入排水系统。

本条与06版规范基本相同。

第1款规定排水沟线形平顺,转弯处采用弧线形,目的是在用地允许又能满足设计要求的情况下可适当调整边沟位置。第2款则强调排水沟端头与自然水系的衔接,以确保排水沟的长期安全使用。

根据《公路工程名词术语》(JTJ 002—87)、《公路排水设计规范》(JTG/T D33—2012)对边沟、排水沟的解释,边沟分为路堑边沟和路堤边沟,位于土路肩或护坡道外侧,用于汇集和排除路面、路肩及边坡的水;排水沟是把边沟、截水沟等沟槽及路基坡面汇集的水引向路基范围以外的自然水系。

排水沟的断面大小应根据水力计算确定,一般采用梯形断面。线形要平顺,转弯处宜做成弧线形,其半径不宜小于10m,以利于水流的顺畅排出。排水沟的长度应根据实际地形情况确定,一般不超过500m。排水沟长度不宜过长,以免流量过大造成漫溢。

排水沟距路基坡脚不宜小于2m。排水沟的出水口应用跌水和急流槽将水流引入路基以外或桥涵构造物。

排水沟一般应采取加固措施,防止冲刷。

5.2.4 急流槽施工应符合下列规定:

1 基础应嵌入稳固的基面内,底面应按设计要求砌筑抗滑平台或凸榫。对超挖、局部坑洞,应采用相同材料与急流槽同时施工。

2 浆砌片石砌体应砂浆饱满,砌缝应不大于**40mm**,槽底表面应粗糙。

3 急流槽应分节砌筑,分节长度宜为 **5~10m**,接头处应采用防水材料填缝。混凝土预制块急流槽,分节长度宜为 **2.5~5.0m**,接头应采用榫接。

4 急流槽进水口的喇叭形水簸箕应与排水设施衔接平顺,汇集路面水流的水簸箕底口不得高于接口的路肩表面。

5.2.4 急流槽

1 片石砌缝应不大于40mm,砂浆饱满,槽底表面粗糙。

2 急流槽分节长度宜为 5~10m,接头处应用防水材料填缝。混凝土预制块急流槽,分节长度宜为 2.5~5.0m,接头采用榫接。

本条共4款,保留06版规范2款,新增2款。第1款是为确保急流槽整体稳定,对急流槽与承载基面做出要求;第4款是路堤急流槽包含进出水口,规范作了补充规定。

按照《公路工程名词术语》(JTJ 002—87)的解释,急流槽是陡坡或深沟地段设置的坡度较陡、水流不离开槽底的沟槽,如图5-2所示。而工程中,急流槽大量用于路堤边坡,用于将路面水汇集导流到排水沟。

急流槽是因边沟、截水沟、排水沟的出水口纵坡大,为防冲刷而设置的槽形断面的排水槽。急流为抵御流速大的水流冲刷,必须用浆砌片石、水泥混凝土预制块或水泥混凝土浇筑。急流槽可分进口、槽身、出口三个部分。急流槽底宜砌成粗糙面,用以消能和减小流速。急流槽进水口的喇叭形簸箕口,可以有效地汇集、引流入槽。

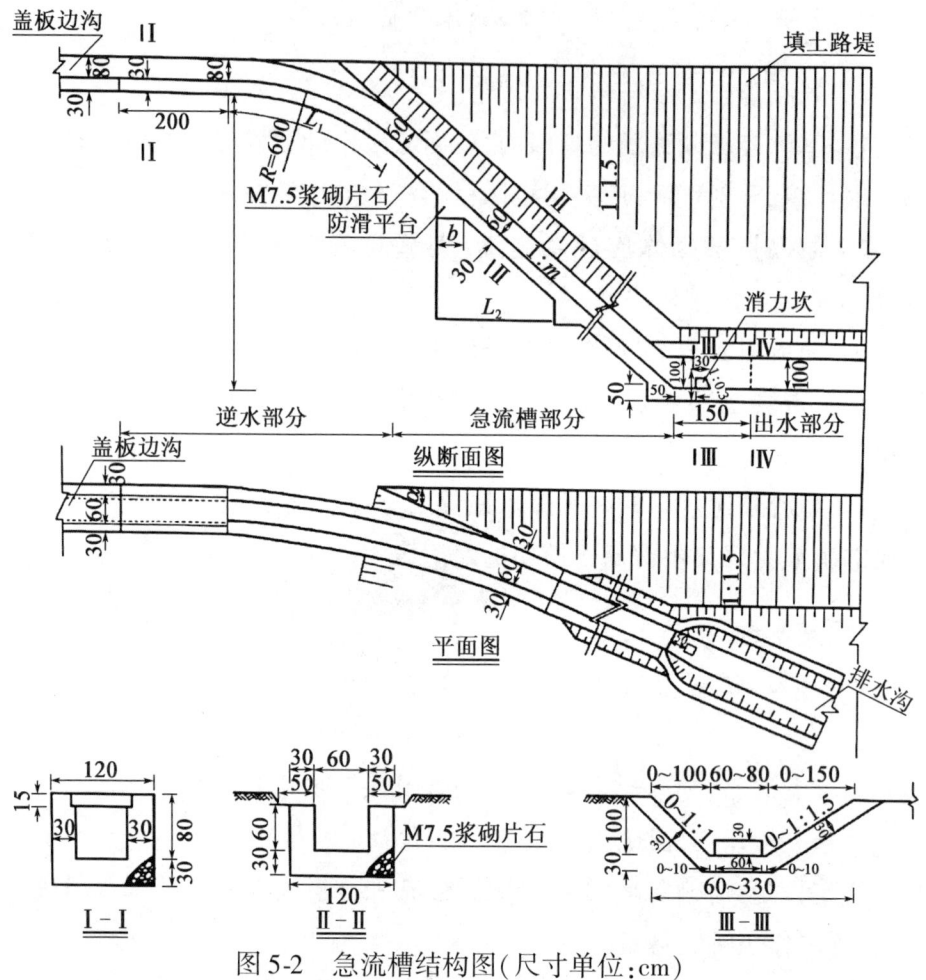

图 5-2 急流槽结构图(尺寸单位:cm)

急流槽应分节修筑,每节长度应为 5～10m,接头处应用防水材料填缝;混凝土预制急流槽,分节长度宜为 2.5～5.0m,接头采用榫接,防止槽体滑移变位。

当急流槽的纵坡陡于 1:1.5 时,宜采用金属急流管,其直径至少为

200mm。各节急流管用管柱锚固在坡体上,接口应做防水连接,防止渗漏。

当急流槽较长时,可划分为若干个纵坡,其划分原则是上段陡,向下逐渐放缓。

急流槽的进水口应做成喇叭形接口,变宽段至少应有150mm的下凹,并且必须做铺砌防护。

5.2.5 跌水施工应符合下列规定:

1 跌水槽施工应符合本规范第 **5.2.4** 条的有关规定。

2 无消力池的跌水,其台阶高度应小于 **600mm**,每个台阶高度与长度之比应与原地面坡度相协调。

3 消力池的基底应采取防渗措施。

5.2.5 无消力池的跌水

其台阶高度应小于600mm,每阶高度与长度之比应与原地面坡度相协调。

本条为跌水构造物基本规定,共3款,而06版规范规定了无消力池的跌水。跌水与急流槽构造物类似,主要区别是跌水槽底为阶梯形,适应的地形坡度较急流槽更陡,因此,第1款规定跌水施工应符合急流槽有关要求。第2款对不设消力池的跌水则保留原来的规定,实际是设计规定的补充。第3款是对跌水的消力池强调需要对基底采取防水措施。

按照《公路工程名词术语》(JTJ 002—87)的解释,跌水是在陡坡或深沟地段设置的沟底为阶梯形,水流呈瀑布跌落式通过的沟槽。在陡坡或深沟的坡度较陡处的排水沟,为避免其出口下游的桥涵构造物、自然水道、农田受到冲刷,应设置跌水构造物。无消力池的跌水,其台阶高度应不大于600mm,高度与长度之比应与原地面坡度相适应。

带消力池台面应设 2% ~ 3% 的外倾纵坡,消力槛顶宽不宜小于400mm,槛底应设泄水孔,尺寸为 50mm×50mm ~ 100mm×100mm。

跌水构造可分为进口、台阶、出口三部分,如图 5-3 所示。跌水槽断面一般砌成矩形。沟槽槽壁及消力池的边墙厚度,浆砌片石为250~400mm,混凝土为200mm,高度应高出计算水位,并应不小于200mm,槽底厚度为250~400mm,出口部分必须设置隔水墙。

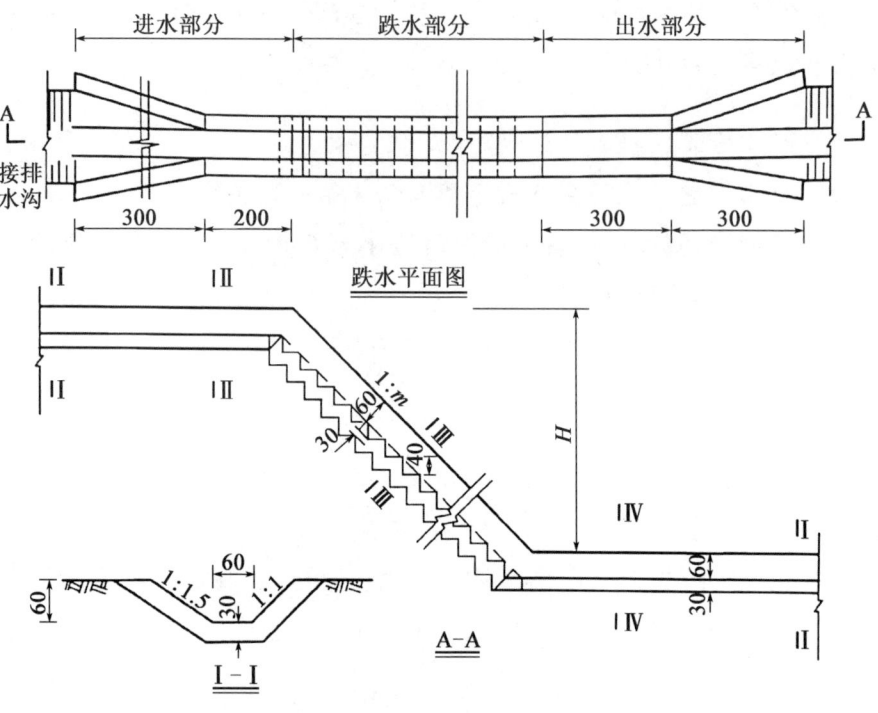

图 5-3　跌水构造图(尺寸单位:cm)

5.2.6 蒸发池施工应符合下列规定:

1 蒸发池与路基之间的距离应满足路基稳定要求。

2 底面与侧面应采取防渗措施。

3 池底宜设0.5%的横坡,入口处应与排水沟平顺连接。

4 蒸发池应远离村镇等人口密集区,四周应采用隔离栅进行围护,高度应不低于1.8m,并设置警示牌。

5.2.6　蒸发池

1　蒸发池与路基之间的距离应满足路基稳定要求。湿陷性黄土地区,蒸发池与路基排水沟外缘的距离应大于湿陷半径。

2 不得因设置蒸发池而使附近地基泥沼化或对周围生态环境产生不利影响。

3 蒸发池池底宜设0.5%的横坡,入口处应与排水沟平顺衔接。

4 蒸发池四周应进行围护。

本条共4款,与06版规范内容基本一致,但文字表述不同。其中第1款规定蒸发池与路基距离,06版规范后半句"湿陷性黄土地区,蒸发池与路基排水沟外缘的距离应大于湿陷半径",仅仅是前半句的一种特殊情况,并且需要经过设计计算确定,既不全面又不能直接得到具体湿陷性半径,作此规定没有必要,故取消;第2款是06版规范的正面表述,并明确具体措施要求;第3款与06版规范相同;第4款是从当前国家安全生产"以人为本,安全第一"的基本理念出发,对06版规范进行了补充,做出更明确的要求。

在气候干旱地区或排水困难地段,利用沿线的取土坑或专门开挖的水池汇集路界地表水,作为蒸发池也是可行的。

蒸发池的位置距路基排水沟外应不小于5m,面积较大的蒸发池距路基排水沟外应不小于20m。池中的水位必须低于排水沟的沟底至少600mm。

蒸发池的容量应以1个月内地表水汇入池中的水量能及时蒸发和渗透为依据,但每个蒸发池的容量不宜大于300m^3,蓄水深度不宜大于2.0m。

蒸发池的池底应做出两侧边缘向中部倾斜0.5%的横坡,入口处应与排水沟平顺连接。

蒸发池的设置不应使附近土地泥沼化,不得影响当地生态环境。蒸发池四周应用土埂围护,防止其他水流入池中。

5.2.7 油水分离池施工应符合下列规定:

1 污水进入油水分离池前应先通过格栅和沉砂池进行处理。

2 池底、池壁和隔板应采用砌浆片石或现浇混凝土进行加固。

5.2.7 油水分离池

1 污水进入油水分离池前应先通过格栅和沉砂池处理。

2 不得由于设置油水分离池而污染当地生态环境。

3 池底、池壁和隔板应采用砌浆片石或现浇混凝土进行加固。

本条2款,06版规范3款,删减06版规范第2款,其他2款与06版规范相同。

设置油水分离池是为了处理水质不符合现行《污水综合排放标准》(GB 8979)规定的路界内地表排水。

《公路建设项目环境影响评价规范》(JTJ B03—2006)将水环境敏感路段划分为强敏感、中等敏感和弱敏感三级,按照不同的敏感等级采取相应的排水设计和处理措施,具体的分级标准如下:

(1)强敏感路段指穿越《地表水环境质量标准》(GB 3838—2002)、《地下水质量标准》(GB/T 14848—2017)中Ⅰ~Ⅱ类标准的水体及《海水水质标准》(GB 3097—1997)中第一类海域的路段。

(2)中等敏感路段指穿越《地表水环境质量标准》(GB 3838—2002)、《地下水质量标准》(GB/T 14848—2017)中Ⅲ类标准的水体及《海水水质标准》(GB 3097—1997)中第二类海域的路段。

(3)弱敏感路段指穿越《地表水环境质量标准》(GB 3838—2002)、《地下水质量标准》(GB/T 14848—2017)中Ⅳ类标准的水体及《海水水质标准》(GB 3097—1997)中第三类海域的路段。

路面径流污染物的浓度受路面类型的影响较大,沥青路面径流中的铅、锌、化学需氧量(COD)的浓度是相同条件下水泥混凝土路面径流的3~5倍。与其他行业相比,公路污水中含油污量一般较低,从环境保护出发,公路排水不应对饮用水源、养殖水系造成污染,所排污水应进行净化处理,以保证受纳水系水质符合相应的标准。

公路一般采用沉淀法进行油水分离。污水进入油水分离池前,应先通过格栅和沉砂池处理。油水分离池的容量应根据所在路段排水量确定，并应保证油水能有足够的分离时间及过滤净化时间。

位于水环境敏感地段的路基地表排水，路表水应设置纵向、横向排水系统，并与路基坡面降水分离，集中收集处理，收集路表水的集水沟（管）和集中水处理设施应采取防渗措施，路表水集中水处理设施应采用多功能处理池、人工湿地或干式沉淀池。

5.3 地 下 排 水

本节共10条，06版规范6条，新增4条，新增主要内容为排水垫层、排水隧洞、中央分隔带排水，与《公路路基设计规范》（JTG D30—2015）相适应，补充了施工的相关内容。

5.3.1 排水垫层施工应符合下列规定：

1 排水垫层厚度宜不小于**300mm**，垫层材料宜采用天然砂砾或中粗砂，含泥量应不大于**5%**。

2 垫层宜分层摊铺压实。垫层采用砂砾料时，应避免离析。

3 垫层两侧宜采用浆砌片石或其他方式防护。

本条为新增。

在松软、过湿地基表面填筑一层砂砾层，以阻断或排除地下水，增强地基表层强度，防止地下水危害路基。不同于路面结构层的排水垫层，这里的排水垫层是针对特殊路基的一种处理措施。排水垫层在06版规范中，是特殊地区路基施工中地基处理方案的一部分，如软基处理一般设置砂垫层。实际上，砂垫层的应用范围更广泛，常用于低路堤路基，《公路路基设计规范》（JTG D30—2015）对此做出规定："当黏质土地段地下水位埋深小于0.5m或粉质土地段地下水位埋深小于1.0m时，细粒土填筑的低路堤底部宜设排水垫层和隔离层。"当黏质土地段地下水位埋深小于0.5m或粉质土地段地下水位埋深小于1.0m时，地下水及毛细水对路床土的性质影响大,路床多处于潮湿状态,易造成路床强度降低,承载能力不足。为保证路基处于中湿状态,使其具有足够强度和承载能力,《公路路基设计规范》(JTG D30—2015)增加了该部分内容。

排水垫层材料一般采用天然砂、砂砾、碎石、石屑、工业废料、矿渣,但应限制含泥量、最大粒径,以确保垫层具有设计要求的透水率。

排水垫层材料粒径组成应符合:通过率为15%的粒径应不小于路基土通过率为15%的粒径的5倍,并不大于路基土通过率为85%的粒径的5倍。通过率为50%的粒径应不大于路基土通过率为50%的粒径的25倍。不均匀系数(通过率为60%的粒径与通过率为10%的粒径的比值)不大于20。

垫层两侧结构物是为了防止垫层排水带走砂砾细粒料,影响路基稳定。两侧防护结构物不得阻断垫层渗水,采用浆砌防护时应设置泄水孔。

5.3.2 隔离工程土工合成材料施工应符合下列规定:

1 铺设土工合成材料前,应平整场地,清理树根、灌木或尖锐硬物等场地杂物。施工车辆不得直接在土工合成材料上作业。土工合成材料上铺筑石料时,应在保护层完成后再进行,不得将石料直接抛落于土工合成材料上。

2 土工织物连接可采用缝合法或搭接法。缝合宽度应不小于100mm,结合处抗拉强度应达到土工织物极限抗拉强度的60%以上;搭接宽度应不小于300mm。

3 土工膜连接宜采用热熔焊接法,局部修补也可采用胶粘法,连接宽度应不小于100mm。正式拼接前应进行试拼接,采用的胶料应在遇水后不溶解。

4 土工合成材料的铺设应平顺,严禁出现扭结、断裂和撕破等现象。铺设时应拉紧,两端埋入土体部分应呈波纹状。土工织物与刚性结构连接时,应有一定伸缩量。

5 在坡面上铺设土工合成材料时,应自上而下铺设并就地连接。土工合成材料应紧贴坡面保护层,不宜拉得过紧。

5.3.4 隔离工程土工合成材料施工应符合以下规定:

1 采用搭接铺设,搭接长度宜为1 000mm。

2 土工织物上填料为碎石、砂砾或矿渣时,其最大粒径宜小于26.5mm,通过19mm筛孔的材料不得大于10%,通过0.075mm筛孔的材料塑性指数不得大于6。

3 排水隔离层顶面应高出地下水位300mm以上。

本条由06版规范第5.3.4条修订而成。06版规范共3款,本条增加到5款。

隔离层土工合成材料的作用是防止水分渗透进入隔离层的另一侧,工程应用较多,如中央分隔带防渗、路肩底部防渗、排水结构物防渗、坡面防渗、路基防渗等,采用形式有土工膜、复合土工膜、一布一膜或两布一膜。本条对隔离层土工合成材料的施工全过程做出了规定。与06版规范相比,补充了土工合成材料施工过程中的保护、铺设、修补要求,对第1款搭接进行了修订,删减了06版规范第2、3款设计规定。本条主要参考《公路土工合成材料应用技术规范》(JTG/T D32—2012)。

隔离层应设在路段最高地下水位以上,同时应高出边沟水位0.2m。隔离层至路基边缘的高度应视公路等级而定,一般为0.45~0.7m。

在有承压水或地下水丰富的地方修筑路基时,可用土工织物在原地面与路基交界处设置排水层,也可在路基内部设置排水隔离层,把地下水引入边沟,如图5-4所示。

土工织物排水隔离层施工,宜在旱季地下水位较低时进行。铺设前应将地面整平、压实,构成一定横坡,铺设土工织物需拉平并保持一定松弛度,随后用木桩或石块固定。在隔离层上铺筑路基土时,应从中间向两侧卸料填筑,注意在填料铺筑前严禁车辆直接在土工织物上行驶。

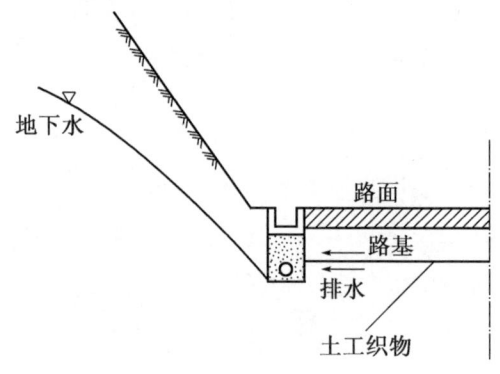

图 5-4　排水隔离层

5.3.3　暗沟、暗管施工应符合下列规定：

5.3.1　暗沟（管）

本条共 8 款，由 06 版规范第 5.3.1 条修订而成，06 版规范共 5 款。将 06 版规范第 2 款分解为第 2、3 两款，新增 2 款。新增第 7 款，主要为各种工业管材产品作为暗管材料的施工要求；新增第 8 款，主要为暗沟、暗管及检查井的回填要求。

1　沟底应埋入不透水层内，沟壁最低一排渗水孔应高出沟底 200mm 以上。进口应采取截水措施。

1　沟底必须埋入不透水层内，沟壁最低一排渗水孔应高出沟底至少 200mm。

暗沟（管）是地面以下引导水流的沟（管），无渗水和汇水功能。沟底若不埋入不透水层内，则沟底以下含水层的来水就不能被截住，仍将渗入路基。为排出地下集中水流或泉水，暗沟（管）的沟底必须埋入不透水层内，沟壁最下一排渗水孔的底部应高出沟底不小于 200mm。对于引流的进水口需要采取截水措施，防止潜水不能进入暗沟而流入路基，危害路基稳定。

2 暗沟、暗管设在路基侧面时,宜沿路线方向布置。

3 暗沟、暗管设在低洼地带或天然沟谷时,宜沿沟谷走向布置。

2 暗沟设在路基旁侧时,宜沿路线方向布置;设在低洼地带或天然沟谷处时,宜顺山坡的沟谷走向布置。沟底纵坡应大于0.5%,出水口处应加大纵坡,并高出地表排水沟常水位200mm以上。

第2、3款规定了暗沟、暗管横向、纵向适应地形条件的布设原则,这主要是考虑到设计图纸确定的暗沟、暗管起点、线位与现场地形不一致情况较多,施工时应提出变更,确保实施后的边沟符合规定。

4 寒冷地区的暗沟应做好防冻保温处理,出水口坡度宜不小于5%。

3 寒冷地区的暗沟应按照设计要求做好防冻保温处理,出水口处也应进行防冻保温处理,坡度宜大于5%。

第4款强调在寒冷地区不能采用明沟截地下水,以免冻结,失去排水作用。而且暗沟(管)还应做防冻保温层,出口也要防冻保温,纵坡要大于5%,加快流速,防止出口处冻结。

5 暗沟采用混凝土或浆砌片石砌筑时,在沟壁与含水层接触面应设置一排或多排向沟中倾斜的渗水孔,沟壁外侧应填筑粗粒透水性材料或土工合成材料形成反滤层。沿沟槽底每隔10～15m或在软、硬岩层分界处应设置沉降缝和伸缩缝。

4 暗沟采用混凝土或浆砌片石砌筑时,在沟壁与含水层接触面以上高度,应设置一排或多排向沟中倾斜的渗水孔,沟壁外侧应填筑粗粒透水性材料或土工合成材料形成反滤层。沿沟槽底每隔10～15m或在软硬岩层分界处应设置沉降缝和伸缩缝。

沉降缝可将沉降或变形限制在设缝处,缝中应填塞沥青麻絮或浸透沥青的木板或土工合成弹性材料,以免漏水。沉降缝和伸缩缝一般设在同一位置。

6 暗沟顶面应设置混凝土盖板或石料盖板,板顶上填土厚度应不小于 **500**mm。

5 暗沟顶面必须设置混凝土盖板或石料盖板,板顶上填土厚度应大于 **500**mm。

设置覆盖层的目的是保护暗沟(管),同时兼顾保温作用。

7 暗管宜使用钢筋混凝土圆管、PVC 管、钢波纹管等材料,在管壁与含水层接触面应设置渗水孔,沟壁外侧应填筑粗粒透水性材料或设置土工合成材料形成反滤层。

8 暗沟、暗管及检查井应采用透水性材料分层回填,层厚宜不大于 **150**mm,材料粒径宜不大于 **50**mm。

第 7、8 款为新增,对成品管材的使用、反挖法施工沟槽回填做出规定。自应力混凝土管、预应力混凝土管、钢管、球墨铸铁管、预应力钢筒混凝土管、硬聚氯乙烯管、聚乙烯管、玻璃钢管、双壁波纹 PVC(聚氯乙烯)管等管形工业产品在市政工程中得到广泛应用。随着我国工业生产规模不断扩大,生产水平不断提高,这些管材造价大大降低,近年来在公路建设中得到推广应用,推动了工程质量的提高。这些工业排水管材一般同时配备了连接套管、止水密封条、检查井、三通、变径接头等,使用时应按照产品质量标准验收、安装。

需要说明的是暗沟、暗管虽然一般为排除影响路基的地下泉水或集中的地下流水而设,并无汇水集水功能,但对于暗沟通过渗水段落的情况,应该考虑暗沟与渗沟相结合,故条文中有沟、管通过渗水段应在迎水一侧的沟、管壁设置渗水孔的相关规定。

暗沟(管)施工注意事项如下:

(1)沟(管)的纵坡不宜小于1%,条件困难时不得小于0.5%。如出口处为边沟,暗沟(管)底应高出边沟最高水位200mm以上,不允许出现水倒灌的现象。

(2)暗沟(管)宜由下游向上游施工,并应随挖、随支撑、随填。

(3)暗沟的出口处应高出排水沟设计水位至少0.2m。

(4)应防止泥土或砂粒落入沟槽或泉眼,以免堵塞。暗沟(管)顶可铺筑一层碎(卵)石。

(5)暗沟(管)采用混凝土浇筑或浆砌片石砌筑时,应在沟壁与含水层接触面的高度处设置一排或多排向沟中倾斜的渗水孔。沟壁外侧应填以粗粒透水材料或土工合成材料作为反滤层。

(6)按设计或沿沟槽每隔10~15m或当沟槽通过软硬岩层分界处时,应设置伸缩缝或沉降缝。

5.3.4 渗沟施工应符合下列规定:

5.3.2 渗沟

本条共12款,由06版规范第5.3.2条修订而成。06版规范共10款15项,2019版规范与06版规范内容基本相同,对不同形式的渗沟通过归纳、梳理,将数款共性的规定合并,按施工顺序编排在前面;不同渗沟的具体规定合并为一款,款下面不再设项,并按照06版规范顺序排列。

渗沟埋设于路基边沟下、边坡上或横穿路基,在地面以下汇集流向路基的地下水,排至路基范围之外,使路基土保持干燥,不致因地下水造成病害。若地下水流量大,可在渗沟填石中或在路基边坡上设置排水管等,增大排水量。

汇集水流时,为防止砂、土挤入渗沟,应设反滤层。

在地下水位高、流量不大、引水不长地段可设渗沟,其深度不宜超过3m,宽度一般为0.7~1.0m。

渗沟的排水层,应采用石质坚硬的较大颗粒填筑,并必须保证排水孔隙度。渗沟透水材料的填充高度应不低于未设渗沟前的地下水位,并不小于0.3m。

地下水埋藏较深和引水较长地段可设置有管渗沟,其深度可达5~6m。

渗水管直径一般采用0.1~0.3m,管壁应设渗水孔眼。渗水管基座宜用片石干砌;当基座底部砌入隔水层时,应用浆砌。

在地下水流量较大地段,可设置洞式渗沟。沟底纵坡应不小于0.5%;当沟底坡度较大时,宜做成台阶式并铺防渗层。

渗沟宜由下游向上游施工,并应随挖、随撑、随填。

渗沟反滤层施工时,可用木板将各层反滤材料组成垂直层,其高度视渗沟的填充高度而定,填筑完成以后,将木板抽出。

1 渗沟应设置排水层、反滤层和封闭层。

1 各类渗沟均应设置排水层、反滤层和封闭层。

根据渗沟的工作原理,渗沟的基本组成中,排水层、反滤层、封闭层缺少任何一个均不利于渗沟功能的发挥。

根据构造分类,渗沟可分为填石渗沟(盲沟)、洞式渗沟和管式渗沟三类,如图5-5所示。

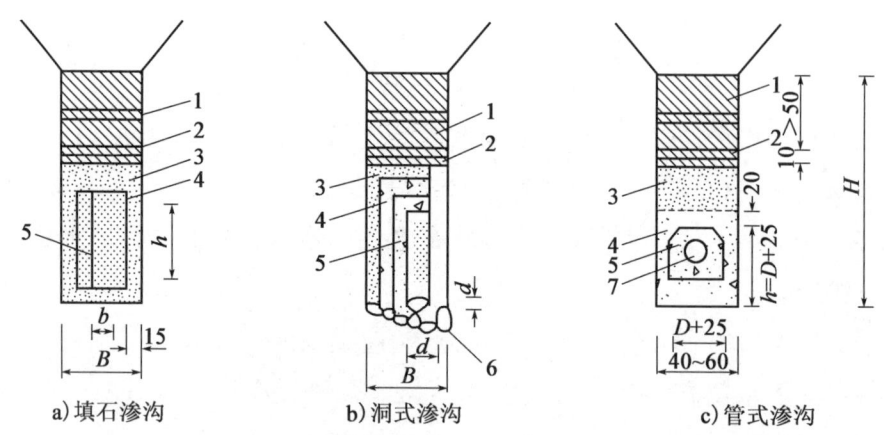

图5-5 渗沟构造图(尺寸单位:cm)

1-黏土夯实;2-双层反铺草坪;3-粗砂;4-石屑;5-碎石;6-浆砌片石;7-透水管

5 路基排水工程

2 渗水材料应采用洁净的砂砾、粗砂、碎石、片石,其中粒径小于 2mm 的颗粒含量不得大于 5%。渗沟沟壁反滤层应采用透水土工织物或中粗砂,渗水管可选用带孔的 HPPE 管、PVC 管、PE 管、软式透水管、无砂混凝土等。

第 2 款由 06 版规范各款对渗沟使用的渗水材料、反滤层材料、渗管材料的要求汇总而成。渗沟涉及渗滤材料一般按以下原则采用:

(1) 排水层

排水层可采用石质坚硬的较大(粒径 30~50mm)碎石或卵石填筑,以保证具有足够的孔隙度排除设计流量。规范仅定性强调洁净的砂砾、粗砂、碎石、片石,规定粒径小于 2mm 的颗粒含量不超过 5%。由于渗沟排水量大小不相同,沟的断面也不相同,因此并未限制最大粒径,一些山间路基基底的填石渗水层粒径可以达到几百毫米。

渗沟的排水管可采用混凝土预制管,或用陶土、石棉等材料制成,渗沟排水管管壁应设泄水孔,交错布置,间距不宜大于 200mm。

随着我国工业生产规模的扩大,各种规格样式的复合排水材料不断涌现,在各行各业得到广泛应用。地下排水工程中,目前使用较多的是长丝热粘排水体、透水软管、缠绕式排水管、透水硬管等,也可以采用高压聚乙烯管(HPPE 管)、聚氯乙烯管(PVC 管)、聚乙烯管(PE 管)现场打孔刻槽,如图 5-6~图 5-10 所示。

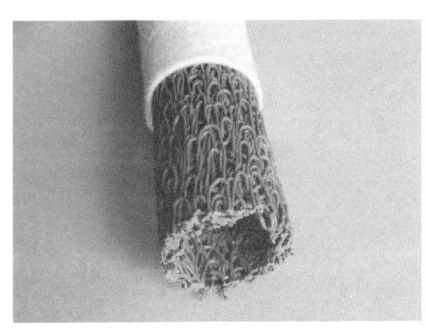

图 5-6 圆形长丝热粘排水体

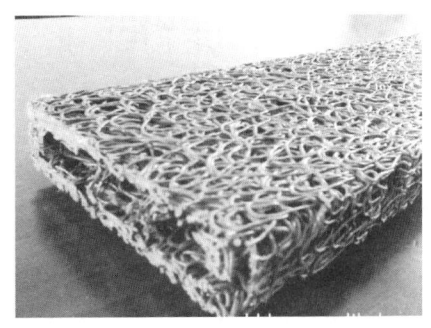

图 5-7 矩形长丝热粘排水体

图5-8 缠绕式透水管

图5-9 缠绕式排水管　　图5-10 打孔硬质塑料渗水管

渗沟排水层采用浆砌片石,其作用与水管相仿,能排出较大流量的水。

(2)反滤层

反滤层应用筛洗过的中砂、粗砂、砾石等渗水材料分层填筑,其层数和颗粒级配比例应视坑壁土质和排水层材料而定,一般相邻层的粒径比不小于1:4,层厚不小于0.15m。

用于反滤层的无纺土工织物应符合现行《公路土工合成材料应用技术规范》(JTG/T D32)的强度基本要求,见表5-2。一般情况下,宜采用Ⅱ级;如铺设条件良好,可采用Ⅲ级;如所处环境有冲刷,应采用Ⅰ级。土工织物的单位面积质量宜选用300~500g/m²。

无砂混凝土块反滤层用在卵石、砾石、粗砂或中砂含水层中效果良好。无砂混凝土是由水泥浆和粗集料(级配碎石或砾石)黏结在一起且有透水孔隙的圬工块体。配制时注意要点如下：

①粗集料要坚硬致密，粒径大，渗透系数大。

②水泥用量大则强度高，但渗透系数小。

③每次浇注混凝土时宜采用扒平后轻轻插入的捣固方法，插入过重会减弱其透水性能。投掷高度不宜超过1m，过高投掷会造成水泥浆与石子离析。养生温度宜保持在10~20℃。

④应进行透水能力试验。

⑤无砂混凝土的试验数据见表5-3，可供参考。

表5-2 无纺土工织物强度的基本要求

测试项目	强度单位	用途分类					
		Ⅰ级		Ⅱ级		Ⅲ级	
		伸长率					
		<50%	≥50%	<50%	≥50%	<50%	≥50%
握持强度	N	≥1 400	≥900	≥1 100	≥700	≥800	≥500
撕裂强度	N	≥500	≥350	≥400	≥250	≥300	≥175
CBR顶破强度	N	≥3 500	≥1 750	≥2 750	≥1350	≥2 100	≥950

表5-3 无砂混凝土试验结果汇总表

集料粒径(mm)	灰石比(质量比)	水灰比(质量比)	水泥量(kg/m³)	混凝土重度(kN/m³)	平均强度(MPa)			平均渗透系数(m/d)	含水层
					龄期(d)	抗压	抗弯	与钢筋的黏结力		
10~20	1:6	0.38	253	18.7	32	9.14	1.17	1.12	2 240	卵石、砾石、粗砂
5~10	1:6	0.42	253	18.7	30	11.72	1.72	1.27	1 410	粗砂、中砂
3~5	1:6	0.46	247	18.4	30	8.54	1.51	1.58	337	中砂、细砂

（3）封闭层

为防止地面水流入渗沟，渗沟顶部应设封闭层。封闭层可用双层反铺草皮或用其他材料铺成隔层，并在其上夯填厚度不小于0.5m的黏土防水层或用浆砌片石筑成。

3 渗沟宜从下游向上游分段开挖,开挖作业面应根据土质选用合理的支撑形式,并应边挖边支撑,渗水材料应及时回填。

10 渗沟宜从下游向上游开挖,开挖作业面应根据土质选用合理的支撑形式,并应随挖随支撑、及时回填,不可暴露太久。支撑渗沟应分段间隔开挖。

第3款为06版规范第10款,是对渗沟开挖回填的规定。渗沟开挖施工宜自下游开始,并逐步向上游推进,这样可使开挖后的沟槽立即做成渗沟,使地下水从渗沟中排走。分段开挖,边挖边支撑,渗水材料应及时回填,是为了防止沟槽开挖后暴露时间过长引发沟槽侧壁土坍塌,造成生产安全事故。

4 渗水材料的顶面不得低于原地下水位。当用于排除层间水时,渗沟底部应埋置在最下面的不透水层。在冰冻地区,渗沟埋置深度不得小于当地最小冻结深度,渗沟出口应进行防冻处理。

2 填石渗沟

2)渗水材料的顶面(指封闭层以下)不得低于原地下水位。当用于排除层间水时,渗沟底部应埋置于最下面的不透水层。在冰冻地区,渗沟埋置深度不得小于当地最小冻结深度。

第4款为06版规范第2款第2)项,是对渗沟填筑渗水材料不同情况下的位置规定,是为了保证不同情况下渗沟均能正常发挥功能。本款规定不仅填石渗沟适用,管式渗沟及洞式渗沟也可参照执行,具有共性,故单独列为一款。

5 渗沟基底应埋入不透水层内不小于0.5m,沟壁的一侧应设反滤层汇集水流,另一侧用黏土夯实或用浆砌片石拦截水流。渗沟沟底不能埋入不透水层时,两侧沟壁均应设置反滤层。

8 渗沟基底应埋入不透水层,沟壁的一侧应设反滤层汇集水流,另一侧用黏土夯实或浆砌片石拦截水流。如渗沟沟底不能埋入不透水层时,两侧沟壁均应设置反滤层。

第5款为06版规范第8款,对渗沟底位置做出规定。渗沟基底只有埋入不透水层,才能构成完整渗沟。这时渗沟壁迎水一侧应设反滤层汇集水流,而另一侧应用黏土夯实或用浆砌片石拦截水流,防止地下水流进入路基。当含水层较厚,沟底不能埋入透水层时,渗沟壁两侧均应设反滤层。

6 粒料反滤层应分层填筑。坑壁土质为黏质土、粉砂、细砂,采用无砂混凝土板作反滤层时,在无砂混凝土板的外侧,应加设 100～150mm 厚的中粗砂或渗水土工织物。

7 反滤层

1)在渗沟的迎水面设置粒料反滤层时,粒料反滤层应用颗粒大小均匀的碎、砾石,分层填筑。

2)土工布反滤层采用缝合法施工时,土工布的搭接宽度应大于100mm。铺设时应紧贴保护层,但不宜拉得过紧。土工布破损后应及时修补,修补面积应大于破坏面积的4～5倍。

3)坑壁土质为黏性土或粉细砂土,采用无砂混凝土板作反滤层时,在无砂混凝土板的外侧,应加设100～150mm厚的中粗砂或渗水土工织物反滤层。

第6款为06版规范第7款,是对粒料反滤层施工的规定。反滤层是为了汇集水,并用以防止含水层中土粒堵塞排水层而设置。本款强调反滤层应分层填筑,以及采用无砂混凝土做反滤层的一些施工要求。

粒料反滤层应尽可能选用颗粒大小均匀并筛洗过的中砂、粗砂、砾石等渗水材料分层填筑,其层数和颗粒级配比例应视坑壁土质和排水层材料而定,一般相邻层的粒径比不小于1:4,层厚不小于0.15m。

7 渗沟顶部封闭层宜采用干砌片石水泥砂浆勾缝或浆砌片石等,寒冷地区应设保温层,并加大出水口附近纵坡。保温层可采用炉渣、砂砾、碎石或草皮等。

9 渗沟顶部应设置封闭层,封闭层宜采用浆砌片石或干砌片石水泥砂浆勾缝,寒冷地区应设保温层,并加大出水口附近纵坡。保温层可采用炉渣、砂砾、碎石或草皮等。

第 7 款为 06 版规范第 9 款,是对渗沟顶部封闭层的施工规定。渗沟顶部设封闭层的目的是防止泥沙下沉浸入反滤层和防止地面水进入渗沟而降低、损坏渗沟排水功能。

8 路基基底的填石渗沟,应采用水稳性好的石料,其饱水抗压强度应不小于 30MPa,粒径应为 100~300mm。

2 填石渗沟

1)石料应洁净、坚硬、不易风化。砂宜采用中砂,含泥量应小于 2%,严禁用粉砂、细砂。

2)渗水材料的顶面(封闭层以下)不得低于原地下水位。当用于排除层间水时,渗沟底部应埋置于最下面的不透水层。在冰冻地区,渗沟埋置深度不得小于当地最小冻结深度。

3)填石渗沟纵坡不宜小于 1%。出水口底面标高应高出渗沟外最高水位 200mm。

第 8 款为 06 版规范第 2 款,是对填石渗沟的施工规定。填石渗沟一般用于流量不大、渗沟不长的地段,是最常用的渗沟。

填石渗沟通常为矩形或梯形,在渗沟的底部和中间用较大(粒径 30~50mm)碎石或卵石填筑,在碎石或卵石的两侧和上部按一定比例分层(层厚约 150mm),填较细颗粒的粒料(中砂、粗砂、砾石),做成反滤层,逐层的粒径比例大致按 4:1 递减。粒径小于 2mm 的砂石料颗粒含量应不大于 5%。用土工合成材料包裹有孔的硬塑管时,管四周填以大于塑管孔径的等粒径碎石、砾石,组成渗沟。顶部做封闭层,用双层反铺草皮或其他材料(如土工合成防渗材料)铺成,并在其上夯填厚度不小于0.5m的黏土防水层。

9 管式渗沟宜间隔一定距离设置疏通井和横向泄水管,分段排除地下水。渗水孔应在管壁上交错布置,间距宜不大于200mm。

3 管式渗沟

1)管式渗沟长度大于100m时,应在其末端设置疏通井,并设横向泄水管,分段排除地下水。

2)泄水孔应在管壁上交错布置,间距不宜大于200mm。渗沟顶标高应高于地下水位。管节宜用承插式柔性接头连接。

第9款为06版规范第3款,是对管式渗沟的施工规定。

管式渗沟的泄水管可用陶瓷、混凝土、石棉、水泥或塑料等材料制成,管壁应设泄水孔,交错布置,间距不宜大于200mm。渗沟的高度应使填料的顶面高于原地下水位。沟底垫枕材料一般采用干砌片石;沟底深入到不透水层时,宜采用浆砌片石、混凝土或土工合成防水材料。

与06版规范相比,2019版规范建议渗水管可选用带孔的HPPE管、PVC管、PE管、软式透水管等工业产品,更有利于保证工程质量。

管式渗沟用于地下水引水较长的地段,但渗沟过长时应加设横向泄水管,将汇集的水流迅速分段排除,管式渗沟典型结构如图5-11所示。渗沟的横断面为梯形,沟壁坡度随沟深而减缓。为保证沟内的回填料有良好的透水性,并且在沟内水流渗入排水管时不堵塞管上的槽孔,必须控制回填材料的级配组成(开级配)和细颗粒的含量。

管式渗沟的埋设深度应根据地下水位的高程(为保路基或坡体稳定)、地下水位需下降的深度以及含水层介质的渗透系数等因素考虑确定。排水管可采用带槽孔的塑料管或水泥混凝土管。管径按设计渗流量确定,但管的最小内径,当长度不大于150m时,宜为150mm;当长度大于

150m 时,宜为 200mm。排水管周围回填透水性材料,管底回填料的厚度为 150mm,管两侧的回填料宽度不宜少于 300mm。渗沟位于路基范围外时,透水性回填料顶部应覆盖 150mm 厚的不透水填料。透水性回填料可采用粒径 5~40mm 的碎石或砾石,但粒径小于 2mm 的细粒含量不得大于 5%。含水层内的细粒有可能随渗流进入沟内而堵塞渗沟时,应在渗沟的迎水面沟壁处设置反滤土工织物。

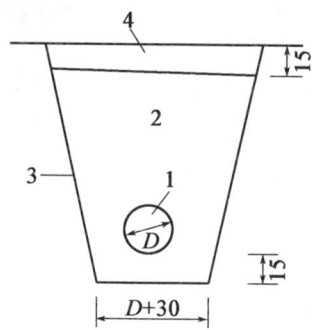

图 5-11 管式渗沟典型结构图

(尺寸单位:cm)

1-带槽孔排水管;2-透水性回填材料;3-反滤织物;4-不透水层

工地现场加工排水管孔槽,其圆孔直径宜为 5~10mm,纵向间距为 75mm,按对称的 4 排或 6 排的方式排设在圆管断面的下半段。带槽排水管,其槽宽度为 3~5mm(沿管长方向)。沿圆周方向的长度和槽口的间距应满足表 5-4 的要求。槽口按 2 排间隔 165°对称排列在圆管断面的下半段,如图 5-12 所示。在渗沟内安设排水管时,槽孔向下。

表 5-4 带孔排水管的槽孔布置要求

管径	圆 孔			槽 口		管径	圆 孔			槽 口	
(mm)	排数	H (mm)	L (mm)	长度 (mm)	间距 (mm)	(mm)	排数	H (mm)	L (mm)	长度 (mm)	间距 (mm)
150	4	70	98	38	75	300	6	140	195	75	150
200	4	94	130	50	100	380	6	175	244	75	150
250	4	116	164	50	100	460	6	210	294	75	150

注:H、L 见图 5-12。

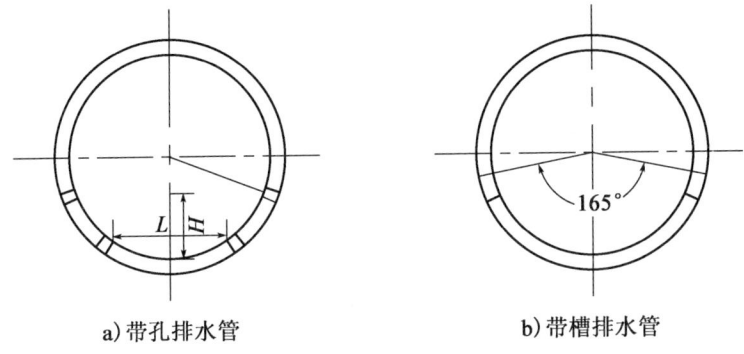

a) 带孔排水管　　　　b) 带槽排水管

图 5-12　带槽孔排水管的圆孔和槽口布置

全冻路堤设计无检查井时,最好在渗沟转弯处、变坡处及直线段每隔 30~50m 增设渗沟检查井,其直径不宜小于 0.8m,井壁应设渗水孔和反滤层。井下通水口与渗沟排水槽(管)同高。边沟下的渗沟检查井应设于边沟外。

10 洞式渗沟顶部应设置封闭层,厚度应不小于 500mm。

4　洞式渗沟

1)洞式渗沟填料顶面宜高于地下水位。

2)洞式渗沟顶部必须设置封闭层,厚度应大于 500mm。

第 10 款为 06 版规范第 4 款,是对洞式渗沟的施工规定。洞式渗沟一般用于地下水流量较大或盛产石料或缺乏水管的地区。

洞式渗沟在路基范围外拦截地下水,如图 5-13 所示。在渗沟底部,以片石浆砌成矩形排水槽,槽顶覆盖水泥混凝土条形盖板,形成排水洞,其横断面尺寸按设计渗流量的要求确定。板条间留有宽 20mm 的缝隙,间距不超过 300mm。在盖板顶面铺以透水的土工织物。沟内回填透水性材料,沟顶覆盖 200mm 厚的不透水封闭层。含水层内的细粒料有可能随渗流进入沟内而堵塞渗沟时,应在渗沟迎水沟壁处按渗滤要求设置若干层粒料反滤层,每层反滤层由厚度 150~200mm 的粒料组成。

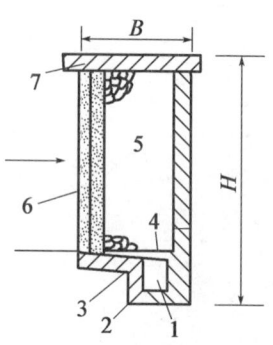

图 5-13 洞式渗沟典型结构图

1-排水洞;2-浆砌片石;3-混凝土盖板;4-透水土工织物;5-透水性回填料;6-反滤层;7-封闭层

11 边坡渗沟的基底应设置在潮湿土层以下的干燥地层内,阶梯式泄水坡坡度宜为 **2%~4%**,基底应铺砌防渗层,沟壁应设反滤层,其余部分用透水性材料填充。

5 边坡渗沟

1)边坡渗沟的基底应设置在潮湿土层以下的干燥地层内,阶梯式泄水坡坡度宜为 2%~4%,基底应铺砌防渗层。

2)沟壁应设反滤层,其余部分用透水性材料填充。

第 11 款为 06 版规范第 5 款,是对边坡渗沟的施工规定。设置边坡渗沟的目的是疏干潮湿的土质路堑边坡坡体,引排边坡上局部出露的上层滞水或泉水。

边坡渗沟深度视边坡潮湿土层的厚度确定,原则上应埋入潮湿带以下较稳定的土层内或地下水位线以下,最好将沟底置于坚硬不透水层内,应比滑动面低 0.50m。

边坡渗沟断面一般采用矩形,宽度为 1.2~1.5m,应不小于 0.8m。引排的地下水流量小,沟底填大粒径的石料作为排水通道,沟壁做反滤层,其余空间可利用当地砾石、卵石、碎石、粗砂等渗水好的材料填充。

为保持边坡渗沟稳定,沟底宜挖成台阶式,台阶一般长 2~3m,高 1~2m,并用浆砌片石砌筑。其下部出水口宜用干砌片石垛支挡,如图 5-14 所示。

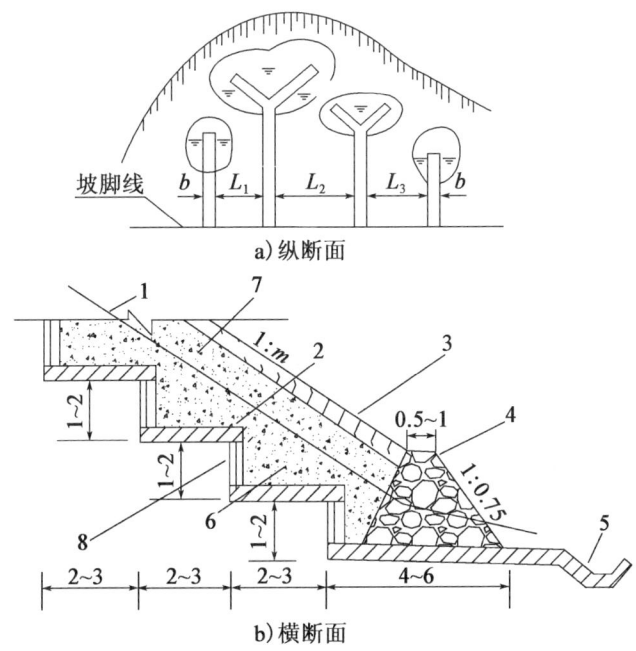

图 5-14 边坡渗沟典型断面示意图(尺寸单位:m)

1-干湿土层分界线;2-浆砌片石铺砌;3-干砌片石覆盖;4-干砌片石垛;5-边沟;6-沟内回填粗粒料;7-上部回填细粒料;8-反滤织物或反滤层

12 支撑渗沟的基底埋入滑动面以下宜不小于 **500mm**,排水坡度宜为 **2%~4%**。当滑动面缓时,可做成台阶式支撑渗沟,台阶宽度宜不小于 **2m**。渗沟侧壁及顶面宜设反滤层。出水口宜设置端墙。端墙内的出水口底高程,应高于地表排水沟常水位 **200mm** 以上,寒冷地区宜不小于 **500mm**。承接渗沟排水的排水沟应进行加固。

6 支撑渗沟

1)支撑渗沟的基底宜埋入滑动面以下至少 500mm,排水坡度宜为

2%～4%。当滑动面较缓时,可做成台阶式支撑渗沟,台阶宽度宜大于2m。

2)渗沟侧壁及顶面宜设反滤层。寒冷地区,渗沟出口应进行防冻处理。

3)渗沟的出水口宜设置端墙。端墙内的出水口底标高,应高于地表排水沟常水位200mm以上,寒冷地区宜大于500mm。承接渗沟排水的排水沟应进行加固。

第12款为06版规范第6款,是对支撑渗沟的施工规定。设置支撑渗沟的目的是治理较深的滑动不稳定边坡。

支撑渗沟用于较深(2～10m)滑动面的不稳定边坡,或在路堑、路堤坡脚下部等部位。支撑渗沟是滑坡整治的一种工程技术措施。支撑渗沟有主干及支干支撑渗沟两种。主沟一般顺滑坡方向平行修筑;支沟一般可与滑坡移动方向成30°～45°的交角,并可延伸到滑坡体以外,起拦截地下水的作用。

支撑渗沟的结构形式有条形、枝杈形、拱形等。根据实践经验,不同土质地段支撑渗沟横向间距可按表5-5采用,支撑渗沟的断面如图5-15所示。

表5-5　支撑渗沟横向间距参考表

土　质	间距(m)	土　质	间距(m)
黏土	6.0～10.0	亚砂黏土	10.0～15.0
重亚黏土	8.0～12.0	破碎岩层	15.0

渗沟施工除满足设计和条文规定外,还应注意以下要求:

(1)渗沟的平面布置,除路基边沟下(或边沟旁)的渗沟应按路线方向布置外,用于截断地下水的渗沟的轴线均宜布置成与渗流方向垂直;用作引水的渗沟应布置成条形或枝杈形。

(2)渗沟的纵坡一般应不小于0.5%,特殊情况下可减至0.2%,但必须加强防淤措施。

(3)粒径小于2mm的填充料(砂石料)颗粒含量应不大于5%,禁止用粉砂、细砂及风化石料填筑。

(4)洞式渗沟,沟底纵坡较大时,宜做成台阶式并铺设防渗层。

(5)反滤层施工时,用木板将各层反滤材料组成垂直层,其高度视渗沟的填充高度而定。填筑完成后,将木板抽出。

(6)当渗沟开挖深度超过6m时,必须选用合理、安全的支撑方式(如框架式支撑等),在开挖时自上而下随挖随支撑,确保施工人员及设备的安全。回填时应自下而上逐步拆除支架。

(7)为检查维修渗沟,每隔30~50m或在平面转折处、纵坡变缓处均应设置检查井。检查井一般为圆筒形,内径不小于0.8m,在井壁处的渗沟底应高出井底300~400mm,井底应铺100~200mm厚的混凝土垫层。井基如遇不良土质,应采取换填措施。井壁上应设置蹬梯,深度大于2m的检查井,还应设置安全护栏。检查井的顶部应高出附近地面300~500mm,并应设井盖。

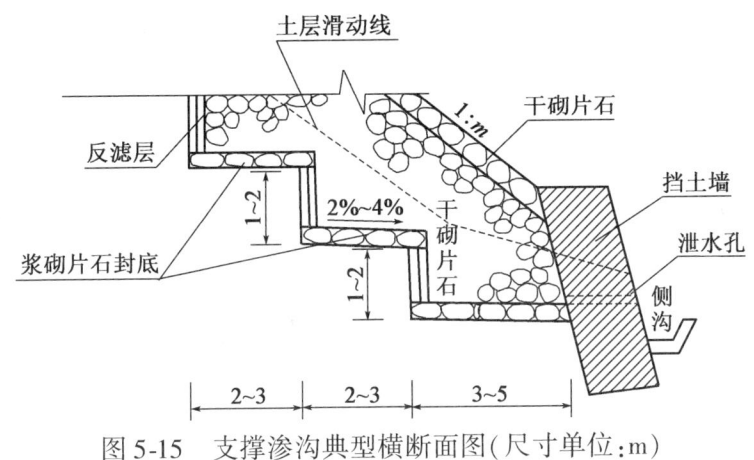

图 5-15 支撑渗沟典型横断面图(尺寸单位:m)

5.3.5 仰斜式排水孔施工应符合下列规定:

1 钻孔成孔直径宜为 **75~150mm**,仰角宜不小于**6°**,孔深应伸至富水部位或潜在滑动面。

2 排水管直径宜为50～100mm,渗水孔宜梅花形排列,渗水段及渗水管端头宜裹1～2层透水无纺土工布。

3 排水管安装就位后,应采用不透水材料堵塞钻孔与渗水管出水口段之间的间隙,长度宜不小于600mm。

5.3.5 仰斜式排水孔施工应符合下列规定:

1 钻孔成孔直径宜为75～150mm,仰角不小于6°。孔深应延伸至富水区。

2 排水管直径宜为50～100mm,渗水孔宜梅花形排列,渗水段裹1～2层无纺土工布,防止渗水孔堵塞。

本条为06版规范第5.3.5条,增加第3款,对排水管出水口段做出规定。

渗水管可采用成熟的具有渗水功能的工业产品,如带弹簧钢圈外包土工织物的渗滤管,也可以采用工业产品,如PVC管、单壁波纹PVC管等,孔壁打眼形成渗水管。

采用工业产品排水管做渗水管,除出水口端1～2m外,管壁应打孔。

仰斜式排水孔施工应由专业施工队伍和专用施工机具完成。其施工程序可按以下步骤进行:

(1)用钻机在挖方边坡平台上水平方向钻入滑坡体含水层,钻孔的仰斜坡可为10%～20%,然后孔内推插入PVC排水管(可利用钻机将PVC排水管放在钻杆内一起钻入,然后抽回钻杆实现)。

(2)带孔的PVC排水管圆孔直径为10mm,纵向间距75mm,沿管周分3排均布排列,一排在管顶,其他两排在管的两侧,顶排圆孔与侧排圆孔交错排列。

(3)靠近出水口1～2m长度内,应设置不带槽孔的PVC排水管,并在进出水口600mm长度范围内用黏土填塞钻机与排水管之间的空隙,防止泉水外渗影响边坡稳定。

(4)钻达含水层后,钻孔上面的侧面用带过滤器的保护管保护钻孔。

5 路基排水工程

在透水性弱的地基中集水时,整个保护管都要安装过滤器。

地质情况复杂,钻孔穿过滑动面时,有可能塌孔。另外,有时在钻进过程中会遇到坚硬的孤石等,容易引起钻杆弯曲,而不能达到预定的位置,从而达不到排水要求。这时可以采取其他工程措施排除地下水。

为了按设计方向钻进,施工时必须使钻机立轴方向偏出一个角度 α,其步骤是:

(1) 钻机定向、整平。

(2) 在向右偏移的方向设置经纬仪,要求钻机立轴线与经纬仪十字丝重合。

(3) 转动机头,使立轴仰坡等于起始坡。

根据试验资料分析,得出计算仰坡值的经验公式:

$$H = mx + 0.32e^{0.0905x} \tag{5-1}$$

式中:H——平孔某点相应于经过钻机头的水平线高度(m);

x——钻进的长度(m);

e——自然对数底。

如果设计的平均仰坡为 m',则钻进时的起始坡度 m 可按下式计算:

$$m = \frac{m'x - 0.032e^{0.0905x}}{x} \tag{5-2}$$

根据试验钻孔资料分析,一般情况下,仰坡值为 10%,如图 5-16 所示。

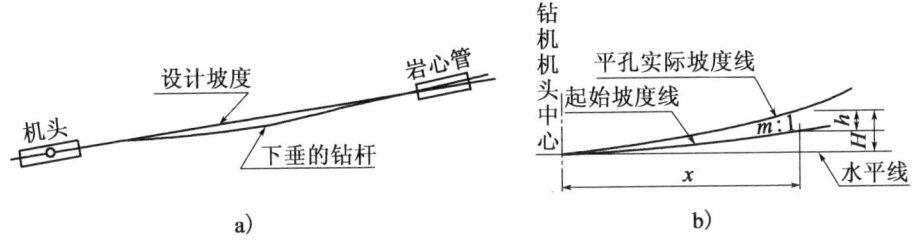

图 5-16 平孔钻进时在仰坡上的方向变化

(4) 平孔钻进在仰坡上变化。钻进至一定深度后,细长钻杆中部会下垂,而使岩心管上翘,继续钻进时平孔的仰坡将逐渐加陡。一般情况下,钻杆在垂直面内的弯曲比在平面内要大,钻进越长,仰坡上翘越明显。

5.3.6 渗井施工应符合下列规定:

1 渗井应边开挖边支撑,并应采取照明、通风、排水措施。

2 填充料应在开挖完成后及时回填。不同区域的填充料应采用单一粒径分层填筑,小于2mm的颗粒含量不得大于5%。透水层范围宜填碎石或卵石,不透水范围宜填粗砂或砾石。井壁与填充料之间应设反滤层,填充料与反滤层应分层同步施工。

3 渗井顶部四周应采用黏土填筑围护,并应加盖封闭。

5.3.3 渗井

1 填充料含泥量应小于5%,按单一粒径分层填筑,不得将粗细材料混杂填塞。下层透水层范围内宜填碎石或卵石,上层不透水范围内宜填砂或砾石。井壁与填充料之间应设反滤层。

2 渗井顶部四周用黏土填筑围护,井顶应加盖封闭。

3 渗井开挖应根据土质选用合理的支撑形式,并应随挖随支撑、及时回填。

本条由06版规范第5.3.3条修订而成。

渗井的作用是将地面水或浅层地下水通过竖井渗入地下排除。一般是在路基附近无河流、沟渠、洼地,地面水或浅层地下水无法排除,影响路基稳定,而距地面下不深之处有渗透性土层存在,且该土层水流方向背离路基,同时地面水流量不大的地区设置渗井。将边沟水流分散到距地面1.5m以下的透水层中排除,或是通过不透水层中的钻孔流入下层透水层中排除,从而使路基免受水的侵害。渗井易于淤塞,地面排水可以采用其他方式时不应采用。

渗井上部断面一般采用直径不小于0.7m的圆形(图5-17),或边长为0.6~1.0m的正方形。渗井的顶部四周(进口部分除外)用黏土筑堤围护,顶上加筑混凝土盖;下部必须穿过不透水层面,深达透水层。

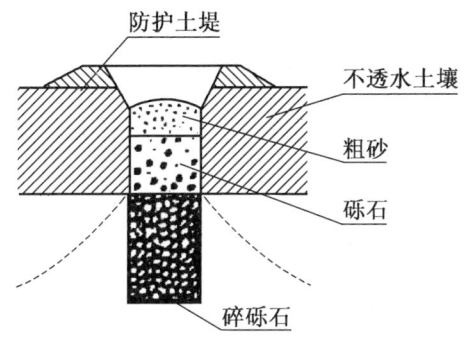

图 5-17 渗井典型构造图

渗井的施工要求如下:

(1)应保证地面水或浅层地下水引入透水层。当地下透层离地面较深时,可用钻孔机钻孔,钻孔直径应不小于150mm,有时可达500~600mm。

(2)渗井距路堤坡脚的距离宜大于10m。

(3)井内填充材料应由四周到中心按层次分别填入由细到粗的砂石料,即靠井壁填砂,然后填入碎石,中间填石块。粗料排水、渗水,细料反滤。

(4)每层填料应尺寸一致,应筛分、冲洗,不得混杂。渗井填筑时通常用铁皮套筒或相应工具分离,填入不同粒径的材料,达到层次分明。随着填料的增高,再逐段拔除铁皮套筒或其他分隔工具。

(5)井顶用黏土夯实或做成混凝土盖(进口部分除外),周围以土埂围护,防止渗井淤塞。

由于排水渗井易于淤塞、造价高、使用受一定条件的限制等,因此一般情况下不宜选用。在挖方及全冻路堤路段,且无平面排水通道的条件下,可设置渗水井集中排水。

5.3.7 排水隧洞施工应符合下列规定:

1 施工前应做好现场地质、水文等情况调查和图纸核对工作,并应编制专项方案。

2 施工过程中应做好监控量测工作,围岩级别与设计不符时应及时反馈处理。

3 施工应符合现行《公路隧道施工技术规范》(JTG F60)的有关规定。

本条为新增。

近些年,随着高速公路建设不断向山区推进,路基工程中常常遇到地下潜水、暗流,工程地质条件更加复杂。06版规范采用渗沟、暗沟排除地下水已经不能满足工程需要,尤其是不能满足大型滑坡体的综合整治需要。工程实践中采用隧道排水引流取得了较好效果。在浙江、福建等省份,排水隧洞在高边坡及滑坡体治理中得到广泛应用。

排水隧洞适用于截断和引排深层地下水,与渗井或渗管群联合使用,以排除具有多层含水层的复杂地层中的地下水。排水隧洞要埋入欲截引的主要含水层附近的稳定地层中。滑坡区的隧洞,其顶部需设置在滑动面或滑动带以下稳定地层中不小于0.5m。

排水隧洞的纵坡需根据地下水埋藏深度及水力坡度、地层情况、出水口位置的高程等综合考虑决定。排水隧洞的横断面宽度,往往不取决于排水流量的要求,而是受施工需要的控制。人工施工时,考虑在隧道壁支撑加固后尚能保留一人在底部转身工作的最小宽度;对于较长的排水隧洞,尚要考虑施工通风的问题,需酌情加宽。

与公路、铁路、水利水电工程隧道相比,排水隧洞断面尺寸较小,净空最小仅为1m×1.8m。隧洞施工涉及内容、工序较多,对于较大断面隧洞施工,应严格按照现行《公路隧道施工技术规范》(JTG F60)执行;对于较小断面隧道,应参照现行《公路隧道施工技术规范》(JTG F60),认真评估各工序的安全性,保证施工安全。

5.3.8 承压水的排除应符合下列规定:

1 埋深浅的承压水出口处,宜采取抛填片石或混凝土预制块等措施消能后,用排水沟、渗沟等方式排走承压水,也可用隔离层把承压水引入排水沟。

2 层间重力水可采用渗沟、排水沟、渗井、暗沟、暗管等排除。

3 寒冷地区冻土层以下存在承压水时,排水设施应埋设于当地冰冻深度以下。不能满足要求时,上层填土应采取保温措施,排水设施出口处的沟槽应做成保温沟,保温覆盖层应延伸至排水设施出口以外 2~5m,并应加大出水口处排水沟纵坡。

5.3.6 承压水的排除

1 一般地区,埋深较浅的承压水宜采用在承压水出口处抛填片石或混凝土预制块等措施,使承压水消能为无压水流后再采用排水沟、渗沟等方式排走,也可用隔离层把承压水引入排水沟。

2 一般地区,层间重力水可根据不同的含水情况和压力情况,采用渗沟、排水沟、渗井和暗沟(管)等措施排除。

3 寒冷地区,埋藏于冻土层以下的承压水宜采用渗沟、排水沟、渗井和暗沟(管)等方法排除;但如果因地形条件所限,排水设施不能埋设于当地冰冻深度以下时,上层填土宜采取保温措施,与排水设施出口处相连接的沟槽应做成保温沟。保温沟的保温覆盖层,其布设范围应在排水设施出口处向外延伸 2~5m,并应加大出水口处排水沟纵坡。

4 在寒冷地区,山坡较平缓,含水量和覆盖层又较浅,且涌水量、动水压力不大的情况下,可在覆盖层中挖冻结沟。

本条由 06 版规范第 5.3.6 条修订而成。

一般地区冒出的浅层承压水如不先消能使之成为无压水,会四处漫溢,不能引入沟渠排走。

因地形条件所限,未能埋设到冰冻深度以下时,上层可填炉渣或泥炭土覆盖保护。

冻结沟应在秋季开挖,冬季封冻以前完成。当地表径流较大时,冻结沟应设置不小于 1% 的纵坡,做到在雨期时排除地面水。

5.3.9 中央分隔带表面采用铺面封闭时,铺面层下应采取防水措施,铺面层的横坡应与两侧道路横坡一致。铺面层与路面接缝应平整,并采取防渗措施。

5.3.10 中央分隔带表面未采用铺面封闭时,施工应符合下列规定:
1 横向排水管施工应采用反挖法。
2 渗水层施工应符合本规范第 5.3.4 条的有关规定。
3 防渗土工布施工应符合本规范第 5.3.2 条的有关规定。
4 沟槽应采用种植土回填。
5 施工过程中,应做好临时防水措施。

以上 2 条为新增,与《公路路基设计规范》(JTG D30—2015)相适应,是对 06 版规范内容的补充,将中央分隔带排水作为路基工程的一部分。《公路路基设计规范》(JTG D30—2015)把中央分隔带排水纳入路基设计范围,将路基工程与路面工程专业设计的分界进一步明确,2019 版规范也将中央分隔带排水作为路基工程一部分。

中央分隔带分为表面封闭与非封闭两种形式。

中央分隔带表面采用铺面封闭时,分隔带铺面应采用两侧外倾的横坡,坡度宜与路面横坡一致,铺面下应设防水层,典型结构如图 5-18 所示。

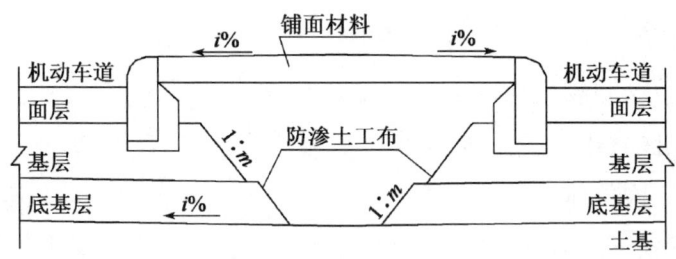

图 5-18 中央分隔带铺面典型结构图

中央分隔带表面未采用铺面封闭时,中央分隔带内部应设置由防水层、纵向排水渗沟、集水槽(井)和横向排水管等组成的综合防排水系统,渗沟一般设置在通信管构件之下,典型结构如图 5-19 所示。

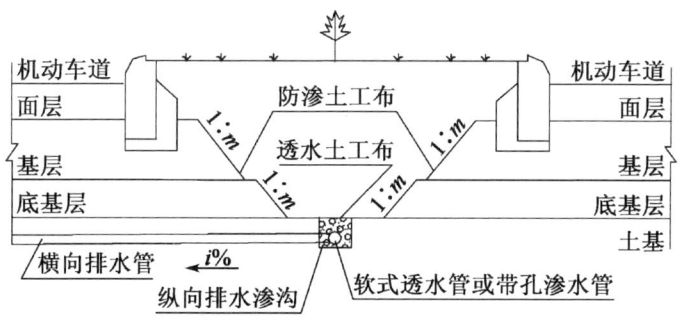

图 5-19 中央分隔带非铺面典型结构图

中央分隔带排水对于防治路基路面病害十分重要。铺面封闭式中央分隔带应以防渗设计为主,未封闭绿化式中央分隔带将排水与防渗相结合,设置由防水层、纵向排水渗沟、集水槽(井)和横向排水管等组成的综合防排水系统,及时引排中央分隔带的下渗水。

中央分隔带排水设计隔离层、渗水层、封层、回填等内容,施工时除应遵守上述 2 条规定外,还应按照 2019 版规范中渗沟及相关工程内容的规定执行。

5.4 路基排水工程质量标准

本节共 13 条 9 款,06 版规范共 9 条 8 款,新增 4 条 1 款。增加主要内容为:①混凝土排水沟、截水沟、边沟;②渗井;③沉淀池;④边沟混凝土盖板的施工质量标准。

修订理由如下:

(1)第 5.4.1 条增加 1 款,补充结构物的伸缩缝、沉降缝等构造缝的外观要求。地表排水设施越来越多地采用混凝土现场浇筑,线形结构混凝土收缩更明显,设置伸缩缝、沉降缝可以使得因温度变化产生的裂缝发生在构造缝处,形成规则的裂缝,不致因混凝土收缩裂缝凌乱影响美观;其他排水设施(如大型蒸发沉淀池排水泵站)设置的沉降构造缝应自上到下形成一个铅垂面,以确保构造缝完全发挥作用,保证结构物结构完整、美观。

（2）第5.4.4条混凝土排水沟、截水沟、边沟施工质量标准为新增。随着我国工业化水平的提高，人工成本越来越高，各地大量使用混凝土浇筑排水沟、截水沟、边沟，增加此条以弥补06版规范的不足。

（3）第5.4.7条渗井、第5.4.12条沉淀池及第5.4.13条边沟混凝土盖板的施工质量标准为新增。无论在施工中，还是在公路运营过程中，这些结构物会出现较多损坏，故本次修订增加施工质量标准要求。

5.4.1 排水设施外观质量应符合下列规定：

1 纵坡顺适，曲线线形圆滑。

2 沟壁平整、稳定，无贴坡。沟底平整，排水畅通，无冲刷和阻水现象。

3 各类防渗、加固设施坚实稳固。

4 浆砌片石工程，嵌缝均匀、饱满、密实，勾缝平顺无脱落、密实、美观，缝宽均衡协调；砌体咬合紧密；抹面平整、压光、顺直，无裂缝、空鼓。

5 干砌片石工程，砌筑咬合紧密，无叠砌、贴砌和浮塞。

6 水泥混凝土砌块的强度满足设计要求，砌体平整，勾缝整齐牢固。

7 基础与墙身设置的伸缩缝、沉降缝应垂直对齐。

5.4.2 土质边沟、截水沟、排水沟施工质量应符合表5.4.2的规定。

表5.4.2 土质边沟、截水沟、排水沟施工质量标准

项次	检查项目	规定值或允许偏差	检查方法和频率
1	沟底高程(mm)	+0，-30	水准仪：每200m测4点，且不少于5点
2	断面尺寸(mm)	≥设计值	尺量：每200m测2点，且不少于5点
3	边坡坡度	不陡于设计要求	尺量：每200m测2点，且不少于5点
4	边棱顺直度(mm)	50	20m拉线：每200m测2点，且不少于5点

5 路基排水工程

5.4.3 浆砌排水沟、截水沟、边沟施工质量应符合表5.4.3的规定。

表5.4.3 浆砌水沟施工质量标准

项次	检查项目	规定值或允许偏差	检查方法和频率
1	砂浆强度(MPa)	在合格标准内	按《公路工程质量检验评定标准 第一册 土建工程》(JTG F80/1—2017)附录F检查
2	轴线偏位(mm)	50	全站仪或尺量:每200m测5点
3	沟底高程(mm)	±15	水准仪:每200m测5点
4	墙面直顺度(mm)	30	20m拉线:每200m测2点
5	坡度	满足设计要求	坡度尺:每200m测2点
6	断面尺寸(mm)	±30	尺量:每200m测2个断面,且不少于5个断面
7	铺砌厚度	≥设计值	尺量:每200m测4处
8	基础垫层宽度、厚度	≥设计值	尺量:每200m测4处

注:跌水、急流槽、水簸箕等其他浆砌排水工程的质量标准也应符合本表规定。

5.4.4 混凝土排水沟、截水沟、边沟施工质量应符合表5.4.4的规定。

表5.4.4 混凝土水沟施工质量标准

项次	检查项目	规定值或允许偏差	检查方法和频率
1	混凝土强度(MPa)	在合格标准内	按《公路工程质量检验评定标准 第一册 土建工程》(JTG F80/1—2017)附录D检查
2	轴线偏位(mm)	50	全站仪或尺量:每200m测5点
3	沟底高程(mm)	±15	水准仪:每200m测5点
4	墙面直顺度(mm)	20	20m拉线:每200m测2点
5	坡度	满足设计要求	坡度尺:每200m测2点
6	断面尺寸(mm)	±20	尺量:每200m测2个断面,且不少于5个断面
7	混凝土厚度	≥设计值	尺量:每200m测2点
8	边墙顶高程(mm)	−15,0	水准仪:每200m测5点

5.4.5 混凝土排水管施工质量应符合表5.4.5的规定。钢波纹管自身质量及连接应按工业产品技术标准执行,管座施工质量、管道安装质量应参照钢筋混凝土管标准执行。

表5.4.5 混凝土排水管施工质量标准

项次	检查项目		规定值或允许偏差	检查方法和频率
1	混凝土抗压强度或砂浆强度(MPa)		在合格标准内	按《公路工程质量检验评定标准 第一册 土建工程》(JTG F80/1—2017)附录D、附录F检查
2	管轴线偏位(mm)		15	全站仪或尺量:每两井间测3处
3	流水面高程(mm)		±10	水准仪、尺量:每两井间进出水口各1处,中间1~2处
4	基础厚度		≥设计值	尺量:每两井间测3处
5	管座	肩宽(mm)	+10,-5	尺量:每两井间测2处
		肩高(mm)	±10	
6	抹带	宽度	≥设计值	尺量:按10%抽查
		厚度	≥设计值	

注:PVC管、钢波纹管等的施工质量标准可参照本表。

5.4.6 渗沟施工质量应符合表5.4.6的规定。

表5.4.6 渗沟施工质量标准

项次	检查项目	规定值或允许偏差	检查方法和频率
1	沟底高程(mm)	±15	水准仪:每20m测2点
2	断面尺寸(mm)	≥设计值	尺量:每20m测2处

5.4.7 渗井施工质量应符合表5.4.7的规定。

表 5.4.7 渗井施工质量标准

项次	检查项目		规定值或允许偏差	检查方法和频率
1	各节渗井混凝土强度(MPa)		在合格标准内	按《公路工程质量检验评定标准 第一册 土建工程》(JTG F80/1—2017)附录 D 检查
2	渗井平面尺寸(mm)	长、宽	±0.5%,大于24m时±120	尺量
		半径	±0.5%,大于12m时±60	
3	顶、底面中心偏位(纵、横向)(mm)		1/50 井高	全站仪
4	渗井最大倾斜度(纵、横向)(mm)		1/50 井高	铅垂法
5	平面扭转角(°)		1	铅垂法:测垂直两个方向
6	渗井刃脚高程(mm)		符合图纸要求	水准仪
7	过滤集料级配		满足设计要求	每个渗井1组
8	过滤集料强度		满足设计要求	每处或每100m测1组
9	土工材料位置、下承层平整度		满足设计要求	每个渗井测2处
10	搭接宽度(mm)		+50,-0	抽查5%

5.4.8 隔离工程土工合成材料施工质量应符合表 5.4.8 的规定。

表 5.4.8 隔离工程土工合成材料施工质量标准

项次	检查项目	规定值或允许偏差	检查方法和频率
1	下承层平整度、拱度	满足设计要求	每200m检查4处
2	搭接宽度(mm)	+50,-0	尺量:抽查2%
3	搭接缝错开距离(mm)	满足设计要求	尺量:抽查2%
4	搭接处透水点	不多于1个点	每缝

5.4.9 过滤排水工程土工合成材料施工质量应符合表 5.4.9 的规定。

表 5.4.9 过滤排水工程土工合成材料施工质量标准

项次	检查项目	规定值或允许偏差	检查方法和频率
1	下承层平整度、拱度	满足设计要求	每 200m 测 4 处
2	搭接宽度(mm)	+50,-0	抽查 2%
3	搭接缝错开距离(mm)	满足设计要求	抽查 2%

5.4.10 检查井、雨水井施工质量应符合下列规定：

1 井基混凝土强度应不低于 5MPa。蹬步梯应安装牢固。井框、井盖应平稳。进口周围应无积水。

2 检查井、雨水井施工质量应符合表 5.4.10 的规定。

表 5.4.10 检查井、雨水井施工质量标准

项次	检查项目	规定值或允许偏差		检查方法和频率
1	砂浆强度	在合格标准内		按《公路工程质量检验评定标准 第一册 土建工程》(JTG F80/1—2017)附录 F 检查
2	轴线偏位(mm)	50		全站仪：每个检查井检查
3	圆井直径或方井长、宽(mm)	±20		尺量：每个检查井检查
4	井底高程(mm)	±15		水准仪：每个检查井检查
5	井盖与相邻路面高差(mm)	检查井	+4,-0	水准仪：每个检查井检查
		雨水井	+0,-4	

5.4.11 排水泵站沉井平面位置、地基承载力应满足设计要求。井底应不漏水。施工质量应符合表 5.4.11 的规定。

表 5.4.11 排水泵站沉井施工质量标准

项次	检查项目	规定值或允许偏差	检查方法和频率
1	混凝土强度(MPa)	在合格标准内	按《公路工程质量检验评定标准 第一册 土建工程》(JTG F80/1—2017)附录 D 检查
2	轴线平面偏位(mm)	±50	全站仪：纵、横向各 2 点

续表 5.4.11

项次	检查项目	规定值或允许偏差	检查方法和频率
3	竖直度(mm)	1%井深	铅锤法:纵、横向各1点
4	几何尺寸(mm)	±50	尺量:长、宽、高各2点
5	壁厚(mm)	−5,0	尺量:每井测5点
6	井口高程(mm)	±50	水准仪:每井测4点

5.4.12 沉淀池地基承载力应满足设计要求。池底应不漏水。施工质量应符合表 5.4.12 的规定。

表 5.4.12 沉淀池施工质量标准

项次	检查项目	规定值或允许偏差	检查方法和频率
1	混凝土强度(MPa)	在合格标准内	按《公路工程质量检验评定标准 第一册 土建工程》(JTG F80/1—2017)附录D检查
2	轴线平面偏位(mm)	±50	全站仪:纵、横向各2点
3	几何尺寸(mm)	±50	尺量:长、宽、高、壁厚各2点
4	底板高程(mm)	±50	水准仪:测2点

5.4.13 钢筋混凝土盖板中心线应与所覆盖的排水沟中心线相吻合。施工质量应符合表 5.4.13 的规定。

表 5.4.13 钢筋混凝土盖板施工质量标准

项次	检查项目	规定值或允许偏差	检查方法和频率
1	混凝土强度(MPa)	满足设计要求	按《公路工程质量检验评定标准 第一册 土建工程》(JTG F80/1—2017)附录D检查
2	厚度(mm)	+10,−0	尺量:抽检10%,每块板目测薄处测1处
3	宽度(mm)	±10	尺量:抽检10%,每块板目测窄处测1处

续表 5.4.13

项次	检 查 项 目	规定值或允许偏差	检查方法和频率
4	长度(mm)	±10	尺量:抽检10%,每块板目测短处测1处
5	顺直度(mm)	15	20m拉线:每200m测4处
6	相邻板最大高差(mm)	5	尺量:每10m测1处

6 路基防护与支挡工程

本章共 14 节 109 条,06 版规范 7 节 57 条,由 06 版规范第 8 章路基防护与支挡修订补充而成。本章主要变化为:

(1)将"8.2 坡面防护"拆分为 2 节,"6.2 植物防护""6.3 坡面工程防护"。

(2)将"8.4 挡土墙"拆分为 5 节,"6.6 重力式挡土墙""6.8 悬臂式和扶壁式挡土墙""6.9 锚杆挡土墙""6.10 锚定板挡土墙""6.11 加筋土挡土墙"。

(3)增加 2 节,"6.7 石笼式挡土墙""6.14 柔性防护网系统"。

(4)删减 06 版规范第 8.2.4 条封面、捶面防护,第 8.2.5 条膨胀土路基边坡防护。

(5)节的顺序进行了调整。

(6)将 06 版规范条文说明的一些要求提炼成条款,增加了边坡防护施工规定。

(7)施工质量标准依照《公路工程质量检验评定标准 第一册 土建工程》(JTG F80/1—2017)进行修订。

公路运营养护及有关调研资料表明,路基防护相对公路其他工程出现问题较多。主要原因有二:一是防护构造物未置于稳定的基础和坡体上;二是对水的破坏作用防范不到位。因此,应高度重视防护基础及水的作用,防护必须置于稳定的基础和坡体上,防排水系统必须设置好,减少病害和经济损失。

施工过程中,某些土质、软质岩石及不良地层易受雨雪浸泡和冰冻、融胀等影响,造成路基软化、边坡塌陷或大面积滑坡,需花较多的时间和较大的投入进行整治,故应采取有效的防护与加固措施,确保路基防护与支挡结构的工程质量。在施工中应严格按规定进行施工控制。

6.1 一般规定

本节共7条,06版规范为5条。本节新增3条,删减1条,对保留的4条重新进行组合。新增加的内容为:边坡开挖的安全防护要求;防护与支挡工程使用材料要求;坡面防护工程设置检修通道要求。删减第8.1.5条临时工程和永久结合的规定。

6.1.1 路基防护工程施工前,应对边坡进行修整,清除边坡上的危石及松土。修整后的坡面应大面平整、排水顺畅,与周围自然地形协调。

8.1.3 坡面防护施工前,应对边坡进行修整,清除边坡上的危石及不密实的松土。坡面防护层应与坡面密贴结合,不得留有空隙。

本条由06版规范第8.1.3条拆分补充而成。强调开始砌筑坡面结构物之前应对坡面进行必要的修整,高低不平的应填削整平,松散的应夯实,完工后的坡面防护结构物应与自然相适应,和谐美观。

6.1.2 路基防护工程应与路基挖填方工程紧密、合理衔接,应开挖一级、防护一级。根据开挖坡面地质水文情况,应逐段核实路基防护设计方案。实际状况与设计出入大时,应及时反馈处理。

8.1.1 路基防护工程宜与路基挖填方工程紧密、合理衔接,开挖一级防护一级,并及时进行养护。各类防护和加固工程应置于稳定的基础或坡体上。

8.1.2 应根据开挖坡面地质水文情况逐段核实路基防护设计方案,应尽量采用边坡自然稳定下的植物防护或不防护。

本条由06版规范第8.1.1、8.1.2条修订而成。强调施工组织相互衔接,路堑多级边坡自上而下开挖一级、防护一级;强调核查防护设计是否合理,与地形不相适应时应提出设计变更。

6 路基防护与支挡工程

6.1.3 施工中应加强安全防护,严禁大爆破、大开挖。

8.6.2 施工中应采取有效措施加强安全防护,严禁大爆破、大开挖。

本条由 06 版规范第 8.6.2 条修订而成。开挖、爆破不仅在边坡锚固防护工程中使用,在其他路基防护工程中也有应用,如抗滑桩挖孔、防护工程基坑开挖、其他岩质边坡修整等。在公路工程施工中,往往出现边坡开挖坡面平整度较差的现象,采用爆破方法修整时,一旦爆破失控将会出现边坡失稳,增加工程量,严重者将会造成生产安全事故。

6.1.4 各类防护工程应置于稳定的基础或坡体上。坡面防护层应与坡面密贴结合,不得留有空隙。

8.1.3 坡面防护施工前,应对边坡进行修整,清除边坡上的危石及不密实的松土。坡面防护层应与坡面密贴结合,不得留有空隙。

本条由 06 版规范第 8.1.3 条修订而成,补充了防护工程对基面的要求,强调结构物应置于稳定的基础或坡体上,结构物与基面间不得有松软夹层。对于坡面防护结构,地基不像桥涵工程对地基承载力有明确的定量要求,06 版规范仅做定性要求。坡面防护的作用仅是防止表面风化、雨水侵蚀,施工时只要坡面防护层与坡面间不留虚土,均能保证坡面防护工程稳定。支挡类防护结构具有抵抗土压力、保证路基稳定的作用,故要求基础要置于稳定的基础或坡体上。

6.1.5 施工中应采取有效措施截排地表水和导排地下水。

8.1.4 在多雨地区或地下水发育地段,路基防护工程施工中,应采取有效措施截排地表水和导排地下水。

本条由 06 版规范第 8.1.4 条修订而成。强调及时引排渗出的地下水,目的是确保防护工程在无水状态下施工完成,保证工程质量和边坡体的稳定,保证施工安全。

6.1.6 石料、钢筋、钢绞线、水泥混凝土等材料质量应符合要求。

本条为新增,边坡防护与支挡工程均为不同材料修筑的结构物,涉及材料种类、规格型号较多,2019 版规范未逐一制订材料具体要求,故规定所使用材料应符合相关技术规范要求。

6.1.7 每处坡面防护应设置检修通道及必要的扶栏。

本条为新增,是对当前防护工程检修通道的缺失进行补充,当图纸设计不能满足公路运营维修养护对边坡进行检查的要求时,应提出设计变更。

6.2 植 物 防 护

本节由 06 版规范"8.2 坡面防护"的第 8.2.1 条植物防护、第 8.2.2 条骨架植物防护修订而成,补充了当前常用的其他植物防护内容。增加的主要内容为第 6.2.3 条植生袋防护施工;补充了骨架植物防护对水泥混凝土骨架、水泥混凝土空心预制块骨架的施工要求。删除了 06 版规范的第 8.2.2 条骨架植物防护第 3 款锚杆混凝土框架植草防护,原因是 06 版规范框架施工与 2019 版规范第 6.13.5 条地梁、网格梁施工类似,06 版规范骨架间植草与 2019 版规范第 6.2.1 条植物防护类似。

坡面防护主要是保护路基边坡表面免受雨水冲刷,防止和延缓软弱岩土表面风化、碎裂、剥蚀,保持路基边坡的整体稳定性。在一定程度上可兼顾路容美化和协调自然环境。常用的坡面防护设施有生物防护(种草、铺草皮、种植灌木)、工程防护(喷浆、锚杆钢筋网喷射混凝土、护面墙、干砌片石、浆砌片石、混凝土预制块等)和土工织物防护。

生物防护以土质边坡为主,工程防护适用于各种土石坡面,尤其是陡坡面。

6.2.1 坡面植物防护施工应符合下列规定:

1 在坡面成形后,应及时进行坡面植物防护。

2 植物防护前应清理坡面。

3 回填土宜采用土、肥料及腐殖质土的混合物。种植土层厚度应符合表 6.2.1-1 的规定。

表 6.2.1-1　植物种植土层厚度

植被类型	草本花卉	草坪地被	小灌木	大灌木	浅根乔木	深根乔木	检查方法和频率
土层厚度(mm)	≥30	≥30	≥45	≥60	≥90	≥150	尺量:每50m测1点

4 种草施工时,草籽应撒布均匀,同时做好保护措施。草皮宜选用带状或块状,草皮厚度宜为 **100mm**。铺设时,应由坡脚自下向上铺设。

5 铺、种植物后应适时进行洒水、施肥等养护管理,直到植物成活。

6 养护用水不得含油、酸、碱、盐等有碍草木生长的成分。

7 坡面植物防护施工质量应符合表 6.2.1-2 的规定。

表 6.2.1-2　坡面植物防护施工质量标准

项次	检 查 项 目	规定值或允许偏差	检查方法和频率
1	苗木规格与数量	满足设计要求	尺量:每1km测50m
2	种植穴规格(mm)	±50	尺量:每1km测50m
3	苗木成活率(%)	≥85	目测:每1km测200m
4	草坪覆盖率(%)	≥95	目测:每1km测200m
5	其他地被植物发芽率(%)	≥85	目测:每1km测200m

8.2.1　植物防护

1　植被防护施工应符合下列规定:

1)植被施工,铺、种植被后,应适时进行洒水、施肥等养护管理,直到植被成活。

2)种草施工,草籽应撒布均匀,同时做好保护措施。

3)灌木(树木)应在适宜季节栽植。

4)养护用水应不含油、酸、碱、盐等有碍草木生长的成分。

本条由 06 版规范第 8.2.1 条植物防护第 1 款修订而成。

植物防护一般采用种草、铺草皮和种植灌木等。种草防护可以防止表面水土流失,固结表面,增强路基的稳定性,并可允许缓慢流水(0.4~0.6m/s)的短时冲刷。经常浸水或长期浸水的路基边坡,草不易生长,不宜采用种草防护。

种草防护的要点是优选草种,通常应选用适合当地土质和气候条件的易成活、根系发育、茎干低短、枝叶茂盛、生长能力强的多年生草种。

铺草皮防护适用于坡面缓于1:1的各种土质边坡及严重风化的软质岩石边坡。铺草皮一般在春季或秋季进行,气候干旱地区则应在雨期进行。草皮宜选用带状或块状,其规格大小视施工情况而定,草皮厚度宜为100mm。铺设时,应自下向上铺设,且用尖木桩固定于边坡上。草皮应铺过路堑顶部至少1m,或铺至截水沟。

对经常浸水、盐渍土、粉质土及经常干涸的边坡不宜采用灌木防护。

施工应注意以下几点:

1. 种草施工注意事项

1)施肥

公路施工时,两侧绿化带的生熟土已经混杂,两侧植草区主要为坡面,营养成分会流失一部分,要在播种前施一定数量的基肥,基肥以氮:磷:钾 = 3:2:1 的复合肥为佳。另外,草在生长季节应施以追肥,追肥以施用有机肥为主,施肥次数3~6次。

2)灌溉

应使用无油、酸、碱、盐或任何有害于苗木生长的水,并在如下几个时期进行:春季返春期至雨期来临,这时风大,气候干燥,又值草坪植物返青期,需要及时浇水,并做到浇透;雨期可停止人工浇水,但要注意当时的雨水情况,若雨水少地表出现干裂,仍要及时进行人工浇水;雨期过后封冻前,由于天气凉爽,自然降水少,蒸发量很大,此时要适时浇水,通常1~3次;由于草种中黑麦草和白首蓿草对水分要求较高,在封冻前和来年返青前,必须将草坪浇透水,浇水量可根据土质、生长期及草种的不同而不同,原则上以湿透根系层、地面无径流为准。

3)草修剪

修剪可促进草的分泌,增加叶片密度。修剪次数1年2次,用机动剪草机修剪,每次修剪以保留草高70~100mm为宜。修剪使用的机械,在边坡处采用背伏式机动剪草机,护坡道等位置可采用行走式机动修剪机。

4)杂草清除

杂草侵入边坡草,不仅影响美观,同时与边坡草争光、争水、争肥和争夺空间,影响边坡草的正常生长和发育,甚至造成局部死亡。杂草的具体清除方法可以用机械灭除法和化学除莠法。对一、二年生的杂草,在开花前采用机械灭除法进行刈割效果较好。对一些高大散生的单株杂草,也可用人工拔除的方法挖除。化学除莠法对边坡草有相应的毒害作用,尽量少用。如果需要使用,应严格按照农药使用说明喷施。另外,喷施农药应选在气温较高、阳光充足且无风的上午9~11时或下午4~6时进行,以充分发挥药效。同时,除莠应在杂草开花前进行,以增强除草效果。

5)边坡草病虫害防治

边坡绿化草因其特殊的性质以及冷地型草所具有的较强抗病虫害能力,使边坡绿化草基本无病虫害发生,但在高温、高湿以及营养不良等环境条件下也会发生病虫害。在绿化边坡中,常见的害虫有蝗虫、蛴螬、小地老虎、黏虫、蚂蚁等,一般用1/1 000的敌百虫液或1/1 000的敌敌畏喷洒即可。常见的病害主要有锈病、赤霉病、叶斑病等。防治病害的农药较多,像敌锈钠、石硫合剂、代森锌、萎莠灵等,其具体的施用剂量及防治对象和方法等可参照有关农药说明。边坡牧草除受病虫危害外,也经常受到老鼠、地松鼠、兔子等小动物的危害,这些小动物可通过施洒杀虫剂、捕捉、毒饵诱杀等方法加以防除。

2. 铺草皮施工注意事项

(1)铺草皮前应将边坡浅表面刨松整平,夯填洞孔,如有地下水露头,应做好排水设施。

（2）铺草皮一般在春季或初夏，干燥地区在雨期进行，不宜在冰冻时期或解冻时期施工。

（3）铺草皮要做到"三无一顺"，即草皮与坡面要密贴无空隙，草皮外无空洞，草皮接头间无缝隙，铺设草皮后的坡面平顺。

（4）旱季铺草皮后应经常洒水，使坡面湿润，直至草皮成活。

（5）草皮应随采随用。

3.种植灌木施工注意事项

（1）种植灌木最好选在1∶1.5或更缓的边坡上。

（2）边坡如有不利于灌木生长的砂石类土，则栽种的坑内应换填适于灌木生长的种植土。

（3）栽种灌木的边坡，在大雨后要检查是否稳固，如发现有局部坍塌、开裂的边坡应及时补修，以防病害扩大。

（4）公路弯道内侧边坡严禁栽植高大树木，以免妨碍视线。

6.2.2 湿法客土喷播应符合下列规定：

1 喷播前应检查作业面的粗糙度，平均粗糙度宜为±100mm，最大不超过±150mm。若岩石边坡本身不稳定，需要采用预应力锚杆锚索进行加固处理。

2 喷播植草混合料植生土、土壤稳定剂、水泥、肥料、混合草籽、水等应按配合比组成。

3 客土喷播前浇水湿润坡面，喷播植草混合料的配合比应根据边坡坡度、地质情况和当地气候条件确定，喷播混合材料厚度应为20～80mm。种子喷播应均匀。

4 客土喷播施工锚杆和锚钉宜按1m×1m间距梅花形布置。挂网施工时应自上而下放卷，相邻两卷铁丝网分别用绑扎铁丝连接固定，两网交接重叠处宽度应不小于100mm，锚钉每平方米应不少于5个。

5 挂网与作业面应保持一定间隙，并均匀一致。

6 湿法喷播施工后应及时进行补种、洒水、施肥、清除杂草等养护管理,成活率应达到90%以上。

3 湿法喷播施工,喷播后应及时养护,成活率应达到90%以上。

4 客土喷播施工应符合下列规定:

1)喷播植草混合料的配合比(植生土、土壤稳定剂、保水剂、肥料、混合草籽、水等)应根据边坡坡度、地质情况和当地气候条件确定,混合草籽用量每1 000m² 不宜少于25kg。

2)气温低于12℃不宜喷播作业。

本条由06版规范第8.2.1条植物防护第3、4款修订补充而成。湿法喷播适用于土质边坡、土夹石边坡、严重风化岩石边坡,坡率缓于1:0.5,不适用于硬质岩石边坡。在三维网、柔性防护网稳定的边坡中,往往同时采用植草稳定边坡美化路容,这类边坡既高又陡,施工人员难以攀爬,而且安全风险大,用这种方法在边坡上种植并不合适。

湿法喷播是由欧美引进的一种机械化植被种植技术,即将植物种子、肥料、土壤稳定剂和水按一定比例混合均匀,用专门的设备(喷播机)喷射到边坡上,种子在较稳定的时间内萌芽、生长成株、覆盖坡面,达到迅速绿化、稳固边坡的目的。

播种的时间一般在气候温和、湿度较大的春、秋为宜,不宜在干燥的风季和暴雨季节播种。播种前应在路堤的路肩和路堑顶边缘埋入与坡面齐平的宽200~300mm、厚50~60mm的带状草皮。播种后适时进行补种、洒水、施肥、清除杂草等养护管理,直至植物成长覆盖坡面。

客土喷播防护施工应在作业面准备、喷播、锚钉挂网、客土配比控制、养护等环节加强控制,各个环节施工应符合2019版规范的要求。

6.2.3 植生袋施工应符合下列规定:

1 铺设植生袋时,应保证种子附着完好,袋内土不得含水。

2 坡面施工时,应从底部开始,必要时在基面上打固定桩。

3 植生袋应平铺在坪床上,边缘交接处重叠10~20mm。袋上应均匀覆土或河沙,厚度不露出植生袋,宜在 **10mm** 左右。

    4 植生袋铺种完毕后应立即采用喷灌方式浇水,保持地表湿润,应避免水柱直冲。

    本条为新增,是对植物防护规范要求的补充。植生袋适用于未风化或弱风化的岩石陡边坡;少数碎岩填方造成填方密实度不够,易发生滑坡和垮塌的边坡也适用。植生袋防护可以单独使用,也可以与骨架、格构梁防护联合使用,如图 6-1 所示。

图 6-1　植生袋边坡防护

    生态袋是边坡工程中的新型材料,是由聚丙烯(PP)或聚酯纤维(PET)为原材料制成的双面熨烫针刺无纺布加工而成的袋子。相关标准对生态袋的厚度、单位质量、物理力学性质、外形、纤维类型、受力方式、方向、几何尺寸和透水性能及满足植物生长的等效孔径等指标进行规定,宜选用具有抗紫外线(UV)、抗老化、无毒、不助燃、裂口不延伸的产品。植生袋防护主要用于建造柔性生态边坡,施工后的边坡具有可用植被覆盖的表面,使开挖的坡面达到绿化的效果,形成永久性自然生态边坡。

    植生袋护坡施工应注意以下几点:

    (1)植生袋要把种植土装填到离袋口 80～150mm 处(根据袋体大小),并在装填过程中人工墩实。底部的 2 个角应填土饱满,达到植生袋装填后的设计要求,以节约植生袋用量,并确保后期施工质量及效果。

    (2)植生袋的封装有两种基本形式:手提缝纫机封口和绑扎封口。

采用绑扎封口时,需使用专用的扎带扣,应集中袋口后绑扎并尽力拉紧扎带扣,扎带封口后应距袋口处80~100mm。

(3)植生袋码放应表面平整,有利于整体结构的稳定。

(4)坡面无特殊要求的情况下,要求袋内填装适合植物生长的种植土。通常植生袋装填砂土,中粗砂:黏土=8:2。植生袋现场装填时,掺和营养土以利植物生长,营养土加入量为4~5kg/m³。

(5)在清除基底表面浮土并对基底进行整平之后,将填满碎石的植生袋(碎石级配20~50mm)沿垂直于坡面方向放在基底,基层以上部分安装过程应沿平行于坡面方向码放,并应满足以下要求:①码放时植生袋间留出30~50mm空隙,以保证压实后植生袋袋尾与袋头相接,但不产生搭接;码放后的植生袋应外侧平顺、圆滑;②每层码放后的植生袋,要进行人工夯实并控制植生袋厚度为140~150mm或200~250mm。

(6)复合防渗土工布要求:膜厚0.2mm以上,单位面积质量大于或等于500g/m²。底部及压顶根据需要可各设一道,宽度一般大于1.5m。回填土分级处应采用一层复合防渗土工布。

(7)植被方式及植物选用可根据实际采用以下组合:

喷播是将种子和植物生长所需的各种液体物、纤维物、粉质物、粒状物均匀混合,通过大功率喷射器播洒在植生袋的表面,形成一种均匀的毯状物。

水生植物:选择3~5种水生植物进行植生袋上开孔栽插,推荐的水生植物包括水生美人蕉、水生鸢尾、香蒲、千屈菜、芦苇、茭白、水葱、水竹芋、旱伞草、梭鱼草等。每层间隔330mm栽插一株,上下错开栽插。每3~4m内宜采用同一个品种的植物。

植生袋内可选择3种草籽各20g/m³,均匀混合在填袋土壤内进行装袋。推荐的草籽种类包括高羊茅、早熟禾、百喜草、狗牙根、画眉草、结缕草、黑麦草。

6.2.4 三维植物网防护施工应符合下列规定:

1 施工前应先清除杂草、石块、树根等杂物,坡面土质疏松的应进行夯实。

2 铺设三维网应自上而下平铺到坡脚,并向坡顶、坡脚各延伸 500mm。

3 三维网应用木桩、锚钉锚固于坡面,四周以 U 形钉固定。网间搭接长度应满足设计要求且应不小于 100mm。三维网应紧贴坡面,无皱褶和悬空现象。

4 施工时应避开阴雨天气。

2 三维植被网防护施工应符合下列规定:

1)三维植被网中的回填土应符合设计要求,宜采用客土,或土、肥料及腐殖质土的混合物。

2)三维植被网应符合设计及有关标准。

3)三维植被网的搭接宽度不宜小于 100mm。

本条由 06 版规范第 8.2.1 条植物防护第 2 款修订而成,条文对坡面准备、铺网、三维网搭接做出规定。材料要求在第 6.2.1 条已做出规定,三维植物网防护回填土一般采用客土,客土喷播施工在第 6.2.2 条有相应规定,本条不再规定。

三维植物网防护是土工织物复合植被防护坡面的一种典型形式。三维植物网以热塑料树脂为原料,采用科学配方及工艺制成。其结构分为上、下两层,下层为一个经双面拉伸的高模量基础层,强度足以防止植被网变形;上层由具有一定弹性的、规则的、凹凸不平的网包组成。网包能降低雨滴的冲蚀能量,并通过网包阻挡坡面雨水,同时网包能很好地固定充填物(土、营养土、草籽)不被雨水冲走,为植被生长创造良好条件。另外,三维网固定于坡面上,直接对坡面起固结作用。当植物生长茂盛后,根系与三维网盘错、连接、纠缠在一起,坡面与土相接,形成一个稳固的绿色保护整体,起到复合护坡的作用。

6.2.5 水泥混凝土骨架防护施工应符合下列规定：

1 骨架施工前应修整坡面，填补超挖形成或原生的坑洞和空腔。

2 混凝土浇筑应从护脚开始，由下而上进行浇筑。浇筑过程中采用插入式振捣器振捣。

3 骨架宜完全嵌入坡面内，保证骨架紧贴坡面，防止产生变形或破坏。

4 混凝土浇筑完成后应及时养护。养护时间宜不少于**14d**。

6.2.6 水泥混凝土空心预制块骨架应符合下列规定：

1 预制块经验收合格后方可使用。

2 铺设前应将坡面整平、压实，铺设宜在路堤沉降稳定后进行。

3 应与坡面紧贴，不得有空隙，并与相邻坡面平顺。

4 铺设后应及时施作植物防护。

8.2.2 骨架植物防护

1 浆砌片石（或混凝土）骨架植草防护施工应符合下列规定：

1）骨架内应采用植物或其他辅助防护措施。植草草皮下宜有50～100mm厚的种植土，草皮应与坡面和骨架密贴。

2）应及时对草皮进行养护。

2 水泥混凝土空心块护坡施工应符合下列规定：

1）预制块铺置应在路堤沉降稳定后方可施工。

2）预制块铺置前应将坡面整平。

3）预制块经验收合格后方可使用。

4）预制块应与坡面紧贴，不得有空隙，并与相邻坡面平顺。

3 锚杆混凝土框架植草防护施工质量应符合8.6.8条的相关规定。

以上2条由06版规范第8.2.2条骨架植物防护的骨架结构物施工要求修订补充而成。

浆砌片石、水泥混凝土骨架植草防护适用于土质和强风化岩石边坡，防止边坡受雨水侵蚀，避免土质坡面上产生沟槽。其结构形式主要有方格形、人字形、拱形及多边形混凝土空心块等。常用的骨架防护边坡是在骨架内铺草皮，或栽砌卵石进行防护。浆砌片石、水泥混凝土骨架植草防护既稳定路基边坡，又能节省材料，造价较低、施工方便、造型美观，能与周围环境自然融合，是目前各等级公路边坡防护的主要形式之一。近年来，各种形式的预制块，如菱形骨架、带槽的拼装骨架，既美观又能保证骨架的施工质量，在高速公路建设中得到广泛应用。

6.2.7 骨架防护植物应符合下列规定：

1 应选取适应性好、根系发达、耐干旱贫瘠、耐破坏、再生能力强的植物。

2 应以乡土植物为主、外来植物为辅，不同植物应具互补性且与周围环境自然植被相适合。

3 骨架内植草草皮下宜铺设 50～100mm 厚的种植土，草皮应与坡面和骨架密贴。

4 铺设草皮后，应及时进行养护。

本条由06版规范第8.2.2条骨架植物防护修订而成，对骨架内植物的选择、植物种植基础、养护做出规定。骨架间的空间种植除应满足本条规定外，施工还应符合2019版规范第6.2.1条坡面植物防护的要求。

6.3 坡面工程防护

本节共8条，由06版规范"8.2 坡面防护"的第8.2.3条圬工防护修订而成，补充第6.3.8条浆砌结构勾缝。

6.3.1 坡面喷浆防护施工应符合下列规定：

1 喷射顺序应自下而上进行。

2 砂浆初凝后，应立即开始养护。养护期宜不少于5d。

3 施工结束后，应及时对喷浆层顶部进行封闭处理。

6.3.2 坡面喷射混凝土防护施工应符合下列规定：

1 混凝土强度应满足设计要求。

2 作业前应进行试喷,选择合适的水灰比和喷射压力。

3 混凝土喷射厚度应符合设计规定,且临时支护厚度宜不小于60mm,永久支护厚度宜不小于80mm。永久支护面钢筋的喷射混凝土保护层厚度应不小于50mm。

4 混凝土喷射每一层应自下而上进行。当混凝土厚度大于100mm时,宜分两次喷射。在第二次喷射混凝土作业前,应清除结合面上的浮浆和松散碎屑。

5 面层表面应抹平、压实修整。

6 喷射混凝土面层应在长度方向上每30m设伸缩缝,缝宽10~20mm。

7 喷射混凝土初凝后,应立即开始养护。养护期宜不少于7d。

8 喷射混凝土表面质量应密实、平整,无裂缝、脱落、漏喷、漏筋、空鼓和渗漏水等。施工质量应符合表6.3.2的规定。

表6.3.2 喷射混凝土施工质量标准

项次	检查项目	规定值或允许偏差	检查方法和频率
1	混凝土强度(MPa)	在合格标准内	按《公路工程质量检验评定标准 第一册 土建工程》(JTG F80/1—2017)附录E检查
2	喷层厚度(mm)	平均厚度≥设计厚度;80%测点的厚度≥设计厚度;最小厚度≥设计规定最小值	凿孔法或工程雷达法:每50m²测1处,总数不少于5处

8.2.3 圬工防护

1 喷浆防护施工应符合下列规定:

1)喷护前应采取措施对泉水、渗水进行处治,并按设计要求设置泄水孔,排、防积水。

2)喷射顺序应自下而上进行。

3)砂浆初凝后,应立即开始养生,养护期一般为5~7d。

4)应及时对喷浆层顶部进行封闭处理。

2 喷射混凝土防护施工应符合下列规定：

1）作业前应进行试喷,选择合适的水灰比和喷射压力。喷射混凝土宜自下而上进行。

2）做好泄水孔和伸缩缝。

3）喷射混凝土初凝后,应立即养生,养护期一般为7~10d。

4）喷射混凝土防护施工质量应符合8.5.8条的相关规定。

以上2条由06版规范第8.2.3条圬工防护的第1、2款修订而成。喷浆（混凝土）防护适用于边坡易风化、裂隙和节理发育、坡面不平整的岩石路堑边坡,防护后边坡较干燥,无流水浸入。对于高而陡的边坡,此类防护在面积较大时更为经济。

喷射混凝土配合比应通过试验确定,所采用的砂、石子的规格和质量应符合规定。喷射混凝土用砂应为中砂,细度模数大于2.5,其颗粒级配应满足表6-1的要求。用于喷射混凝土的石子应为坚硬的卵石或碎石,最大粒径不宜超过15mm,其级配应符合表6-2的要求。注浆或混凝土用水不得使用污水和pH值小于4的酸性水,不应含有影响混凝土质量的有害杂质。

表6-1 喷射混凝土用砂的颗粒级配

筛孔尺寸(mm)	5	2.5	1.2	0.6	0.3	0.15
通过质量百分率(%)	100	80~100	50~85	25~60	10~30	2~10

表6-2 喷射混凝土用石子的颗粒级配

筛孔尺寸(mm)	15	10	5	2.5	1.2
通过质量百分率(%)	100	80~100	10~30	0~10	0~5

喷浆（混凝土）防护边坡通常采用机械喷护法施工,将配制好的砂浆（混凝土）用喷射机（或水泥枪）喷射于坡面上,喷射具有一定的压力,可提高保护层与坡面间的黏聚力及保护层的强度。喷射混凝土厚度不宜小于80mm,应根据厚度分2~3层喷射。喷浆厚度不宜小于50mm。施工作业前应通过试喷选择合适的水灰比,以保证喷射坡面的质量。喷浆（混凝

土)水灰比过小时,灰体表面颜色灰暗,出现干裂,回弹量大,粉尘飞扬;水灰比过大时,灰体表面起皱、拉毛、滑动,甚至流淌。水灰比合适时,灰体成黏糊状,表面光滑平整,回弹量小。喷浆施工严禁在结冰季节或大雨中进行作业。

喷浆(混凝土)防护边坡施工注意事项:

(1)喷浆(混凝土)属于高空作业,必须遵守有关安全规定,确保施工安全。

(2)在初凝后第一次喷水养生时,要注意防止压力水冲坏喷浆(混凝土)面。

(3)喷浆(混凝土)层上部要做好妥善的封顶(图6-2),以免地表水流冲蚀。

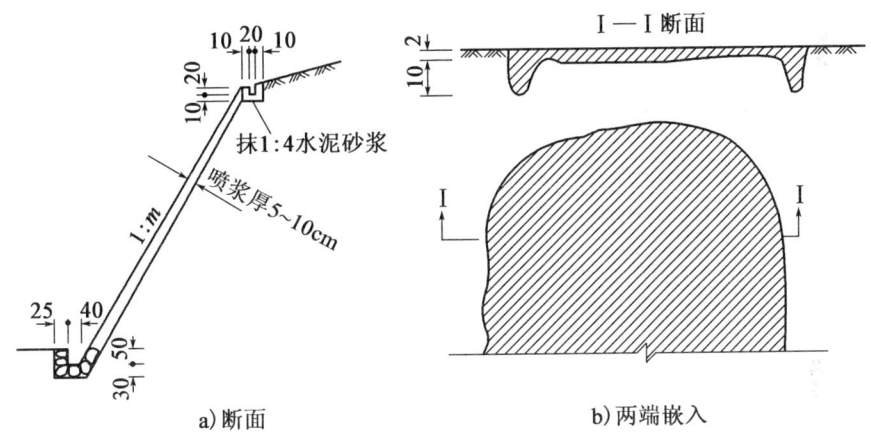

图6-2 喷浆(混凝土)防护层封顶处理(尺寸单位:cm)

(4)机械喷浆(混凝土)时必须加强劳动保护,喷枪手应佩戴防护面罩、防尘口罩,穿防护服,其余工作人员应戴防尘口罩。

(5)每次喷浆作业结束后,必须将喷枪、胶管冲洗干净。

6.3.3 锚杆挂网喷射混凝土防护施工应符合下列规定:

1 锚杆应嵌入稳固基岩内,锚固深度根据设计要求结合岩体性质确定。锚杆孔深应大于锚杆长度200mm。

2 钢筋网应与锚杆连接牢固。钢筋网与岩面的间隙宜为**30~50mm**。

3 喷射混凝土宜分层施工,铺设钢筋网前喷射一层混凝土,铺设后再喷射混凝土至设计厚度。

4 喷射混凝土厚度应均匀,钢筋网及锚杆不得外露。钢筋保护层厚度宜不小于**20mm**。

5 喷射混凝土施工质量应符合表**6.3.2**的相关规定。

3 锚杆挂网喷射混凝土(砂浆)防护施工应符合下列规定:

1)锚杆应嵌入稳固基岩内,锚固深度根据设计要求结合岩体性质确定。锚杆孔深应大于锚固长度200mm。

2)钢筋保护层厚度不宜小于20mm。

3)固定锚杆的砂浆应捣固密实,钢筋网应与锚杆连接牢固。

4)铺设钢筋网前宜在岩面喷射一层混凝土,钢筋网与岩面的间隙宜为30mm,然后再喷射混凝土至设计厚度。

5)喷射混凝土的厚度要均匀,钢筋网及锚杆不得外露。

6)做好泄、排水孔和伸缩缝。

7)锚杆挂网喷射混凝土(砂浆)防护施工质量应符合8.5.8条的相关规定。

本条由06版规范第8.2.3条圬工防护第3款修订而成。与喷浆(混凝土)边坡防护相比,锚杆挂网喷射混凝土对边坡的防护更强。坡面岩体风化破碎严重时,为了加强防护的稳定性,宜采用锚杆挂网喷浆(混凝土)防护,锚杆锚固深度及铁丝网孔密度视边坡岩石性质及风化程度而定。锚杆宜用1:3水泥砂浆固定。铁丝网应与锚杆连接牢固。

锚杆挂网喷射混凝土(砂浆)防护施工注意事项:

(1)固定锚杆的砂浆应捣固密实,以保证锚杆的牢固。

(2)喷射混凝土(砂浆)的厚度应均匀,勿使钢筋网及锚杆外露。

6.3.4 干砌片石护坡施工应符合下列规定：

1 干砌片石护坡垫层应密实，厚度应满足设计要求。边坡为粉质土、松散的砂或粉砂土等易被冲蚀的土时，碎石或砂砾垫层厚度宜不小于 100mm。

2 石料选择应符合要求。片石的厚度应不小于 150mm，卵形和薄片不得使用。镶面石料应选择尺寸大并具有平整表面的石料，且应稍加粗凿。在角隅处应使用大石料，大致粗凿方正。

3 石料按层砌筑。分段砌筑时相邻段高差应不大于 1.2m，段与段间应设伸缩缝或沉降缝，各段水平砌缝应一致。

4 砌筑应彼此镶紧，接缝要错开，缝隙间应用小石块填满塞紧。护坡基础宜选用大石块砌筑。

5 基础与排水相连时，基础应设在排水沟底以下。

6 干砌片石施工质量应符合表 6.3.4 的规定。

表 6.3.4 干砌片石施工质量标准

项次	检 查 项 目	规定值或允许偏差	检查方法和频率
1	厚度(mm)	±50	尺量：每 100m² 抽查 8 点
2	顶面高程(mm)	±30	水准仪：每 20m 抽查 5 点
3	外形尺寸(mm)	±100	尺量：每 20m 或自然段，长宽各测 5 点
4	表面平整度(mm)	50	2m 直尺：每 20m 测 5 点
5	泄水孔间距(mm)	≤设计值	尺量：每 20m 测 4 点

4 干砌片石护坡施工应符合下列规定：

1) 边坡为粉质土、松散的砂或粉砂土等易被冲蚀的土时，碎石或砂砾垫层厚度不宜小于 100mm。

2) 基础应选用较大石块砌筑，如基础与排水沟相连，其基础应设在沟底以下，并按设计要求砌筑浆砌片石。

3) 砌筑应彼此镶紧，接缝要错开，缝隙间用小石块填满塞紧。

本条由 06 版规范第 8.2.3 条圬工防护第 4 款修订而成。干砌片石护坡适用于坡度缓于1:1.25的土质边坡或边坡易受地表水冲刷以及有少量地下水渗出的地段。

干砌片石护坡施工注意事项：

(1)砌筑石块自下而上进行砌筑,彼此镶紧,接缝要错开,缝隙间用小石块填满塞紧。

(2)所用石料应是未风化的坚硬岩石。

6.3.5 浆砌片石护坡施工应符合下列规定：

1 宜在路堤沉降稳定后施工,砌筑前应整平坡面,按设计完成垫层施工。受冻胀影响的土质边坡,护坡底面的碎石或砂砾垫层厚度应不小于**100mm**。

2 片石砌体应分层砌筑,2~3层组成的工作面宜找平。

3 所有石块均应坐于新拌砂浆之上。

4 每10~15m应设置一道伸缩缝,缝宽宜为**20~30mm**。基底地质有变化处,应设沉降缝。伸缩缝与沉降缝可合并设置。

5 砂浆初凝后,应立即进行养护。砂浆终凝前,砌体应覆盖。

6 泄水孔的位置和反滤层的设置应满足设计要求。如设计无要求,应符合下列规定：

1)泄水孔宜为**50mm×100mm、100mm×100mm、150mm×200mm**的矩形或直径为**50~100mm**的圆形。

2)泄水孔间距宜为**2~3m**,干旱地区可适当加大,渗水量大时应适当加密。上下排泄水孔应交错布置,左右排泄水孔应避开伸缩缝与沉降缝,与相邻伸缩缝间距宜不小于**500mm**。

3)泄水孔应向外倾斜,最下一排泄水孔出口应高出地面或边沟、排水沟及积水地区的常水位**0.3m**。

4)最下面一排泄水孔进水口周围**500mm×500mm**范围内应设置具有反滤作用的粗粒料,反滤层底部应设置厚度不小于**300mm**的黏土隔水层。

6 路基防护与支挡工程

7 浆砌片石施工质量应符合表6.3.5的规定。

表6.3.5 浆砌片石施工质量标准

项次	检查项目	规定值或允许偏差		检查方法和频率
1	砂浆强度	在合格标准内		按《公路工程质量检验评定标准 第一册 土建工程》(JTG F80/1—2017)附录F检查
2	顶面高程(mm)	料石、块石	±30	水准仪:长度不大于30m时测5点,每增加10m增加1点
		片石	±50	
3	表面平整度(mm)	料石、块石	≤25	2m直尺:每20m测5处
		片石	≤35	
4	坡度(%)	≤设计值		坡度尺:长度不大于30m时测5处,每增加10m增加1处
5	厚度或断面尺寸(mm)	≥设计值		尺量:长度不大于50m时测10个断面,每增加10m增加1个断面
6	墙面距路基中线(mm)	±50		尺量:每20m测5点
7	泄水孔间距(mm)	≤设计值		尺量:每20m测4点

5 浆砌片(卵)石护坡施工应符合下列规定:

1)砂浆终凝前,砌体应覆盖,砂浆初凝后,立即进行养生。

2)路堤边坡采用浆砌片(卵)石护坡,宜在路堤沉降稳定后施工。

3)在冻胀变化较大的土质边坡上,护坡底面应铺设100~150mm厚的碎石或砂砾垫层。

4)浆砌片(卵)石护坡每10~15m应留一伸缩缝,缝宽20~30mm。在基底地质有变化处,应设沉降缝,可将伸缩缝与沉降缝合并设置。

5)泄水孔的位置和反滤层的设置应符合设计要求。

本条由06版规范第8.2.3条圬工防护第5款修订而成。浆砌片(卵)石护坡适用于坡度缓于1:1的易风化岩石边坡,以及不宜采用干砌片石防护的边坡。

对于严重潮湿或严重冻害的土质边坡,在施作排水设施以前,不宜采用浆砌片石护坡。

浆砌片(卵)石护坡施工注意事项:

(1)路基边坡采用浆砌片石护坡,应在路基稳定或夯实后施工,以免因路基的沉降而引起护坡破坏。

(2)在冻胀变形较大的土质边坡上,护坡底面应设置 100~150mm 厚的碎石或砂砾垫层。

(3)浆砌片石护坡每 10~15m 长,应留一条伸缩缝,缝宽约 20mm,缝内填塞沥青麻筋或沥青木板等材料。在基底土质有变化处,还需设沉降缝,可考虑将伸缩缝与沉降缝合并设置。

(4)护坡的中、下部应设泄水孔,以排泄护坡背面的积水并减少渗透压力,泄水孔可用 100mm×100mm 的矩形孔或直径为 100mm 的圆形孔,其间距为 2~3m,泄水孔后 0.5m×0.5m 的范围内设置反滤层。

6.3.6 水泥混凝土预制块护坡施工应符合下列规定:

1 宜在路堤沉降稳定后施工,铺设前应整平坡面,按设计铺设碎石或砂砾垫层,垫层厚度应不小于 **100mm**。

2 预制块应错缝砌筑,砌筑坡面应平顺,并与相邻坡面顺接。受冰冻影响的地区,预制块混凝土强度宜不低于 **C25**。

3 护坡每 10~15m 应设置一道伸缩缝,缝宽宜为 **20~30mm**。在基底地质有变化处,应设沉降缝。伸缩缝与沉降缝可合并设置。

4 泄水孔的位置应满足设计要求,并保证畅通。如设计无要求,应按本规范第 **6.3.5** 条要求设置。

6 水泥混凝土预制块护坡施工应符合下列规定:

1)在寒冷地区,预制块混凝土强度等级不宜低于 C20。

2)路堤边坡护坡宜在路堤沉降稳定后施工。

3)铺设混凝土预制块前应将坡面平整,碎石或砂砾垫层的厚度不宜小于100mm。

4）预制块应错缝砌筑，砌筑坡面应平顺，并与相邻坡面顺接。

5）泄水孔的位置应符合设计要求，并保证畅通。

本条由06版规范第8.2.3条圬工防护第6款修订而成。水泥混凝土预制块防护，适用于缺乏石料地区或城郊及互通式立交等需要美化的路段。

水泥混凝土预制块防护施工注意事项：

（1）路堤边坡采用混凝土预制块护坡，应在路堤稳定或夯实后施工，以免因路堤沉降而引起护坡的破坏。

（2）为了排泄护坡背面的积水，在坡面上应设置泄水孔，设置方法与浆砌片石护坡相同。

（3）预制块砌筑时，应自下而上错缝砌筑，不可砌成通缝。

（4）预制块砌筑和坡面要紧贴，不得有空隙，周边的预制块应嵌入坡面内，并与相邻坡面平顺。

6.3.7 浆砌片石护面墙施工应符合下列规定：

1 修筑护面墙前，应清除边坡风化层至新鲜岩面。对风化迅速的岩层，清挖到新鲜岩面后应立即修筑护面墙。

2 基础施工前应核实地基承载能力和埋深。地基承载能力不足时，应采取加固措施。冰冻地区应埋置在冰冻深度以下至少**250mm**。

3 护面墙背面应与路基坡面密贴，边坡局部凹陷处应挖成台阶后用与墙身相同的圬工砌补，不得回填土石或干砌片石。坡顶护面墙与坡面之间应按设计要求做好防渗处理。

4 应按设计要求做好伸缩缝。当护面墙基础修筑在不同岩层上时，应在变化处设置沉降缝。

5 泄水孔的位置和反滤层的设置应满足设计要求。如设计无要求，应按本规范第6.3.5条要求设置。

6 护面墙防滑坎应与墙身同步施工。

7 浆砌片石护面墙施工应符合下列规定：

1）修筑护面墙前,应清除边坡风化层至新鲜岩面。对风化迅速的岩层,清挖到新鲜岩面后应立即修筑护面墙。

2）护面墙的基础应设置在稳定的地基上,地基承载能力不够时,应采取加固措施。基础埋置深度应根据地质条件确定,冰冻地区应埋置在冰冻深度以下至少250mm。

3）护面墙背必须与路基坡面密贴,边坡局部凹陷处,应挖成台阶后用与墙身相同的圬工砌补,不得回填土石或干砌片石。坡顶护面墙与坡面之间应按设计要求做好防渗处理。

4）应按设计要求做好伸缩缝。当护面墙基础修筑在不同岩层上时,应在变化处设置沉降缝。

5）泄水孔的位置和反滤层的设置应符合设计要求。

本条由06版规范第8.2.3条圬工防护第7款修订而成。浆砌片石护面墙有实体护面墙、窗孔式护面墙、拱式护面墙及肋式护面墙等,应根据坡面地质条件合理确定。

在公路工程中,护面墙多用于覆盖各种软质岩石层和较破碎岩石的挖方边坡防护,如易风化的云母片岩、绿片岩、泥质页岩、千枚岩及其他风化严重的软质岩层和较破碎岩石地段的坡面防护,以防止由于自然因素的影响导致边坡继续风化破坏。护面墙在高速公路路堑边坡防护中应用比较普遍,且边坡稳定,效果较好。

在护面墙防护过程中,如果坡面中地下水不能顺利排出,会严重影响护面墙的稳定和使用寿命,因此,在坡体有地下水的路段,应采取有效排水措施,设置倾斜泄水孔或边坡渗水沟。泄水孔应按设计要求设置,当发现边坡流水较多时,应适当加密。泄水孔宜在墙身上下左右每隔3m设一个,在泄水孔后面用碎石或砂砾作反滤层。

浆砌片石护面墙施工注意事项：

（1）护面墙背必须与路堑坡面紧贴,墙面及两端砌筑平顺,墙顶与边坡间缝隙应封严。局部坡面镶砌时,应切入坡面,表面与周边平顺衔接。

(2)坡面应平整、密实、线形顺适。局部凹陷处,应挖成台阶后用与墙身相同的圬工砌补,不可回填土石或干砌片石。

(3)护墙高度大于或等于6m时,应设置检查梯、安全桩或拴绳环。多级护墙还需在上下检查梯之间的平台上设置安全栏杆,以利路基的养护。

(4)砌体石质应坚硬,浆砌砌体砂浆和干砌咬扣都必须紧密、错缝,严禁通缝、叠砌、贴砌和浮塞。砌体勾缝应牢固、美观。

6.3.8 勾缝施工应符合下列规定:

1 浆砌施工应在砂浆凝固前将外露缝勾好,勾缝深度应不小于**20mm**。

2 片石施工时,相邻竖缝应错开。平缝与竖缝宽度,用水泥砂浆砌筑时应不大于**40mm**,用小石子混凝土砌筑时应为 **30~70mm**。可用厚度比缝宽小的石片填塞宽的竖缝,且石片应被砂浆包裹。

3 块石施工时,砂浆砌筑缝宽应不大于**30mm**,勾缝应均匀饱满、美观,坡面应平顺。

4 勾好缝或灌好浆的砌体在完工后,视水泥种类及气候情况,在**7~14d**内应加强养护。

本条为新增。

勾缝可增强砌体的整体效果与美观,也具有增加结构物抗风化、雨水侵蚀的作用。勾缝有凹缝和凸缝两种,根据实践经验,提倡采用凹缝勾缝,主要原因是随着时间的推移,凸缝往往会发生局部脱落,影响结构物的美观。

6.4 沿河路基防护

本节共10条,06版规范12条,由06版规范第8.3节沿河路基防护修订而成。删除了06版规范第8.3.5条护坦防护,将第8.3.8条浸水挡土墙防护调整到第6.6节重力式挡土墙。第8.3.8条浸水挡土墙与一般挡土墙施工类似,故调整到第6.6节重力式挡土墙。

沿河路基及岸坡经常或周期性受到水流的冲刷作用,必须采取有效的冲刷防护措施,以确保路基及岸坡的稳固和安全。沿河路基防护工程一般分直接防护与间接防护两种。直接防护工程类型包括护面墙、砌石或混凝土板、抛石、石笼、浸水挡墙等;间接防护包括导流构造物(丁坝、顺坝等)、改河和防护林带等。各种防护均应按其环境条件选用适当的防护工程类型,以达到预期的效果,具体可参考表6-3拟定。各地区可根据各自情况和特点选用其他新的、适宜的防护方法,如土工织物防护等。

表6-3 冲刷防护工程类型及适用条件

防护类型	适用条件
植物防护	可用于允许流速小于1.8m/s,水流方向与公路路线平行、不受洪水主流冲刷的季节性水流冲刷地段防护。经常浸水或长期浸水的路堤边坡不宜采用
砌石或混凝土护坡	可用于流速2~8m/s的路堤边坡防护
土工织物、土工膜袋	可用于流速2~3m/s的沿河路基冲刷防护
石笼防护	可用于流速4~5m/s的沿河路堤坡脚或河岸防护
浸水挡墙	可用于流速5~8m/s的峡谷急流和水流冲刷严重的河段
抛石	可用于经常浸水且水深较大的路基边坡或坡脚以及挡土墙、护坡的基础防护
丁坝	可用于宽浅形河段,保护河岸和路基不受水流直接冲刷而产生破坏
顺坝	可用于河床断面狭窄、基础地质条件较差的河岸或沿河路基防护以调整流水曲度和改善流态

6.4.1 施工前应复核基础埋深。基础埋设在局部冲刷线以下不足1m且未嵌入基岩内时,应及时反馈处理。

6.4.2 导流构造物施工前,应根据现场具体情况采取相应措施,避免施工过程中水流冲刷农田、村庄、公路和下游路基。

8.3.1 沿河路基防护工程基础应埋设在局部冲刷线以下不小于1m或嵌入基岩内。

8.3.2 导流构造物施工前,应根据现场具体情况,采取相应措施,避免冲刷农田、村庄、公路和下游路基。

以上2条由06版规范第8.3.1、8.3.2条修订而成,是沿河防护施工的通用规定。无论哪一种防护方案,施工前均应核查设计图纸与现场是否相适应,重点是基础埋深及工程的实施是否可能给周围的农田、村庄等造成危害。

6.4.3 沿河路基植物防护施工应符合下列规定:

1 经常浸水或长期浸水的路堤边坡,不宜采用植物防护。

2 沿河路堤边坡铺草皮防护,应按设计采用平铺、叠铺草皮等铺砌方法。基础部分铺置层的表面应与地面齐平。

3 植树防护宜采用带状或条形布设。防护河岸路基或防御风浪侵蚀,宜采用横行带状;防护桥头引道路堤,宜采用纵行带状。

4 应选用喜水性树种,林带应由多行树木组成,乔灌木应密植。

5 种植后,应采取有效措施加以保护。

8.3.3 植物防护施工应符合下列规定:

1 经常浸水或长期浸水的路堤边坡,不宜采用种草防护。

2 沿河路堤边坡铺草皮防护,宜采用平铺、叠铺草皮的方法,坡面及基础部分的铺置应符合设计要求。基础部分的铺置层的表面应与地面齐平。种植草皮应符合8.2.1条的规定。

3 植树防护宜采用带状或条形。防护河岸路基或防御风浪侵蚀,宜采用横行带状;防护桥头引道路堤,宜采用纵行带状。

4 植树应选用喜水性树种,林带应由多行树木组成,乔灌木要密植。

5 植树后,应采取有效措施加以保护。

本条由06版规范第8.3.3条植物防护修订而成。

本条的植物防护与坡面植物防护有所不同,沿河路基冲刷防护要求更高,一般情况下适用于水流方向较为平顺的河滩边缘,以及宽浅游荡和易变迁的河段。植树造林能较好地起到稳定河道的作用。在遭受主流冲刷、水流流速较大时,植物防护与干砌片石防护难以满足防冲刷的要求。

6.4.4 沿河砌石或混凝土防护除应符合本规范第6.3节的有关规定外,尚应符合下列规定:

1 采用干砌、浆砌片石时,不得大面积平铺。干砌护坡砌块应交错嵌紧,严禁浮塞。

2 采用干砌、浆砌河卵石时,应以长方向垂直坡面,横向栽砌牢固。

3 就地浇筑混凝土板时,混凝土表面应平整、光滑。可采取措施提高早期强度。

8.3.4 砌石或混凝土防护除应符合8.2.3条有关规定外,还应符合下列规定:

1 石料应选用未风化的坚硬岩石。

2 开挖基坑时,应核对地质情况,与设计要求不符时,应进行处理。基础完成后应及时用符合设计要求的材料回填。

3 铺砌层底面的碎石、砂砾石垫层或反滤层,应符合设计要求。

4 坡面密实、平整、稳定后方可铺砌。砌块应交错嵌紧,严禁浮塞。砂浆应饱满、密实,不得有悬浆。

5 每10~15m宜设伸缩缝,基底土质变化处应设沉降缝,并按设计要求做好伸缩缝、沉降缝及泄水孔。

6 采用干、浆砌片石时,不得大面平铺,石块应彼此交错搭接,不得松动。采用干、浆砌河卵石时,必须长方向垂直坡面,成横行栽砌牢固。采用铺砌混凝土预制块时,应按设计规格和要求检验合格后方可铺筑。就地浇筑混凝土板时,宜采取措施提高早期强度,混凝土表面应平整、光滑。

6 路基防护与支挡工程

本条共3款,由06版规范第8.3.4条砌石或混凝土防护修订而成。本次修订仅对第6.3节未规定的内容做出规定。

砌石或混凝土防护包括干砌片石、浆砌片石及混凝土板等防护。

砌石或混凝土防护的适用条件为:干砌片石防护适用于易受水流侵蚀的土质边坡,严重剥落的软质岩石边坡,周期性浸水及受冲刷轻且流速为2~4m/s的河岸路基及边坡;浆砌片(卵)石防护适用于经常浸水的受水流冲刷(流速3~6m/s)或受较强烈波浪作用,以及可能有流水、漂浮物等冲击作用的河岸路基;混凝土板防护常用于路堤及河岸的边坡,以抵抗渗透水及波浪的破坏,其允许流速为4~8m/s。

6.4.5 抛石防护施工应符合下列规定:

1 抛石石料应选用质地坚硬、耐冻且不易风化崩解的石块。石料粒径应大于300mm,宜用大小不同的石块掺杂抛投。

2 抛石体边坡坡率和石料粒径应根据水深、流速和波浪情况确定,坡度应不陡于抛石石料浸水后的天然休止角。抛石体边坡坡率和抛石粒径应符合表6.4.5-1、表6.4.5-2的规定。

表6.4.5-1 抛石体边坡坡率与水文条件关系

水 文 条 件	采用边坡
水深不大于2m,流速小	1:1.2~1:2.5
水深2~6m,流速大,波浪汹涌	1:2~1:3
水深大于6m,在急流中施工	缓于1:2

表6.4.5-2 抛石粒径与水深、流速关系

抛石粒径 (mm)	水深(m)				
	0.4	1.0	2.0	3.0	5.0
	容许流速(m/s)				
150	2.70	3.00	3.40	3.70	4.00
200	3.15	3.45	3.90	4.20	4.50
300	3.50	3.95	4.25	4.45	5.00

续表 6.4.5-2

抛石粒径 (mm)	水深(m)				
	0.4	1.0	2.0	3.0	5.0
	容许流速(m/s)				
400	—	4.30	4.45	4.80	5.05
500	—	—	4.85	5.00	5.40

3 抛石厚度宜为粒径的 3~4 倍；用大粒径时，不得小于 2 倍。
4 除特殊情况外，宜在枯水季节施工。

8.3.6 抛石防护施工应符合下列规定：

1 抛石体边坡坡度和石料粒径应根据水深、流速和波浪情况确定，石料粒径应大于300mm，宜用大小不同的石块掺杂抛投。坡度应不陡于抛石石料浸水后的天然休止角。

2 抛石厚度，宜为粒径的 3~4 倍；用大粒径时，不得小于 2 倍。

3 抛石石料应选用质地坚硬、耐冻且不易风化崩解的石块。

4 抛石防护除特殊情况外，宜在枯水季节施工。

本条由 06 版规范第 8.3.6 条抛石防护修订而成，将 06 版规范条文说明中抛石防护边坡坡率与水流关系表、抛石粒径与水深及流速关系表提升为规范条文，方便现场工程技术人员使用。

抛石防护的应用很广，对于经常浸水且水较深地段的路基边坡防护及洪水季节防洪抢险更为常用。抛石坡度和选用石料块应根据水深、流速和波浪情况确定。备料应核实水流及波浪作用下石块的稳定性，应按测算结果指导施工。抛石石料粒径一般为300~500mm。

抛石防护施工注意事项：

(1)为了减小坡脚处的局部冲刷及增加抛石稳定性，抛石垛的水下边坡坡度视水深、流速和波浪情况而定，不宜陡于所抛石料浸水后的天然休止角。一般在水浅、流速较小时，应大于1:1.5；水深2~6m、流速较大、波浪汹涌时，可采用1:2~1:3；水深大于6m、在急流中施工可放缓到1:3

或1:3.5。

（2）抛石料应选用质地坚硬、耐冻且不易风化崩解的石块。抛投的石块尺寸应与允许流速或允许波浪高相适应，应按2019版规范规定选用，一般不宜小于0.3m。

（3）抛石厚度一般为粒径的3~4倍，用大粒径时，至少不得小于粒径的2倍。为了使抛石有一定的密度，宜用不小于计算尺寸的、大小不同的石块掺杂抛投。

（4）抛石防护除防洪抢险外，一般应在枯水季节施工。如采用嵌固的抛石防护类型，宜采用打桩嵌固方法，加固效果更好。

（5）抛填断面很大的河岸防护，在流速不大的情况下，为节省石料，可按图6-3所示方法填筑，先用规定石料抛填成坡脚下第一个石垛（A），继而在石垛背后抛填砂石土与垛齐平后，再在其上抛填第二个石垛（B），之后在石垛背后抛填砂石土至与B石垛齐平，如此类推，直至抛石堆高出水面，然后修建水面以上的防护工程。

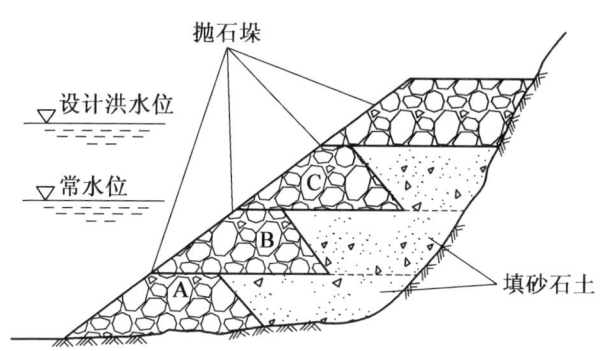

图6-3 缺少石料地区的河岸抛石防护

6.4.6 石笼防护施工应符合下列规定：

1 应根据设计要求或不同情况和用途，合理选用石笼形状。

2 石笼网箱的制作应符合下列规定：

1) 石笼可采用重镀锌钢丝、镀锌铁丝、普通铁丝编织。永久工程应采用重镀锌钢丝。使用年限8~12年时可采用镀锌铁丝,使用年限3~5年时可采用普通铁丝石笼。

2) 组装网箱时,绑扎用的组合丝、螺旋固定丝应与网丝同材质。

3) 网箱的间隔网片与网身应呈90°,方可进入绑扎工序,组装绑扎成网箱。

4) 组装网箱时,组合丝绑扎应为双股线并绞紧。螺旋组合丝绑扎应绞绕收紧。

5) 组装完成的网箱位置应依次安放到位。

3 连接单元网箱的制作应符合下列规定:

1) 组装完成的单元网箱,应按设计挡土墙长度方向位置依次安放,调整网箱位置后将每个单元网箱依次连接。

2) 填料前,应在网箱外露面绑钢管或面板固定网箱位置,防止网箱移动。

3) 网箱裸露部位的网片,应设置拉力丝。

4 石料填充应符合下列规定:

1) 石笼填充物应采用质地坚硬、不易崩解和水解的片石或块石,石料粒径宜为100~300mm,粒径小于100mm的石料应不超过15%,且不得用于网格的外露面,孔隙率不得超过30%。

2) 应采用人工或机械填料,填料应均匀分批投料,保证填料均匀充满箱体。

3) 同一层网箱未能一次性施工完毕的,应在箱体接头处进行处理,相邻网箱石料高差不得超过350mm,保证网箱不发生侧向变形。

4) 外露面填充料应整平,填充料间应相互搭接。

5) 应在石料填充高度达到要求后进行网箱封盖。

5 网箱安装应在每层网箱高度符合要求后,施工上层网箱。层与层间的网箱应纵横交错或丁字形叠砌,上下连接,不得出现通缝。

6 石笼笼体施工质量应符合表6.4.6-1的规定。

6 路基防护与支挡工程

表 6.4.6-1　石笼网箱挡土墙笼体施工质量标准

项次	检查项目	规定值或允许偏差	检查方法和频率
1	笼体长(mm)	±30	尺量:每50m量4个断面
2	笼体宽(mm)	±30	尺量:每50m量4个断面
3	笼体高(mm)	±30	尺量:每50m量4个断面
4	孔眼(mm)	20	尺量:每50m量4个断面

7　石笼防护施工质量应符合表 6.4.6-2 的规定。

表 6.4.6-2　石笼防护施工质量标准

项次	检查项目	规定值或允许偏差	检查方法和频率
1	平面位置偏位(mm)	≤300	全站仪:按设计控制坐标检查
2	长度(mm)	≥设计长度－300	尺量:每个(段)量5处
3	宽度(mm)	≥设计宽度－200	尺量:每个(段)量5处
4	高度(mm)	≥设计值	水准仪或尺量:每个(段)量5处
5	底面高程(mm)	≤设计值	水准仪:每个(段)测5点

8.3.7　石笼防护施工应符合下列规定:

1　根据设计要求或根据不同情况和用途,合理选用石笼形状。

2　应选用浸水不崩解、不易风化的石料。

3　基底应大致整平,必要时用碎石或砾石垫层找平。

4　石笼应做到位置正确,搭叠衔接稳固、紧密,确保整体性。

5　石笼防护施工质量应符合表8.3.7的规定。

表 8.3.7　石笼防护施工质量标准

项次	检查项目	规定值或允许偏差	检查方法和频率
1	平面位置(mm)	符合设计要求	经纬仪:按设计图控制坐标检查
2	长度(mm)	不小于设计长度－300	尺量:每个(段)检查
3	宽度(mm)	不小于设计宽度－200	尺量:每个(段)量8处
4	高度(mm)	不小于设计	水准仪或尺量:每个(段)检查8处
5	底面高程(mm)	不高于设计	水准仪:每个(段)检查8点

本条由06版规范第8.3.7条石笼防护修订而成,补充石笼网箱制作、单元网箱连接、石料填充和石笼笼体施工质量标准。

石笼是加固河床和路堤防止冲刷效果较好的柔性体防护。铁丝石笼能经受较高流速的冲刷,一般可抵抗4~5m/s流速,体积大的可抵抗5~6m/s流速,允许波浪高1.5~1.8m的水流。

一般在水流含有大量泥沙及基底地质良好的条件下,才适宜采用石笼防护。石笼具有较好的柔性,当水流含有大量泥沙时,石笼中的空隙能很快淤满,形成一整体防护层,其防护效果会更好,但必须将各个铁丝石笼单元间彼此充分连接,成一完整的柔性体。

石笼防护施工注意事项:

(1)石笼防护可在一年中任何季节施工,也可在任何气候条件及水流情况下采用,但低水位时施工较好。

(2)石笼用于防止冲刷淘底时,一般在河床上将石笼平铺并与坡脚线垂直,同时固定坡脚处的尾端,靠河床中心端不必固定,淘底时便于向下沉落,其铺设长度不宜小于河床冲刷深度的2.0倍。石笼用以防止岸坡受冲刷时,则用垒码形式;当边坡小于或等于1:2时,可用平铺于坡面的形式。用于垒砌的石笼宜用长方形,用于平铺的石笼宜用扁形,用于防洪抢险的石笼宜用圆柱形(便于滚动)或无骨架软网袋。石笼铺设形式如图6-4所示。

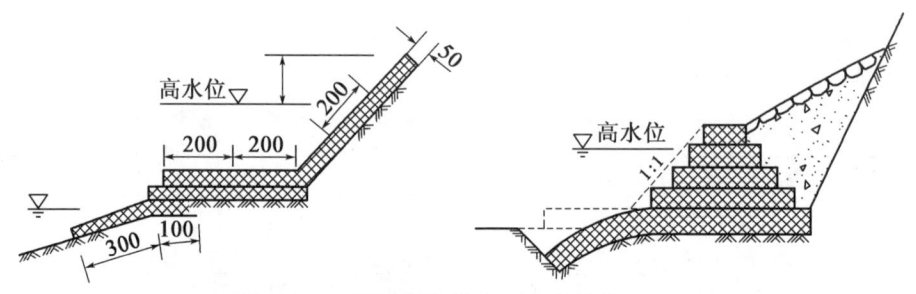

图6-4　石笼铺设形式(尺寸单位:cm)

(3)单个石笼的质量和大小,以不被水流或波浪冲移为宜。石笼内所填石块,应选用浸水不崩解、坚硬的石块,尺寸不能小于石笼的网孔,最小尺寸不小于40mm。外层应用大石块码砌,并使石块棱角突出网孔,以起到保护铁丝网的作用;内层可用较小石块填充。

(4)石笼铺砌时,下面需用碎石或砾石整平作垫层,必要时底层石笼的各角可用直径为 10~19mm 的钢筋锚固于基底土中。

(5)编制石笼时,要注意维持石笼各部分的尺寸,以利于石笼之间的紧密连接。先用机器将铁丝弯成网孔元件,到工地再编网、成笼,既可提高工效,又可保证质量。

(6)铁丝石笼防护一般使用年限较短,为临时性防护构造物,但在其沉落稳定后,可在其上灌注小石子混凝土,以便长期使用。

6.4.7 土工膜袋防护施工应符合下列规定:

1 应按设计要求整平坡面,放线定位,挖好边界处理沟。

2 膜袋铺展后应拉紧固定,防止充填时下滑。

3 充填材料应根据设计要求和实际情况合理选用,充填应连续。

4 需要排水的边坡,应在膜袋适当位置开孔设置排水管。

5 膜袋顶部宜采用浆砌块石封闭。有地面径流处,坡顶应采取防护措施,防止地表水侵蚀膜袋底部。

6 岸坡膜袋底端应设压脚或护脚棱体,有冲刷处应采取防冲措施。

7 膜袋护坡侧翼宜设压袋沟。

8 膜袋与坡面间应按设计要求铺设好土工织物滤层。

9 膜袋厚度应通过抗浮稳定分析和抗冰推移稳定分析确定。膜袋的主要技术指标应符合表 6.4.7 的规定。

表 6.4.7 膜袋主要技术指标

检查项目		质量标准
单层质量(g/m^2)		200
拉伸强度(N/50mm)	经	1 500
	纬	1 300
延伸率(%)	经	14
	纬	12
撕裂强度(N/50mm)	经	600
	纬	400

续表 6.4.7

检查项目	质量标准
顶破强度(N)	800
渗透系数(mm/s)	0.28
单层厚度(mm)	0.45

8.3.9 土工膜袋防护施工应符合下列规定：

1 按设计要求整平坡面，放线定位，挖好边界处理沟。

2 膜袋铺展后应拉紧固定，防止充填时下滑。

3 充填材料应根据设计要求和实际情况合理选用，充填应连续。

4 需要排水的边坡，应适时开孔设置排水管。

5 膜袋顶部宜采用浆砌块石固定。有地面径流处，坡顶应采取防护措施，防止地表水侵蚀膜袋底部。

6 岸坡膜袋底端应设压脚或护脚棱体，有冲刷处应采取防冲措施。

7 膜袋护坡的侧翼宜设压袋沟。

8 膜袋与坡面间应按设计要求铺设好土工织物滤层。

本条由06版规范第8.3.9条修订而成。土工膜袋是在土工合成材料表面涂一层树脂或橡胶等防水材料，或将土工合成材料与塑料薄膜复合在一起形成不透水的防水材料，用土工膜袋填充混凝土或砂浆形成防护结构以达到防护的目的，如图6-5所示。膜袋厚度应通过抗浮稳定分析和抗冰推移稳定分析确定。

图6-5 膜袋边坡防护

土工膜袋是利用一种双层聚合化纤合成材料制成的连续(或单独)

的袋状产品,广泛用于江、河、湖、海的堤坝护坡、护岸和港湾、码头等防护工程。土工膜袋能适应各种复杂地形,特别是深水护岸、护底等不需填筑围堰的工程,可直接水下施工,机械化程度高,所护坡面面积大、整体性强、稳定性好,使用寿命长。

膜袋的填充料视使用条件可以采用不同的材料,在沿河路基水淹没的高度范围内使用混凝土或砂浆填充,以取得较好的防冲刷效果。膜袋混凝土是通过高压泵把混凝土或水泥砂浆灌入膜袋中,混凝土或水泥砂浆的厚度通过袋内吊筋带、吊筋绳(聚合物如尼龙等)的长度来控制。混凝土或水泥砂浆固结后形成具有一定强度的板状结构或其他形状的结构,以满足工程需要。

6.4.8 丁坝防护施工应符合下列规定:

1 应合理安排工期。

2 坝头应按设计进行平面防护。

3 应处理好坝根与相连接的地层或其他防护设施的衔接。

4 完工后应检查丁坝间的河岸或路基边坡处的水流流速。若所能承受的容许流速小于水流靠岸回流流速,应及时反馈处理。

5 丁坝施工质量应符合表6.4.8的规定。

表6.4.8 丁坝、顺坝施工质量标准

项次	检查项目		规定值或允许偏差	检查方法和频率
1	砂浆强度(MPa)		在合格标准内	按《公路工程质量检验评定标准 第一册 土建工程》(JTG F80/1—2017)附录F检查
2	平面位置偏位(mm)		30	全站仪:按设计控制坐标测
3	长度(mm)		≥设计长度-100	尺量:每个测
4	断面尺寸(mm)		≥设计值	尺量:测5个断面
5	坡度		≤设计值	坡度尺:测5处
6	高程(mm)	基底	≤设计值	水准仪:测5点
		顶面	±30	

8.3.10 丁坝防护施工应符合下列规定：

1 施工前应制订合理的施工方案,合理安排工期,避免因工期过长引起农田、村庄、上下游路基冲刷。

2 丁坝坝头应做平面防护。

3 应处理好坝根与相连接的地层或其他防护设施的衔接。

4 丁坝间的河岸或路基边坡所承受的容许流速小于水流靠岸回流流速时,应缩短坝距或对河岸及路基边坡采取防护措施。

本条由 06 版规范第 8.3.10 条丁坝防护修订而成,增加了施工质量标准。

丁坝也称挑水坝,其作用是迫使水流改变方向,离开被防护的河岸。丁坝压缩水流断面,扰乱原来的水流性质,坝头附近出现强烈局部冲刷,故不仅坝头的基础必须深埋,而且还需做平面防护。平面防护一般宜选用浆砌片石、石笼等坚固耐用的防护类型。平面防护有长防护和坝头防护两种方法。防护宽度,在迎水面可取 2~4m,在背水面可取 1~2m。对于长防护,坝头最宽,逐渐向坝根减窄;对于坝头防护,其防护宽度等于坝长的 0.3 倍,且宽度不变窄。丁坝坝头附近尤其第一节丁坝受强烈局部冲刷和漂浮物强烈撞击,必须高度重视。

6.4.9 顺坝防护施工应符合下列规定：

1 顺坝与上下游河岸的衔接处应水流顺畅。

2 坝根嵌入稳定河岸内的距离应满足设计要求,坝根附近河岸应按设计防护加固至上游不受水流冲击处。

3 施工质量应符合表 **6.4.8** 的规定。

8.3.11 顺坝防护施工应符合下列规定：

1 顺坝与上下游河岸的衔接,应使水流顺畅,起点应选择在水流匀顺的过渡段,坝根位置宜设在主流转向点的上方。

2 坝根嵌入稳定河岸内的距离应符合设计要求,坝根附近河岸应防

6 路基防护与支挡工程

护加固至上游不受水流冲击处。

3 丁坝、顺坝施工质量应符合表 8.3.11 的规定。

表 8.3.11 导流工程施工质量标准

项次	检查项目		规定值或允许偏差	检查方法和频率
1	砂浆强度(MPa)		不小于设计强度	每 1 工作台班 2 组试件
2	平面位置(mm)		30	经纬仪:按设计图控制坐标检查
3	长度(mm)		不小于设计长度 -100	尺量:每个检查
4	断面尺寸		不小于设计	尺量:检查 8 处
5	高程(mm)	基底	不大于设计	水准仪:检查 8 点
		顶面	±30	

本条由 06 版规范第 8.3.11 条顺坝防护修订而成。

顺坝根部是受水流冲击作用较大部位,应重视坝根部分与相连地层或其他防护设施的嵌接,确保施工质量。坝根附近的河岸应防护至上游不受斜向水流冲击处。坝根应牢固嵌入稳定河岸内,易受冲刷的河岸嵌入长度宜为 3～5m,较坚固的河岸宜嵌入 2m。

丁坝、顺坝均为导流水工构造物,可以改变水流方向。在路基工程防护中采用导流构造物,使水流流向偏离路基岸边,或减低防护处的流速,促进泥沙淤积,从而达到对路基的防护效果。施工导流建筑物时,应尽可能避免过多地压缩河床断面,否则会造成水位抬高,影响上、下游路基、农田及建筑物安全。

6.4.10 改移河道施工应符合下列规定:

1 宜在枯水期施工。一个旱季不能完成时,应采取防洪措施。

2 河道开挖应先挖好中段,然后再开挖两端。应确认新河床工程符合要求后再挖通其上游河段。

3 利用开挖新河道的土石填平旧河道时,在新河道通流前,旧河道应保持适当的流水断面。

4 通流时,改河上游进口河段的河床纵坡宜稍大于设计坡度。

5 河床加固设施及导流构造物的施工应合理安排,及时配套完成。

8.3.12 改移河道施工应符合下列规定:

1 改移河道工程应在枯水时期施工。一个旱季不能完成时,应采取防洪措施。

2 河道开挖应先挖好中段,然后再开挖两端,确认新河床工程已符合要求后,方可挖通其上游河段。

3 利用开挖新河道的土石填平旧河道时,在新河道未通流前,旧河道应保持适当的流水断面。

4 通流时,改河上游进口河段的河床纵坡宜稍大于设计坡度。

5 河床加固设施及导流构造物的施工应合理安排,及时配套完成。

本条由06版规范第8.3.12条改移河道修订而成。

沿河路基受水流冲刷严重,防护工程艰巨。路线在短距离内多次跨越弯曲河道时,可改移河道,但对主河槽改动频繁的变迁性河流或支流较多的河段,不宜改河。

改移河道方案应慎重对待,要经过技术、经济论证比较,确有必要且效果较好时,方可付诸实施。

6.5 边坡锚固

本节由06版规范第8.5节边坡锚固及第8.4.9条锚杆挡土墙有关锚杆要求修订而成。主要变化为:补充了06版规范第8.5.6条锚杆施工的规定,对锚杆施工从锚杆制作、钻孔、锚杆安装、注浆全过程做出规定。

近十多年来,公路建设中的岩土锚固技术得到了广泛应用,取得了许多新成果和新经验。锚固边坡坡面形式及适用条件见表6-4。

6 路基防护与支挡工程

表6-4 锚固边坡坡面形式及适用条件

结构形式	适用条件	备注
框架(格子)梁	风化较严重、地下水丰富、软质岩、土质边坡	多雨地区梁宜做成截流沟式
地梁	软硬岩体相间、土质边坡	
单锚墩	硬质岩、块状或整体性好的岩体	

锚杆分为预应力锚杆和非预应力锚杆,预应力锚杆可用于土质、岩质边坡加固。锚杆长度由锚固段、自由段及外露段组成,其锚固段设置在稳定岩土层中。

非预应力普通水泥浆(砂浆)锚杆杆体由普通钢筋、垫板和螺母组成,适用于一般地层的加固工程。非预应力锚杆的工作特性与适用条件可按表6-5选择。

表6-5 非预应力锚杆的工作特性与适用条件

序号	锚杆类型	锚杆工作特性与适用条件
1	普通水泥砂浆锚杆	地层开挖后位移控制要求不严的岩土体加固工程; 锚杆长度一般为1.5~12m
2	自钻式中空锚杆	软弱围岩、断层破碎带、砂卵石等钻孔后极易塌孔的地层支护; 锚杆长度≤12m; 能有效控制锚杆注浆的饱满度; 可在狭小空间施作较长锚杆
3	普通中空锚杆	可用于对地层开挖后位移控制要求不严的岩体加固工程; 锚杆长度一般为3.0~12m; 能有效控制锚杆注浆的饱满度,保护层厚度均匀; 可在狭小空间施作较长锚杆
4	纤维增强塑料锚杆	可用于防腐、防静电要求较高或有间断要求的地层加固工程; 锚杆长度一般为1.5~12m

锚固边坡防护施工注意事项:

(1)在公路边坡加固和滑坡防治中大量采用了预应力锚固工程,保证了路基安全稳定。但也有些边坡锚固工程由于对边坡地质条件认识不充分而造成预应力锚杆失效,因此,要根据设计要求进行锚杆锚索的施工。

(2)实际工程中,有的工程预应力锚杆的张拉应力过大,使预应力筋长期处于高应力状态,导致预应力锚杆出现破坏。预应力锚杆的张拉应力控制不当,也是预应力锚杆产生破坏的主要原因之一。因此,预应力锚杆张拉应力应严格按照设计标准进行控制。

(3)锚杆腐蚀破坏事故的调查统计表明,锚头及其附近的腐蚀破坏占较大的比重,预应力锚杆防腐效果不佳是导致预应力锚杆破坏的主要原因之一。为此,2019版规范对锚杆防腐进行了规定。

6.5.1 边坡开挖和钻孔过程中,应对岩性及构造进行编录和综合分析,与设计出入大时应及时反馈处理。

6.5.2 施工前应检查地质情况,清除坡面松散的浮石,用浆砌片石、混凝土填补空洞、凹槽、缝隙,不得采用沙袋填补。边坡修整后应平整、密实、无溜滑体、蠕变体和松动岩体。

8.5.1 破碎且不平整的边坡,必须将松散的浮石和岩渣清除,用浆砌片石填补空洞,对坡面缝隙进行封闭处理。边坡修整后应平整、密实,无溜滑体、蠕变体和松动岩体。

8.5.2 边坡开挖和钻孔过程中,应对岩性及构造进行编录和综合分析,与设计相比出入较大时,应按规定处理。

以上2条由06版规范第8.5.1、8.5.2条修订而成,边坡技术是一种发展中的加固技术,工序复杂,制约因素多,且属于隐蔽工程,施工前应进行仔细调查,认真做好施工组织设计。施工时应将开挖的岩土情况与勘测设计资料进行仔细对比,发现出入较大时,应及时上报并采取处理措施,以确保锚固工程安全可靠。

6.5.3 锚杆成孔应符合下列规定:

1 孔位应放样准确,钻孔过程中应严格控制孔轴线偏差。终孔深度应不小于设计孔深。

2 钻孔过程中应根据不同的岩土条件,选用适宜的钻孔机具和方法。钻孔直径应满足设计要求。

3 对砂土、粉土、卵石、有机质土和高塑性黏质土,宜采用套管护壁成孔护壁工艺。

4 在地下水位以下时,不宜采用干成孔工艺。

5 在高塑性指数的饱和黏质土层成孔时,不宜采用泥浆护壁成孔工艺。

6 成孔过程中遇不明障碍物时,应停止钻进,查明障碍物性质。

7 成孔后应及时清净孔内残渣。成孔后不宜立即插入锚杆或锚索时,宜在孔口采取临时封堵措施,避免水或其他杂物进入孔内。

8 成孔后应及时插入杆体并注浆。

8.4.9 锚杆挡土墙

　　3 钻孔施工应符合下列规定:

1)施工前,应清除岩面松动石块,整平墙背坡面。

2)根据设计孔径及岩土性质合理选择钻孔机具。

3)孔轴应保持直线,孔位允许偏差为 ±50mm,深度允许偏差为 −10 ~ +50mm。

4)钻孔后应将孔内粉尘、石渣清理干净。

　　本条由06版规范第8.4.9条第3款修订补充而成。对于不同地质情况,锚杆直径、深度均不同,成孔工艺也不同,钻进方式可分为干法成孔与湿法成孔。施工时,根据锚固地层的类别、锚杆孔径、锚杆深度以及施工场地条件等来选择钻孔设备。岩层中采用潜孔冲击成孔;在岩层破碎或松软饱水等易于塌、缩孔和卡钻、埋钻的地层中,采用跟管钻进成孔。对于软岩,可用锥形四翼合金钻头全面切削钻进。

6.5.4 钢绞线锚杆和普通钢筋锚杆杆体的制作应符合下列规定:

1 钢绞线锚杆杆体绑扎时钢绞线应平行、间距均匀。杆体插入孔内时,应避免钢绞线在孔内弯曲或扭转。

  2 当锚杆杆体采用钢筋连接时,其连接宜采用机械连接、双面搭接焊、双面帮条焊。采用双面焊时,焊缝长度应不小于 $5d$。

  3 杆体制作和安放时,应除锈、除油污,避免杆体弯曲。

6.5.5 锚杆安装应符合下列规定:

  1 施工前应按设计要求进行抗拉拔力验证试验。

  2 锚杆应安装在孔位中心。

  3 地下水发育地段安装锚杆,安装前应将孔内的水排出。

  4 采用套管护壁工艺成孔时,应在拔出套管前将杆体插入孔内;采用非套管护壁工艺成孔时,杆体应匀速推送至孔内。

  4 安装普通砂浆锚杆应符合下列规定:

  1)锚杆应安装在孔位中心。

  2)锚杆未插入岩层部分,必须按设计要求作防锈处理。

  3)有水地段安装锚杆,应将孔内的水排出或采用早强速凝药包式锚杆。

  4)砂浆应随拌随用。

  5)宜先插入锚杆然后灌浆,灌浆应采用孔底注浆法,灌浆管应插至距孔底 50~100mm,并随水泥砂浆的注入逐渐拔出,灌浆压强宜不小于 0.2MPa。

  6)砂浆锚杆安装后,不得敲击、摇动。普通砂浆锚杆在 3d 内,早强砂浆锚杆在 12h 内,不得在杆体上悬挂重物。必须待砂浆达到设计强度的 75% 后方可安装肋柱、墙板。

8.5.4 钢筋制作与安装应符合《公路桥涵施工技术规范》(JTJ 041)的规定。

8.5.7 预应力锚索应符合下列规定:

  3 锚索束制作安装应符合下列规定:

  1)锚索束制作宜在现场厂棚内进行。

2)下料应采用机械切割,严禁用电弧切割。

3)普通锚索束必须进行清污、除锈处理。

4)锚固段锚索束应按设计安装。

5)在锚索入孔前,必须校对锚索编号与孔号是否一致,做好标记。

6)锚索束必须顺直地安放在钻孔中心。

以上 2 条由 06 版规范第 8.4.9 条第 4 款安装普通砂浆锚杆、第 8.5.4 条钢筋制作与安装、第 8.5.7 条第 3 款锚索束制作与安装修订而成。

6.5.6 注浆应符合下列规定:

1 采用水泥浆时,水灰比宜取 **0.5~0.55**;采用水泥砂浆时,水灰比宜取 **0.4~0.45**,灰砂比宜取 **0.5~1.0**;拌和用砂宜选用中粗砂。

2 砂浆应随拌随用,放置超过初凝时间的砂浆不得使用。

3 宜先插入锚杆然后注浆,注浆宜采用孔底注浆法,注浆管应插至距孔底 **50~100mm**,随水泥砂浆的注入逐渐拔出,注浆压强宜不小于 **0.2MPa**。

4 注浆管端部至孔底的距离宜不大于 **200mm**。注浆及拔管过程中,注浆管口应始终埋入注浆液面内,并在水泥浆液从孔口溢出后停止注浆。注浆后当浆液液面下降时,应进行孔口补浆。

5 采用二次压力注浆工艺时,终止注浆的压力应不小于 **1.5MPa**。

6 锚杆长度小于 **3m** 时,可采用先注浆后插锚杆的工艺施工。

7 锚杆安装后,不得敲击、摇动。普通砂浆锚杆在灌浆后 **3d** 内不得扰动。

4 安装普通砂浆锚杆应符合下列规定:

1)锚杆应安装在孔位中心。

2)锚杆未插入岩层部分,必须按设计要求作防锈处理。

3)有水地段安装锚杆,应将孔内的水排出或采用早强速凝药包式锚杆。

4) 砂浆应随拌随用。

5) 宜先插入锚杆然后灌浆,灌浆应采用孔底注浆法,灌浆管应插至距孔底 50～100mm,并随水泥砂浆的注入逐渐拔出,灌浆压强宜不小于 0.2MPa。

6) 砂浆锚杆安装后,不得敲击、摇动。普通砂浆锚杆在3d内,早强砂浆锚杆在12h内,不得在杆体上悬挂重物。必须待砂浆达到设计强度的75%后方可安装肋柱、墙板。

本条由06版规范第8.4.9条第4款安装普通砂浆锚杆补充修订而成。

6.5.7 锚杆施工质量应符合表6.5.7的规定。

表6.5.7 锚杆施工质量标准

项次	检查项目		规定值或允许偏差	检查方法和频率
1	注浆强度(MPa)		在合格标准内	按《公路工程质量检验评定标准 第一册 土建工程》(JTG F80/1—2017)附录F或附录M检查
2	钻孔深度(mm)		≥设计值	尺量:逐孔测
3	钻孔直径(mm)		±10(设计直径≥60),±5(设计直径<60)	卡尺:逐孔测
4	孔位(mm)		±50	尺量:逐孔测
5	钻孔倾角(°)		≤3	地质罗盘仪:逐孔测
6	杆体长度(mm)		≥设计值	尺量:逐孔测
7	锚杆插入钻孔长度(mm)	预应力	不小于设计长度的97%	尺量:逐孔测
		非预应力	不小于设计长度的98%	尺量:逐孔测
8	锚杆抗拔力(kN)		抗拔力平均值≥设计值,最小抗拔力≥0.9倍设计值	拔力试验:锚杆数5%,且不少于3根

8.4.12 锚杆挡土墙、锚定板挡土墙、加筋土挡土墙施工质量应符合

6 路基防护与支挡工程

表 8.4.12-1～表 8.4.12-4 的规定。

表 8.4.12-2 锚杆、拉杆施工质量标准

项次	检查项目	规定值或允许偏差	检查方法和频率
1	锚杆、拉杆长度	符合设计要求	尺量:每20m检查5根
2	锚杆、拉杆间距(mm)	±20	尺量:每20m检查5根
3	锚杆、拉杆与面板连接	符合设计要求	目测:每20m检查5处
4	锚杆、拉杆防护	符合设计要求	目测:每20m检查10处
5	锚杆抗拔力	抗拔力平均值≥设计值,最小抗拔力≥0.9设计值	抗拔力试验:锚杆数量的1%,并不少于3根

表 8.4.12-4 锚杆、锚定板、加筋土挡土墙总体施工质量标准

项次	检查项目		规定值或允许偏差	检查方法和频率
1	墙顶和肋柱平面位置(mm)	路堤式	+50,-100	经纬仪:每20m检查5处
		路肩式	±50	
2	墙顶和柱顶高程(mm)	路堤式	±50	水准仪:每20m测5点
		路肩式	±30	
3	肋柱间距(mm)		±15	尺量:每柱间
4	墙面倾斜度(mm)		+0.5%H且不大于+50,-1%H且不小于-100,见注	吊垂线或坡度板:每20m测4处
5	面板缝宽(mm)		10	尺量:每20m至少检查5条
6	墙面平整度(mm)		15	2m直尺:每20m测5处,每处检查竖直和墙长两个方向
7	墙背填土:距面板1m范围内的压实度(%)		90	每100m每压实层测2处,并不得少于2处

注:平面位置和倾斜度"+"指向外,"-"指向内,H为墙高。

本条由 06 版规范第 8.4.12 条锚杆施工质量标准修订而成。

第 6.5.4～6.5.7 条是锚固边坡防护有关锚杆制作、锚杆安装、注浆、

锚杆锚固边坡防护质量标准的规定。锚杆、锚索是边坡锚固防护的关键受力部件,与地上结构物不同,其埋设于地下,环境条件较差,保护层不足,原材料自身保护层存在缺陷,在长时间潮湿环境、地下水侵蚀下寿命严重缩短。锚杆、锚索制作与安装质量对锚杆边坡防护起着至关重要的作用。

锚杆组装时,其自由段必须按设计要求做好防腐处理和定位处理。注浆是锚杆施工中的重要环节,注浆质量直接影响锚杆的承载力,因此,注浆施工应严把浆、材质量,浆液性能,浆液工艺和注浆质量关。锚杆施工采取先注后插时,注浆管头部制成45°斜口,注浆时将注浆管插至孔底,且随注浆体的注入匀速拔出注浆管。注浆体到达距孔口 200~300mm 时,停止注浆。

锚杆杆体的安放注意事项:

(1)杆体放入钻孔之前,应检查杆体的质量,确保杆体组装满足设计要求。

(2)安放杆体时,应防止杆体扭压、弯曲,注浆管宜随锚杆一同放入钻孔,注浆管头部距孔底宜为 50~100mm,杆体放入角度应与钻孔角度保持一致。对大型锚杆一般采用偏心夹管器、推送器与人工相结合的方式,平顺缓慢推送。推送时,严禁上下左右抖动、来回扭转和振动,防止中途散束和卡阻,造成安装失败。

(3)杆体插入孔内深度不应小于锚杆设计要求,杆体安放后不得随意敲击,不得悬挂重物。

6.5.8 锚索制作应符合下列规定:

1 不得使用有机械损伤、电弧烧伤和严重锈蚀的钢绞线。制作前应对钢绞线进行清污、除锈处理。不得将钢绞线及锚索直接堆放在地面或露天储存,避免受潮、受腐蚀。

2 锚索束制作宜在现场厂棚内进行,应随制作随安装,避免长期存放。

3 锚索的长度应根据钻孔的实际深度确定,钢绞线应采用机械切割下料，不允许接长。

4 制作好的锚索应按设计进行编号。

6.5.9 锚索安装应符合下列规定：

1 施工前应按设计要求进行锚索的锚固性能试验，确定施工工艺。

2 锚固段锚索束应按设计安装。安装过程中钢绞线应均匀排列、平直。

3 锚索入孔前，应校对锚索编号与孔号是否一致。

4 锚索束应顺直地安放在钻孔中心。

5 锚索安装后应及时注浆。注浆后 **3d** 内不得在锚索端部放置重物。

8.5.7 预应力锚索应符合下列规定：

3 锚索束制作安装应符合下列规定：

1) 锚索束制作宜在现场厂棚内进行。

2) 下料应采用机械切割，严禁用电弧切割。

3) 普通锚索束必须进行清污、除锈处理。

4) 锚固段锚索束应按设计安装。

5) 在锚索入孔前，必须校对锚索编号与孔号是否一致，做好标记。

6) 锚索束必须顺直地安放在钻孔中心。

4 锚固端灌浆应符合下列规定：

1) 放入锚索束后应及时灌浆。

2) 无黏结锚索孔灌浆宜一次注满锚固段和自由段。

3) 灌浆应饱满、密实。

以上 2 条由 06 版规范第 8.5.7 条第 3 款锚索束制作安装、第 8.5.7 条第 4 款锚固端灌浆修订而成。

6.5.10 张拉应按设计要求进行，并应符合下列规定：

1 张拉设备应按规定进行标定，标定间隔期宜不超过 **6** 个月或张拉

200次。拆卸检修的张拉设备或压力表经受强烈撞击后,必须重新标定。

2 砂浆强度达到设计规定的允许张拉强度前不得进行张拉。

3 张拉应采用张拉应力、伸长量双控。当实际伸长值大于设计伸长值的10%或小于5%时应停止张拉,进行锁定。

4 锚索锁定后,在注浆锚固前若发现有明显的预应力松弛时,应查找原因,并进行补偿张拉。

5 锚索张拉应按设计要求进行,并应符合下列规定:

1)张拉设备必须按规定配套标定,标定间隔期不宜超过6个月。拆卸检修的张拉设备或压力表经受强烈撞击后,都必须重新标定。

2)孔内砂浆的强度未达到设计强度的75%时,不得进行张拉。

3)锚索张拉采用张拉力和伸长值进行控制,用伸长值校核应力,当实际伸长值大于计算伸长值的10%或小于5%时,应暂停张拉,查明原因并处理后,可继续张拉。

4)锚索锁定后,在48h内若发现有明显的预应力松弛时,应进行补偿张拉。

本条由06版规范第8.5.7条第5款锚索张拉修订而成。

6.5.11 边坡预应力锚固防护施工质量应符合表6.5.11的规定。

表6.5.11 预应力锚固防护施工质量标准

项次	检查项目	规定值或允许偏差	检查方法和频率
1	锚索张拉应力(MPa)	满足设计要求	油压表:逐根(束)测
2	张拉伸长率(%)	满足设计要求;设计未要求时为±6	尺量:逐根(束)测
3	断丝、滑丝数	每束1根,且每断面不超过钢线总数的1%	目测:逐根(束)测

8.5.8 边坡锚固防护施工质量应符合表8.5.8的规定。

6 路基防护与支挡工程

表8.5.8 边坡锚固防护施工质量标准

项次	检查项目	规定值或允许偏差	检查方法和频率
1	混凝土强度(MPa)	不小于设计强度	每台班2组试件
2	注浆强度(MPa)	不小于设计强度	每台班2组试件
3	钻孔位置(mm)	100	钢尺:逐孔检查
4	钻孔倾角、水平方向角	与设计锚固轴线的倾角、水平方向角偏差为±1°	地质罗盘仪:逐孔检查
5	锚孔深度(mm)	不小于设计	尺量:抽查20%
6	锚杆(索)间距(mm)	±100	尺量:抽查20%
7	锚杆拔力(kN)	拔力平均值≥设计值,最小拔力≥0.9设计值	拔力试验:锚杆数1%,且不少于3根
8	喷层厚度(mm)	平均厚≥设计厚,60%检查点的厚度≥设计厚,最小厚度≥0.5设计厚,且不小于设计规定	尺量(凿孔)或雷达断面仪:每10m检查2个断面,每3m检查2点
9	锚索张拉应力(MPa)	符合设计要求	油压表:每索由读数反算
10	张拉伸长率(%)	符合设计要求;设计未规定时采用±6	尺量:每索
11	断丝、滑丝数	每束1根,且每断面不超过钢绞线总数的1%	目测:逐根(束)检查

本条由06版规范第8.5.8条边坡锚固防护施工质量标准修订而成。

第6.5.8~6.5.11条是对锚固边坡防护有关锚索制作、锚索安装、锚索张拉、预应力锚固防护施工质量标准的要求。锚索与锚杆的区别在于锚索适用于大型滑坡体整治,锚固深度更深、承受的荷载更大,钻孔直径也更大、深度更深;使用的钻孔、注浆、张拉设备基本相同,但锚索使用的张拉千斤顶张拉力更大。两者施工方法类似。

6.5.12 注浆完成后,应及时对锚固端按设计要求进行封闭保护或防腐处理。封锚应采用与结构或构件同强度的混凝土。长期外露的锚具应采取防锈措施。

6 封孔应符合下列规定:

1)封孔灌浆应在锚索张拉、检测合格、锁定后进行。

2)封孔灌浆时,进浆管必须插到底,灌浆必须饱满。

3)封孔灌浆后,锚头部分应涂防腐剂,并按设计要求及时进行封闭。

本条由06版规范第8.5.7条第6款封孔修订而成,强调及时封锚,按设计要求做好锚头防腐处理。

6.5.13 格构施工应符合下列规定:

1 施工前坡面应修整平整、夯实,无溜滑体、蠕滑体和松动岩块。

2 人工开挖沟槽,应保证外露部分高度为 **150mm**。开挖沟槽时,边坡局部凹处应夯填回填土,其密实度应不低于 **90%**,并宜使表面平整。

3 钢筋尺寸、规格、布筋间距、焊接强度、保护层厚度等,应符合设计和规范要求。钢筋绑扎完毕,应将锚杆锚固弯头与格构格钢筋有效连接,检查合格后应立即浇筑混凝土,钢筋不得长期暴露。

4 混凝土浇捣过程中应保持混凝土表面平整、湿润有光泽,无干斑及滑移流淌现象,表面人工抹平压光。浇捣完应覆盖浇水养护,养护时间不少于 **7d**。

5 格构格及锁边格每间隔一定距离应设置变形缝。变形缝应竖向布置,间隔距离宜为 **20~25m**,变形缝宽度宜为 **20~30mm**。

8.6.7 地梁、网格梁施工应符合下列规定:

1 地梁、网格梁槽施工应根据地质条件,确定合理开挖顺序及方案。

2 土钉钢筋与网格梁受力钢筋应连接牢固。

3 地梁、网格梁应及时养护。

本节由06版规范第8.6.7条地梁、网格梁施工修订而成。

6 路基防护与支挡工程

格构梁是锚固边坡防护的组成部分,与锚杆、锚索一起组成防止坡体滑动的防护体系。边坡锚固防护使用的格构梁为钢筋混凝土结构,施工应严格按照现行《公路桥涵施工技术规范》(JTG/T F50)有关要求执行。

格构梁是路基边坡防护最常用的一种结构形式,使用范围广。一般路基边坡表面防护、锚杆深层加固边坡防护、土钉加固的边坡浅层边坡防护,格构梁均是防护主要组成构件。

传统格构是用毛石、卵石或预制块砖在人工开挖的软质边坡面上,按正方形或菱形干砌或浆砌形成骨架,格构中间种草,以减少地表水对坡面的冲刷,减少水土流失,从而达到护坡和保护环境的目的。该方法在铁路、公路的边坡和路堤防护中已经得到广泛应用。

格构加固技术是利用现浇钢筋混凝土与锚杆或锚索联合作用,加以固定边坡坡体及表面的一种边坡加固技术。这种技术一般与公路环境美化相结合,利用框格护坡,同时在框格之内种植花草可以达到美化环境的效果。该技术在山区高速公路高陡边坡加固中被广泛采用。

格构的主要作用是将边坡坡体的剩余下滑力或土压力、岩石压力分配给格构结点处的土钉、锚杆(锚索),然后通过锚杆传递给稳定地层,从而使边坡坡体在由锚杆或锚索提供的锚固力的作用下处于稳定状态。格构本身仅是一种传力结构,而加固的抗滑力主要由格构结点处的锚杆或锚索提供。一般提到的格构加固技术是一种广义的术语,它包含了格构本身和锚杆(索)两部分。

边坡格构加固技术具有布置灵活、格构形式多样、截面调整方便、与坡面密贴、可随坡就势等显著优点,并且框格内视情况可挂网(钢筋网、铁丝网或土工网)、植草、喷射混凝土进行防护,也可用现浇混凝土(钢筋混凝土或素混凝土)板进行加固。

根据格构的特点和作用,格构加固技术特别适用于坡度较陡、坡体岩土均匀且较坚硬的公路边坡或公路滑坡。但应注意,对于不同稳定性的边坡应采用不同的格构形式和锚固形式的组合进行加固或坡面防护。例如,当边坡定性好,但因前缘表层开挖失稳出现塌滑时,可采用浆砌块石格构护坡,并用锚杆锚固。如果边坡稳定性差,可用现浇钢筋混凝土格构加锚杆(索)进行加固。对于稳定性差、下滑力大的滑坡,可用现浇钢筋混凝土格构加预应力锚杆(索)进行加固。所有这些锚杆(索)都必须穿过(潜在)滑动面并使锚固段位于稳定可靠的地层中,方能起到阻滑的作用。

格构的形式如图6-6~图6-9所示。

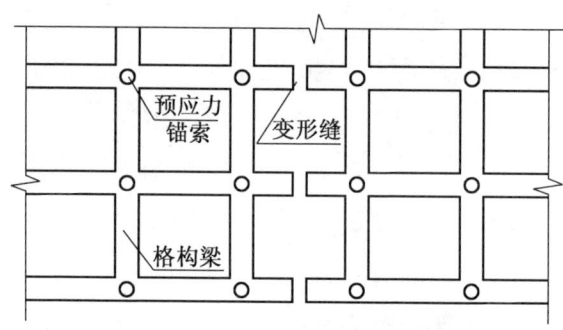

图6-6 方形格构

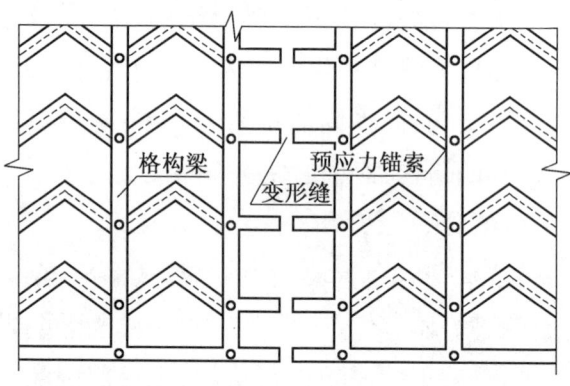

图6-7 人字形格构

浆砌片块石格构的施工要点:

(1)浆砌片块石格构应嵌置于边坡中,嵌置深度大于格构截面高度的2/3。

（2）浆砌片块石格构护坡坡面应平整、密实,无表层溜滑体和蠕滑体。

（3）格构可采用毛石或条石,但毛石最小厚度应大于150mm,强度应大于MU30,砌筑用水泥砂浆强度应不低于M7.5。

（4）格构每隔10~25m宽度设置伸缩缝,缝宽20~30mm,填塞沥青麻筋或沥青木板。

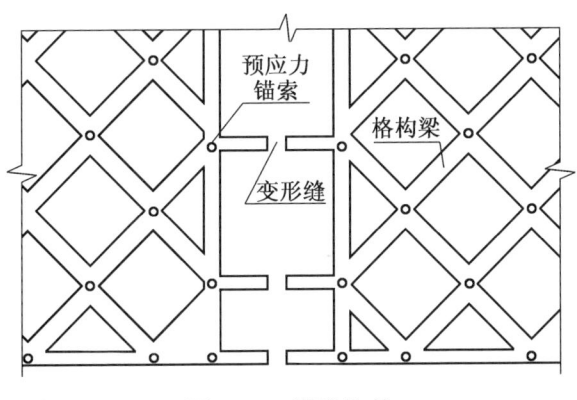

图6-8 菱形格构

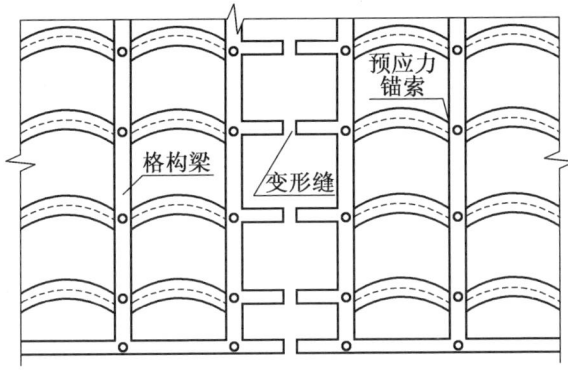

图6-9 弧形格构

现浇钢筋混凝土格构的施工要点:

（1）钢筋混凝土格构可嵌置于边坡中或上覆在边坡上。

（2）钢筋混凝土格构护坡坡面应平整、夯实,无溜滑体、蠕滑体和松动岩块。

（3）用于浇筑格构的钢筋应避免污染和锈蚀。

（4）应对边坡开挖的岩性及结构进行编录和综合分析，将开挖的岩性与设计对比，出入较大时，应进行变更处理。

6.6　重力式挡土墙

本节由06版规范"8.4 挡土墙"一节分解而来，主要内容为06版规范第8.4.7条重力式挡土墙的相关规定。

挡土墙是用来支承路基填土或山坡土体，防止填土或土体变形失稳的一种构造物。在路基工程中，挡土墙可用以稳定路堤和路堑边坡，减少土石方工程量和占地面积，防止水流冲刷路基，此外，挡土墙还经常用于整治塌方、滑坡等路基病害。在山区公路中，挡土墙的应用更为广泛。

按其结构特点，挡土墙可分为重力式、衡重式、半重力式、悬臂式和扶壁式、柱板式、锚杆式、锚定板式、垛式及加筋土式，另外还有竖向预应力锚杆式及土钉式等。

各类挡土墙的适用范围，取决于墙趾地形、工程地质、水文地质、建筑材料、挡土墙的用途、施工方法、技术经济条件及当地的经验等因素。山区石料资源丰富地区，就地取材方便，加之施工方法简单，石砌重力式挡土墙和砌石衡重式挡土墙应用较为广泛。

重力式挡土墙适用于一般地区、浸水地段和高烈度区的路堤和路堑等支挡工程。墙高不宜超过12m，干砌挡土墙的高度不宜超过6m。

重力式挡土墙可用块石、片石、混凝土预制块作为砌体材料，或采用片石混凝土、混凝土进行整体浇筑。半重力式挡土墙可采用混凝土或少筋混凝土浇筑。重力式挡土墙由墙身及基础组成，也可不设基础。按墙背常用线形，可分为仰斜式、直立式、俯斜式、凸折式、衡重式、台阶式等类型。

半重力式挡土墙由立壁和底板组成，按受力需要，不设钢筋或在受拉区应力较大处局部设置钢筋。在地下水位较高或较软弱的地基上,不宜采用重力式挡土墙时,可采用半重力式挡土墙。

重力式挡土墙的墙高适用范围:俯斜式、直立式的墙高不大于6m,仰斜式的墙高不宜大于12m,衡重式的墙高宜为3~12m。半重力式挡土墙墙高宜为3~8m。干砌挡土墙的高度不宜超过6m。高速公路、一级公路不应采用干砌挡土墙。

重力式挡土墙必须有足够的整体稳定性、足够的强度以承受土体侧压力。重力式挡土墙可能产生的破坏有滑移、倾覆、不均匀沉降和墙身断裂等。

重力式挡土墙对材料有如下要求:

(1)石料应经过挑选,质地均匀,无裂缝,不易风化。在冰冻地区,应具有耐冻性。

(2)石料强度一般不低于 MU25。浸水挡土墙、地震区、严寒地区及镶面石的强度,应不低于 MU30(其强度等级以 50mm×50mm×50mm 含水饱和试件的极限抗压强度为准)。

平均气温低于 -10℃的冰冻地区,所用石料和混凝土等材料,均需通过冻融试验确定。冻融试验是指材料在含水饱和状态下经 -15℃ 的冻结融化循环25次后,材料应无明显裂缝、脱层,其强度不低于试验前的0.75倍。

(3)尽量选用较大的石料砌筑。块石应大致方正,其厚度不小于150mm,宽度和长度相应为厚度的1.5~2倍和1.5~3倍。片石应具有两个大致平行的面,其厚度不宜小于150mm,其中一条边长不小于300mm,体积不小于$0.01m^3$(砌筑时如用小片石垫平、垫稳,可不受此限)。

(4)用大卵石砌筑时,石料应具有两个较大的平行面。砌筑时不应形成通缝和过大的三角缝,砂浆需饱满。

(5)砌筑的砂浆强度等级按设计要求或按实际需要而定。

(6)干砌挡土墙,墙高时最好用块石砌筑。在墙高超过6m或石料质量较差时,可沿墙高每隔 3~4m,设置厚度不小于 0.5m 的浆砌水平层,以增加墙身的稳定性。

(7)混凝土挡土墙,所用混凝土的强度等级应符合设计要求。

重力式挡土墙施工注意事项:

(1)施工前应做好地面排水和安全生产的准备工作。浸水挡土墙宜在枯水季节施工。

(2)在松软地层或坡积层地段,基坑不宜全段开挖,以免在挡土墙完工以前土体滑塌,应采用跳槽开挖的方法。

(3)基坑开挖后,若发现地基与设计情况有出入,应按实际情况调整设计;若发现岩基有裂缝,应以水泥砂浆或小石子混凝土灌注至饱满;若基底岩层有外露的软弱夹层,应于墙趾前对此层做封面保护,以防风化剥落后基础折裂而使墙身外倾。

(4)挡土墙的底部、顶部和墙面外层,宜选用较整齐的大块石砌筑。干砌挡土墙砌筑时,宜采用"丁""顺""嵌""楔",使块(片)石间嵌挤紧密,墙身稳定。

(5)墙趾部分的基坑,在基础施工完后应及时回填夯实,并做成外倾斜坡,以免积水下渗,影响墙身的稳定。

(6)浆砌挡土墙应错缝砌筑,需待砂浆强度达70%以上时,方可回填墙背填料。墙背填料应符合设计要求,不得采用膨胀性土和高塑性土,并做到逐层填筑,逐层夯实。不得向着墙背斜坡填筑,夯实时避免墙身受较大冲击影响。墙后地面横坡陡于1:3时,应做基底处理,然后再回填。

(7)浆砌挡土墙的墙顶,应用设计要求的砂浆抹平,厚度应符合要求;顶层采用较大块石料砌筑时,应勾缝。干砌挡土墙墙顶面应按设计要求采用砂浆砌筑,以利稳定。

6.6.1 基坑开挖应符合下列规定:

1 基坑开挖宜分段跳槽进行,分段位置宜结合伸缩缝、沉降缝等设置确定。

2 设计挡土墙基底为倾斜面时,应严格控制基底高程,不得超挖填补。

3 土质或易风化软质岩石雨季开挖基坑时,应在基坑挖好后及时封闭坑底。

8.4.3 明挖基坑应符合下列规定:

1 施工过程中应对地质情况进行核对,与设计不符时,应及时处理。
2 基坑开挖宜分段跳槽进行。
3 坑内积水应随时排干。
4 采用倾斜基底时,基底标高应按设计控制,不得超挖填补。

本条由 06 版规范第 8.4.3 条明挖基坑修订而成。

挡土墙为线状结构,分段开挖能缩短基坑及开挖后边坡暴露时间,减少基坑坑壁及边坡受自然因素影响,避免边坡失稳。

基底控制开挖高程是为了防止开挖扰动基底土层,一旦超挖还得用基础相同材料与基础一起修筑,造成不必要的浪费,倾斜面基底尤其应引起重视。

明挖基坑施工注意事项:

(1)明挖基坑施工前,应做好场地临时排水措施,雨天坑内积水应随时排干。对受水浸泡的基底土,特别是松软淤泥应全部予以清除,并换以透水性和稳定性良好的材料,并夯填至设计高程。基础的各部分尺寸、形状以及埋置深度,均应按照设计要求进行施工,基坑开挖尺寸应满足基础施工的要求,基坑底面一般大于基础外缘 0.5~1.0m,以免影响施工。渗水基坑应考虑基坑排水设施(包括排水沟、集水坑、网管)和基础模板等大小而定。

(2)在松散软弱土质地段,基坑不宜全段连通开挖,而应采用跳槽开挖,以防基坑坍塌。

(3)基坑挖至设计高程后不得长时间暴露、扰动、浸泡,以免削弱基底承载能力。一般土质基坑在挖至接近设计高程时,宜保留 100~200mm

的厚度,在基础砌筑前再挖除。

(4)基坑开挖不得破坏基底土的结构,如有超挖或扰动,应将原土回填并夯实,或进行换填处理。挖基弃土堆放地点不得妨碍其他作业或影响坑壁稳定。

(5)在天然地基土层上挖基,如深度在5.0m以内,施工期又较短,基底处于地下水位以上,且土的湿度正常,构造均匀,其开挖坑壁坡度可参考表6-6选定。当基坑深度大于5m时,应加设平台,这不仅利于基坑边坡的稳定,也利于基坑开挖。坑壁稳定边坡坡率仅仅是经验值,当不确定时应采取必要的边坡稳定措施。

表6-6 基坑坑壁坡度表

土 类 别	坡 度		
	顶缘无荷载	顶缘有静载	顶缘有动载
砂类土	1∶1	1∶1.25	1∶1.5
碎卵石土	1∶0.75	1∶1	1∶1.25
砂性土	1∶0.67	1∶0.75	1∶1
黏性土、黏土	1∶0.33	1∶0.5	1∶0.75
极软岩	1∶0.25	1∶0.33	1∶0.67
软质岩	1∶0	1∶0.1	1∶0.25

注:1. 土的湿度过大,会引起坑壁坍塌时,坑壁坡度可采用该湿度下的天然坡度。
2. 通过不同土层时,边坡可分层选定,并酌情留平台。
3. 山坡上开挖基坑,当地质不良时,应注意防止滑塌。
4. 岩石按饱和单轴极限强度划分为极软岩、软质岩、硬质岩。

6.6.2 开挖完成后应及时进行检验,检验合格后应及时进行下道工序施工。

8.4.4 基底检验合格后,应及时进行下道工序施工。

本条由06版规范第8.4.4条修订而成,目的是防止雨水浸泡基坑,降低基础承载力;防止基坑长时间暴露影响边坡稳定,成为安全隐患。

6.6.3 基础施工应符合下列规定：

1 施工前应检查基础底面，清除基底表面风化、松软的土石和杂物。

2 硬质岩石上的浆砌片石基础宜满坑砌筑。浆砌片石底面应卧浆铺砌，立缝要填浆补实，不得有空隙和立缝贯通现象。

3 台阶式基础宜与墙体连续砌筑，基底及墙趾台阶转折处不得砌成垂直通缝，砌体与台阶壁间的缝隙砂浆应饱满。

4 基础应在基础砂浆强度达到设计强度的75%后及时分层回填夯实。回填应在表面留3%的向外斜坡。

6.6.4 墙身施工应符合下列规定：

1 砌石墙身应分层错缝砌筑，咬缝应不小于砌块长度的1/4，且不得出现贯通竖缝。

2 片石、砌块应大面朝下砌筑，砌块不应直接接触，间距宜不小于20mm。

3 混凝土墙身应水平分层浇筑，分层振捣。分层厚度应不超过300mm。

4 混凝土浇筑应连续进行。如间断，间断时间应小于前层混凝土的初凝时间，否则按施工缝处理。

5 浇筑过程中应有专人检查模板及支撑工作情况，发现问题及时处理。

6 挡土墙端部伸入路堤或嵌入挖方部分应与墙体同时砌筑。挡土墙顶应找平抹面或勾缝，其与边坡间的空隙应采用黏土或其他材料夯填封闭。

7 墙身施工完毕后应及时养护。

8.4.7 重力式挡土墙

1 基础施工应符合下列规定：

1）应将基底表面风化、松软土石清除。

2）硬质岩石基坑中的基础，宜满坑砌筑。

3）雨季在土质或易风化软质岩石基坑中砌筑基础时,应在基坑挖好后及时封闭坑底。当基底设有向内倾斜的稳定横坡时,应采取临时排水措施,辅以必要座浆后安砌基础。

4）采用台阶式基础时,台阶与墙体应连在一起同时砌筑,基底及墙趾台阶转折处不得砌成垂直通缝,砌体与台阶壁间的缝隙砂浆应饱满。

5）基坑应随砌筑分层回填夯实,并在表面留3%的向外斜坡。

2 墙身施工应符合下列规定:

1）墙身要分层错缝砌筑,砌出地面后基坑应及时回填夯实,并完成其顶面排水、防渗设施。

2）伸缩缝与沉降缝内两侧壁应竖直、平齐,无搭叠;缝中防水材料应按设计要求施工。

3）泄水孔应在砌筑墙身过程中设置,确保排水畅通,并应保证墙背反滤、防渗设施的施工质量。

4）当墙身的强度达到设计强度的75%时,方可进行回填等工作。在距墙背0.5~1.0m以内,不宜用重型振动压路机碾压。

8.4.6 挡土墙与桥台、隧道洞门连接应协调施工,必要时应加临时支撑,确保与墙相接的填方或山体的稳定。

以上2条由06版规范第8.4.7条第1款和第2款、第8.4.6条修订而成。

6.6.5 伸缩缝与沉降缝内两侧壁应竖直、平齐,无搭叠。缝中防水材料应按设计要求施工。

2 墙身施工应符合下列规定:

2）伸缩缝与沉降缝内两侧壁应竖直、平齐,无搭叠;缝中防水材料应按设计要求施工。

本条为06版规范第8.4.7条第2款第2项,未修订。

6.6.6 挡土墙与桥台、隧道洞门连接处应协调施工,必要时可设置临时支撑,确保与墙相接的填方或山体的稳定。

8.4.5 挡土墙端部伸入路堤或嵌入地层部分应与墙体同时砌筑。挡土墙顶应找平抹面或勾缝,其与边坡间的空隙应用黏土或其他材料夯填封闭。

本条为06版规范第8.4.5条,未修订。

6.6.7 挡土墙混凝土或砂浆强度达到设计强度的75%时,应及时进行墙背回填。距墙背0.5～1.0m内,不得使用重型振动压路机碾压。

4)当墙身的强度达到设计强度的75%时,方可进行回填等工作。在距墙背0.5～1.0m以内,不宜用重型振动压路机碾压。

本条为06版规范第8.4.7条第2款第4项,墙背回填往往被忽视,因此将该项规定提升到条,以引起建设各方重视。

6.6.8 墙背填料应符合下列规定:

1 宜采用砂性土、卵石土、砾石土或块石土等透水性好、抗剪强度高的材料。

2 采用黏质土作为填料时,应在墙背设置厚度不小于**300mm**的砂砾或其他透水性材料排水层。排水层顶部应采用黏质土层封闭,土层厚度宜不小于**500mm**。

3 填料中不得含有机物、冰块、草皮、树根及生活垃圾。不得使用腐殖土、盐渍土、淤泥、白垩土、硅藻土、生活垃圾及有机物等作为墙背填料。

本条为新增。

挡土墙墙背回填包括材料、墙背反滤层排水设施及路基回填料。墙背回填除应符合本条规定外,还应符合路基施工桥台背、涵台背及挡土墙背回填有关要求。

6.6.9 墙身泄水孔应在砌筑过程中按设计施工,确保排水畅通。

3) 泄水孔应在砌筑墙身过程中设置,确保排水畅通,并应保证墙背反滤、防渗设施的施工质量。

本条由 06 版规范第 8.4.7 条第 2 款第 3 项修订而成。

6.6.10　浸水挡土墙应符合下列规定:

1　浸水挡土墙用石料应选用坚硬、未风化且浸水不崩解的石块。

2　施工过程中应处理好浸水挡土墙与岸坡的衔接部位。

3　砌筑时应保证砂浆饱满、勾缝密实,避免水流冲刷墙身。

8.3.8　浸水挡土墙施工应符合下列规定:

1　浸水挡土墙应选用坚硬未风化且浸水不崩解的石块。

2　应注意浸水挡土墙与岸坡的衔接。

3　浸水挡土墙施工还应符合 8.4 节有关规定。

本条为 06 版规范第 8.3.8 条浸水挡土墙。浸水挡土墙不仅沿河路基才使用,施工方法也与重力式挡土墙类似,故调整到本节。

浸水挡土墙适用于以下情况:

(1)沿溪线通过悬崖峭壁,如用全挖路基,其工程数量很大或废方很多,挤压河床,致使水流情况改变,对上、下游农田和建筑物有害,对岸又不允许做挑流构筑物,在此情况下,若受冲路段并不长,可采用浸水挡土墙。

(2)路线通过受水流冲刷的河湾,采用浸水挡土墙,可以稳定河湾,使之不再发展。

(3)路线与海岸相距很近时,可考虑采用浸水挡土墙。

(4)在水深流急、冲刷大、洪水持续时间长、流向不定、险岸位置经常发生变化、水流中的漂浮物多且大或有强烈流冰时,在沿河路基受冲击处,可采用浸水挡土墙。

(5)允许水流速度 5~8m/s。浸水挡土墙的结构形式通常采用重力式或衡重式。其材料要求及施工注意事项与重力式、衡重式挡土墙相同。

6.6.11 岩体破碎、土质松软或地下水丰富等地段修建挡土墙宜避开雨季施工。

8.4.1 挡土墙施工前,应做好截、排水及防渗设施。

本条为 06 版规范第 8.4.1 条。在旱季,岩、土体的含水率较小,强度较高,开挖基坑时边坡的稳定容易得到保证,故地质条件较差或有水地段的挡土墙,在旱季施工比雨期安全。宜集中力量、分段施工,目的在于加快施工速度,减少基坑和临时边坡的暴露时间。

6.6.12 重力式挡土墙施工质量应符合表 6.6.12-1 ~ 表 6.6.12-3 的规定。

表 6.6.12-1 浆砌挡土墙施工质量标准

项次	检查项目	规定值或允许偏差	检查方法和频率
1	砂浆强度(MPa)	在合格标准内	按《公路工程质量检验评定标准 第一册 土建工程》(JTG F80/1—2017)附录 F 检查
2	平面位置(mm)	≤50	全站仪:测墙顶外边线,长度不大于 30m 时测 5 点,每增加 10m 增加 1 点
3	墙面坡度(%)	≤0.5	铅锤法:长度不大于 30m 时测 5 处,每增加 10m 增加 1 处
4	断面尺寸(mm)	≥设计值	尺量:长度不大于 50m 时测 10 个断面,每增加 10m 增加 1 个断面
5	顶面高程(mm)	±20	水准仪:长度不大于 30m 时测 5 点,每增加 10m 增加 1 点
6	底面高程(mm)	±50	水准仪:长度不大于 30m 时测 5 点,每增加 10m 增加 1 点

续表 6.6.12-1

项次	检查项目		规定值或允许偏差	检查方法和频率
7	表面平整度(mm)	混凝土预制块、料石	≤10	2m 直尺：每 20m 测 3 处，每处测竖直和墙长两个方向
		块石	≤20	
		片石	≤30	
8	泄水孔间距(mm)		≤设计值	尺量：每 20m 测 4 点

表 6.6.12-2　干砌挡土墙施工质量标准

项次	检查项目	规定值或允许偏差	检查方法和频率
1	平面位置(mm)	≤50	全站仪：测墙顶外边线，长度不大于 30m 时测 5 点，每增加 10m 增加 1 点
2	垂直度或坡度(%)	≤0.5	铅锤法：长度不大于 30m 时测 5 处，每增加 10m 增加 1 处
3	断面尺寸(mm)	≥设计值	尺量：长度不大于 50m 时测 10 个断面，每增加 10m 增加 1 个断面
4	顶面高程(mm)	±50	水准仪：长度不大于 30m 时测 5 点，每增加 10m 增加 1 点
5	底面高程(mm)	±50	水准仪：长度不大于 30m 时测 5 点，每增加 10m 增加 1 点
6	表面平整度(mm)	≤50	2m 直尺：每 20m 测 3 处，每处测竖直和墙长两个方向

表 6.6.12-3　混凝土挡土墙施工质量标准

项次	检查项目	规定值或允许偏差	检查方法和频率
1	混凝土强度(MPa)	在合格标准内	按《公路工程质量检验评定标准 第一册　土建工程》(JTG F80/1—2017)附录 D 检查
2	平面位置(mm)	≤50	全站仪：测墙顶外边线，长度不大于 30m 时测 5 点，每增加 10m 增加 1 点

6 路基防护与支挡工程

续表 6.6.12-3

项次	检查项目	规定值或允许偏差	检查方法和频率
3	垂直度或坡度(%)	≤0.3	铅锤法:长度不大于30m时测5处,每增加10m增加1处
4	顶面高程(mm)	±20	尺量:长度不大于50m时测10个断面,每增加10m增加1个断面
5	底面高程(mm)	±50	水准仪:长度不大于30m时测5点,每增加10m增加1点
6	断面尺寸(mm)	≥设计值	2m直尺:每20m测3处,每处测竖直和墙长两个方向
7	表面平整度(mm)	≤8	全站仪:测墙顶外边线,长度不大于30m时测5点,每增加5m增加1点
8	泄水孔间距(mm)	≤设计值	尺量:每20m测4点

3 砌体挡土墙施工质量应符合表8.4.7-1、表8.4.7-2的规定。

表8.4.7-1 砌体挡土墙施工质量标准

项次	检查项目		规定值或允许偏差	检查方法和频率
1	砂浆强度(MPa)		不小于设计强度	每1工作台班2组试件
2	平面位置(mm)		50	经纬仪:每20m检查墙顶外边线5点
3	顶面高程(mm)		±20	水准仪:每20m检查2点
4	垂直度或坡度(%)		0.5	吊垂线:每20m检查4点
5	断面尺寸(mm)		不小于设计	尺量:每20m量4个断面
6	底面高程(mm)		±50	水准仪:每20m检查2点
7	表面平整度(mm)	混凝土块、料石	10	2m直尺:每20m检查5处,每处检查竖直和墙长两个方向
		块石	20	
		片石	30	

表 8.4.7-2　干砌挡土墙施工质量标准

项次	检查项目	规定值或允许偏差	检查方法和频率
1	平面位置(mm)	50	经纬仪：每20m检查5点
2	顶面高程(mm)	±30	水准仪：每20m检查5点
3	垂直度或坡度(%)	0.5	吊垂线：每20m检查4点
4	断面尺寸	不小于设计	尺量：每20m量4个断面
5	底面高程(mm)	±50	水准仪：每20m检查2点
6	表面平整度(mm)	50	2m直尺：每20m检查5处，每处检查竖直和墙长两个方向

本条为06版规范第8.4.7条第3款，补充了混凝土挡土墙施工质量标准。

6.7　石笼式挡土墙

本节为新增。

近年来，石笼式挡土墙新结构在公路建设中得到广泛应用，它克服了地基条件不好、地下水较多的路段重力式挡土墙的弊端，使用效果良好。

石笼式挡土墙是近年来发展起来的新型挡土墙，属于重力式块石结构。石笼式挡土墙是将抗腐耐磨的低碳镀锌丝或镀锌铝合金丝编织成双绞六边形网孔的网片，根据工程设计要求组装成蜂巢网箱，装入片块石等填充材料，并采用同质的低碳镀锌丝或镀锌铝合金丝绑扎连接，形成挡土结构。石笼式挡土墙具有整体性好、柔韧性好、透水性好、适应变形能力强、抗冲刷能力强、绿化和景观效果好等特点，适用于边坡防护、护岸等工程。

石笼式挡土墙是一种柔性结构，它有较强的抵御自然破坏、耐腐蚀和抗恶劣气候影响等能力，可以在环境、气候等条件比较差的地方使用。在我国南方部分江河堤防和水库护坡中已开始使用。石笼式挡土墙在使用中表现出了比刚性和半刚性结构更大的优越性。例如,作为护坡,成功用于长江干堤,在桂林至阳朔的漓江护岸工程、重庆奉节宝塔坪滑坡治理工程的涉河路段均采用了部分石笼式挡土墙结构形式,取得了良好的效果。

6.7.1 基底土质及承载力应满足设计要求。

石笼式挡土墙虽然更能适应地形条件变化,适应地基变形能力强,对地基的地质条件要求更宽松,但仍然需要有一定的承载能力,因此一定要对地基进行动力触探试验,确认地基承载力满足设计要求。

6.7.2 石笼制作应符合本规范第6.4.6条的规定。

6.7.3 石笼式挡土墙墙背应设置一层透水土工布。

石笼填充片块石空隙较大,透水能力强。如果墙背不设置反滤层,则墙背回填料中的细小颗粒将随渗水流动而带入石笼挡土墙中流失,进而沉降,影响路基工程正常使用,透水土工布较传统的设置粒料反滤层效果更好。2019版规范建议墙背设置透水土工布,但土工布后面回填料仍需要填筑保护层,以防回填料损害土工布。

6.7.4 每层挡土墙施工完毕后,墙背应及时回填。回填面应与石笼顶面持平,墙后回填土应夯实,压实度应不小于95%。

回填及时跟进网箱挡土墙,主要是方便施工,能提高施工效率,同时也降低施工作业高度,有利于降低施工安全风险。

6.7.5 石笼式挡土墙施工质量应符合表6.7.5的规定。

表6.7.5 石笼式挡土墙施工质量标准

项次	检查项目	规定值或允许偏差	检查方法和频率
1	平面位置(mm)	≤50	全站仪:测墙顶外边线,长度不大于30m时测5点,每增加10m增加1点

续表 6.7.5

项次	检查项目	规定值或允许偏差	检查方法和频率
2	垂直度或坡度(%)	≤0.5	铅锤法:长度不大于30m时测5处,每增加10m增加1处
3	断面尺寸(mm)	≥设计值	尺量:长度不大于50m时测10个断面,每增加10m增加1个断面
4	顶面高程(mm)	±50	水准仪:长度不大于30m时测5点,每增加10m增加1点
5	底面高程(mm)	±50	水准仪:长度不大于30m时测5点,每增加10m增加1点
6	表面平整度(mm)	≤50	2m直尺:每20m测3处,每处测竖直和墙长两个方向

6.8 悬臂式和扶壁式挡土墙

本节由06版规范第8.4.8条悬臂式和扶壁式挡土墙及第8.4.12条修订而成。

悬臂式和扶壁式挡土墙,是薄壁式钢筋混凝土结构的轻型挡土墙。这类薄壁式挡土墙的结构稳定性是依靠墙身自重和墙踵板上方填土的重量来保证,同时墙趾板也显著地增大了抗倾覆性,并大大减小了基底应力。薄壁式挡土墙主要特点是构造简单、施工方便,墙身断面较小,自身重量轻,可以较好地发挥材料的强度性能,能适应承载力较低的地基。但是需耗用一定数量的钢材和水泥,特别是墙较高时,钢材用量急剧增加,影响其经济性能。一般情况下,墙高6m以内采用悬臂式,6m以上则采用扶壁式,扶壁式挡土墙高不宜超过15m,一般为9~10m,适用于缺乏石料及地震多发地区。限于墙踵板的施工条件,一般用于填方路段作为路肩墙或路堤墙使用。

悬臂式挡土墙的一般形式如图6-10所示,是由立壁(墙面板)和墙底板(包括墙趾板和墙踵板)组成,呈倒T形,具有三个悬臂,即立壁、墙趾板和墙踵板。扶壁式挡土墙由立壁(墙面板)、墙趾板、墙踵板及扶肋(扶壁)组成,如图6-11所示。

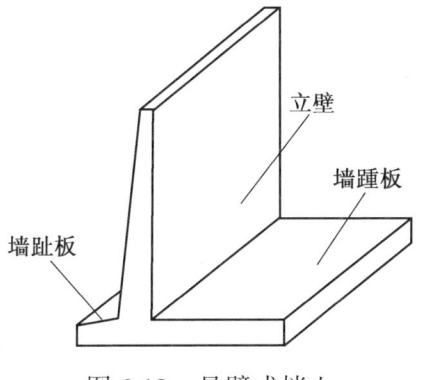

图6-10 悬臂式挡土

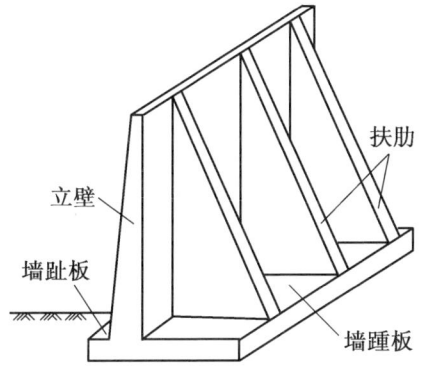

图6-11 扶壁式挡土墙

当墙身较高时,在悬臂式挡土墙的基础上,沿墙长方向每隔一定距离加设扶肋。扶肋把立壁同墙踵板联系起来,起加劲的作用,以改善立壁和墙踵板的受力条件,提高结构的刚度和整体性,减小立壁的变形。

扶壁式挡土墙宜整体灌注,也可采用拼装,但拼装的扶壁式挡土墙不宜在地质不良地段和地震烈度大于或等于Ⅷ度的地区使用。

薄壁式挡土墙施工工序包括基坑开挖、地基处理、混凝土配合比设计与拌制、钢筋骨架制作与成型、模板制作与安装、混凝土浇筑、防排水结构实施、填料摊铺与压实等,其施工工艺流程如图6-12所示。

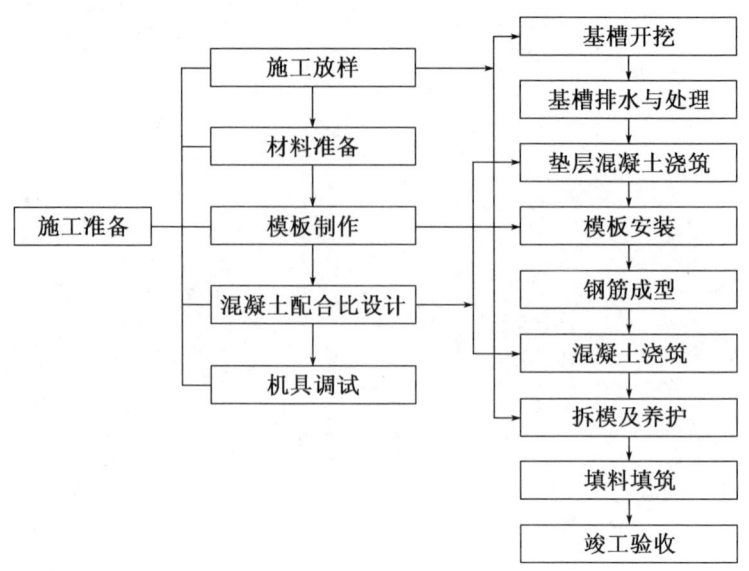

图 6-12 薄壁式挡土墙施工工艺流程

6.8.1 基坑开挖应从上至下分层分段依次进行。开挖过程中应做好临时排水设施,并随时排水,保证工作面干燥及基底不被水浸。基坑开挖后应及时施工挡土墙,不得长期放置。

本条为新增,强调基坑开挖应分段进行,开挖后不得长期放置,目的是避免发生基坑壁坍塌。临时排水是为了防止基底被水浸泡,降低基底地基承载力,保证施工处于无水状态。

6.8.2 凸榫部分应与基坑同时开挖,并与墙底板一起浇筑。

8.4.8 悬臂式和扶壁式挡土墙

1 凸榫必须按照设计尺寸开挖,并与墙底板一同灌注混凝土。

本条是 06 版规范第 8.4.8 条第 1 款。悬臂式和扶壁式挡土墙属于轻型挡土墙,结构通过地板基础的凸榫承受挡土墙的水平推力,要求凸榫与地板基础一次性浇筑形成整体。

凸榫是为了提高薄壁式挡土墙的抗滑能力,减少墙踵板的宽度,通常在墙底板底部设置凸榫,如图6-13所示。为使凸榫前的土体产生最大的被动土压力,墙后的主动土压力不因设凸榫而增大,应注意凸榫设置的位置。通常将凸榫置于通过墙趾与水平面成$(45°-\varphi/2)$角线和通过墙踵与水平面成φ角线的范围内。凸榫高度应根据凸榫前土体的被动土压力满足抗滑稳定性要求而定;宽度除应满足混凝土的抗滑施工要求外,还应不小于300mm。

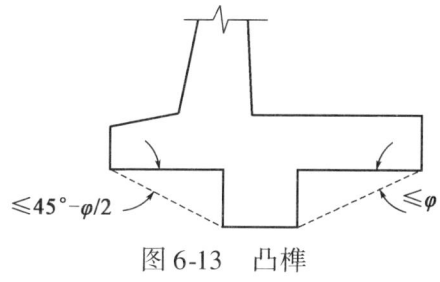

图6-13 凸榫

6.8.3 采用装配法施工时,基础部分应整体一次性浇筑,并设置好预埋钢筋。在基础混凝土达到设计强度**75%**前,不得安设预制墙板。

5 装配法施工应符合下列规定:

1)基础混凝土强度达到设计强度75%后,方可安装。

2)预制墙板与基础必须按设计要求连接牢固。

3)预制墙板预制、安装质量应符合8.4.12条"面板预制、安装施工质量标准"的规定。

本条为06版规范第8.4.8条第5款。悬臂式和扶壁式挡土墙属于轻型挡土墙,为钢筋混凝土结构,底板基础本身比较薄,要求一次性浇筑,并且预埋好与墙身连接的钢筋或连接件。装配式墙身与基础的连接处是悬臂式挡土墙和扶壁式挡土墙受力最大处,设计连接形式多样,施工时应严格按照设计要求实施。

底板基础为薄板结构,而墙身预制板较重,如果底板基础结构强度未形成,在预制墙身板的撞击下可能造成损坏,故2019版规范要求基础混凝土强度应达到设计强度的75%才能安装。

6.8.4 混凝土浇筑后应及时进行养护,养护时间宜不少于7d。

6.8.5 墙背回填应在墙体混凝土达到设计强度的75%后进行。回填应分层填筑并压实。扶壁式挡土墙回填时应按先墙趾、后墙踵的顺序进行。

3 灌注混凝土后,应按有关规定进行养护。墙体达到设计强度的75%以后方可进行墙背填土,并应按设计要求的填料和密实度分层填筑、压实;墙背排水设施应随填土及时施工。

以上2条由06版规范第8.4.8条第3款修订而成。规定挡土墙养生时间不少于7d。墙背回填土将对挡土墙墙身产生水平力,如果现场浇筑的墙身混凝土或预制墙身与基础连接构造混凝土达不到一定的强度就不足以抵抗墙背回填土产生的水平力,这样会造成混凝土受损,引发质量、安全事故。

6.8.6 悬臂式和扶壁式挡土墙现浇施工质量、装配法施工质量应分别符合表6.8.6-1、表6.8.6-2的规定。

表6.8.6-1 现浇悬臂式和扶壁式挡土墙施工质量标准

项次	检查项目	规定值或允许偏差	检查方法和频率
1	混凝土强度(MPa)	在合格标准内	按《公路工程质量检验评定标准 第一册 土建工程》(JTG F80/1—2017)附录D检查
2	砂浆强度(MPa)	在合格标准内	按《公路工程质量检验评定标准 第一册 土建工程》(JTG F80/1—2017)附录F检查
3	平面位置(mm)	≤30	全站仪:长度不大于30m时测5点,每增加10m增加1点
4	垂直度或坡度(%)	≤0.3	铅锤法:长度不大于30m时测5处,每增加10m增加1处

6 路基防护与支挡工程

续表 6.8.6-1

项次	检 查 项 目	规定值或允许偏差	检查方法和频率
5	断面尺寸(mm)	≥设计值	尺量:长度不大于50m时测10个断面及10个扶壁,每增加10m增加1个断面及1个扶壁
6	顶面高程(mm)	±20	水准仪:长度不大于30m时测5点,每增加10m增加1点
7	底面高程(mm)	±30	全站仪:测墙顶外边线,长度不大于30m时测5点,每增加10m增加1点
8	表面平整度(mm)	≤8	铅锤法:每20m测3处,每处测竖直和墙长两个方向
9	泄水孔间距(mm)	≥设计值	尺量:每20m测4点

表 6.8.6-2 悬臂式和扶壁式挡土墙装配法施工质量标准

项次	检 查 项 目	规定值或允许偏差	检查方法和频率
1	混凝土强度(MPa)	在合格标准内	按《公路工程质量检验评定标准 第一册 土建工程》(JTG F80/1—2017)附录D检查
2	垂直度或坡度(%)	≤0.3	铅锤法:长度不大于30m时测5处,每增加10m增加1处
3	顶面高程(mm)	±20	水准仪:长度不大于30m时测5点,每增加10m增加1点
4	相邻面板高差(mm)	8	尺量:长度不大于30m时测5点,每增加10m增加1点
5	断面尺寸(mm)	≥设计值	尺量:长度不大于50m时测10个断面及10个扶壁,每增加10m增加1个断面及1个扶壁

4 现浇悬臂式和扶壁式挡土墙施工质量应符合表8.4.8的规定。

表8.4.8 现浇悬臂式和扶壁式挡土墙施工质量标准

项次	检查项目	规定值或允许偏差	检查方法和频率
1	砂浆强度(MPa)	不小于设计强度	每1工作台班2组试件
2	平面位置(mm)	30	经纬仪:每20m检查5点
3	顶面高程(mm)	±20	水准仪:每20m检查2点
4	垂直度或坡度(%)	0.3	吊垂线:每20m检查4点
5	断面尺寸(mm)	不小于设计	尺量:每20m量4个断面,抽查扶壁4个
6	底面高程(mm)	±30	水准仪:每20m检查2点
7	表面平整度(mm)	5	2m直尺:每20m检查3处,每处检查竖直和墙长两个方向

本条为06版规范第8.4.8条第4款,并补充装配法施工质量标准而成。

6.8.7 预制墙板的预制、安装质量应符合表6.8.7的规定。

表6.8.7 面板预制、安装施工质量标准

项次	检查项目		规定值或允许偏差	检查方法和频率
1	混凝土强度(MPa)		在合格标准内	按《公路工程质量检验评定标准 第一册 土建工程》(JTG F80/1—2017)附录D检查
2	边长(mm)	边长小于1m	±5	尺量:长宽各量1次,每批抽测10%
		其他	0.5%边长	
3	两对角线差(mm)	边长小于1m	≤10	尺量:每板测2对角线
		其他	0.7%最大对角线长	
4	厚度(mm)		+5,-3	尺量:每板测4处,每批抽测10%
5	表面平整度(mm)		≤5	2m直尺:测1次,每批抽测10%
6	预埋件位置(mm)		≤5	尺量:测每件,每批抽测10%

6 路基防护与支挡工程

续表 6.8.7

项次	检查项目	规定值或允许偏差	检查方法和频率
7	每层面板顶高程(mm)	±10	水准仪:每20m抽测5组板
8	轴线偏位(mm)	≤10	挂线、尺量:每20m测5处
9	面板竖直度或坡度(%)	+0,-0.5	铅锤法或坡度板:每20m测5处
10	相邻面板错台(mm)	≤5	尺量:每20m面板交界处测5处
11	面板缝宽(mm)	≤10	尺量:每20m检查5条

注:面板安装以同层相邻两板为一组。

8.4.12 锚杆挡土墙、锚定板挡土墙、加筋土挡土墙施工质量应符合表 8.4.12-1~表 8.4.12-4 的规定。

表 8.4.12-3 面板预制、安装施工质量标准

项次	检查项目	规定值或允许偏差	检查方法和频率
1	混凝土强度(MPa)	不小于设计强度	每台班2组试件
2	边长(mm)	±5或0.5%边长	尺量:长宽各量1次,每批抽查20%
3	两对角线差(mm)	10或0.7%最大对角线长	尺量:每批抽查20%
4	厚度(mm)	+5,-3	尺量:检查4处,每批抽查20%
5	表面平整度(mm)	4或0.3%边长	2m直尺:长、宽方向各测1次,每批抽查20%
6	预埋件位置(mm)	5	尺量:检查每件,每批抽查20%
7	每层面板顶高程(mm)	±10	水准仪:每20m抽查5组板
8	轴线偏位(mm)	10	挂线、尺量:每20m量5处
9	面板竖直度或坡度	+0,-0.5%	吊垂线或坡度板:每20m量5处
10	相邻面板错台(mm)	5	尺量:每20m面板交界处检查5处

注:面板安装以同层相邻两板为一组。

本条由06版规范第8.4.12条挡土墙施工质量标准修订而成。

6.9 锚杆挡土墙

本节由06版规范第8.4.9条修订而成,共7条。

锚杆挡土墙是利用锚杆技术形成的一种挡土结构物。锚杆是受拉杆件,它的一端与工程结构物连接,另一端通过钻孔、插入锚杆、灌浆、养护等工序锚固在稳定的地层中,以承受土压力对结构物所施加的推力,从而利用锚杆与地层间的锚固力来维持结构物的稳定。

锚杆技术迅速发展并广泛应用到土木工程的许多领域中。作为轻型的支挡结构,锚杆挡土墙取代重力式圬工挡土墙,可以节省大量圬工材料,现已广泛应用于公路、铁路、煤矿和水利等支挡工程中。

锚杆挡土墙由于锚固地层、施工方法、受力状态以及结构形式等的不同,有多种不同的形式。按墙面的结构形式可分为柱板式锚杆挡土墙和壁板式锚杆挡土墙,如图6-14所示。柱板式锚杆挡土墙由挡土板、肋柱和锚杆组成,如图6-14a)所示。肋柱是挡土板的支座,锚杆是肋柱的支座,墙后的侧向土压力作用于挡土板上,并通过挡土板传给肋柱,再由肋柱传给锚杆,由锚杆与周围地层之间的锚固力,即锚杆抗拔力使之平衡,以维持墙身及墙后土体的稳定。壁板式锚杆挡土墙由墙面板(壁面板)和锚杆组成,如图6-14b)所示。墙面板直接与锚杆连接,并以锚杆为支撑,土压力通过墙面板传给锚杆,后者则依靠锚杆与周围地层之间的锚固力(即抗拔力)抵抗土压力,以维持挡土墙的平衡与稳定。目前,柱板式锚杆挡土墙应用较多。

柱板式锚杆挡土墙的锚杆间距一般比壁板式锚杆挡土墙大,锚孔直径100~150mm,灌注砂浆后,杆体和锚孔孔壁黏结为一体,属于以黏结力为主要锚固作用的锚杆类型。

壁板式锚杆挡土墙,锚杆采用较小间距、多排小锚杆分散设置,锚孔直径35~50mm,锚孔深度4~5m,常用楔缝式锚杆,杆端直接与锚孔接触,增大了锚杆与锚孔间摩阻力,兼具黏结型与机械型锚杆的特点。

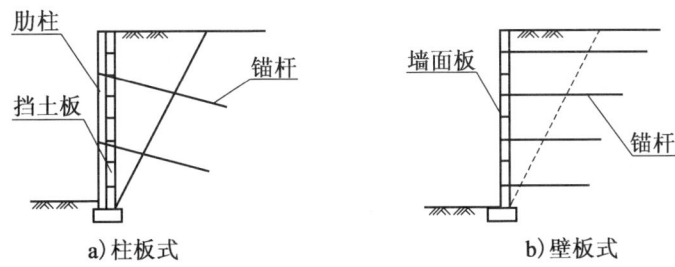

图 6-14 锚杆挡土墙

锚杆挡土墙的特点:

(1)结构重量轻,使挡土墙的结构轻型化。与重力式挡土墙相比,可以节约大量的圬工,节省工程投资。

(2)有利于挡土墙的机械化、装配化施工,可以减轻体力劳动,提高劳动生产率。

(3)不需要开挖大量基坑,能克服不良地基开挖困难,并利于施工安全。但是锚杆挡土墙也有不足之处,即设计和施工会受到一定的限制,如施工工艺要求较高,要有钻孔、灌浆等配套的专用机械设备,且要耗用一定的钢材。

锚杆挡土墙适用于缺乏石料的地区和挖基困难的地段,一般用于岩质路堑路段,其他具有锚固条件的路堑墙也可使用,还可应用于陡坡路堤。壁板式锚杆挡土墙多用于岩石边坡防护。

锚杆挡土墙施工工序主要有基坑开挖、基础浇(砌)筑、锚杆制作、钻孔、锚杆安放与注浆锚固、肋柱和挡土板预制、肋柱安装、挡土板安装、墙后回填料的填筑与压实等(图 6-15)。

锚杆施工成孔、锚杆制作、锚杆安装、锚杆孔注浆、预应力张拉、封锚防护与锚杆边坡的锚杆施工类似,应符合 2019 版规范第 6.5 节边坡锚固中有关锚杆的施工要求。

挡土板安装注意事项:

(1)挡土板安装应竖向起吊,两头挂有绳索,人工牵引,对准桩柱两边画好的放样线,将挡土板正确就位,必要时在两侧和中间设斜撑支撑,以确保挡土板的稳定。

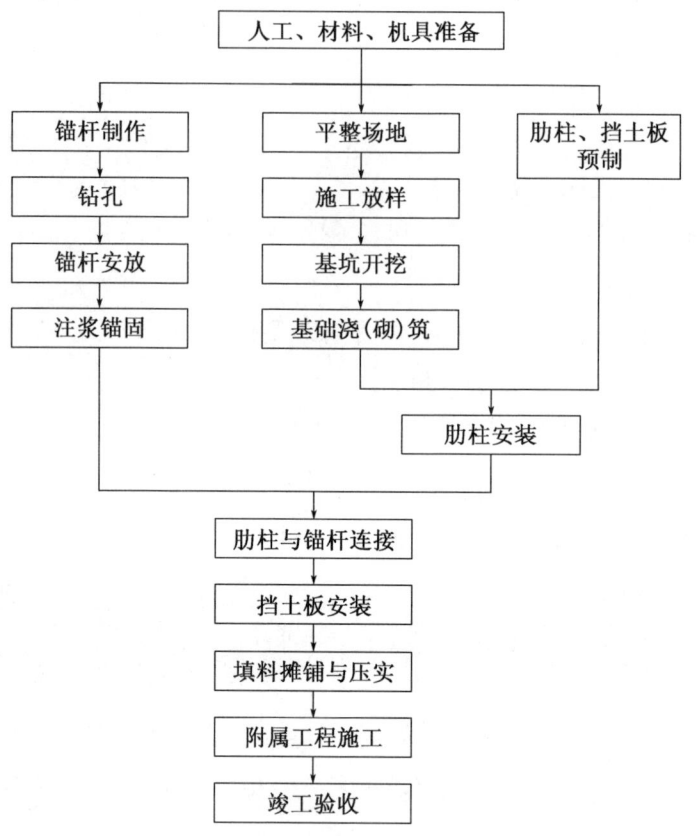

图 6-15　锚杆挡土墙施工工序流程

(2)根据设计要求应做好防水、排水设施及墙背填料反滤层,并与挡土板安装同步进行。挡土板之间的上、下安装缝宜小于10mm,当较大时可用水泥砂浆堵塞或沥青软木板衬垫。两相邻同层挡土板的接缝应顺直一致,高差应不大于5mm。同一肋柱上两相邻跨的挡土板搭接处的净间距(间隙)不小于30mm,并按施工缝处理。

(3)挡土板安装时应防止与肋柱相撞,以免损坏角隅或使其开裂。安装缝应均匀、平顺美观。挡土板顶面不整齐时,可用水泥砂浆或现浇小石子混凝土作顶面调整层。

(4)锚杆施工应逐层自下向上进行,当同层锚杆完成后,即可填土碾压。卸料摊铺时,卸料机具与墙面板距离应不小于1.5m,在1.5m的范围内应用人工摊铺,小型机械压实。回填时,必须防止压弯锚杆钢筋。应设有明显的禁行标志,防止机械在未覆盖填料的锚杆钢筋上行驶或停留。

(5)压实度应满足设计要求。

6.9.1 施工时应针对地层和岩石特点,采用与其相适配并能斜孔钻进的钻机,并根据岩质选择钻头。

6.9.2 锚孔直径应满足设计要求,钻孔时宜保持孔壁粗糙。

8.4.9 锚杆挡土墙

1 锚杆应按设计尺寸下料、调直、除污、加工。

2 按照设计要求,在施工前应做锚杆抗拔力验证试验。

3 钻孔施工应符合下列规定:

1)施工前,应清除岩面松动石块,整平墙背坡面。

2)根据设计孔径及岩土性质合理选择钻孔机具。

3)孔轴应保持直线,孔位允许偏差为±50mm,深度允许偏差为-10~+50mm。

4)钻孔后应将孔内粉尘、石渣清理干净。

以上2条由06版规范第8.4.9条第3款修订而成。

6.9.3 挡土板和锚杆的施工应逐层由下向上同步进行,挡土板之间的安装缝应均匀,缝宽宜小于10mm。同一肋柱上两相邻跨的挡土板搭接处净间距宜不小于30mm,并应按施工缝处理。

6.9.4 挡土板安装时应防止与肋柱相撞,避免损坏角隅或开裂。

以上2条为新增,补充柱板式锚杆挡土墙预制板施工组织、板缝、板接头施工技术规定,以及安装成品保护规定。

由肋柱挡土板锚杆组成的挡土墙结构体系，无论在施工过程中还是运营过程中均依靠背后的回填料组成一个力学平衡体系，形成一个稳定结构，故施工顺序只能是肋柱与锚孔先行，挡土板回填料跟上，完成该层锚杆施工，如此循环直到整个锚杆挡土墙完成。

挡土板安装水平缝隙规定是为了防止回填粒料在土压力作用下挤压、损坏透水土工布，进而流失路基墙背回填料；同一肋柱上板接头间隙规定则是为了防止间隙过小，土工布及回填料不能填充接头缝隙，导致土工布墙背与肋柱之间形成竖向空腔，回填料在土压力作用下挤压、损坏透水土工布。

挡土板一般面积大、厚度薄，碰撞时很容易损害板的边角，安装时应特别注意，一般为了防止挡土板失控，需要两端拴绳。吊装过程中牵引控制方向位置，以防与肋柱碰撞。

6.9.5 挡土板后的防排水设施及反滤层应与挡土板安装同步进行。

8.4.9 锚杆挡土墙

5 安装墙板时，应边安装墙板边进行墙背回填及墙背排水系统施工。

本条由06版规范第8.4.9条第5款修订而成。

6.9.6 锚杆施工质量应符合本规范第6.5节的规定。

6.9.7 锚杆挡土墙施工质量应符合表6.9.7的规定。

表6.9.7 锚杆、锚定板、加筋土挡土墙总体施工质量标准

项次	检查项目		规定值或允许偏差	检查方法和频率
1	墙顶和肋柱平面位置（mm）	路堤式	+50，-100	全站仪：长度不大于30m时测5点，每增加5m增加1点
		路肩式	±50	

续表 6.9.7

项次	检查项目		规定值或允许偏差	检查方法和频率
2	墙顶和柱顶高程(mm)	路堤式	±50	水准仪:长度不大于30m时测5点,每增加5m增加1点
		路肩式	±30	
3	肋柱间距(mm)		±15	尺量:每柱间
4	墙面倾斜度(mm)		+0.5%H且不大于+50,−1%H且不小于−100	铅锤法或坡度板:长度不大于30m时测5点,每增加5m增加1点
5	面板缝宽(mm)		≤10	尺量:每20m至少测5条
6	墙面平整度(mm)		≤15	2m直尺:每20m测3处,每处测竖直和墙长两个方向
7	距面板1m范围内墙背填土的压实度(%)		≥90	每50m每压实层测1处,并不得少于1处
8	反滤层厚度(mm)		≥设计厚度	尺量:长度不大于50m时测5处,每增加10m增加1处

注:1. 平面位置和倾斜度"+"指向外,"−"指向内。
　　2. H 为墙高。

本条由06版规范第8.4.12条修订而成。

6.10 锚定板挡土墙

本节由06版规范第8.4.10条修订而成。

锚定板挡土墙是一种适用于填方的轻型支挡结构,可以用于桥台、港口护岸工程。

锚定板挡土墙是由墙面、拉杆、锚定板及充填墙面与锚定板之间的填土共同组成的一个整体,如图6-16所示。在这个整体结构的内部,存在着作用于墙面上的土压力、拉杆的拉力和锚定板的抗拔力等相互作用的内力,这些内力必须互相平衡,才能保证结构内部的稳定。同时,在锚定板挡土墙的周围边界上,还存在着从边界外部传来的土压力、活载以及结构自重所产生的作用力和摩擦力,这些外力也必须互相平衡,以保证锚定板挡土墙的整体稳定,防止发生滑动或蠕动。

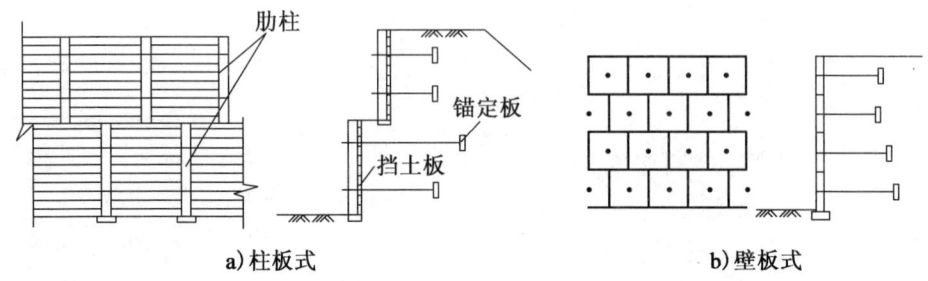

图 6-16　锚定板挡土墙

锚定板挡土墙和锚杆挡土墙一样,也是依靠拉杆的抗拔力来保持挡土墙的稳定。但是,锚定板挡土墙与锚杆挡土墙又有着明显的区别:锚杆挡土墙的锚杆必须锚固在稳定的地层中,其抗拔力来源于锚杆与砂浆、孔壁地层之间的摩阻力;锚定板挡土墙的拉杆及其端部的锚定板均埋设在回填土中,其抗拔力来源于锚定板前填土的被动抗力。因此,墙后侧向土压力通过墙面传给拉杆,后者则依靠锚定板在填土中的抗拔力抵抗侧向土压力,以维持挡土墙的平衡与稳定。在锚定板挡土墙中,一方面填土对墙面产生主动土压力,填土越高,主动土压力越大;另一方面填土又对锚定板的移动产生被动土抗力,填土越高,锚定板的抗拔力也越大。

锚定板挡土墙按墙面结构形式可分为柱板式锚定板挡土墙和壁板式锚定板挡土墙。柱板式锚定板挡土墙,如图 6-16a)所示,墙面由肋柱与挡土板拼装而成,根据运输和吊装能力可采用单根肋柱,也可以分段拼接,上、下肋柱之间用榫连接。按肋柱上的拉杆层数还可分为单层拉杆、双层拉杆和多层拉杆锚定板挡土墙。壁板式锚定板挡土墙,如图 6-16b)所示,墙面板(壁面板)可采用矩形或十字形板拼装而成,墙面板直接用拉杆与锚定板连接。

不同形式的锚定板挡土墙可以相互组合,成为形式多样、适合各种具体使用条件的锚定板挡土墙,也可以根据周围环境及地质地形条件设计成锚定板和锚杆联合使用的挡土墙,如图 6-17 所示。上层拉杆利用锚定板锚固在新填土中,下层拉杆采用灌浆锚杆锚固在稳定地层(如原有边坡)中。这样可充分利用原有边坡及新填路基,发挥锚定板和锚杆的优越性。

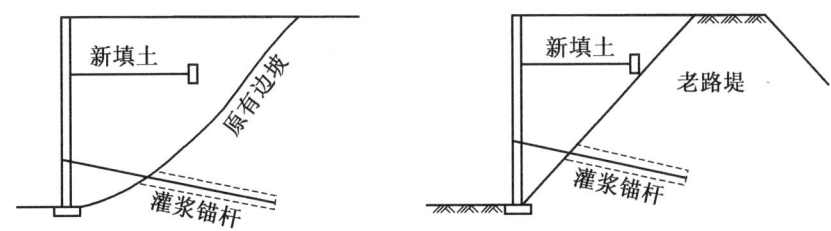

图 6-17 锚定板与锚杆联合使用的挡土墙

锚定板挡土墙的主要特点有构件断面小、结构重量轻、柔性大、工程量省、圬工数量少、构件可预制,有利于实现结构轻型化和机械化施工。锚定板挡土墙主要适用于承载力较低的软弱地基和缺乏石料的地区,作路肩墙或路堤墙,不宜用作路堑墙。在滑坡、坍塌地段以及膨胀土地区不能使用。

壁板式锚定板挡土墙可通过墙面板几何形状及板厚的搭配,获得整齐而富有变化的可观赏性外观,如图 6-18 所示,因此多用于城市道路。

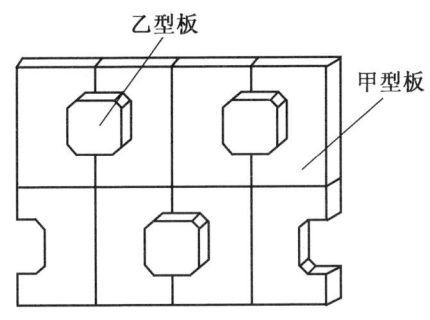

图 6-18 墙面板搭配示意图

目前,多用柱板式锚定板挡土墙,除肋柱杯形基础混凝土为就地浇筑外,其余构件一般均应预制组装,施工时逐层拼装挡土板、拉杆、锚定板,逐层填土,循环配合,所以施工较为简便、迅速。锚定板挡土墙施工工艺流程如图 6-19 所示。

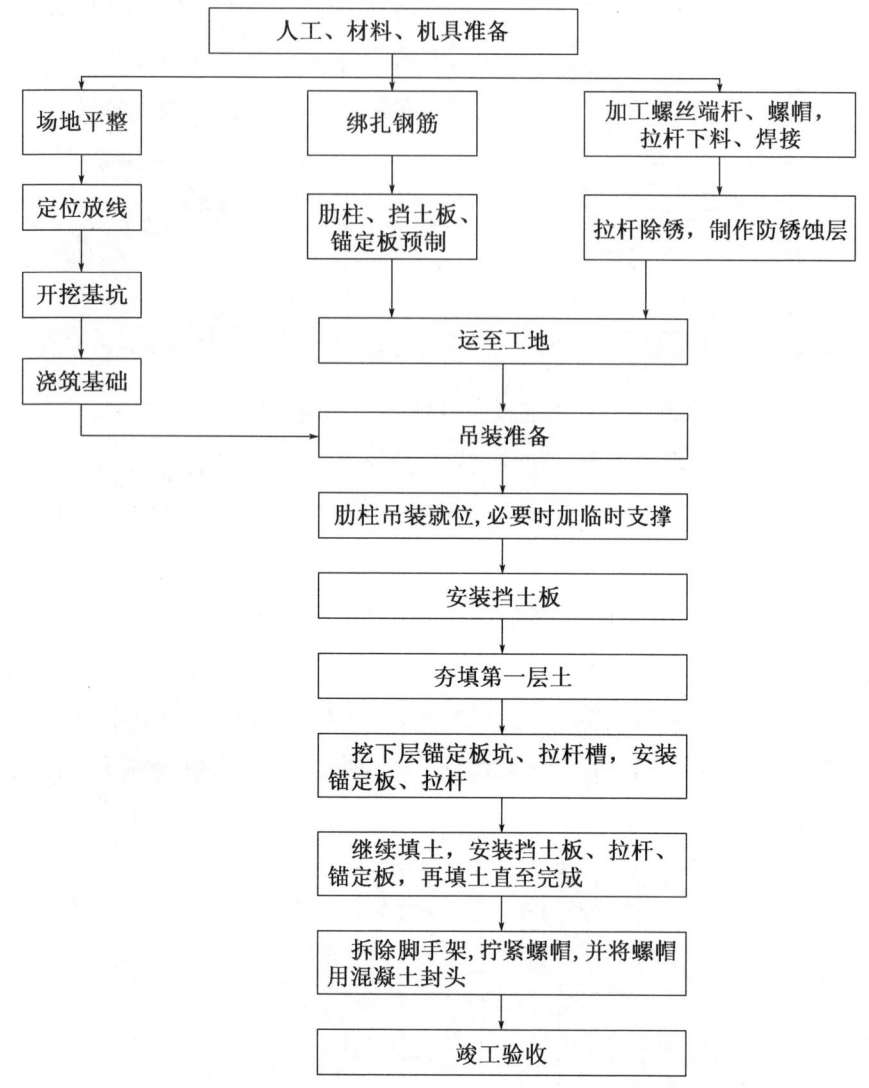

图 6-19 锚定板挡土墙施工工艺流程

6.10.1 螺丝杆、锚头等应进行防锈处理和防水封闭。

8.4.10 锚定板挡土墙

4 肋柱、锚定板上的锚头及螺丝杆应作防锈处理和防水封闭。

6 路基防护与支挡工程

本条由06版规范第8.4.10条第4款修订而成。螺丝杆、锚头等是这个结构受力的关键构件,通过除锈、防水处理可以保证挡土墙的使用寿命。

6.10.2 锚定板应采用钢筋混凝土板。肋柱式锚定板面积应不小于$0.5m^2$,无肋柱式锚定板面积应不小于$0.2m^2$。

本条为新增,根据《公路路基设计规范》(JTG D30—2015)第5.4.9条第5款规定补充而成。

6.10.3 肋柱安装应符合设计的位置和倾角。安装锚定板时板面应竖直,且在同一高程。

2 吊装时应保证肋柱不前倾。

本条由06版规范第8.4.10条第2款修订而成。锚定板与面板锚固点在同一高程,是为了使拉杆在同一直线上受力,防止拉杆扭曲。

6.10.4 锚定板应采用反开槽法施工,先填土,后挖槽就位。挖槽时,锚定板宜比设计位置高30~50mm。

6.10.5 施工槽口与上层填土应同步碾压,不得直接碾压拉杆和锚定板。

3 拉杆及锚定板埋设,应先填土后挖槽就位;挖槽时,锚定板比设计位置宜高30~50mm。锚定板前方超挖部分宜用C10水泥混凝土或灰土回填夯实。严禁直接碾压拉杆和锚定板。

以上2条由06版规范第8.4.10条第3款修订而成,补充了碾压要求。

反开槽施工锚定板是为了使锚定板构件埋于密实的填筑土体中,保证后续填土后挡土墙面板移动。为了保证反开槽法形成的槽口填筑密实,一般采用低强度等级混凝土或者二灰料回填,人工夯实。

机械碾压一定要在填料掩埋拉杆及锚定板后进行,以防损坏构件防腐保护层。

6.10.6 分级平台应按设计要求进行封闭,并设2%的外倾排水坡。

5 分级平台应按设计要求进行封闭,并设2%的外倾排水坡。
本条由06版规范第8.4.10条第5款修订而成。

6.10.7 锚定板挡土墙施工质量应符合表6.9.7的规定。

8.4.12 锚杆挡土墙、锚定板挡土墙、加筋土挡土墙施工质量应符合表8.4.12-1～表8.4.12-4的规定。
本条由06版规范第8.4.12条修订而成。

6.11 加筋土挡土墙

本节由06版规范第8.4.11条修订而成。

加筋土挡土墙是利用加筋土技术修建的一种支挡构造物,加筋土是一种在土中加入拉筋的复合土,它利用拉筋与土之间的摩擦作用,改善土体的变形条件,提高土体的工程特性,从而达到稳定土体的目的。加筋土挡土墙由填料、在填料中布置的拉筋及墙面板三部分组成,其基本结构如图6-20所示。

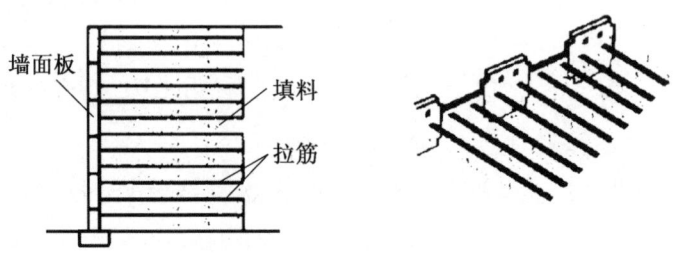

图6-20 加筋土挡土墙

加筋土挡土墙一般应用于地形较为平坦且宽敞的填方路段,在挖方路段或地形陡峭的山坡,由于不利于布置拉筋,不宜使用。

加筋土挡土墙具有以下特点:

（1）组成加筋土的墙面板和拉筋可以预先制作，在现场用机械（或人工）分层填筑。这种装配式的方法，施工简便、快速，并且可节省人工、缩短工期。

（2）加筋土挡土墙是柔性结构物，能够适应地基轻微的变形。在软弱地基上修建时，拉筋在填筑过程中逐层埋设，因填土引起的地基变形对加筋土挡土墙的稳定性影响比其他类型结构物小，地基处理也较简便。

（3）加筋土挡土墙具有一定的柔性，抗震动性强，也是一种抗震结构物。

（4）加筋土挡土墙节约用地、造型美观。墙面板可垂直砌筑，可大量减少占地。挡土墙的总体布设和墙面板的形式图案可根据周围环境特点和需要进行设计。

（5）加筋土挡土墙造价较低。与钢筋混凝土挡土墙相比，可减少造价一半左右；与石砌重力式挡土墙比较，也可节约20%以上。而且，加筋土挡土墙造价的节省随墙高的增加而愈加显著，因此具有良好的经济效益。

加筋土挡土墙施工一般包括基槽（坑）开挖、地基处理、排水构造实施、基础浇（砌）筑、构件预制与安装、筋带铺设、填料填筑与压实、墙顶封闭等，其中现场墙面板拼装、筋带铺设、填料填筑与压实等工序交叉进行。加筋土挡土墙施工工艺流程如图6-21所示。

6.11.1 加筋土挡土墙施工前，应按设计要求进行基底处理。有地下水影响基底稳固时，应拦截或排除地下水到墙身之外。

本条为新增。

加筋土挡土墙适用范围广，对地基承载力要求不高，施工时应按照设计要求进行地基处理；进行承载力检测，达到设计要求的承载能力。将地下水引流到影响挡土墙稳定范围以外，是为了防止地下水留存在路基底部，降低地基承载力，影响路基稳定。

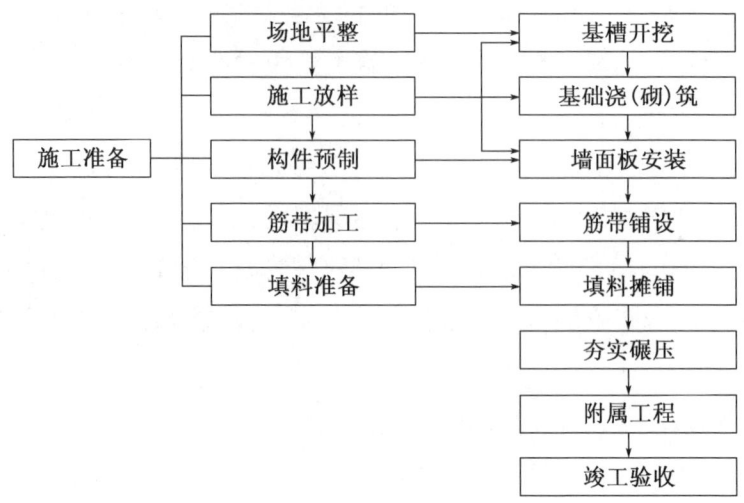

图 6-21 加筋土挡土墙施工工艺流程

6.11.2 加筋土挡土墙的拉筋应按设计采用抗拉强度高、延伸率和蠕变小、抗老化、耐腐蚀和化学稳定性好的材料，表面应有足够的粗糙度。钢拉筋应按设计进行防腐处理。筋带施工质量应符合表 6.11.2 的规定。

表 6.11.2 筋带施工质量标准

项次	检查项目	规定值或允许偏差	检查方法和频率
1	筋带长度	≥设计值	尺量：每20m测5根
2	筋带与面板连接	满足设计要求	目测：每20m测5处
3	筋带与筋带连接	满足设计要求	目测：每20m测5处
4	筋带铺设	满足设计要求	目测：每20m测5处

8.4.12 锚杆挡土墙、锚定板挡土墙、加筋土挡土墙施工质量应符合表 8.4.12-1～表 8.4.12-4 的规定。

本条由 06 版规范第 8.4.12 条补充筋带材料要求修订而成。筋带材料一般为土工格栅、复合土工布或钢筋混凝土板带，规格型号多，施工时应认真阅读图纸，严格执行。

6.11.3 加筋土挡土墙墙身施工应符合下列规定：

1 墙背拉筋锚固段填料宜采用具有一定级配、透水性好的砂类土或碎砾石土，土中的粗颗粒不应含有在压实过程中可能破坏拉筋的带尖锐棱角的颗粒。

本款规定的目的是保护带筋，防止压路机压实过程中粒料损伤筋带，影响筋带寿命。

2 拉筋应按设计位置水平铺设在已经整平、压实的土层上，单根拉筋应垂直于面板，多根拉筋应按设计扇形铺设。聚丙烯土工带拉筋安装应平顺，不得打折、扭曲，不得与硬质、棱角填料直接接触，其他要求应符合现行《公路土工合成材料应用技术规范》(JTG/T D32)的相关规定。

因填料土压力垂直于面板，故规定拉筋水平铺设，单根垂直于面板。规定聚丙烯土工带拉筋安装应平顺，不得打折、扭曲，这是为了防止在土压力作用下，打折、扭曲的筋带被拉直，面板外移，影响挡土墙的局部稳定、产生局部破坏，最后导致挡土墙毁坏。

3 墙面板安设应根据高度和填料情况设置适当的仰斜，斜度宜为 1:0.02~1:0.05。安设好的面板不得外倾。

面板安设时适当向内侧倾斜，是因为填筑层在压路机的碾压作用下，上层的筋带松弛较下层的筋带变形大，形成向外的轻微位移，最终趋向垂直。

4 拉筋与面板之间的连接应牢固，连接部位强度应不低于拉筋强度。拉筋贯通整个路基时，宜采用单根拉筋拉住两侧面板。

5 填料摊铺、碾压应从拉筋中部开始平行于墙面进行，不得平行于拉筋方向碾压。应先向拉筋尾部逐步摊铺、压实，然后再向墙面方向进行。

本款规定是为了保证拉筋与土体的摩擦处于稳定状态。卸料时,卸料机具和摊铺机械与面板距离应不小于1.5m,以防止施工机械在卸料时撞动已安装好的面板。填筑时,距面板1.0m内先不予回填,只填筑1.0m范围以外的填料并压实。在铺设上层筋带之前,再回填此预留部分,并用人工或小型压实机具压实后,铺设上层筋带,以避免扰动下层筋带。如此逐层预留,逐层摊铺压实,循环作业。距面板1.5m以外机械摊铺时,应设明显标志,易于司机观察。所有机械的行驶方向应与筋带垂直,如图6-22所示,并不得在未覆盖填料的筋带上行驶。压实厚度除应按规定执行外,还应考虑筋带的竖向间距,适当调节,但每层厚度不得大于200mm。当填土层厚与筋带层间隔相符时,有利于筋带层舒展水平。钢筋混凝土筋带顶面以上填料一次摊铺厚度不应小于200mm,以防机械作业时直接撞动(或碾压)已铺设好的钢筋混凝土带,导致钢筋混凝土带变形、断裂。摊铺时,严禁机械在钢筋混凝土带上行驶、停留,应采取由机械将填料向前逐步推进摊铺的方法进行作业,这样既不会压坏筋带,又保证了一次摊铺的厚度要求。

碾压时,应严格分层,从筋带中部开始,逐渐向筋带尾部碾压(沿路基中心线纵向行进),然后再从筋带中部向墙面碾压,第一遍速度宜慢,以免壅土将筋带推起,第二遍以后速度可稍快。碾压时应先轻后重,不得用羊足碾碾压,以防凸轮损伤筋带。严禁在未经压实的填料上急剧改变运行方向和紧急制动,以免筋带被拉动变位和产生超量变形,影响已铺筋带的正确位置和正常使用。面板附近1.0m范围内,尤其是靠近面板背部时不允许用大、中型压路机进行碾压,而应使用小型机械并配以人工方式,可先由面板后开始轻压,逐步向路线中心方向压实。碾压过程中还应随时检查土质和含水率的变化情况。填料与排水设施,如隔水层、透水层、反滤层等应与填料同步进行。

6 路基施工分层厚度及每层碾压遍数,应根据拉筋间距、碾压机具和密实度要求,通过试验确定,不得使用羊足碾碾压。靠近墙面板1m范围内,应使用小型机具夯实或人工夯实,不得使用重型压实机械压实。严禁车辆在未经压实的填料上行驶。

7 施工过程中应加强对墙身变形的观测,发现异常变化应及时处理。

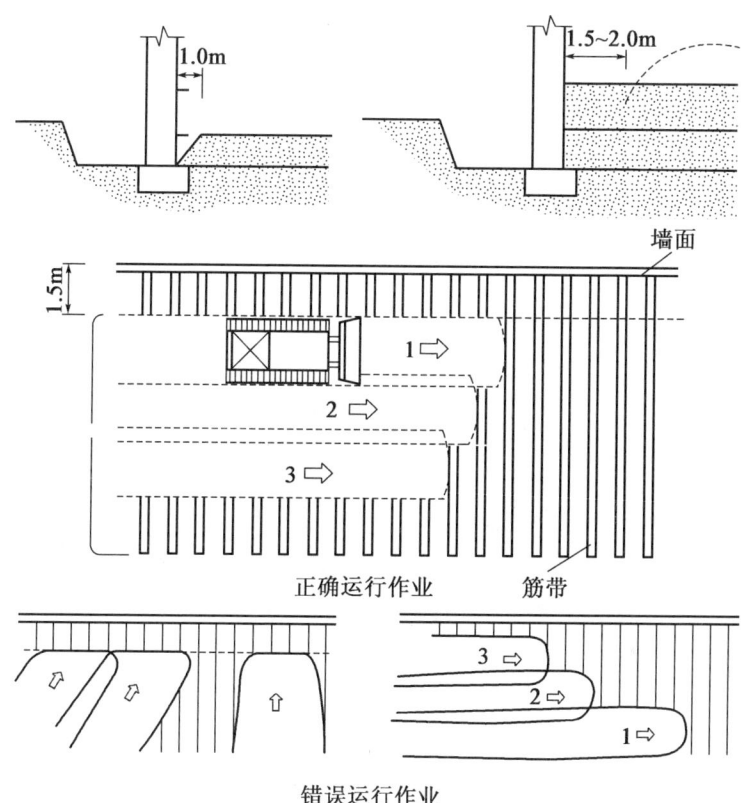

图 6-22 卸料及机械运行作业图

6.11.4 加筋土挡土墙施工质量应符合表 6.9.7 的规定。

6.12 抗 滑 桩

本节由 06 版规范第 8.7 节抗滑桩修订而成。

抗滑桩因其抗滑能力强、适用范围广、施工方便、对滑坡扰动相对较小等优点而被广泛应用于边坡防护和滑坡治理中。

1. 抗滑桩的类型

抗滑桩类型较多,根据不同的分类方法有多种形式。按埋入状态,可分为埋入式抗滑桩和桩板式抗滑桩;按受力状态,可分为悬臂式抗滑桩和预应力锚索抗滑桩;按材料类型,可分为钢筋混凝土桩、钢桩;按截面形状,可分为圆形桩、矩形桩;按施工方法,可分为人工挖孔桩、钻孔桩、旋挖桩等。

目前公路滑坡治理中使用最多的是矩形钢筋混凝土埋入式挖孔桩,如图6-23所示。当工程需要时,也常采用桩板式抗滑挡土墙(图6-24),桩身能承受较大的弯矩。

图6-23 抗滑桩

图6-24 桩板式抗滑挡土墙

工程实践表明,抗滑桩能迅速、安全、经济地解决一些比较困难的工程问题,因此发展较快。抗滑桩具有以下优点:

(1)抗滑能力大,圬工数量小,在滑坡推力大、滑动面深的情况下,较其他抗滑工程经济、有效。

(2)桩位灵活,可以设在滑坡体中最有利于抗滑的部位,可单独使用,也能与其他构造物联合使用。

(3)挖孔抗滑桩可以根据弯矩沿桩长的变化,合理布设钢筋。因此,较打入的管桩等要更为经济。

（4）施工方便,设备简单,具有工程进度快、施工质量好、较安全等优点。施工时可间隔开挖,不致引起滑坡条件的恶化,故对整治已通车路线上的滑坡和处在缓慢滑动阶段的滑坡特别有利。

（5）开挖桩孔能校核地质情况,检验和修改原有的设计,使其更符合实际。

但是,由于抗滑桩是利用锚固段桩周土体的侧向抗力来加固稳定土体,因此不适用于软塑体滑坡。另外,与其他抗滑支撑措施比较,抗滑桩需用较多钢材。

2.各类抗滑桩的特点及适用条件

木桩是最早采用的桩,其特点是就地取材、方便、易于施工,但桩长有限,桩身强度不高,一般用于浅层滑坡的治理、临时工程或抢险工程。

钢桩的强度高,施打容易、快速,接长方便,但受桩身断面尺寸限制,横向刚度较小,造价偏高。

钢筋混凝土桩是边坡治理工程中广泛采用的桩材,桩断面刚度大,抗弯能力强,施工方式多样,可打入、静压、机械钻孔就地灌注和人工成孔就地灌注,缺点是混凝土抗拉能力有限。

抗滑桩采用打入施工时,应充分考虑施工振动对边坡稳定的影响,一般全埋式抗滑桩或填方边坡可采用打入施工,同时下卧地层应有可打性。抗滑桩施工常用的是就地灌注桩,机械钻孔速度快,桩径可大可小,适用于各种地质条件,但对地形较陡的边坡工程,机械进入和架设困难较大,钻孔时的水对边坡的稳定也有影响。人工成孔的特点是方便、简单、经济,但速度较慢(这点可以通过增加作业面得到克服),劳动强度高,遇不良地层(如流沙)时处理相当困难;另外,桩径较小时人工作业困难,桩径一般应在1.0m以上才适宜人工成孔。

单桩是抗滑桩的基本形式,也是常用的结构形式,其特点是简单,受力和作用明确。当边坡的推力较大,用单桩不足以承担其推力或使用单桩不经济时,可采用排桩。排桩的特点是转动惯量大,抗弯能力强,桩壁阻力较小,桩身应力较小,在软弱地层中有较明显的优越性。有锚抗滑桩的锚可用钢筋锚杆或预应力锚索,锚杆(索)和桩共同工作,改变桩的悬臂受力和桩完全靠侧向地基反力抵抗滑坡推力的状况,使桩身的应力状态和桩顶变位大大改善,是一种较为合理、经济的抗滑结构。但锚杆或锚索的锚固端需要有较好的地层或岩层,对锚索而言,还需要有较好的岩层以提供可靠的锚固力。

抗滑桩群一般指横向 2 排以上、纵向 2 列以上的组合抗滑结构,类似于墩台或承台结构,它能承担更大的滑坡推力,可用于特殊的滑坡治理工程或特殊用途的边坡工程。

6.12.1 抗滑桩施工应详细了解工程地质资料,并做好下列工作:

1 施工前,应采取卸载、反压、排水等措施使滑坡体保持基本稳定,严禁在滑坡急剧变形阶段进行抗滑桩施工。

2 施工期间应根据实际地质情况考虑开挖时的预加固措施。

3 应整平孔口地面,并设置地表截、排水及防渗设施。

4 应设置滑坡变形、移动监测点,并进行连续观测。

5 雨季施工时,应在孔口搭设雨棚,做好锁口,孔口地面上应加筑适当高度的围埝。

8.7.2 抗滑桩施工准备应符合下列规定:

1 施工宜在旱季进行;雨季施工时,孔口应搭雨棚,做好锁口,孔口地面上加筑适当高度的围埝。

2 应备好各项工序的机具、器材和井下排水、通风、照明设施,落实人员配备、施工组织计划。

3 应整平孔口地面,设置地表截、排水及防渗设施。

4 应对滑坡变形、移动进行监测。

本条由 06 版规范第 8.7.2 条修订而成。

地质资料是工程技术人员了解滑坡体的关键资料,施工组织需要详细阅读,才能掌握设计意图。在实施过程中发现图纸与现场情况有差异时,应及时向相关单位反馈。

工程经过的滑坡体处于自然状态,设计治理方案往往包含卸载、反压、排水等措施,这些措施增强了滑坡体的稳定性和抵御外界扰动的能力,因此抗滑桩施工之前应先完成卸载、反压、排水等措施,同时也给抗滑桩施工创造一个良好的工作平台。

抗滑桩施工时尽管挖孔面积较小,但是贯穿滑坡体,对滑坡体的扰动深度大,因此从施工安全考虑,应在滑坡体表面建立地表变形监控点,随时掌握滑坡体稳定性。

第3、5款是为了保证挖孔人员安全而采取的技术措施。

6.12.2 开挖及支护应符合下列规定:

1 相邻桩不得同时开挖。开挖桩群应从两端沿滑坡主轴间隔开挖,桩身强度达到设计强度的**75%**后方可开挖邻桩。

2 开挖应分节进行。分节不宜过长,每节宜为**0.5~1.0m**。不得在土石层变化处和滑动面处分节。

3 应开挖一节、支护一节。灌注前应清除孔壁上的松动石块、浮土。围岩松软、破碎、有水时,护壁宜设泄水孔。

4 开挖应在上一节护壁混凝土终凝后进行,护壁混凝土模板支撑应在混凝土强度达到能保持护壁结构不变形后方可拆除。

5 在围岩松软、破碎和有滑动面的节段,应在护壁内顺滑动方向设置临时横撑加强支护,并观察其受力情况,及时进行加固。

6 开挖时应采取照明、排水等措施,保证施工安全。

7 挖除的渣土弃渣不得堆放在滑坡范围内。

8.7.3 开挖及支护应符合下列规定:

1 应分节开挖,每节高度宜为0.6~2.0m,分节不宜过长,不得在土石层变化处和滑动面处分节,挖一节立即支护一节。

2 护壁应经过设计计算确定,应考虑到各种不利情况。护壁混凝土应紧贴围岩灌注,灌注前应清除孔壁上的松动石块、浮土。围岩较松软、破碎、有水时,护壁宜设泄水孔。

3 开挖应在上一节护壁混凝土终凝后进行,护壁混凝土模板的支撑应在混凝土强度达到能保持护壁结构不变形后方可拆除。

4 在围岩松软、破碎和有滑动面的节段,应在护壁内顺滑动方向用临时横撑加强支护,并经常观察其受力情况,及时进行加固。

5 开挖桩群应从两端沿滑坡主轴间隔开挖,桩身强度不低于设计强度的75%时可开挖邻桩。

6 弃渣严禁堆放在滑坡范围内。

本条根据06版规范第8.7.3条,并补充孔内安全规定修订而成。抗滑桩挖孔与桥梁工程桩基挖孔方法一致,施工时除应符合2019版规范要求外,还应符合《公路桥涵施工技术规范》(JTG/T F50—2011)的有关规定。

6.12.3 桩基开挖过程中,应随时核对滑动面情况,及时进行岩性资料编录。当实际情况与设计不符时,应及时反馈处理。

8.7.1 桩基开挖过程中,应随时核对滑动面情况,及时进行岩性资料编录,当其实际情况与设计不符时,应进行处理。

本条由06版规范第8.7.1条修订而成,目的是掌握详细地质资料,以便设计人员准确把握情况,制订合理的滑坡治理方案。

6.12.4 桩身混凝土施工应符合下列规定:

1 灌注前,应检查断面净空,清洗混凝土护壁。

2 钢筋笼搭接接头不得设在土石分界和滑动面处。钢筋保护层厚度应满足设计要求。

3 灌注应连续进行,不得中断。

8.7.5 桩间支挡结构及与桩相邻的挡土、排水设施等,均应按设计要求与抗滑桩正确连接,配套完成。

本条为 06 版规范第 8.7.5 条。施工时除应符合 2019 版规范规定外,还应符合现行《公路桥涵施工技术规范》(JTG/T F50)的有关规定。尤其应注意混凝土灌注方法,如果采用串筒输送混凝土,灌注前应排除孔底存水,并且应灌注一层振捣一层,确保桩身混凝土质量。

6.12.5 桩间支挡结构及与桩相邻的挡土、排水设施等应与抗滑桩正确连接,配套完成。

本条为 06 版规范第 8.7.5 条,是当抗滑桩兼具桩板式挡土墙作用时,对施工组织提出的要求。

6.12.6 桩板式抗滑挡土墙施工应符合下列规定:

1 挡土板应在桩身混凝土达到设计强度后安装。挡土板安装时,应边安装边回填,并做好挡土板后排水设施。

2 桩间采用土钉墙或喷锚支护时,桩间土体应分层开挖、分层加固。

3 应严格控制墙背填土的压实度,压实时应保护好锚索。

8.7.6 桩板式抗滑挡墙

1 桩身混凝土应达到设计强度后方可安装挡土板,挡土板安装时,应边安装边回填,并做好施工板后排水设施。

2 当桩间为土钉墙或喷锚支护时,桩间土体应分层开挖、分层加固;当锚固桩上部设有多排锚索(杆)时,应待上一排锚索(杆)施工完成后,才可开挖下一层的桩前土体。

3 锚索(杆)桩板式路堤挡土墙,应严格控制墙背填土的压实度,压实时不得直接碾压锚索(杆)。

本条由 06 版规范第 8.7.6 条桩板式抗滑挡墙修订而成。抗滑桩出地面后,实为柱板式锚杆挡土墙,两者施工方法一致。

6.12.7 施工过程中应对地下水位、滑坡体位移和变形进行监测。

8.7.3 开挖及支护应符合下列规定：
4 在围岩松软、破碎和有滑动面的节段，应在护壁内顺滑动方向用临时横撑加强支护，并经常观察其受力情况，及时进行加固。

本条由06版规范第8.7.3条第4款修订而成。实际工程中桩孔开挖还可能遇到有害气体的情况，所以应包括挖桩孔时的有害气体监测，如煤层瓦斯及其他有害气体的监测，以保证施工安全。

6.12.8 抗滑桩施工质量应符合表6.12.8的规定。

表6.12.8 抗滑桩施工质量标准

项次	检查项目		规定值或允许偏差	检查方法和频率
1	混凝土强度(MPa)		在合格标准内	按《公路工程质量检验评定标准 第一册 土建工程》(JTG F80/1—2017)附录D检查
2	桩长(m)		≥设计值	测绳：每桩检测
3	孔径或断面尺寸(mm)		≥设计值	探孔器或尺量：每桩检测
4	桩位(mm)		+100	全站仪：每桩检测
5	竖直度(mm)	钻孔桩	1%桩长，且≤500	测壁仪或铅锤法：每桩检测
		挖孔桩	0.5%桩长，且≤200	铅锤法：每桩检测
6	钢筋骨架底面高程(mm)		±50	水准仪：每桩测骨架顶面高程后反算

8.7.7 抗滑桩施工质量应符合表8.7.7的规定。

表8.7.7 抗滑桩施工质量标准

项次	检查项目	规定值或允许偏差	检测方法和频率
1	混凝土强度	满足设计要求	每工作台班2组试件
2	桩长	不小于设计	测绳：每桩测量
3	孔径或断面尺寸	不小于设计	探孔器：每桩测量
4	桩位(mm)	+100	经纬仪：每桩测量桩检查

6 路基防护与支挡工程

续表 8.7.7

项次	检查项目		规定值或允许偏差	检测方法和频率
5	竖直度（mm）	钻孔桩	1%桩长,且不大于500	测壁仪或吊垂线:每桩检查
		挖孔桩	0.5%桩长,且不大于200	吊垂线:每桩检查
6	钢筋骨架底面高程(mm)		±50	水准仪:测每桩骨架顶面高程后反算

本条由06版规范第8.7.7条修订而成。

6.12.9 应加强坡体排水,定期疏导排水管,防止地下水赋存坡体内部。

本条为新增。

水的存在将降低滑坡体自身稳定,同时滑坡体土质一般较为松散,坡体内存水将增加滑坡体的自重,降低滑坡体稳定安全系数,因此做出该项规定。

6.12.10 锚固桩上部设有多排锚索时,应在上一排锚索施工完成后再开挖下一层的桩前土体。

8.7.6 桩板式抗滑挡墙

2 当桩间为土钉墙或喷锚支护时,桩间土体应分层开挖、分层加固;当锚固桩上部设有多排锚索(杆)时,应待上一排锚索(杆)施工完成后,才可开挖下一层的桩前土体。

本条由06版规范第8.7.6条第2款修订而成,是为上边坡抗滑桩施工而做出的规定。该类抗滑桩先施工,再开挖路基,当抗滑桩临空长度过长时,往往与锚索同时使用,故应开挖一层锚固一层,以防因抗滑桩临空段过长造成滑坡体移动剪断桩体,导致工程失败。

6.12.11 预应力锚索抗滑桩施工质量应符合本规范第6.5节的规定。

本条为新增。

6.12.12　抗滑桩设置声测管应符合下列规定：

1　声测管应采用焊接或绑扎固定在钢筋笼内侧上，管之间保持平行。

2　声测管应随钢筋笼分段安装，接头牢固，套接管的两端用胶布缠绕密封。

3　钢筋笼放入桩孔时，应保证管体竖直，管壁平顺无变形，管内畅通无异物。

本条为新增。

抗滑桩为承载结构，是滑坡体防护的关键结构，施工质量事关整个滑坡体治理的成败，因此桩体施工质量控制应与桥梁工程桩基一样进行质量控制。鉴于抗滑桩断面大，其他无破损监测还不能准确判断桩体质量，因此2019版规范规定采用声测管法进行抗滑桩质量控制。

6.13　土钉支护

本节由06版规范第8.6节土钉支护修订而成。

土钉支护是从隧道新奥法发展起来的边坡支护新技术，主要用于临时支护，近年来随着技术的发展也用于边坡永久支护。公路边坡是永久性工程，土钉支护边坡中常见的事故有：土质较差地段的土钉变形过大，坡体开裂破坏；松软土质、地下水较发育地段，边坡底部土体软化、承载力不足，面板下沉和土钉受剪切破坏；土钉长度不够或锚固段锚固力不足，产生滑动；存在顺层结构面的边坡，沿顺倾岩面滑动等。在土钉支护边坡工程施工中，地质核查时应引起足够重视。

土钉：用于加固和稳定岩土体的细长筋体，置入岩土体中后依靠与周围岩土体之间的黏结力或摩擦力，在岩土体发生变形的条件下被动受力并主要承受拉力。

土钉支护:以密集的土钉群作为筋体,用于加固和稳定岩土边坡的柔性被动支护技术,或指利用土钉技术形成的支护结构。土钉支护通常由土钉群、被加固的原位岩土体、混凝土或钢筋混凝土块、板、梁柱等连续或不连续的面层及必要的排水、防水系统组成。

复合土钉支护:与预应力锚杆、锚索、微型桩或其他岩土体加固方法联合使用的土钉支护。

土钉支护适用于可塑、硬塑或坚硬的黏性土,胶结或弱胶结(包括毛细水黏结)的粉土、砂土和角砾,密实的填土,软岩和风化岩层等。

在松散砂土和夹有局部软塑或流塑黏性土的土层中采用土钉挡土结构时,应在开挖前采用注浆或设置微型桩等,预先加固开挖面上的土体。

在膨胀土和冻融地区对冰冻敏感的土体(如粉土)采用土钉挡土结构时,应在施工中采取可靠的措施防止水渗入土钉支护内的土体,并在支护混凝土面层与土体之间设置缓冲层以减轻膨胀或冻胀对面层的压力,必要时适当加强面层以及面层与钉头连接的承载能力。

在砾石层土体和有裂隙的岩层中设置土钉时,需采取专门措施封闭裂缝,防止注浆浆体通过较大的孔隙流失。

在下列土体中,不宜设置永久土钉支护:标贯击数 $N<9$、相对密度 $D_r<0.3$ 的松散砂土;液性指数大于 0.5 的软塑、流塑黏土;含有大量有机物或工业废料的低强度回填土、新填土以及强腐蚀性土。在塑性指数大于 20 和液限大于 50% 且无侧限抗压强度小于 50kPa 的黏性土中,修建土钉支护工程时,应通过现场的土钉抗拔试验,检验土体的徐变特性。

土钉挡土结构一般用于挖方边坡的临时支护以及路堑或路堤的永久支护,也可用于桥台结构挡土支护。土钉加筋边坡支护一般用于加固平缓边坡,也可用于增强原有边坡或开挖后边坡的稳定性。复合土钉支护一般用于永久性的公路边坡工程。

6.13.1 开挖、成孔等过程中应随时观察地质、位移的变化,发现异常应及时采取措施。

8.6.1 开挖、成孔等过程中应随时观察地质、位移的变化,发现异常应及时采取措施。大型土钉支护工程应进行施工监控。

本条由06版规范第8.6.1条修订而成。

6.13.2 地表排水宜在距边坡顶部3~5m范围内开挖截水沟。边坡体内排水宜设置排水管。在每层开挖作业面坡脚适当距离设临时排水沟和集水井。临时排水设施应与永久排水设施综合考虑布设。

8.6.3 施工时应综合考虑排水系统,做好排水设施,疏导地表径流和地下水。

本条由06版规范第8.6.3条修订而成。

土钉支护工程的排水系统对工程质量、稳定性和使用寿命具有重要意义,施工过程中应特别重视水的作用和影响,必须在地表和支护内部布设施工排水系统,以疏导地表水和地下水。地表排水一般宜在距边坡顶部3~5m范围内开挖截水沟。当设计图要求边坡顶有永久性截水沟时,施工排水沟宜与永久截水沟合建。边坡体内排水,施工时视其渗水量设置排水(滤水)管。当设计有永久排水管时,临时排水管应与永久排水管综合考虑布设。边坡脚的临时排水,在开挖每一层土钉(锚杆)作业面时,宜在作业面适当距离处设临时排水沟和集水井,以确保土质边坡下部不被雨水或施工时产生的水浸泡。边坡岩石的裂隙、泉眼中的地下水,应引出边坡外,并引入永久排水系统中。

当地下水源丰富、流量较大,在支护施工的作业面上难以成孔且难以形成喷射混凝土面层时,应在施工前降低地下水位,并在地下水位以上进行支护施工。

6.13.3 坡面开挖应开挖一级、防护一级。一次开挖深度和长度不得大于设计值。

8.6.4 坡面开挖

1 坡面开挖应根据设计和实际地质情况确定分层深度及工作顺序。在完成上层作业面的土钉与喷射混凝土以前,严禁进行下一层深度的开挖。一次开挖深度不得大于设计中规定的边坡临界自稳高度,一次开挖长度也不得大于设计中规定的临界自稳长度。

2 进行土方开挖作业时,应保证边坡平整并符合设计坡率,严禁边壁出现超挖或造成边壁土体松动。

3 开挖面有软弱土层且垂直开挖时,应严格控制开挖高度和长度,开挖前应超前支护,开挖后应快速封闭。

本条由06版规范第8.6.4条坡面开挖修订而成。边坡开挖深度和长度应按设计规定进行施工,但应保证修整后的裸露边坡能在规定的时间保持稳定,水平分段一般可取10~20m。宜用小型机具或铲锹进行切削、清坡。

当边坡变形过大、变形速率过快、位移不收敛,边坡出现开裂、沉陷等险情时,可视具体情况选用如下应急措施:

(1) 坡脚临时堆载反压支挡;
(2) 坡顶卸土减载,并严格控制卸载程序;
(3) 做好临时排水、封面处理;
(4) 对支护结构临时加固;
(5) 加强险情的监测。

对已塌方的边坡处理:一般性较小塌方,应先对塌方部分的松散土体进行加固或清除,再进行边坡开挖支护;对软土大塌方,应在松散土体中击入钢花管注浆加固或击入竹(木)桩加固,当条件允许时也可采用深层搅拌桩加固等。

6.13.4 土钉施工应符合下列规定:

1 施工前应进行土钉现场抗拉拔力验证试验。

2 钻孔完成后,应清除孔内残浆、残渣等杂物。

3 土钉和注浆排气管应同时送入钻孔内,注浆应饱满。

4 喷射混凝土应符合本规范第 6.3.2 条的相关规定。

8.6.5 土钉施工应符合下列规定：

1 施工前应按设计要求对土钉进行现场抗拉拔力验证试验。

2 钻孔完成后，应将孔内残浆、残渣等杂物清除干净。

3 安装土钉钢筋时，应连同注浆排气管按要求一并送入钻孔内。

4 孔内注浆应饱满，浆体强度应符合设计要求。

8.6.6 喷射混凝土面层应符合下列规定：

1 喷射混凝土粗集料最大粒径不宜大于 16mm，水灰比不宜大于 0.45，混凝土强度应符合设计要求。

2 混凝土喷射厚度，临时支护厚度不宜小于 60mm，永久支护厚度不宜小于 80mm，永久支护面钢筋的喷射混凝土保护层厚度应不小于 50mm。

3 混凝土喷射每一层应自下而上进行。当混凝土厚度大于 100mm 时，应分两次喷射，在第二次喷射混凝土作业前，应清除结合面上的浮浆和松散碎屑。面层表面应抹平、压实修整。

4 喷射混凝土面层应在长度方向上每 30m 设伸缩缝，缝宽 10~20mm。

5 土钉喷射混凝土除符合本规范要求外，还应满足《锚杆喷射混凝土支护技术规范》(GB 50086)的要求。

本条由 06 版规范第 8.6.5 条土钉施工、第 8.6.6 条喷射混凝土面层两条修订而成。

根据不同的岩土特点和支护构造方法，上述工序可以变化。支护的内部排水及坡顶和坡脚的排水系统，应按整个支护从上到下的施工过程穿插设置。

钻孔机具选用主要根据支护边坡的土性考虑。当边坡为土层时，宜选用普通锚杆钻(如 MGS-50 等)；当边坡为土岩混合时，可选用软硬兼用钻机(如 MD-100 型或地质钻等)；当边坡为岩层时，宜用潜孔钻。在土层边坡支护中,如有条件时宜优先选用干式钻孔机,可有效减少土体边坡的变形。

为增加土钉支护的使用寿命,当土钉在腐蚀性土质和雨水较多的地区进行边坡支护,或土钉不可避免地要深入地下水位以下时,应对土钉进行防锈处理。可根据情况选用聚乙烯、聚丙烯塑料波纹管或环氧涂层钢筋。在腐蚀环境下,土钉支护面层和土钉钢筋保护层厚应根据设计要求施工,设计无要求时应根据侵蚀作用等级强、中、弱分别取 70mm、60mm、50mm。

土钉孔注浆用砂应选用粒径小于 2mm 的中砂、细砂,使用前必须过筛,严防石块、杂物混入,砂的含泥量应不大于 3%,土钉孔注浆应饱满。

6.13.5 地梁、网格梁施工应符合下列规定:

1 土钉钢筋与网格梁受力钢筋应联结牢固。

2 地梁、网格梁应及时养护。

8.6.7 地梁、网格梁施工应符合下列规定:

1 地梁、网格梁槽施工应根据地质条件,确定合理开挖顺序及方案。

2 土钉钢筋与网格梁受力钢筋应连接牢固。

3 地梁、网格梁应及时养护。

本条由 06 版规范第 8.6.7 条修订而成。施工应符合 2019 版规范第 6.5.13 条规定。

6.13.6 土钉支护施工质量应符合表 6.13.6 的规定。

表 6.13.6 土钉支护施工质量标准

项次	检查项目	规定值或允许偏差	检查方法和频率
1	注浆强度(MPa)	在合格标准内	砂浆按《公路工程质量检验评定标准 第一册 土建工程》(JTG F80/1—2017)附录 F 检查,其他按附录 M 检查
2	土钉孔深(mm)	+200,-50	尺量:抽查10%

续表 6.13.6

项次	检查项目	规定值或允许偏差	检查方法和频率
3	土钉倾角(°)	2	倾角仪；抽查10%
4	土钉孔距(mm)	±100	尺量；抽查10%
5	土钉孔径(mm)	+20,-5	尺量；抽查10%
6	土钉抗拔力	平均值≥设计值，低于设计值的土钉数<20%，最小抗拔力≥设计值的90%	抗拔力试验：土钉总数的1%，且不少于3根

8.6.8 土钉支护施工质量应符合表8.6.8的规定。

表8.6.8 土钉支护施工质量标准

项次	检查项目	规定值或允许偏差	检查频率和方法
1	水泥(砂)浆强度	满足设计要求	每工作班1组试件
2	喷射混凝土强度	满足设计要求	每100m³取1组抗压试件，不足100m³留1组抗压试件
3	水泥混凝土强度	满足设计要求	每工作台班2组试件
4	钢筋网网格	±10mm	抽检
5	钢筋网连接	绑接长度应不小于一个网格间距或200mm，搭焊焊缝长不小于网筋直径的10倍	抽检
6	土钉抗拔力	平均值不小于设计值，低于设计值的土钉数<20%，最低抗拔力不小于设计值的90%	见表注
7	土钉间距、倾角、孔深	孔位不大于150mm，钻孔倾角不大于2°，孔径：+20mm、-5mm，孔深：+200mm、-50mm	工作土钉的3%，钢尺、测钎和地质罗盘仪量测

6 路基防护与支挡工程

续表 8.6.8

项次	检查项目	规定值或允许偏差	检查频率和方法
8	喷射混凝土面层厚度	允许偏差 -10mm	每 10m 长检查一个断面,每 3m 长检查一个点。钻孔取芯或激光断面仪测量
9	网格梁、地梁、边梁	外观平整,无蜂窝麻面,尺寸允许偏差 +10mm、-5mm	每 100m² 检查一个点,钢尺量测

注:土钉抗拔力检测按工作土钉总数量的 1% 进行抽检,且不得少于 3 根;抽检不合格的土钉数量超过检测数量的 20% 时,将抽检的土钉数增大到 3%;如仍有 20% 以上的土钉不合格,则该土钉支护工程为不合格工程,应采取处理措施。

本条由 06 版规范第 8.6.8 条修订而成。

6.14 柔性防护网系统

本节为新增内容。柔性防护网系统(soft net system,SNS)防护,按其防护功能分为主动防护与被动防护。

柔性防护网技术从最初的用于防止边坡风化剥落、边坡围岩加固,发展到现在用于治理浅表层边坡滑动,应用范围越来越广,在山区公路建设中应用更多。

主动防护系统是以钢丝绳网为主的各类柔性网,覆盖包裹在所需防护的斜坡或岩石上,以限制坡面岩土体的风化剥落或破坏以及围岩崩塌(加固作用),或将落石控制在一定范围内运动(围护作用),如图 6-25 所示。

被动防护系统由钢丝绳网、环形网(需拦截小块落石时附加一层铁丝格栅)、固定系统(锚杆、拉锚绳、基座和支撑绳)减压环和钢柱四个主要部分构成。钢柱和钢丝绳网连接组合成一个整体,对所防护的区域形成面防护,从而阻止崩塌岩土体的下坠,起到边坡防护作用,如图 6-26 所示。

图 6-25 主动防护系统边坡防护　　图 6-26 被动防护系统边坡防护

作为一种定型化的标准结构，柔性防护网系统的安装是非常重要的，必须保证其结构形式和连接方式的正确，否则其防护能力得不到保障。同样，当系统受到落石冲击而发生结构形状改变时，系统的防护能力也可能发生不同程度的削减，为使防护能力得以保持，有必要进行适当的维护。由于相关方法都会在设计说明书或产品安装手册中给出，施工时一定要仔细阅读图纸及说明书，把好材料质量关，并按照产品说明进行施工。

6.14.1 主动防护系统施工应按钻孔、安设锚杆、安装纵横向支撑绳、挂网、缝合的工序进行，并应符合下列规定：

1 锚杆孔位应准确，局部坡面凹陷处应增加锚杆，保证防护网紧贴坡面。

2 个别孔位因岩质疏松、破碎不能成孔时，应凿除松散部位，并用强度不低于 C15 的混凝土回填。

3 纵横向支撑绳应与锚杆外露环套逐个联结固定，安装后应拉紧，使其紧贴坡面。

4 挂网应从上向下进行，并应保证网间的重叠宽度和缝合满足要求。柔性防护网分两层时，应先挂小孔径网，后挂大孔径网。

5 缝合应从上向下进行，缝合应牢固，缝合绳应与网绳固定联结。

6 安装完毕后，应检查钢绳网与山体之间贴合是否紧密。局部与岩体间隙过大时，应在相应部位增设锚杆。

主动防护系统施工注意事项:

(1)清坡。

当坡面上特别是施工人员的活动范围内存在浮土或浮石,可能因施工活动引起崩塌、滚落而威胁施工安全时,宜予以清除或就地进行临时处理。对坡面上存在的、将来发生崩塌可能性很大的个别孤石,若其崩落可能带来主动防护系统的大量维护工作甚至超过系统的防护能力,则宜对其进行适当的加固或予以事先清除。

(2)放线。

尽管定型化标准结构锚杆位置等有尺寸限制,但也有一定的允许调整范围,特别是锚杆位置的确定具有较大的灵活性。此外,现场条件也非常复杂,在设计图纸上不可能得到完全反映,特别是一些可以加以利用或需特别注意的细部特征。放线测量确定锚杆孔位(根据地形条件,孔间距可有0.3m的调整量),并在每一孔位处凿深度不小于锚杆外露环套长度的凹坑,一般直径200mm,深150mm。

(3)基础施工。

为了保证锚杆的锚固能力,对基岩或坚硬岩土的位置,锚杆孔采用钻凿;而对不能直接成孔的松散岩土体位置,则可采取基坑开挖、混凝土基础浇筑等方法进行基础施工。按设计深度钻凿锚杆孔并清孔,孔深应比设计锚杆长度长50mm以上,孔径不小于42mm,当受凿岩设备限制时,构成每根锚杆的两股钢绳可分别锚入两个孔径不小于35mm的锚孔内,形成人字形锚杆,两股钢绳间夹角为15°~30°,以达到同样的锚固效果。

(4)锚杆安装。

对直接成孔的锚杆位置,锚杆采用灌注砂浆的方式进行安装;对采用混凝土基础的位置,锚杆一般在浇筑基础混凝土的同时直接埋设。注浆并插入锚杆(锚杆外露环套顶端不能高出地表,且环套段不能注浆,以确保支撑绳张拉后尽可能紧贴地表),采用不低于M20的水泥砂浆,孔内应确保浆液饱满,在进行下一道工序前注浆体养护不少于3d。

(5)支撑绳安装与调试。

安装纵、横向支撑绳,张拉紧后两端各用 2~4 个(支撑绳长度小于 15m 时为 2 个,大于 30m 时为 4 个,其间为 3 个)绳卡与锚杆外露环套固定连接。

(6)格栅的铺挂。

从上向下铺挂格栅网,格栅网间重叠宽度不小于 50mm,两张格栅网间的缝合以及格栅网与支撑绳间用 $\phi1.2mm$ 铁丝按 1m 间距进行扎结(有条件时本工序可在前一工序前完成,即将格栅网置于支撑绳之下)。

(7)钢绳网铺挂与缝合。

从上向下铺设钢绳网并缝合,缝合绳为 $\phi8mm$ 钢绳,每张钢绳网($4m \times 4m$ 或 $4m \times 2m$)均用一根长约 31m(或 23m)的缝合绳与四周支撑绳进行缝合并预张拉,缝合绳两端用两个绳卡与网绳进行固定联结。

6.14.2 支撑绳安装、网片安装施工质量应分别符合表 6.14.2-1、表 6.14.2-2 的规定。

表 6.14.2-1 支撑绳安装施工质量标准

项次	检查项目	规定值或允许偏差	检查方法和频率
1	支撑绳直径(mm)	满足设计要求	每 $900m^2$ 抽检 6 处
2	支撑绳穿套方式	满足设计要求	每 $900m^2$ 抽检 6 处
3	支撑绳张拉	满足设计要求	每 $900m^2$ 抽检 6 处
4	支撑绳绳卡数量(个)	满足设计要求	每 $900m^2$ 抽检 6 处

表 6.14.2-2 网片安装施工质量标准

项次	检查项目	规定值或允许偏差	检查方法和频率
1	缝合绳缠绕方式	满足设计要求	每 $900m^2$ 抽检 6 处
2	缝合绳固定	满足设计要求	每 $900m^2$ 抽检 6 处
3	缝合绳张拉	满足设计要求	每 $900m^2$ 抽检 6 处
4	格栅网搭接宽度	满足设计要求	每 $900m^2$ 抽检 6 处
5	格栅与钢绳网扎结数量($个/m^2$)	≥4	每 $900m^2$ 抽检 6 处

6 路基防护与支挡工程

6.14.3 被动防护系统应按施工地脚锚杆、安设钢柱和锚杆、安设支撑绳及附件、挂网的工序进行,并应符合下列规定:

1 钢材应进行防腐处理。

2 钢柱和锚杆基础应准确放样。

3 钢柱安置位置、角度应满足设计要求。

4 支撑绳安置完成后应用绳卡等附件固定牢固,侧拉索的安设应在上拉绳安装好后进行。下支撑绳应紧贴地面,无缝隙。

5 柔性网挂好后应用缝合绳固定,网底边应紧贴地面,无缝隙。

被动防护系统施工与主动防护系统类似,但应注意以下几点:

(1)放线通常需要注意以下几个方面:

①系统的横向位置不得改变,这是设计人员根据落石可能达到的范围确定的,除非施工时发现设计依据与现场实际情况存在偏差。

②系统的纵坡位置或其所处的高程通常也不得随意改变,系统在设计选型时已考虑了该特定位置处落石的可能冲击动能和弹跳高度,但根据现场的局部地形特征,在允许的范围内进行灵活布置可能会带来更好的防护效果。比如,当系统的设计安装高程处为一平台或比上、下坡段都缓的缓坡时,应将系统尽可能设置在该区域的外沿或远离上侧陡坡,给落石到达拦石网前留下更宽的缓冲空间,以减小其冲击作用,并降低落石飞越拦网顶的可能性。

③钢柱的设计柱间距通常允许有20%的调整量,这给系统的合理布置带来了相当大的发挥空间。比如,通达间距的灵活采用,可以选择最有利于基础的位置,即应尽可能选择局部地形平坦的基岩面,避免选取在松动岩土体或基岩面凹凸不平的位置,前者在直接钻锚杆孔并用少量砂浆找平后即可实现基座的安装;后者可能需要开挖基坑来设置混凝土基础,至少需要进行局部整平或用混凝土浇筑平台。再比如,当系统的设置走向上有局部沟槽存在时,应通过柱间距的调整来避免将钢柱设置在沟槽

内,以保证系统在任何位置的拦截高度,此时系统底部的悬空部分可采用额外的柔性网予以封闭。

④钢柱连续布置的局部走向在任何情况下都可以调整,这种调整通常是为了选择最方便的施工位置,但若为了施工方便或其他考虑而过多改变相邻钢柱间的走向关系,可能会带来材料消耗的增加。沿同一高程直线布置的系统能够实现最大的拦截范围,同时,这种调整还会减少对下拉锚绳的需求。

(2)基础施工。

被动防护系统立柱承受的荷载较主动防护系统大得多,因此立柱拉锚绳固定锚杆及立柱基础均较主动防护系统锚杆基础要求高,施工应严格按照图纸要求,保证锚杆钻孔的深度、基础的埋深及尺寸。

(3)钢柱及拉锚绳安装与调试。

从便于安装和确保安装后的钢柱稳定性考虑,钢柱必须与拉锚绳同时安装,并在安装后通过拉锚绳张拉段的长度改变来调整钢柱到设计的安装倾角。但经验表明,支撑绳安装后常常还会改变钢柱的倾角,从而需要二次调试,因此初次调试不必要求完美。

此外,必须注意的是,钢柱及拉锚绳在安装前,锚杆砂浆至少要经过3d 的凝固期。

(4)支撑绳安装与调试。

上支撑绳必须在柔性网铺挂前安装,而下支撑绳的安装是可选择的。先于柔性网的安装方法较为简单,而在柔性网安装后采用直接穿过下沿网孔的方式可以省去底部缝合连接,但安装相对麻烦,特别是有减压环时。支撑绳的安装必须严格满足其位置要求,同时必须事先将减压环调整到正确位置,否则一旦支撑绳张紧后,其位置就不易改变。支撑绳安装就位后,必须予以张紧,经验表明,当为双支撑绳时,宜按相反的方向对两根支撑绳各自同步张拉,避免单向张拉时钢柱发生明显倾斜;当为单支撑绳时,宜在张拉的同时对已发生明显倾斜的钢柱调整复位,避免对钢柱进行二

(5)柔性网的铺挂与缝合。

通常可采用绳卡或卸扣将钢丝绳网或环形网临时悬挂在上支撑绳上,且网上的悬挂点宜在上沿网孔以下,以方便下一步缝合连接。缝合在任何情况下都不得与钢柱、基座、拉锚绳间连接,仅在网与支撑绳和不同网块间连接。对支撑绳上带有减压环的系统,还必须注意缝合绳在减压环附近不得与带减压环的一根绳连接。

(6)格栅铺挂。

在柔性网内侧铺挂小网孔普通钢丝格栅是被动防护网系统的最后一道安装工序。格栅与柔性网间应用扎丝扎结,并宜翻越网顶上沿适当宽度,避免落石冲击时格栅被轻易坠拉下来。此外,格栅下部通常宜留有一定富余,使其自然平铺在网后地面上,避免拦截下来的小块岩石从网底可能存在的悬空处外泄。

6.14.4 钢柱基础、钢柱及基座安装、拉锚绳安装、支撑绳安装施工质量应分别符合表 6.14.4-1～表 6.14.4-4 的规定。

表 6.14.4-1 钢柱基础施工质量标准

项次	检查项目	规定值或允许偏差	检查方法和频率
1	混凝土强度(MPa)	在合格标准内	每台班 2 组试件
2	基座间距(mm)	满足设计要求	尺量:每跨测 1 处
3	平面尺寸(mm)	≥设计值	尺量:长宽各测 1 处
4	基坑深度(mm)	≥设计值	尺量:每边各测 1 处
5	轴线偏差(°)	≤15	量角器量:每基础测 1 次
6	预埋件偏位(mm)	≤100	尺量:长宽各测 2 处

表 6.14.4-2 钢柱及基座安装施工质量标准

项次	检查项目	规定值或允许偏差	检查方法和频率
1	钢柱倾角(°)	≤5	量角器量:每钢柱 1 次
2	基座轴线偏差(°)	≤15	量角器量:每基础 1 次
3	预埋件位置偏位(mm)	≤100	尺量:长宽各测 2 处

表 6.14.4-3　拉锚绳安装施工质量标准

项次	检查项目	规定值或允许偏差	检查方法和频率
1	拉锚绳直径(mm)	满足设计要求	每根测 1 处
2	拉锚绳栓套位置	满足设计要求	逐一检查
3	减压环数量(个)	满足设计要求	逐一检查
4	拉锚绳绳卡数量(个)	满足设计要求	逐一检查

表 6.14.4-4　支撑绳安装施工质量标准

项次	检查项目	规定值或允许偏差	检查方法和频率
1	支撑绳直径(mm)	满足设计要求	尺量:每根测 1 处
2	支撑绳下垂度	≤跨距的3%	尺量:每跨测 1 处
3	减压环数量(个)	满足设计要求	每跨检查
4	支撑绳绳卡数量(个)	满足设计要求	每 900m² 抽检 6 处

7 特 殊 路 基

本章06版规范共20节,2019版规范共19节,将湿黏土路基调整到第4章,并根据《公路路基设计规范》(JTG D30—2015)对2019版规范节的顺序进行了调整。本章吸收了新的科研成果中成熟可靠的部分,并将交通运输部新发布的有关细则的内容吸收进来。

本章主要修订了如下内容:

(1)一般规定增加对地质资料的复核和施工动态监控等内容。

(2)滑坡地段路基增加对滑坡的整治和预防措施种类的说明,以及对各种措施施工顺序的规定;增加对滑坡稳定性监测的内容。

(3)崩塌与岩堆地段路基增加对地形、地貌、地质情况的详细核查的规定。

(4)岩溶地区路基增加对影响路基稳定的岩溶水应采取的处理措施、岩溶路堑边坡治理措施、路基基底下的干溶洞可采取的治理措施、岩溶洼地段或地下水丰富处软土地基可采取的处理措施。

(5)软土地区路基增加旧路加宽和沉降观测的相关规定。

(6)红黏土与高液限土地区路基中将06版规范红黏土路基与性能相近的高液限土路基整合在一起进行规定。

(7)膨胀土地区路基细化膨胀土施工的具体要求,增加膨胀土分级、试验段、物理改良膨胀土、掺灰处理膨胀土路基、路基顶封层、零填和挖方路段路床施工要求。

(8)黄土地区路基增加黄土路堤进行沉降及位移监测的要求。

(9)盐渍土地区路基增加路基隔断层的施工规定。

(10)多年冻土地区路基中增加通风管和热棒安装的相关规定。

(11)风沙地区路基中新增阻沙栅栏、固沙工程、采用输沙措施的路段规定。

(12)雪害地段路基中增加砌筑工程的抗冻要求。

(13)涎流冰地段路基中增加聚冰沟、聚冰坑、挡冰墙的设置要求及地下水输排设施要求。

(14)采空区路基中增加干砌片石、强夯法处理采空区、衬砌加固法、工程测量及检测等内容。

(15)滨海地区路基增加路堤施工方案、斜坡式路堤施工、直墙式路堤施工相关要求。

(16)水库地区路基增加根据地质、水文及环境条件制订施工方案的要求。

(17)季节性冻土地区路基增加地基处理要求、边坡防护、防排水施工等内容。

7.1 一 般 规 定

与06版规范相比,本节增加了对地质资料的复核和施工动态监控等内容。删除了06版规范中湿黏土、红黏土和中弱膨胀土、弱膨胀土等内容,将这些内容在后续对应节中予以规定。

7.1.1 特殊路基施工前应进行必要的基础试验,核对地质资料、设计处理范围、设计参数等,编制专项施工方案。

6.1.1 特殊路基施工,应进行必要的基础试验,编制专项施工组织设计,批准后实施。

特殊路基的特殊性主要体现在不良地质和特殊性岩土两个方面。我国以往发生的许多路基工程问题均与工程地质条件不明确有关,因此明确工程地质条件是确保工程质量与安全的基础。公路为线形工程,地质状况复杂多变,特殊路基的设计资料可能与实际情况不符。随着施工单位进场,施工便道开通与机械设备的进场,为补充地质勘察等提供了便利

7 特殊路基

条件。因此,特殊路基施工前应进行必要的基础试验,对地质资料、设计处理范围、设计参数等进行逐项核实,在此基础上编制专项施工方案。

7.1.2 实际施工中如地质状况与设计不符或设计处置方案因故不能实施,应及时反馈处理。

6.1.2 施工中如实际地质情况与设计不符或设计处治方案因故不能实施,应按有关规定办理。

路基所经地区地质状况复杂多变,实际施工中地质状况与设计不符或设计处置方案不能实施的情况也较为常见。遇到这种情况,应及时向相关部门反馈,以便修改完善。

7.1.3 特殊路基施工宜进行动态监控。

特殊路基施工具有很强的不确定性。有些软基、斜坡软弱夹层地基等在路基填筑时易产生整体失稳破坏,对工程安全与造价带来严重影响。动态监控能及时发现存在的隐患,提前预警,及时调整施工方案与填筑速率,有效避免或减少路基的整体失稳。而且路基的沉降观测数据对于控制路基沉降和工程质量具有重要的作用。

动态监控的主要指标是路基的地表位移,包括水平与竖向位移,必要时应进行地基的深层位移监测,监测仪器主要是深孔测斜仪。地表位移以全站仪与水准仪为主,也可采用 GPS、北斗等卫星定位系统。仪器应布置在位移量大或其他敏感的位置。其他监测指标根据具体工程确定,可采用土压力盒、水压计和水位计等仪器。施工期间除仪器监测外,尚需对风险较高的工点进行巡查。

监测数据应及时进行分析,结合工程经验判断路基的稳定性。

7.1.4 特殊路基施工除应符合本章规定外,尚应符合本规范第 4 章的有关规定。

7.2 滑坡地段路基

7.2.1 滑坡整治施工应符合下列规定:

1 施工前应核查滑坡区段的地形、地貌、地质、滑坡性质、成因类型和规模,应编制滑坡段的专项施工方案和应急预案。

2 滑坡整治措施实施前,严禁在滑坡体抗滑段减载、下滑段加载。

3 滑坡整治不宜在雨期施工。

4 施工时应进行稳定监测、地质编录并核查实际地质情况,发现地质与设计不符、有滑坡迹象或其他异常情况时,应及时反馈处理。滑坡发生时应立即采取应急措施。

5 滑坡整治施工时应对滑坡影响区内的其他工程和设施进行保护。

6 降雨期间及雨后,应加强滑坡区段的巡查工作。

6.13.1 滑坡地段施工前,应制订应对滑坡或边坡危害的安全预案,施工过程中应进行监测。

6.13.2 滑坡整治宜在旱季施工。需要在冬季施工时,应了解当地气候、水文情况,严格按照冬季施工的有关规定实施。

6.13.3 路基施工应注意对滑坡区内其他工程和设施的保护。在滑坡区内有河流时,应尽量避免因滑坡工程的施工使河流改道或压缩河道。

6.13.6 滑坡体未处理之前,严禁在滑坡体上增加荷载,严禁在滑坡前缘减载。

6.13.7 滑坡整治完成后,应及时恢复植被。

6.13.11 降雨前后及降雨过程中,应加强对施工现场的检查巡视。

滑坡是指倾斜坡上的岩土体在重力和水的作用下,沿软弱面或软弱带整体下滑的现象。施工期间或运营后发生的规模较大的滑坡,可堵塞河道、摧毁公路、破坏附近的厂矿和村庄,常使交通中断,对附近的交通设施和其他设施危害极大。滑坡是山区公路的主要病害之一。

新修订的条文将06版规范的6条压缩修订为1条6款,将相关要求

7 特殊路基

改为款,以便使用规范的人员阅读和使用。

滑坡多发区域很难有严格意义上的旱季,故本条将正面要求改为负面强调,下雨期间或多雨期不宜施工。冬季施工的相关要求具有一般性,本条删减了相关要求。

本节所说的滑坡区段是指线路设计无法绕避的已经发生的滑坡段。在施工过程中新出现的滑坡段或为了预防滑坡发生而采取的抗滑措施的施工可参照本节的有关要求执行。

大部分滑坡整治工程属于高空作业,有编制专项方案的要求。编制滑坡段专项施工方案和应急预案时,应根据滑坡特点进行,有调查与滑坡相关内容的要求。

滑坡发生时采取的应急措施包括:立即撤离现场作业人员,尤其是抗滑桩挖孔的人员和高边坡上作业的人员;拉起警戒线,情况允许时还应撤离作业设备;安排堆载反压坡脚,阻止滑坡进一步发生。当有人员被掩埋时,应根据现场情况确定施救方案,切忌盲目施救。

7.2.2 应采取截水、排水、减载、反压与支挡等措施进行滑坡整治,整治措施可单独使用,也可综合使用。滑坡整治应先施工截水、排水设施,减载、反压与支挡措施的施工顺序应结合滑坡具体情况予以确定。

本条为新增,主要对滑坡的整治和预防措施种类加以说明,并对各种措施的施工顺序进行要求。水是滑坡发生的原因之一或诱因,故对施工顺序有此规定。支挡措施的施工对滑坡体的稳定和作业人员安全至关重要,绝不能在滑坡正在发生时进行施工,应遵循设计要求,设计未明确时,应按有利于滑坡体稳定的顺序安排施工。

1. 典型的滑坡地貌地形

(1)山坡或河谷谷坡上,背后靠山、左右两侧为两条山梁,中间围出一块缓坡地,外形像椅子(或簸箕)。椅子状地貌中的缓坡地形多由坡积物组成,也是地表水和地下水的汇集之处,路线在缓坡区域通过时,施工容易诱发新的滑坡。

（2）在较陡的大段河谷谷坡中间,夹一段台地状的缓坡地。有时坡面被冲沟切割成鸡爪形山梁,这种缓坡或山梁容易发生滑坡。

（3）平整的山坡面一般是比较稳定的,而杂乱无规则的山坡有可能是不稳定的山坡,当山坡上有"醉林""马刀树"现象时,说明该山坡曾经发生过滑坡。

（4）在沿河圆顺的凹岸中,如果有小部分向河床中凸出,且凸出地段有大块孤石堆积,这种现象可能是由古滑坡舌部的残留物形成。

（5）双沟同源地形,如沟谷不深,沟间距离约数十米至数百米,沟间山坡多呈上、下坡陡而中部较缓的斜坡地形。这种地形是山坡曾发生过位移,水流沿周围侵蚀发育造成的结果,是古滑坡错落残留的痕迹,线路通过时,如果设计为挖方段,施工时容易诱发新的滑坡。

2. 容易发生滑坡的岩层

页岩、泥岩、泥灰岩、千枚岩、滑石片岩、云母岩,以及其他容易风化、遇水软化的岩石,黏性土、黄土及各种成因的堆积层,挖方扰动时比较容易发生滑坡。

3. 容易发生滑坡的构造

断层面、节理面、褶曲两翼的倾斜面、不整合面,以及倾角较陡、倾向（顺层）山外、走向与路线交角小于45°的基岩层面,都容易构成滑坡的滑动面。

4. 水

地表水不易排除,甚至形成积水;斜坡水文地质条件不良,在缓坡后缘、前缘坡脚或坡面等地形突然变化处,有泉水或湿地分布;河水淘蚀、冲刷坡脚;灌溉水或其他水渗漏等,都会促成滑坡发生。

削坡减载为减滑措施,填筑反压为抗滑措施。削坡减载措施简单易行,在滑坡整治中使用比较广泛。但不合理的削坡有时反而会降低坡面的稳定性。滑坡治理被有经验的工程师形象的总结为"防水、砍头、束腰和固脚"。

为便于对滑坡进行调查与防治,《公路滑坡防治设计规范》(JT/T 3334—2018)中第3.1.2、3.1.4、3.1.5、3.1.6、3.1.7条等规定了滑坡的分类。

7.2.3 截水、排水施工应符合下列规定:

1 应在滑坡后缘的稳定地层上,修筑具有防渗功能的环形截水沟、排水沟。

2 滑坡体上的裂隙和裂缝应采取灌浆、开挖回填夯实等措施予以封闭,滑坡体的洼地及松散坡面应平整夯实。

3 滑坡范围大时,应在滑坡坡面上修筑具有防渗功能的临时或永久排水沟。

4 有地下水时,应设置截水渗沟。反滤材料采用碎石时,碎石粒径应符合要求,含泥量应小于3%。

6.13.4 滑坡整治,应及时采取技术措施封闭滑坡体上的裂隙,应在滑坡边缘一定距离外的稳定地层上,按设计要求并结合实际情况修筑一条或数条环形截水沟,截水沟应有防渗措施。

6.13.5 施工时应采取措施截断流向滑坡体的地表水、地下水及临时用水。

本条强调对地表水(包括临时用水)和地下水的治理。先截引排,再防止进一步下渗造成危害。对地下水强调排水,对反滤材料明确了指标要求,主要是为了利于排水。无论是采用减滑工程还是抗滑工程,都必须做好地下水和地表水的处理。

1. 地表水的治理措施

(1)在滑坡体周围施工截水沟及排水沟,使周围的地表水不再进入滑坡体范围内。

(2)在滑坡范围内修筑各种排水沟,使地表水排出滑坡体范围以外,但应注意沟渠的防渗,防止沟渠渗漏和溢流于沟外。

(3)整平地表,填塞裂缝和夯实松动地面,施作隔渗层,以减少地表水下渗并使其尽快汇入排水沟内,排出滑坡体外。

(4)各种沟渠的防渗措施有防水土工布、防水砂浆、浆砌圬工或喷射混凝土等。

2.地下水的治理措施

(1)滑坡体中的地下水治理,在滑坡范围以外修筑截水沟,以便切断地下水的补给;对出露的泉水或湿地,应修筑排水沟或渗沟,以便将地下水引出滑坡体外;滑坡体前缘常存在地下水,容易引起坡体滑动坍塌,为此可采用边坡渗沟疏干;整治完成后,坡面可采取植树措施,以加大蒸发量,保证坡面干燥。

(2)滑坡带附近地下水的治理措施:

①拦截措施,可修筑垂直于地下水流方向的地下排水构筑物,可根据地下水的埋藏深度、部位和土的密实程度使用不同的排水构筑物,一般浅层地下水可以使用截水渗沟和盲沟;深层地下水则用洞式渗沟和暗沟。

②疏干排除措施,在滑坡体前缘附近修筑支撑盲沟以疏导滑带内的地下水。在其他部位修筑洞式渗沟、排水隧洞或暗沟等排水构筑物,以排除滑动面上的地下水,降低地下水位。若滑动带上的水是承压水,可采用洞式渗沟、暗沟或降水井等措施将地下水向下排出,以便将地下水位降低到滑动面以下。

(3)深层地下水的治理措施:

①可施作较长的水平钻孔,土层和基岩均可采用。孔径一般为70mm左右。根据水文地质条件,水平钻孔可上倾或下倾$5°\sim10°$。

②集水井,适用于汇集基岩面上及其附近的地下水。在滑坡区内外,一般在地下水最集中的地段附近设置竖井,直径可根据需要进行确定,最大可达3.5m,并在井壁上设置辐射状的较短水平钻孔(辐射水平钻孔可布设2~3层),以使附近的地下水汇集于集水井中,再用自动控制的水泵

抽出，或在竖井底部设置长的水平钻孔，使集水自然流出滑坡下方地表。若只是为了汇集从井壁流出的涌水，井的直径可为 0.3～1.5m，集水井深度一般为 15～30m。集水井施工应在滑坡相对稳定时进行，集水井一般应深入基岩 2～3m。

7.2.4 削坡减载施工应符合下列规定：

1 应自上而下逐级开挖，严禁采用爆破法施工。

2 开挖坡面不得超挖，开挖面上有裂缝时应予灌浆封闭或开挖夯填。

3 支挡及排水工程在边坡上分级实施时，宜开挖一级、实施一级。

6.13.8 采用削坡减载方案整治滑坡时，减载应自上而下进行，严禁超挖或乱挖，严禁爆破减载。

本条基本维持 06 版规范第 6.13.8 条的要求，增加了细节要求。

减载是滑坡整治的常见方法，俗称"砍头"，目的是减小下滑力。处置段一般情况下多为高边坡，减载和支护措施同时采用。减载削坡后会增大边坡暴露面，地面水容易渗入坡体或使坡体岩石风化，为了施工安全和保证开挖层上部的稳定，应及时施作坡面防护。因此本条增加了逐级开挖逐级防护的要求，这是被实践证实有效的措施。

7.2.5 填筑反压施工应符合下列规定：

1 反压措施应在滑坡体前缘抗滑段实施。

2 反压填料不得堵塞地下水出口，地下排水设施应在填筑反压前完成。反压填料宜予压实。

3 应采取措施使受影响的天然河沟保持排水顺畅。

6.13.9 采用加填压脚方案整治滑坡时，只能在抗滑段加重反压，并且做好地下排水，不得因为加填压脚土而堵塞原有地下水出口。

本条对 06 版规范第 6.13.9 条进行了补充和细化。填筑反压属于治

275

理措施中的"固脚"措施。反压措施适用于各种类型的滑坡治理。在滑坡的抗滑段和滑坡体外边缘堆填土(石)加重,如做成堤、坝等,能增大抗滑力而稳定滑坡。填方时,必须做好地下排水工程,不能因填土堵塞原有地下水出口造成后患。

减重可与反压相结合治理滑坡。

反压回填往往会侵占既有河道或沟槽。如果发生这种情况,应采取砌筑排水沟、渠等措施,防止泥石流产生。填料压实后,可有效增加反压自重并可有效抵挡水流冲刷。

7.2.6 抗滑支挡工程施工应符合下列规定:

1 抗滑支挡工程施工应符合本规范第 6 章的有关规定。

2 应在滑坡体处于相对稳定的状态下施工,滑坡体具有滑动迹象或已经发生滑动时,应采取反压填筑等措施。

3 抗滑桩与挡土墙共同支挡时,应先施作抗滑桩。挡土墙后有支撑渗沟及其他排水工程时应先施工。

4 抗滑桩、锚索施工应从两端向滑坡主轴方向逐步推进。

5 采取微型钢管桩、山体注浆等加固措施或注浆作为其他处置方案的配套措施时,应采用相应的成孔设备和注浆方式。

6 各种支挡结构的基底应置于滑动面以下,并应嵌入稳定地层。

6.13.10 抗滑支挡工程施工

1 采用不同类型抗滑支挡结构整治措施时,应有合理的施工方法和施工程序。在上一道工序未达到设计要求之前,不得进行下一道工序。

2 首件工程施工中,应核查实际地质情况并进行地质编录。

3 当墙后有支撑渗沟及排水工程时,应先期施工。

4 抗滑支挡结构物的尺寸和位置应符合设计要求,严禁擅自减小结构尺寸、减短抗滑桩桩长、减短锚索长度等。

7 特殊路基

5 施工中遇到异常地质情况时,应会同有关单位进行处理。

6 各种支挡结构的基础必须置于滑动面以下,并嵌入稳定地层。

7 开挖基坑时,应分段跳槽施工,并应加强支撑,随挖随砌,及时回填。

抗滑支挡工程属于"束腰"和"固脚"的治理措施。本条只提出原则性要求,具体各种形式的支挡工程在2019版规范第6章中已经规定,可直接参见相关要求。修订时对06版规范第6.13.10条管理要求的程序进行了删减,保留了大部分要求,补充了部分要求。如补充了"应在滑坡体处于相对稳定的状态下施工,滑坡体具有滑动迹象或已经发生滑动时,应采取反压填筑等措施。"增加该要求的目的是确保施工人员安全。

"抗滑桩与挡土墙共同支挡时,应先施作抗滑桩。"抗滑桩是深基础,挡墙基础相对较浅,且抗滑桩支撑能力较强,一旦完成,对挡墙基础开挖的安全会有很大的帮助。

"抗滑桩、锚索施工应从两端向滑坡主轴方向逐步推进。"一般情况下,滑坡体两端的下滑力及位移均较小,施工后对滑体的稳定会有很大帮助。

"采取微型钢管桩、山体注浆等加固措施或注浆作为其他处置方案的配套措施时,应采取相应的成孔设备和注浆方式。"近年来有采用微型钢管桩、山体注浆等加固措施治理滑坡的案例,其他处置方案也采用注浆进行配套,成孔及注浆方式很多,规范不可能完全列出,所以有此要求。

抗滑支挡结构的形式主要有:抗滑挡土墙、抗滑桩、预应力锚索抗滑桩、注浆锚杆、预应力锚索、隧道明洞等;微型钢管桩、山体注浆等措施可治理土质中、小型滑坡。用抗滑支挡结构来稳定滑坡时,各种支挡结构物的基础必须置于滑动面以下并满足设计要求的深度。

抗滑桩、抗滑挡土墙等重要开挖工程,应根据设计要求进行跳槽开挖,可根据设计要求进行跳一槽或两槽进行施工。

抗滑桩多为矩形断面的钢筋混凝土结构,一般采用人工挖孔的方式进行成孔,人工挖孔困难时,也可采用钻孔桩方式。

为了保证抗滑桩的抗滑效果,在桩施工完成后,应对桩的质量进行无破损检测。大型滑坡治理工程在有条件的情况下,应考虑进行试桩检测。试桩可分为鉴定性试桩和破坏性试桩。鉴定性试桩的荷载为设计荷载的1.2~1.5倍,可在一般的桩上进行。破坏性试桩应在专供试验用的桩上进行,试验荷载可分级加载,直到桩破坏为止。

通过检验,如果存在未达到设计要求或有质量缺陷的抗滑桩,应先判明问题桩的缺陷程度,再采取加固补强等措施,一般不要轻易废弃。具体加固措施应根据设计要求进行施工,包括在该桩附近增加"小桩",以弥补承载能力欠缺部分,或采用处理桩周地基土的方法,以提高桩周地基土的强度等。

7.2.7 滑坡区段的路基施工应在支挡工程完成后进行,开挖工程可结合减载措施进行施工,填筑工程可结合反压措施进行施工。路基的排水及防护工程应及时施工。

本条为新增。

滑坡区段施工主要是针对滑坡治理措施进行规定和要求,滑坡区段的路基施工可按照一般路基进行控制。施工前已设计支挡工程的,应先进行支挡工程施工;因开挖等原因导致边坡滑坡而后增加的支挡工程,也应在反压措施实施后先进行支挡工程的施工。

7.2.8 大型滑坡段应进行山体和边坡的稳定性监测。监测点、网的布置,监测内容及监测精度应符合现行《工程测量规范》(GB 50026)的有关规定。施工完成后宜进行长期监测。

本条为新增。

一般滑坡段也应进行稳定性监测,主要是位移监控、沉降监控,大型滑坡还应进行深孔监测。是否需要在完工后进行长期监测,设计或业主单位可根据情况进行确定,当确定进行长期监测时,施工期间的监测文件应移交后期监测单位。监测数据应进行及时分析和整理。

7.3 崩塌与岩堆地段路基

本节是对 06 版规范第 6.14 节崩塌与岩堆地段路基施工的内容补充修订而成,06 版规范 6 条,2019 版规范增加了 1 条。

崩塌指高陡斜坡上岩体或土体在重力作用下倒塌、倾倒或坠落的现象。崩塌可能发生在河流、湖泊及海边的高陡岸坡上,也可能发生在公路路堑的高陡边坡上。规模巨大的崩塌也称山崩。由于岩体风化、破碎比较严重,山坡上经常发生小块岩石的坠落,这种现象称为碎落。一些较大岩块的零星崩落称为落石。在崩塌地段修筑路基,小型的崩塌一般对行车安全及路基养护工作影响较大;雨期的小型崩塌会堵塞边沟,引起水流冲毁路面、路基;大型崩塌不仅会损坏路面、路基,阻断交通,甚至会放弃使用既有道路。

岩堆指陡峻山坡上,岩体崩坍物质经重力搬运,在山坡坡脚或平缓山坡上堆积的松散堆积体。在岩堆地区,岩堆常沿山坡或河谷谷坡呈条带状分布,连续长度可达数公里至数十公里。在不稳定的岩堆上修筑路基,容易发生边坡坍塌、路基沉陷及滑移等现象。

7.3.1 施工前应核查崩塌地段地形、地貌、地质情况,查明危岩、崩塌的类型、范围及危害程度,查明岩堆的物质组成、类型、分布范围、物质来源、成因,分析崩塌体与岩堆的稳定性,复查设计处置方案的可行性并编制专项施工方案。

本条为新增,增加了施工前结合设计对崩塌与岩堆地段的地形、地貌、地质情况进行详细核查,主要复查设计处置方案的可行性,评估对施工过程和公路建成后的影响的内容。

在崩塌地段路基施工前,首先应掌握崩塌的形成条件,以便进行正确的勘测、调查,复查设计处置方案是否合理。

1. 崩塌的形成条件

(1)险峻陡峭的山坡是产生崩塌的基本条件。产生崩塌的山坡坡度一般大于45°,以55°~70°居多。

(2)节理发达的块状或层状岩石,如石灰岩、花岗岩、砂岩、页岩等均可形成崩塌。厚层硬岩覆盖在软弱岩层之上的陡壁最易发生崩塌。

(3)当各种构造面如岩层层面、断层面、错动面、节理面等,或软弱夹层倾向临空面且倾角较陡时,往往会构成崩塌的依附面。

(4)温差大、降水多、风大风多、冻融作用及干湿变化强烈。

(5)在暴雨或久雨之后,水分沿裂隙渗入岩层,降低了岩石裂隙间的黏聚力和摩擦力,增加了岩体的重量,促使崩塌的产生。

(6)水流冲刷坡脚,削弱了坡体支撑能力,使山坡上部失去稳定。

(7)地震会使土石松动引起大规模的崩塌。

(8)在山坡上部增加了荷重,切割了山坡下部,造成大爆破的震动等。

2. 崩塌勘察要点

(1)首先应了解崩塌的特征、规模、分布范围及发展过程。

(2)查明崩塌地段的地形、地貌条件。如山坡的外形、坡度及陡坎、山坡及坡脚岩堆的分布情况及石块的大小,山坡上的植被分布情况等。

(3)查明崩塌地段的工程地质条件。如山坡的地层构造,岩石的成分和性质,受构造作用和风化作用的破坏程度,主要构造面的产状、特点和裂隙充填情况等。

(4)查明当地的气候条件。如年温差、日温差、降水量、风力及频率、冻结深度及冻结时间等。

(5)查明当地的水文条件。如地面水及地下水的活动及影响等。

(6)查明当地的地震烈度。

在岩堆地段路基施工前,应掌握岩堆的形态、工程地质特征及调查勘察要点,复查设计处置方案是否合理。

3.岩堆的形态和工程地质特征

1)岩堆形态

(1)平面形态:常呈楔形、三角形、舌形、半圆形、梨形、梯形等。

(2)纵断面形态:多重连续的岩堆头在纵断面上呈各种形状的类似三角形。由岩堆基底、傍依区和岩堆面组成。岩堆面的倾角约等于组成岩堆的碎屑物质的休止角。

(3)横断面形态:按堆积范围和岩堆基底斜坡形状的不同,岩堆横断面形态不同。

2)岩堆的工程地质特征

(1)岩堆大多为近代堆积,其表面的坡度多接近于其组成物质在较干燥状态下的天然休止角,岩堆的休止角与其组成物质的岩性、岩块的大小有关,一般约为 $25°\sim45°$。

(2)岩堆内部常有向外倾斜的层理(倾角与其天然休止角相近),在震动或荷载作用下,容易发生表层或层间的滑动变形。

(3)岩堆一般比较松散,空隙大,只有经过长期风化剥蚀和地面水的渗入,才能带进一些细颗粒填充在空隙内,其组成结构是不均匀的。有的岩堆上部比较密实,而下部仍然松散,或有松散夹层;有的则仅有一部分比较密实,故在荷载作用下容易产生不均匀沉陷。

(4)岩堆的基底和傍依区一般是全部或大部分坐落在基岩斜坡上,地面水的下渗或岩中裂隙水的活动,浸湿了接触面,降低了接触面上的摩阻力,使处于接近极限平衡状态的岩堆稍有外力作用,就可能沿基底和傍依区的接触面发生滑移。

4.岩堆的勘察要点

(1)调查路线通过地带岩堆的分布、形态、规模及稳定情况,确定哪些岩堆需要绕越或所做特殊处理是否适合,哪些岩堆不需特殊处理。

(2)对需要特殊处理的岩堆,应进一步查明:

①岩堆上方山坡岩石的岩性、构造和风化情况,可能变形的性质(崩

塌、碎落或落石)和规模。

②岩堆本身的物质组成、内部结构和密实程度,有无倾斜层理和松散夹层。

③岩堆表面的坡度、植被、冲沟切割以及落石停积情况等。应着重查明岩堆基底和傍依区的形状、陡缓程度以及接触面的土质、岩性等。

④影响岩堆稳定的地面水和基岩裂隙水的活动情况及其危害程度。

7.3.2 施工时应做好崩塌与岩堆地段渗入水及地下水的截水、排水及防渗设施。

6.14.2 施工中必须按设计要求做好截、排水、防渗设施,处理好岩堆地段的渗入水及地下水。

本条根据06版规范第6.14.2条补充修订而成,文字进行了调整。

水对崩塌滚石灾害形成的作用主要体现在地表水、河水对坡脚的冲刷作用,使坡脚悬空产生崩塌;水渗入可能崩塌体的裂缝中,产生较大的水劈和冰劈作用(冬天裂缝中的水产生冻结,体积增大,使岩体裂缝增大加深)。岩堆在水的作用下还会形成坍塌或滑坡。

做好地表水的拦、截,防止下渗,对地下水的引、排处理是行之有效的辅助措施。无论是路堤还是路堑,从上方山坡上流向崩塌体和岩堆的地面水均宜截排至崩塌体和岩堆范围以外。对有害的地下水,则可根据具体情况采取截排地下水或其他稳定措施。

7.3.3 岩堆地区路基施工,应进行动态监控和巡视。填筑路基时,不宜使用振动碾压设备。

6.14.3 岩堆地区路基施工,不宜扰动岩堆体、破坏原有的边坡。填筑路基时,不宜使用振动碾压设备。

本条在06版规范第6.14.3条的基础上增加了动态监控和安全巡视的内容。

岩堆中松散岩块一般占70%以上,稳定性不好,因此,在岩堆地区路基施工应使岩堆保持稳定,施工中应加强动态监控和安全巡视。

7.3.4 危岩崩塌体应采取下列处置措施:

1 应根据地形和岩层情况对单个危岩采取处置措施。地面坡度陡于1:1.5时,应对孤石进行处理。

2 有岩块零星坠落的边坡或自然坡面,宜进行坡面防护。

3 危岩崩塌体小时,可采取清除、支挡、挂网喷锚、柔性防护等措施,或采取拦石墙、落石槽等拦截措施。拦石墙与落石槽宜配合使用,设置位置可根据地形布置,拦石墙墙背应设缓冲层。

6.14.1 崩塌与岩堆地段路基施工中,必须采取有效措施,预防岩石塌落,确保安全。

6.14.4 对单个危岩,应根据地形和岩层情况采用相应的处理措施。当地面坡度陡于1:1.5时,应对较大孤石进行处理。

本条对06版规范第6.14.1条和第6.14.4条进行了整合、补充修订。结合《公路路基设计规范》(JTG D30—2015),在06版规范的基础上,增加了在施工中对有岩块零星坠落的边坡或自然坡面和小危岩崩塌体宜采取的处置措施。

山坡或边坡坡面崩落岩块的体积及数量不大,岩石的破碎程度不严重,可全部清除,并放缓边坡。清除坡面破碎风化层时,尽可能与放缓边坡的坡率相结合,放缓后的坡率宜与潜在滑裂面一致。

对边坡上部悬空的岩石,岩体仍较完整但有可能成为危岩时,可视地形和岩层情况,采用钢筋混凝土立柱或浆砌片块石支撑加固,以保持危岩体的稳定性。当边坡为软、硬岩层相间的地层,软岩风化严重形成凹壁时,可采用浆砌片石嵌补。

在裂隙较为密集的卸荷裂隙区和危岩区,在清除部分危岩体的基础上,用锚杆加挂网喷护锚固危岩体,以达到减缓卸荷张裂的产生和卸荷裂隙区扩展,以及加固已经形成危岩体的目的。在气候条件允许时,挂网锚喷可结合喷混植生物对坡面进行植物绿化,以改善路域环境。

对于岩石破碎较严重、易崩塌的边坡防护,可采用边坡锚固或柔性防护。柔性防护系统包括主动式和被动式,主动式防护系统由系统锚杆和防护网组成,一般情况下,优先采用主动式防护系统;被动式防护系统由拦截网构成,拦截危岩、缓冲消耗掉危岩向下运动产生的动能。

在岩石破碎严重、经常发生落石的路段,宜采用拦石墙与落石槽等拦截构造物。拦石墙与落石槽应配合使用,设置位置可根据地形在横断面上合理布置,拦石墙墙背应设缓冲层,拦石墙应采用浆砌片石砌筑。

在有足够的用地宽度或横坡小于30°的缓坡地带,可用拦石堤代替拦石墙,拦石堤顶宽宜为2~3m,迎石坡面坡率宜为1:0.75,宜采用干砌片石砌筑。

4 对路基有危害的危岩体,应清除或采取支撑、预应力锚固等措施。在破碎带或节理发育的高陡山坡上不宜刷坡。

本款为新增,增加了在施工中对路基有危害的危岩体应采取的处置措施。

对路基有危害的危岩体,应优先考虑清除。在构造破碎带或构造节理发育的高陡山坡上不宜刷坡,可采用"预应力锚固 + 柔性防护网"防护。采用预应力锚固时,预应力锚索的自由段应伸入危岩体破裂面以下不小于2.0m,锚固段应设置在稳定的岩土层内,并根据设计要求设置锚固段长度。

5 当崩塌体大、发生频繁且距离路线近而设拦截构造物有困难时,应按设计要求采用明洞、棚洞等遮挡构造物,洞顶应有缓冲层。

本款为新增。

对崩坍体大、发生频繁且距离路线近而设拦截构造物有困难的高陡危岩边坡,当采用明洞或棚洞等遮挡构造物时,洞顶应有足够厚度的填土作为缓冲层。当落石的体积为 0.25~1.0m³ 时,缓冲层厚度不宜小于 3.0m。

7.3.5 处于发展中的岩堆地段路基,应减少开挖,并按设计要求采取挡土墙、坡面封闭等防护措施,也可设置拦石墙与落石槽或修建明洞、棚洞等遮挡构造物。

本条为新增,根据《公路路基设计规范》(JTG D30—2015),在 06 版规范的基础上增加了对处于尚在发展的岩堆地段路基应采取的防护措施。

路线通过发展的岩堆时,尽量减少对坡面的开挖,开挖后的坡面需及时进行防护,修建挡土墙,必要时,可设置拦石墙与落石槽,拦截坡体上方的落石,保证公路安全稳定。必须通过正在发展的规模较大、落石来源量较多的岩堆时,宜考虑修建明洞、棚洞等遮挡构造物。

7.3.6 稳定的岩堆地段路基,宜采取下列处置措施:

1 位于岩堆上部时,宜沿基岩面清除路基上方的岩堆堆积物。

2 位于岩堆中部时,挖方边坡宜按设计要求设置挡土墙等支挡构造物。

3 在岩堆上进行路堤施工,宜清除表层堆积物并挖台阶,宜控制填筑速率并进行稳定观测。

6.14.5 在岩堆上进行路堤施工,应清除表层堆积物并挖台阶。

6.14.6 在较大而稳定性较好的岩堆上修筑路基,应按设计要求采取治理岩堆的措施,可注入水泥砂浆、修建护面墙、挡土墙等。对较大而稳定性较差的岩堆,应按设计要求采用综合治理措施,可先修筑下挡墙,再分阶梯形成边坡或修筑护面墙,然后在岩堆体内分段注入水泥砂浆等。

本条对 06 版规范第 6.14.5、6.14.6 条重新进行组合,增加了在稳定的岩堆地段路基施工时应采取的处置措施,以及在岩堆上进行路堤施工时应控制填筑速率和进行稳定观测的内容。对06版规范第6.14.6条中规模较大而稳定性较差的岩堆的治理措施,归入2019版规范第7.3.7条。

应根据路线通过岩堆的不同位置,岩堆地形地质条件、稳定状况等,采取不同的处置措施。已处于稳定的岩堆,宜采用低填浅挖。位于岩堆上部时,挖方边坡高度应控制,放缓边坡或沿基岩面清除路基上方的岩堆堆积物,并设置必要的挡墙、护坡和排水工程;位于岩堆中部时,挖方边坡宜设置挡土墙等支挡构造物;位于岩堆下部时,宜采用填方路基通过;沿河岩堆地段路基坡脚受水流冲刷时,应对岩堆的下部进行防护。

岩堆地段修筑路基,因孔隙大、结构松散,在行车荷载或地震荷载作用下易发生较大沉降,引起路面结构破坏。因此,路基以下岩堆的处理,除应满足稳定性要求外,还应满足沉降变形的要求。

7.3.7 对大而稳定性差的岩堆,应按设计要求采取综合治理措施。应先进行抗滑挡土墙或抗滑桩等支挡工程施工,再分阶梯形成边坡或修筑护面墙,然后在岩堆体内分段注入水泥砂浆。

本条根据06版规范相关条款修订而成。将06版规范第6.14.6条中对规模较大而稳定性较差的岩堆的治理措施单列为一条,并根据《公路路基设计规范》(JTG D30—2015)补充了一些治理措施。

7.4 泥石流地区路基

泥石流是一种突发的含大量泥沙、石块的洪流。它是高浓度水、沙、石复合异相混合流,是颗粒大小差异很大的固体(岩土体)和液体(水)的联合运动,其中沙、石主要按滚动及跃动状态迁移。在小流域内,滑坡和泥石流通常相伴而生,互为因果。

泥石流比一般洪水具有更大的破坏力,能在很短的时间内冲出数万至数十万立方米的固体物质,能将数十至数百吨的巨石冲出山外,冲毁路基、桥涵、房屋、村镇或淹没农田,堵塞河道,给公路交通和工农业建设造成严重危害。

泥石流对路基的危害主要是通过堵塞、淤埋、冲刷、撞击等方式造成，也可通过压缩、堵塞河道使水位壅升，以致淹没上游沿河路基，或使主河槽改道，引起对岸的冲刷，造成间接水毁。

我国泥石流主要分布在西南、西北及华北的山区，如四川西部山区、云南西部和北部山区、西藏东部和南部山区、甘肃东南部山区、青海东部山区，以及鄂西、豫西、太行山、秦岭、祁连山、昆仑山及天山等地区；此外，华南、台湾及海南岛等地山区也有零星分布。

泥石流的形成与流域地质、地形、水文、气象、植被、土质、水文地质、地震及人类活动等因素有密切关系，概括起来有以下三个基本条件：流域内有丰富的松散固体物质；地形陡峻，沟槽纵坡较大；流域中、上游有大量的降雨，急剧消融的冰雪或渠道、水库的溃决。

泥石流的形成是上述条件相互综合作用的结果。

7.4.1 施工前应结合设计，详细调查泥石流的成因、规模、特征、活动规律、危害程度等相关情况，核实泥石流形成区、流动区和堆积区，编制专项施工方案。

6.15.1 施工前，应结合设计详细调查泥石流的成因、规模、特征、活动规律、危害程度等相关情况，核实泥石流形成区、流动区和堆积区，确定适宜的施工方案。

本条内容根据 06 版规范第 6.15.1 条修订而成。

泥石流的形成受到该地区一系列自然环境条件及人类工程活动的影响，其形成的基本条件包括：充沛的各类水源，丰富、松散的固体物质，有利的流域形态和沟床纵坡。

泥石流按激发因素一般分为以下几类：

(1) 雨洪泥石流：由于降雨径流所激发而形成的泥石流。这类泥石流具有暴发频率高、危害性大的特点。

(2)冰川泥石流:以冰湖溃决水、冰川及冰雪融水为水动力条件而形成。因冰雪水的汇流方式不同,可以形成多种类型。

(3)冰川-雨洪泥石流:以冰川冰雪融水与降雨作为水动力条件。这类泥石流的水动力来自中低山区的暴雨径流和高山区的冰雪消融洪水的混合补给,灾害规模随着流域面积的增大而加大。

7.4.2 泥石流地区路基施工,应采取措施加强监测,遇有异常情况及时处理,确保施工安全。

6.15.2 泥石流地区路基施工,应设置专职巡查人员,监测泥石流动态,遇有异常情况应及时处理,确保施工安全。

本条内容根据06版规范第6.15.2条精简而成。

泥石流监测的目的和任务是为获取泥石流形成的固体物源、水源和流动过程中的流速、流量、顶面高程(泥位)、重度等及其变化,为泥石流的预测、预报和警报提供依据。泥石流的监测通常采用电视录像、雷达、警报器等现代化手段和常规的测量、报警设备等。施工单位的简易监测预报主要应用经纬仪、皮尺等工具和人的目测、判断进行,简易监测的主要对象与内容包括:

1. 物源监测

(1)形成区内松散土层堆积的分布范围和分布面积、体积的变化。

(2)形成区和流通区内滑坡、崩塌的体积和近期的变形情况,观察是否有裂缝产生和裂缝宽度的变化。

(3)形成区内森林覆盖面积的增减、耕地面积的变化和水土保持的状况及效果。

(4)断层破碎带的分布、规模及变形破坏状况。

2. 水源监测

除对降雨量及其变化进行监测、预报外,主要是观测地区、流域和泥石流沟内的水库、堰塘、天然堆石坝、堰塞湖等地表水体的流量、水位、堤坝渗漏水量,坝体的稳定性和病害情况等。

3. 活动性监测

主要是指在流通区内观测泥石流的流速、流位(泥石流顶面高程)和计算流量。各项指标的简易观测方法如下:

1)观测准备工作

(1)建立观测标记。在预测、预报的基础上,对那些近期可能发生泥石流的沟谷,选择不同类型沟段(直线型、弯曲型),分别在两岸完整、稳定的岩质岸坡上,用经纬仪建立泥位标尺,做好醒目的刻度标记。划定100m的沟段长度,并在上、下游断面处做好断面标记,测量上、下游的沟谷横断面图。

(2)确定观测时间。因泥石流活动时间短,一般仅几分钟至几十分钟,故自开始至结束需每分钟观测一次,特别注意开始时间、高峰时间和结束时间的观测。

2)流速观测

(1)浮标法:在测流上断面的上方丢抛草把、树枝或其他漂浮物(丢物时注意安全),分别观测漂浮物通过上、下游断面的时间。

(2)阵流法:在测流的上、下断面处,分别观测泥石流进入(龙头)上断面和流出下断面的时间。

(3)流速计算。

3)流位观测

在沟谷两岸已建立的流位标尺上,可读出两岸泥石流顶面高程。

4)流量计算

流量可用式(7-1)简略计算:

$$Q_s = v_s A_s \tag{7-1}$$

式中:Q_s——泥石流流量(m^3/s);

v_s——泥石流流速(m/s);

A_s——断面面积(m^2)。

上面各项观测均应做好记录,主要包括观测时间和各种观测数据,并绘制时间与观测值之间的相关曲线和计算有关指标,以反映变化情况,作为预测、预报和警报的依据。

7.4.3 采用桥梁形式跨越泥石流地段时,应按设计要求及时完成防护加固设施。

6.15.3 采用桥梁形式跨越泥石流地段时,应按设计要求采取防护加固措施。

本条根据06版规范第6.15.3条修订而成。

公路跨越泥石流地区,当从沟内或沟口通过时,可采用单孔桥梁;从沟口通过时,若沟床宽,也可采用多孔桥梁;从洪积扇外缘通过时,常采用多座桥梁方案。

采用桥梁跨越泥石流地区时,既要考虑淤积问题,也要考虑冲刷问题。因此,应按设计要求做好防护加固措施。

7.4.4 采用排泄道、排导沟、明洞、涵洞、渡槽等排导功能为主的构造物进行泥石流处置时,排导构造物应符合下列规定:

1 构造物基础应牢固,强度、断面与高度应满足设计要求。

2 构造物平面线形应圆滑、渐变,上下游应有足够长的衔接段,行进段沟槽不宜过分压缩,出口不宜突然放宽。流向改变处的转折角不宜超过15°,避免因急弯突然收缩和扩大而造成淤塞。

3 构造物通流段和出口段的纵坡应满足设计要求或大于沟槽的淤积平衡坡度。

6.15.4 采用排泄道、排导沟、明洞、涵洞、渡槽等排导功能为主的结构进行泥石流治理时,排导构造物应符合下列规定:

1 排导构造物基础应牢固,强度、断面与高度应符合设计要求。

2 排导构造物平面线形应圆滑、渐变,上下游应有足够长的衔接段,行进段沟槽不宜过分压缩,出口不宜突然放宽。流向改变处的转折角不宜超过15°,避免因急弯突然收缩和扩大而造成淤塞。

3 排导构造物行进段和出口段的纵坡应满足设计要求或大于沟槽的淤积平衡坡度。

本条根据06版规范第6.15.4条修订而成。

泥石流的防治工程通常用于泥石流规模较大、爆发不频繁、松散固体物质和水动力条件相对集中的地区。针对不同类型的泥石流,其防治工程的主体也不同,相应工程措施的方案也应有所侧重,一般分为以下三类：

(1)治水为主的方案:利用蓄水、引水和截水等工程措施控制地表洪水径流,削减水动力条件,使水土分离。

(2)治土为主的方案:利用拦挡、支护工程,拦蓄泥石流固体物质,稳定沟岸,防止崩塌或滑坡为形成泥石流提供固体源。

(3)排导为主的方案:利用排洪道、渡槽等排泄建筑物将泥石流排走,或修建导流堤、分流堤、护岸、丁坝等调治建筑物,使泥石流沿一定方向和路线通过。

1. 泥石流的主要防治措施

泥石流防治的工程措施主要有:拦、固、排、通。

"拦"主要指在泥石流沟的形成区和流通区内修筑重力坝、拦渣坝等,起到改善纵坡、减小沟床比降、抑制泥石流发育、拦挡巨砾及控制水流的目的。

"固"主要指在形成区和流通区采用工程措施,起到稳定沟床岩土环境,防止沟床下切、水流摆动、切蚀沟岸坡脚的作用,控制松散物质参与活动,从而达到控制泥石流的发生和发展的目的。

"排"主要指在泥石流的沉积区内修筑排导槽、渡槽等,配以最佳水力断面,起到迅速排泄泥石流体的作用,达到不产生累积性淤积的目的。

"通"主要指采用明洞、隧洞等,横穿泥石流区并从泥石流沟堆积扇底部通过,使泥石流体从防治结构上部排泄并确保交通运输有序进行。

工程防治措施主要体现在四个方面：

1)"拦-排"方式

主要针对形成区较大,松散物质中含有粒径较大的块石,流通区狭长且沟岸较为稳定,有适宜修筑坝体的基岩,沉积区比较开阔且面积较大、冲淤变动明显的沟谷泥石流。公路常在泥石流沉积区横向穿越通过,宜在泥石流形成区和流通区采用拦、固工程措施,下游采用排导措施,将泥石流排泄到公路外侧的河谷或深沟中去,便于河水有效搬运泥石流体。

2)"固-拦-通"方式

主要针对形成区较大,流通区不太明显,沉积区不开阔,易使泥石流体在沉积区不断淤积且淤积厚度不断加大的泥石流。在泥石流的上游采用谷坊、糙底技术等稳定松散物质,而在流通区修筑拦渣坝等用以拦挡粗颗粒,采用底埋隧道或明洞等结构保证公路在泥石流的沉积区横向穿越。

3)"固-排-通"方式

主要针对形成区比降较大,沟岸岩体较为松散,岩体结构破坏,边坡不够稳定,地质条件不适宜修筑坝体时的泥石流,宜采用固床措施。流通区不明显,形成区的出口常出现淤积,且泥石流沟口至河床的距离较远,沉积区有一定的比降并较为开阔时,为避免泥石流损毁公路,宜采用底埋隧道等工程措施保证公路的安全通畅。为防止动水压力和洞身漏水对明洞和底埋隧道造成影响,而在底埋隧道顶部修筑排导结构,同时使泥石流不在底埋隧道上方淤积,达到快速排泄泥石流体的目的。

4)"排-通"方式

主要针对形成区较大,松散物质丰富,流通区较为狭长,沟岸两侧岩体较为稳定,有适宜修筑坝体的条件,公路通过泥石流沉积区及沟内常年有流水的泥石流,宜采用底埋隧道和排导结构相结合的"排-通"方式。实践表明,对于大型及特大型的公路泥石流,为保障交通,应采用速流结构和底埋隧道予以防治。

2. 泥石流防治的其他措施

1）水土保持措施

植树造林，封山育林。在分水岭、山坡、洪积扇上以及沟谷内植树造林，可起到控制水土流失和稳定山坡的作用。

要合理放牧，禁止砍伐林木。

2）平整山坡、修筑梯田

在泥石流形成区，采用平整山坡、填注补缝、修台阶、造梯田、筑土埂、挖鱼鳞坑等方法，也可起到控制水土流失、防止滑坡发展的作用。

3. 注意问题

（1）水土保持是根治泥石流的一种有效方法，但需具备一定的自然条件，收效时间也较长，往往还需要其他工程措施的配合和保障。

（2）水土保持牵涉范围较广，工作量大，管理也较复杂，因此需要与当地农田基本建设相结合，根据全面规划拟定整治方法，分工负责，共同治理。

7.4.5 永久性调治构造物采用浆砌片石时，应采用质地坚硬、不易风化的片石，基础应置于设计要求的深度，强度应满足设计要求。

6.15.5 永久性调治构造物采用浆砌片（块）石时，应采用质地坚硬、不易风化的片（块）石，基础应置于设计要求的深度，强度符合设计要求。

本条根据06版规范第6.15.5条修订而成。

7.4.6 利用植被治理泥石流时，植物物种应选择生长期短、见效快、根须发达、适宜本地区生长的品种。

6.15.6 利用植被治理泥石流时，植物物种应选择生长期短、见效快、根系发达，适宜本地区生长的品种。

本条根据06版规范第6.15.6条修订而成。

7.5 岩溶地区路基

本节由06版规范第6.16节岩溶地区路基施工的内容补充修订而成，条文总数未增加。本节结合《公路路基设计规范》（JTG D30—2015）和西部地区处理岩溶路段施工的成功经验，增加了对影响路基稳定的岩溶水应采取的处理措施、岩溶路堑边坡处理措施、路基基底下的干溶洞可采取的处理措施、岩溶洼地段或地下水丰富处软土地基可采取的处理措施。

7.5.1 施工前应核查岩溶分布、地形、地表水、地下水活动规律，编制专项施工方案。

6.16.1 施工前，应结合设计详细核查岩溶分布、地形、地表水、地下水活动规律及设计处治方案的可行性和完整性，严禁随意堵塞溶洞。

本条根据06版规范第6.16.1条补充修订，主要从施工方面考虑核查内容，增加了编制专项施工方案的内容。

对岩溶地貌、地质特征，岩溶发育程度、形态特征、规模大小、发展规律及地表水、地下水的活动规律等工程地质、水文地质情况的详细勘察和病害风险评估，是合理选用病害防治措施的前提。施工阶段应对每个具体病害的实际情况进行勘察，特别是有岩溶地下水时，对地下水分布复杂、反复多变、季节性活动规律应充分掌握，分析可能的病害原因，从根本上采取预防病害的措施。一般应结合以往的工程经验，通过对岩溶构造实地调查和水文条件分析，查明岩溶构造的空间分布、形态、走向、位置等，为病害治理提供可靠的地质资料，作为制订施工方案的依据。

7.5.2 不得堵塞与地下河连通的岩溶漏斗、冒水洞、溶洞等地下通道。对影响路基稳定的岩溶水的疏导、引排措施，应符合下列规定：

1 对路基上方的岩溶泉和冒水洞，应采用排水沟将水截流至路基外。

 2 对出水点多、水流分散的岩溶水,可设置渗沟、截水墙与截水洞等截流设施。截流位置应设置得当,截排顺畅。

 3 对水流集中的常流或间歇性岩溶水,可设置明沟、涵管与泄水洞等排水设施。过水断面应设置合理,引排顺畅。

 4 对路基基底处的岩溶泉和冒水洞,宜设置桥涵等排水设施将水排出路基外。

 5 截流和引流后需在洼地排水时,应设置排水沟涵将水引至洼地的消水洞,若无明显的消水洞,应排至洼地最低处。不得随意改变洼地的汇雨面积,若需改变洼地消水量,应专门论证。

6.16.3 路基上方的溶泉或壅水,应按设计先做好排水涵(管)。

6.16.5 路基基底下有溶泉或壅水,应采取排导措施保证路基不受浸害;当修建水泥混凝土、沥青路面等路面时,应按设计要求采取措施防止因温差作用而使水汽上升,聚集在路面基层下。

  本条对 06 版规范第 6.16.3 条和第 6.16.5 条重新进行组合,补充修订,增加了对影响路基稳定的岩溶水的处理措施。

  岩溶水具有与一般水流不同的特点,很难确切掌握其水量大小和变化规律。对岩溶水的处理原则是以疏导为主,因地制宜、因势利导。岩溶水量的估计宁大勿小,相应的排水建筑物也应宁宽勿窄,疏导比堵塞好,桥跨比涵洞好。岩溶水的处理措施包括:

  1. 截流

  截流的目的是截断岩溶水的渗入或降低某一范围水位,使路基免受水害。截流措施适用于流量不大的岩溶水的处理。其工程措施有截水渗沟、截水墙、截水洞等,应能起到截流的作用,且本身不产生破坏。

  截流渗沟适用于水量小而分散的岩溶水,为疏导或降低地下水位而设,渗沟应做反滤层。

  截水墙是为防止水流冲击和渗入路基而设,截水墙的材料一般为浆砌片石,截水墙的尺寸根据水压力确定。

截水洞是为保持路基干燥或疏干某范围内水而设,截水洞应与相应的引排水措施相结合,把水引排到截水洞中。

2. 排泄

对常流的间歇性岩溶水,尤其当流量、流速较大,或直接影响当地农田灌溉的岩溶水,应采取排泄处理措施。排泄适用于流量大而集中的岩溶水的处理。结构形式为泄水洞、排水管、排水桥涵及明沟。

泄水洞常用来排除洼地或基底积水,或为降低路基水位使其干燥而设。

排水管常用来引排水量集中的岩溶水。

排水桥涵常用来排引流量、流速大的间歇性岩溶水。

为避免封闭洼地积水或改变暗河水流方向,既可做泄水洞,也可开挖明沟引排。

3. 疏导

主要处理路基基底处出水量较大的岩溶泉及季节性冒水洞。通常采用竖井＋涵管或封堵＋涵管等综合方法将水流引出路基外。

4. 跨越

路线通过岩溶水时,如跨越条件较好,可采用跨越的方法。桥跨适用于流量较大的暗河、冒水洞或消水洞等。涵跨适用于一般岩溶泉。在跨越季节性或经常性积水而水深不大的溶蚀洼地时,可采用填石透水路堤。

5. 堵水

处理隧道突水、涌水病害时,为了避免大量排水改变原有水系状况,产生病害和环境破坏,多采取预注浆技术封堵岩溶水。

7.5.3 对路基基底下的干溶洞处置,应采取下列措施:

1 应铲除溶洞石笋、石牙、孤石以及不规则的碳酸钙沉积物,整平基底,并应采用一定级配的砂砾石、碎石、片块石等渗水性好的填料回填。

2 应挖除石林、石牙、溶槽、溶沟间、洼地内的湿软细粒土。

3 对失去排水功能的浅层漏斗、落水洞、土洞以及规模小且无地下溶水联系的溶沟、溶槽等干溶洞,可采用片碎石、混凝土等填塞。

4 位于路基基底的裸露和埋藏浅的溶洞,可采取回填封闭、钢筋混凝土盖板跨越、支撑加固或结构物跨越等处理措施。

5 对有充填物的溶洞,可采取注浆法、旋喷法等加固措施。不能满足要求时,宜采用结构物跨越。

6 覆盖层中土洞埋藏浅时,可采取回填夯实或强夯等处理措施;覆盖层中土洞埋藏深时,宜采取注浆、复合地基等处理措施。

6.16.4 路基基底下的干溶洞,可结合设计要求采取以下措施:

1 铲除溶洞石笋,整平基底,直接用砂砾石、碎石、干(浆)砌片石等回填密实。

2 当溶洞顶板太薄或者顶板较破碎,按设计要求进行加固时,应严格控制加固质量,确保强度。

3 当溶洞顶板较完整、厚度较大时,应根据设计要求,确定处理方案。

4 采用桥涵跨越通过时,桥涵基础必须置于有足够承载能力的稳定地基上。

6.16.6 应对路基基底范围内的石笋、石牙进行处理。

本条对 06 版规范第 6.16.4 条和第 6.16.6 条重新进行组合,补充修订,增加了对路基基底下的干溶洞处置措施。

新增的处置措施常用于处理路基底部不平整基岩,突出的石林、石芽,软弱土层,岩土混合基底,防止路基或结构物基础产生不均匀沉降或开裂。对于形状不规则的石芽、石林等化学作用形成的碳酸钙沉积物,可用爆破清除突出部分;对于溶槽、溶沟间、洼地内的湿软松散土,则需挖除。清除后用片石、碎石回填,并在路基填料与清理后基底之间设置垫层过渡。基底清理除单独使用外,还需配合其他病害处理措施。

溶洞、溶蚀裂隙发育带及覆盖层土洞，危及路基安全稳定时，需因地制宜采取回填、跨越、加固等处理措施。

1. 回填处理

（1）对于稳定路基边坡上的干溶洞，宜采用干砌片块石填塞，洞口附近则需采用浆砌片石支撑。

（2）路基基底范围内埋藏较浅且没有排泄要求的干溶洞，通常采用片块石、碎石等填料进行充填。当路基以下溶洞顶板很薄时，一般是炸开溶洞顶板，清除洞内松散物，再回填片石、碎石等。

（3）对于已被充填的溶洞，如洞内充填物的物理力学性质不良，作为路基基底承载能力不能满足设计要求时，需予以清除，并换填砂砾、片石、块石等强度高、水稳定性好的填料。

（4）对于路基基底范围内有裸露或浅埋的溶沟、溶槽、石芽等岩溶突出物分布的地段，可能引起路基不均匀沉降，需挖除突出物，设置厚度 0.3~0.5m 的砂砾、碎石等垫层，必要时可铺设土工格栅、土工格室等土工合成材料。

（5）回填处理设计时，需注意农田灌溉和抽排地下水等引起渗流，导致溶洞内细粒土被淘蚀，再次引发地基变形，甚至塌陷的可能性。为此，洞内围岩裂隙、溶蚀沟槽等发育时，需对围岩壁进行喷浆。

2. 跨越

（1）对狭小且深的溶洞或有水的溶洞，可根据其宽度采用钢筋混凝土盖板跨越。

（2）对于跨度较大的溶洞，或需保持排水的溶洞，一般采用桥梁或涵洞通过。桥梁适用于跨越流量较大的暗河、冒水洞或消水洞等。涵洞适用于跨越一般的岩溶泉。

（3）当溶洞洞径大、顶板完整、洞内施工条件较好时，通常采用浆砌片石或片石混凝土支顶墙或支撑柱加固；洞内施工条件不好时，采用钻孔灌注桩支撑。

7 特殊路基

3.覆盖土层地基处理

（1）对于覆盖型的隐伏岩溶区，处理大面积土洞和塌陷时，可采用重锤夯实、冲击碾压、强夯增加地基稳定性。夯击过程中，如果夯锤突然下陷，说明下部有隐伏土洞，此时可随夯随填土或砂砾、碎石等进行处理。

（2）对溶蚀裂隙发育带基础埋藏较深的溶洞、土洞，一般采用注浆加固。

（3）对覆盖土层大于5m的隐伏岩洞或土洞地段，地下水渗流将引起路基基底变形和塌陷，一般情况下，采用钢管注浆、水泥搅拌桩、旋喷桩等复合地基进行处理。

7.5.4 在溶蚀洼地填筑路基时，应采用渗水性好的砂砾、碎石土等材料填筑，并应高出积水位0.5m。

本条为新增，根据《公路路基设计规范》（JTG D30—2015），增加了在溶蚀洼地填筑路基时对材料和水位的规定。

路基位于封闭的岩溶洼地时，往往隔断原有地表水系，有的路堤直接掩盖落水洞，易形成内涝，造成路基病害。因此，应保证原有的岩溶水排泄通道畅通，不应切断岩溶（地下、地表）水的径流通道，不得造成阻水、滞水或农田缺水。需在查清水情的基础上，做好疏导，保证地表水流畅通。对不可避免受雨期积水浸泡的路堤，其浸水部分应用水稳定性较好的砂砾、硬质岩片石、碎石等作为填料。

7.5.5 对岩溶洼地或地下水丰富处的软土地基，软土厚度小时可采用片石、碎石或砾石等换填处理；软土厚度大时可采取旋喷桩、CFG桩、粉喷桩等其他软基处理措施。

本条为新增，根据《公路路基设计规范》（JTG D30—2015），增加了岩溶洼地或地下水丰富处的软土地基处理措施。

对岩溶洼地或地下水丰富处的软土地段,地下水渗流将引起路基基底变形和塌陷,一般情况下,软土厚度大时采用钢管注浆、水泥搅拌桩、旋喷桩、粉喷桩等复合地基处理,以提高地基稳定性和强度。

7.5.6 当路基跨越具有顶板的溶洞时,应根据设计要求确定处理方案。

6.16.7 流水量大的暗洞及消水洞,用桥涵跨越时,应确保基础稳定。

本条根据06版规范第6.16.7条修订而成,增加了应根据设计要求确定处理方案的内容。

对溶洞顶板岩层未被节理裂隙切割或虽被切割但胶结良好的完整顶板,按厚跨比法确定溶洞顶板的安全厚度。当顶板的厚度大于安全厚度时,溶洞的顶板岩层可不作处理。

当顶板的厚度小于安全厚度,且岩层比较破碎时,考虑到在外部荷载或振动作用下有可能产生塌陷,使路基遭到破坏,必须进行加固处理。当洞径大、洞内施工条件好时,可采用浆砌片石支墙、支柱及码砌片石垛等加固。如需保持洞内水流畅通,可在支撑工程间设置管涵排水。深而小的溶洞不便用洞内加固法时,可采用石盖板或钢筋混凝土盖板加固。对洞径小、顶板薄或岩层破碎的溶洞,可采用爆破顶板并用片石回填的方法。如溶洞较深或需保持排水时,可采用拱跨或板跨的办法。

7.5.7 对岩溶地段的边坡处置,应采取下列措施:

1 对土石相间的石牙、石林边坡以及开挖覆盖层与基岩交界的溶蚀破碎带形成的土夹石边坡,应清除石牙、石林间溶槽溶沟内的充填土壤及坡面上的孤石,清除至坡体自然稳定坡度,保留露出坡面的石林、石牙的自然形态。

2 对未严重风化,节理发育、破碎但稳定性好的岩溶岩石边坡,宜采取喷浆、喷射混凝土等措施。

3 对岩溶路堑开挖后有潜在滑动危险的岩质边坡,应采取支挡或锚固措施。

4 对路堑边坡上的干溶洞和洞穴,宜清除洞内沉积物,宜采用干砌或浆砌片石、钢筋混凝土板封堵。当干溶洞和洞穴影响到边坡的稳定性时,应采取浆砌片石、混凝土支柱支顶等加固措施。

5 对边坡陡、裂隙发育、易风化、剥落破碎的岩溶边坡,或规模大的土夹石岩溶边坡,应采取浆砌片石护面墙等防护措施。

6 开挖整体稳定性好的硬质岩溶岩石边坡时,宜采用光面爆破或预裂爆破。

6.16.2 在路基边坡上的干溶洞,应清除洞内沉积物并用干砌或浆砌片石堵塞。

本条是由 06 版规范第 6.16.2 条补充修订而成,增加了对岩溶地段边坡的处置措施。

当位于路堑边坡上的溶洞被部分开挖后,溶洞开口暴露于坡面,溶洞顶板受力发生变化,加之施工影响了溶洞周围岩体的结构及物理力学性质,易造成边坡失稳,对这类情况需采用一定的加固措施。无水力联系时,对溶洞的处理可采用的加固法有浆砌片石或混凝土支柱、支顶、嵌补等,这些圬工结构物既镶嵌补平了溶洞造成的岩石面凹陷,又从底部支撑住上部突出悬空的岩体。

1. 避让处理

通过调整路基及结构物的空间位置,避开与可能产生路基病害的岩溶形态直接接触,从而避免路基可能产生的潜在危害,达到安全使用的目的。避让分为改线避让和压缩路基底宽避让。对于路堤边坡坡脚走向与路线一致的溶洞、漏斗、落水洞、溶沟、溶槽,或坡脚处有泉眼出露等情况,坡脚不易稳定,可修筑路肩墙或路堤墙收缩路基底部宽度,以避让这些岩溶形态,避免其进入路基产生可能的危害,同时保持了其原有形成的自然状态不被破坏。

2. 清除松土，嵌补坡面

用于处理土石相间组成的石芽、石林岩溶路堑边坡，以及开挖覆盖层与基岩交界的溶蚀破碎带形成的土夹石边坡的填充物流失病害。若边坡规模小，填充土数量不多，则首先清除石芽、石林间溶槽、溶沟内的填土，破碎带内各种溶隙内充填土及坡面上的孤石和破碎的岩体，清除至坡体自然稳定坡度，保留露出坡面的石林、石芽的自然形态。若土体数量多或溶隙深而窄不易全部清理，可对夹在岩石体中的土体清除并用干砌或浆砌片石挡墙嵌补，以防土体坍塌流失。对清除后的土坡应及时做好土体的坡面排水，并选用植物防护。

3. 喷射砂浆、喷射混凝土、挂网喷射防护

对坚硬易风化但还未遭受严重风化的新鲜岩面或裂隙节理发育、坡面破碎但稳定好的岩溶岩石边坡，为防止坡面表层岩石进一步风化、剥落及零星掉块，同时促使裂隙间破碎石块得到砂浆填充而加固，可采用喷浆或喷射混凝土，在坡面上形成一层保护层。该方法也可用在高而陡的边坡上，尤其是上部岩层破碎而下部岩层完整的边坡和需要大面积并较集中防护的边坡。

4. 锚固加固边坡

适用于岩溶路堑开挖后有潜在滑动危险、需要抵抗较大滑移推力才能稳定的岩质边坡加固。

7.6 软土地区路基

软土是天然含水率高、孔隙比大、抗剪强度低、压缩性高的细粒土，包括淤泥、淤泥质土、泥炭、泥炭质土，其鉴别标准见表7-1。本节中引用的规范条文见《公路软土地基路堤设计与施工技术细则》（JTG/T D31-02—2013）。

表 7-1 软土鉴别指标表

特征指标名称	天然含水率（%）	天然孔隙比	快剪内摩擦角（°）	十字板剪切强度（kPa）	静力触探锥尖阻力（MPa）	压缩系数（MPa^{-1}）
黏质土、有机质土	≥35	≥液限 ≥1.0	宜小于 5	宜小于 35	宜小于 0.75	宜大于 0.5
粉质土	≥35	≥0.9	宜小于 8			宜大于 0.3

7.6.1 软土地基处置前，应了解工程地质、地下管线、构造物等情况，进行必要的土工试验，复核设计处置方案的可行性，编制专项施工方案。

6.3.1 软土地基处治前，应复核处治方案的可行性，编制实施性施工组织设计。

7.6.2 软土地基处置应因地制宜、就地取材。

6.3.2 软土地基处治材料的选用及处治方案，宜因地制宜、就地取材。

软土地区路基施工应注意以下要求：

（1）软土地区路基施工应按图施工，在施工过程中应仔细观察、认真分析，发现现场地质情况与设计提供资料不符或原设计的处置方式不能实施需改变设计时，向建设单位和监理工程师及时反馈。

（2）软土地区路基处置应推广采用新技术、新工艺、新设备、新材料。采用新技术、新工艺、新设备、新材料时，必须制定不低于本规范的质量标准和工艺要求。

（3）软土地区路基施工应根据需要修筑地基处理试验路段，经检测、评价施工质量满足设计要求后，方可进行施工。

（4）路堤填筑前，应排除地表水，保持基底干燥。当地基土含水率接近最佳含水率时应清除表层不良土层，经碾压密实后在上面填筑路堤。对于软弱地基，换填砂砾压实到规定压实度，或在原地基土中掺石灰或粉煤灰等改良土性后进行压实，或根据原地基情况选择合适的处置措施处置完成后填筑上层。

（5）软土地区下层路堤，应采用透水性材料填筑；路堤填筑到软土泥沼中的部分，不得采用不透水性材料填筑，其中用于砂砾垫层的砂砾最大粒径应不大于50mm，含泥量不大于5%。

（6）填筑路堤用土宜设置集中取土场，必须在两侧取土时，取土坑内缘距坡脚距离，填高2m以内的路堤，不得小于20m；填高5m以上的路堤，宜大于40m。

（7）路桥衔接部位，路基与锥坡填土应同步填筑；碾压不易到位的边角处，宜用小型夯压机械按要求夯压密实；填料宜采用渗水性的材料；分层碾压厚度控制在150mm。

（8）软土地区路基填筑路堤，分层及接茬宜做成错台形状，台宽不宜小于2m。

（9）软土地区路基施工中应认真做好原始记录，积累资料，不断总结施工经验，提高软基处理的施工技术水平。

（10）软土段填筑路堤要做好必要的沉降和稳定监测，并严格控制施工填料和加载速度。

（11）在施工中应严格执行有关安全、劳动保护和环境保护等有关规定。

（12）软土段路基应安排提前施工。路堤完工后应留有沉降期，如设计未规定，则不应少于6个月。沉降期内不应在路堤上进行任何后续工程。

7.6.3 浅层置换施工应符合下列规定：

1 厚度小于3.0m的软土宜采用浅层置换。

2 置换宜选用强度高的砂砾、碎石土等水稳性和透水性好的材料。施工时，应分层填筑、压实。

6.3.3 浅层处治

2 抛石挤淤施工应符合下列规定：

1）应选用不易风化的片石,片石厚度或直径不宜小于300mm。

2）软土地层平坦、软土成流动状时,填筑应沿路基中线向前成三角形方式投放片石,再渐次向两侧全宽范围扩展。当软土地层横坡陡于1:10时,应自高侧向低侧填筑,并在低侧坡脚外一定宽度内同时抛填形成片石平台。

3）片石抛填出软土面后,应用较小石块填塞垫平,并碾压密实。

当泥沼及软土厚度小于3m,且易于挖除时,可采用换填处置。

7.6.4 浅层改良施工应符合下列规定：

1 对非饱和黏质土的软弱表层,可添加石灰、水泥等进行改良处置。

2 施工前应先完善排水设施,施工期间不得积水。

3 石灰、水泥等应与土拌和均匀,严格控制含水率。施工时,应分层填筑、压实。

7.6.5 抛石挤淤施工应符合下列规定：

1 应采用不易风化的片石、块石,石料直径宜不小于**300mm**。

2 当软土地层平坦,横坡缓于**1:10**时,应沿路线中线向前呈等腰三角形抛填,渐次向两侧对称抛填至全宽,将淤泥挤向两侧;当横坡陡于**1:10**时,应自高侧向低侧渐次抛填,并在低侧边部多抛投形成不小于**2m**宽的平台。

3 当抛石高出水面后,应采用重型机具碾压密实。

1 换填施工应符合下列规定：

1）换填料应选用水稳性或透水性好的材料。

2）回填应分层填筑、压实。

2 抛石挤淤施工应符合下列规定：

1）应选用不易风化的片石,片石厚度或直径不宜小于300mm。

2）软土地层平坦、软土成流动状时,填筑应沿路基中线向前成三角形方式投放片石,再渐次向两侧全宽范围扩展。当软土地层横坡陡于1:10

时，应自高侧向低侧填筑，并在低侧坡脚外一定宽度内同时抛填形成片石平台。

3）片石抛填出软土面后，应用较小石块填塞垫平，并碾压密实。

使用不易风化石料挤淤，片石大小随泥炭稠度而定。对于容易流动的泥炭或淤泥，片石宜稍小些，但不宜小于300mm，且小于300mm粒径含量不得超过20%。

片石抛出软土面后，应用较小石块填塞垫平，用重型机械碾压紧密，然后在其上设反滤层，再行填土。

抛石挤淤适用于软土位于水下3m以内，软土稠度远远超过液限，呈流动性状态的情况。当软土厚度小于3.0m，表层无硬壳，水不易抽干，排水又困难，无换土施工条件或基底直接落在含水率极高的淤泥上时，一般认为抛石是经济、适用的。当淤泥较厚、较稀时选用本法须慎重。挤淤材料应具有一定级配，以便于更好地挤走淤泥。

7.6.6 爆炸挤淤施工应符合下列规定：

1 宜采用布药机进行布药。当淤泥顶面高、露出水面时间长，且装药深度小于2.0m时，可采用人工简易布药法。

2 抛填前应根据软基深度、宽度、水深等环境条件和施工设备，确定抛填高度、宽度及进尺。抛填高度应高于潮水位。抛填进尺最小宜不小于3m，最大宜不大于10m。

3 爆炸挤淤施工应采取控制噪声、有害气体和飞石，减少粉尘、冲击波等环境保护措施。

4 爆炸挤淤后应采用钻孔或物探方法探测检查置换层厚度、残留混合层厚度。置换层底面和下卧地基层设计顶面之间的残留淤泥碎石混合层厚度应不大于1m。

爆炸挤淤是水下软基处理的一种方法，是通过爆破的办法清除水下的淤泥，实现淤泥和石料的置换。爆炸挤淤对软基处理深度有一定的限制,目前一般在 4~12m。

7.6.7 砂砾、碎石垫层施工应符合下列规定:

1 砂砾、碎石垫层宜采用级配好的中、粗砂、砂砾或碎石,含泥量应不大于 **5%**,最大粒径宜小于 **50mm**。

2 垫层宜分层铺筑、压实。垫层应水平铺筑。当地形有起伏时,应开挖台阶,台阶宽度宜为 **0.5~1m**。

3 垫层宽度应宽出路基坡脚 **0.5~1m**,两侧宜用片石护砌或采用其他方式防护。

6.3.4 砂(砾)垫层

1 垫层材料宜采用无杂物的中、粗砂,含泥量应小于5%;也可采用天然级配砂砾料,其最大粒径应小于50mm,砾石强度不低于四级(即洛杉矶法磨耗率小于60%)。

2 垫层宜分层摊铺压实,碾压到规定的压实度。垫层采用砂砾料时,应避免粒料离析。

3 垫层宽度应宽出路基边脚500~1 000mm,两侧宜用片石护砌或采用其他方式防护。

在路堤基底铺砂垫层,使软土中的水分在路堤自重的压力作用下,加速排水和固结,提高基底的淤泥强度,从而使软基逐步密实稳定。

基底铺砂垫层的适用条件:适用于软土地区路堤高度小于两倍极限高度,软土层及其硬壳层较薄,或软土表面渗透性很低的硬壳等情况;也适用于软土层稍厚但中间或底部有透水层的地基。砂垫层施工简便,但需放慢填筑速度,严格控制加荷速率,使地基有充分的时间进行排水固结。砂垫层适用于施工期限不甚紧迫、砂料来源充足及合适的施工环境。

垫层材料宜采用无杂物的中砂、粗砂,含泥量应小于5%;也可采用天然级配砂砾料或碎石,其最大粒径应小于50mm,石料强度不低于四级(即洛杉矶法磨耗率小于60%)。

摊铺后适当洒水,分层压实,压实厚度宜为150~200mm。如采用砂砾石或碎石,应无粗细粒料分离现象。

砂垫层宽度应超出路基边脚0.5~1.0m,两侧端以片石护砌或采用其他方式防护,以免砂料流失。

1. 砂垫层的铺筑形式

(1)排水砂垫层。在路堤底部的原地面清理修整后铺设砂垫层,砂垫层厚度视路堤高度、软土层厚度和压缩性而定,一般为0.6~1.0m。

(2)换土砂垫层。挖除表层软土的一部分代以砂垫层,挖除范围及数量应根据软土厚薄及横向坡度大小等情况确定。

(3)垫层和土工布混合使用。在砂垫层顶面铺一层土工布,既可隔离路堤水下渗,也可使地下水不能上升到路堤中,并可以防止土层对砂垫层的污染,同时加强路基的稳定性。

2. 砂垫层的铺筑方式及要求

(1)铺筑砂垫层前,应对软基表面进行修整,或填筑渗水性较差的土,以保证砂垫层底面达到符合要求的横坡度,一般为2%~4%。

(2)砂垫层分层铺筑在合格的基底上,并采用合适的压实方式进行压实(常采用平板振动器),平整表面。在铺设过程中,严防中粗砂受到尘土和杂质污染,如发现被污染应进行更换或返工。

(3)填筑砂垫层时要适当加水分层压实,下层压实度检验合格后,方可填筑上层。

(4)砂垫层顶面铺土工布时,土工布应覆盖整个砂垫层,并由砂垫层坡底伸进护坡道填土中。

7.6.8 铺设土工合成材料应符合下列规定:

1 土工合成材料技术指标应满足设计要求。土工合成材料在存放及铺设过程中不得在阳光下长时间暴露。与土工合成材料直接接触的填料中不得含强酸性、强碱性物质。

2 施工中应采取措施防止土工合成材料受损,出现破损时应及时修补或更换。

2 土工合成材料施工应符合以下规定：

1）下承层应平整，摊铺时应拉直、平顺，紧贴下承层，不得扭曲、折皱。在斜坡上摊铺时，应保持一定松紧度。

2）铺设土工合成材料，应在路堤每边各留一定长度，回折覆裹在已压实的填筑层面上，折回外露部分应用土覆盖。

3）土工合成材料的连接，采用搭接时，搭接长度宜为300～600mm；采用缝接时，缝接宽度应不小于50mm，缝接强度应不低于土工合成材料的抗拉强度；采用黏结时，黏合宽度应不小于50mm，黏合强度应不低于土工合成材料的抗拉强度。

4）施工中应采取措施防止土工合成材料受损，出现破损时应及时修补或更换。

5）双层土工合成材料上、下层接缝应错开，错开长度应大于500mm。

土工合成材料应根据出厂提供的幅宽、质量、厚度、抗拉强度、顶破强度和渗透系数等测试数据，选用满足设计要求的产品。进场的基本性质试验和检测可分三类：

（1）一般特征，描述产品的形态，包括纤维材料的成分和制造方法、单位面积质量、厚度、孔隙尺寸、成卷特征（长度、直径和质量）。上述内容一般由生产厂家通过产品检测试验提供，作为材料性能、规格说明。

（2）鉴别和分类参数以标准试验确定，包括力学特性参数，如拉伸强度、拉伸模量、延伸率、撕破强度、蠕变性等；水力特性参数，如垂直向和水平向渗透系数；以及耐久性和老化特性，如对紫外线和温度的敏感性、抗化学和生物腐蚀性等，提供产品特性和分类依据。

（3）土与土工织物的相互作用性质，如强度与变形特性、土与土工织物之间的摩擦角和黏聚力、蠕变性和动力特性、反滤性能等。

土工合成材料选择及其检测试验应符合现行《公路工程土工合成材料试验规程》（JTG E50）的规定。

土工合成材料存放及施工铺设过程中应避免长时间曝晒或暴露,以免其性能劣化。现场施工中发现土工合成材料有破损时必须立即进行修补。

土工合成材料应在平整好的下承层上按路堤底宽全断面铺设,摊铺时应拉直平顺,紧贴下承层,避免扭曲、折皱、重叠。在斜坡上摊铺时,应保持一定松紧度(可用 U 形钉控制)。

铺设土工合成材料,应在路堤每边各留足够的锚固长度,回折覆裹在压实的填料面上,平整顺适,外侧用土覆盖,以免人为破坏。应保证土工合成材料的整体性,当采用搭接法连接时,搭接长度宜为 300~900mm;采用缝接法时,缝接宽度应不小于 50mm;采用黏结法时,黏结宽度应不小于 50mm,黏合强度应不低于土工合成材料的抗拉强度。

双层土工合成材料上、下层接缝应交替错开,错开长度应不小于 0.5m。

7.6.9 袋装砂井施工应符合下列规定:

1 宜采用中、粗砂,粒径大于 0.5mm 颗粒的含量宜大于 50%,含泥量应小于 3%,渗透系数应大于 $5×10^{-2}$ mm/s。砂袋的渗透系数应不小于砂的渗透系数。

2 套管起拔时应垂直起吊,防止带出或损坏砂袋。发生砂袋带出或损坏时,应在原孔位边缘重打。

3 砂袋在孔口外的长度应不小于 300mm,并顺直伸入砂砾垫层。

4 袋装砂井施工质量应符合表 7.6.9 的规定。

表 7.6.9 袋装砂井施工质量标准

项次	检查项目	规定值或允许偏差	检查方法和频率
1	井距(mm)	±150	抽查 2%且不少于 5 点
2	井长(mm)	≥设计值	查施工记录
3	井径(mm)	+10,0	挖验 2%且不少于 5 点
4	灌砂率(%)	-5	查施工记录

6.3.6 袋装砂井

1 中、粗砂中大于0.6mm颗粒的含量宜占总重的50%以上,含泥量小于3%,渗透系数大于5×10^{-2}mm/s。砂袋的渗透系数应不小于砂的渗透系数。

2 袋装砂井施工应符合以下规定:

1)砂袋露天堆放时,应有遮盖,不得长时间暴晒。

2)砂袋应垂直下井,不得扭结、缩颈、断裂、磨损。

3)拔钢套管时,如将砂袋带出或损坏,应在原孔位边缘重打;连续两次将砂袋带出时,应停止施工,查明原因并处理后方可施工。

4)砂袋在孔口外的长度,应能顺直伸入砂垫层至少300mm。

3 袋装砂井施工质量应符合表6.3.6的规定。

表6.3.6 袋装砂井施工质量标准

项次	检查项目	规定值或允许偏差	检查方法和频率
1	井距(mm)	±150	抽查3%
2	井长	不小于设计值	查施工记录
3	井径(mm)	+10,0	挖验3%
4	竖直度(%)	1.5	查施工记录
5	灌砂率(%)	−5	查施工记录

袋装砂井是通过埋设袋装砂形成竖向排水通道而缩短排水距离,使土中的水分可以通过袋装砂井流入顶部的砂垫层排入边沟或排水沟,在外加预压力作用下,软土中孔隙水压力能较快地消散,从而加快地基沉降固结,提高土的固结度,增大地基承载力,减少工后沉降量。因而用袋装砂井处置地基时,一般要进行预压。

袋装砂井和普通砂井相比,其优点是可以防止产生砂井断颈、缩颈、错位等现象;用聚丙烯编织的砂井袋具有一定的抗拉强度,从而能较好适应地基土的侧向变形,保证砂井的连续性;袋装砂井的施工可选用轻型机具,工艺简便,能因地制宜,施工速度快,质量能得到保证。与普通砂井相比,直径小、材料省。在软基处理中,袋装砂井得到广泛应用。

砂除满足条文中质量要求外,还应保持干燥,不宜采用潮湿砂,以免袋内砂干燥后,体积减小,造成断井。

砂袋可采用聚丙烯、聚乙烯、聚酯等长链聚合物编织,以专用缝纫机缝制或工厂定制。砂袋材料的抗拉强度应能承受砂袋自重,装砂后砂袋的渗透系数不应小于砂的渗透系数,渗透系数大于 5×10^{-2} mm/s。目前,国内砂袋材料普遍采用的是聚丙烯。该材料抗老化性能差,因此,砂袋灌入砂后,露天堆放时,应注意遮盖,切忌长时间地曝晒,以避免砂袋老化。

砂袋入井,应用桩架吊起垂直下井,防止砂袋发生扭结、缩颈、断裂和砂袋磨损。拔钢套管时应注意垂直起吊,以防止带出或损坏砂袋。施工中若发现上述现象,应在原孔边缘重打;连续两次将砂袋带出时,应停止施工,待查明原因后再施工。

砂袋留出孔口长度应保证伸入砂垫层至少300mm,并不得卧倒。

7.6.10 塑料排水板施工应符合下列规定:

1 塑料排水板技术指标应满足设计要求,露天堆放时应有遮盖。

2 施工中应防止泥土等杂物进入套管内。

3 塑料排水板不得搭接,预留长度应不小于**500mm**,并及时弯折埋设于砂垫层中。

4 塑料排水板施工质量应符合表 **7.6.10** 的规定。

表 7.6.10 塑料排水板施工质量标准

项次	检查项目	规定值或允许偏差	检查方法和频率
1	板距(mm)	±150	抽查2%且不少于5点
2	板长(mm)	≥设计值	抽查2%且不少于5点

6.3.7 塑料排水板

1 塑料排水板技术、质量指标应符合设计要求。露天堆放应有遮盖,不得长时间暴晒。

7 特殊路基

2 塑料排水板施工应符合以下规定：

1）现场堆放的塑料排水板，应采取措施防止损坏滤膜。

2）塑料排水板超过孔口的长度应能伸入砂垫层不小于500mm，预留段应及时弯折埋设于砂垫层中，与砂垫层贯通，并采取保护措施。

3）塑料排水板不得搭接。

4）施工中防止泥土等杂物进入套管内，一旦发现应及时清除。

5）打设形成的孔洞应用砂回填，不得用土块堵塞。

3 塑料排水板施工质量应符合表6.3.7的规定。

表6.3.7 塑料排水板施工质量标准

项次	检查项目	规定值或允许偏差	检查方法和频率
1	板距(mm)	±150	抽查3%
2	板长	不小于设计值	抽查3%
3	竖直度(%)	1.5	查施工记录

塑料排水板作用原理和设计计算方法与袋装砂井排水法相同。设计时可把塑料排水板的断面换算成相当直径的袋装砂井。

塑料排水板预压加固法，是将塑料排水板用插板机具插入软土地基中，地表铺砂垫层组成垂直和水平排水体系，然后在地基表面堆载预压，从而加速软土地基的沉降过程，加快固结，提高路基强度。塑料排水板桩是使软土地基排水固结的一种材料。塑料排水板预压加固法的一般形式如图7-1所示。

塑料排水板预压加固法的特点包括：

（1）板单孔过水面积大，排水畅通。

（2）质量轻、强度高、耐久性好，其排水沟槽截面受压力作用不易压缩变形。

（3）埋设效率高、运输省、管理简单，适合机械化施工，插放时对地基扰动小，施工方便。

塑料排水板留出孔口长度应保证伸入砂垫层不小于500mm，使其与砂垫层贯通,并将其保护好,以防机械、车辆进出时受损,影响排水效果。

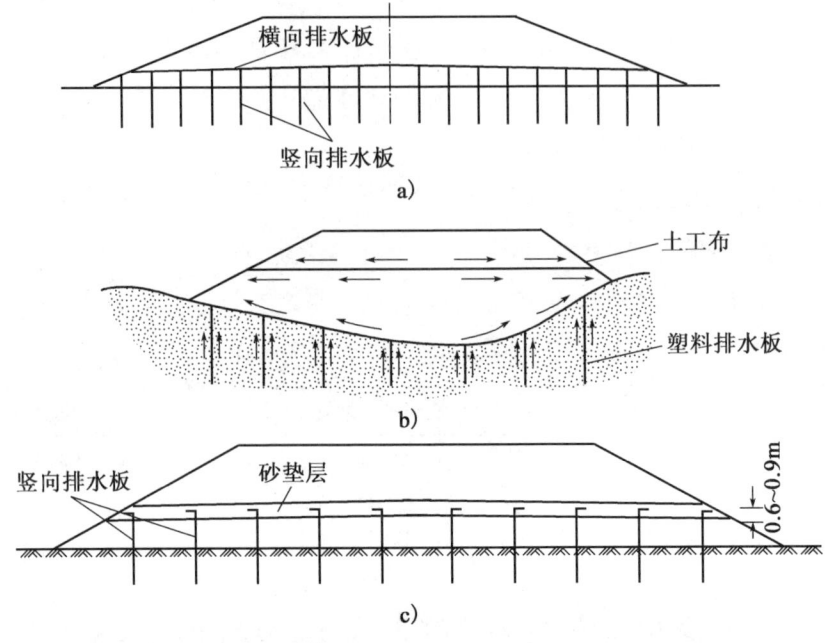

图 7-1 塑料排水板预压加固法

7.6.11 真空预压、真空堆载联合预压施工应符合下列规定:

1 密封膜应采用抗老化性能好、韧性好、抗穿刺能力强的不透气材料。

2 密封膜连接宜采用热合黏结缝平搭接,搭接宽度应不小于 **15mm**。

3 滤管应不透砂。滤管距泥面、砂垫层顶面的距离均应大于 **50mm**。滤管周围应采用砂填实,不得架空、漏填。

4 密封膜的周边应埋入密封沟内。密封沟的宽度宜为 **0.6～0.8m**,深度宜为**1.2～1.5m**。

5 真空表测头应埋设于砂垫层中间,每块加固区应不少于 **2** 个真空度测点。

6 真空预压施工应按排水系统施工、抽真空系统施工、密封系统施工及抽气的顺序进行。

7 采用真空堆载联合预压时,应先抽真空,当真空压力达到设计要求并稳定后,再进行堆载,并继续抽气。堆载时应在膜上铺设土工布等保护材料。

8 施工监测应符合下列规定:

1)预压过程中,应进行膜下真空度、孔隙水压力、表面沉降、深层沉降及水平位移等预压参数的监测。膜下真空度每隔 **4h** 测一次,表面沉降每 **2d** 测一次。

2)当连续五昼夜实测地面沉降小于 **0.5mm/d**,地基固结度已达到设计要求的 **80%** 时,经验收,即可终止抽真空。

3)停泵卸荷后 **24h**,应测量地表回弹值。

6.3.8 真空预压、真空堆载联合预压

1 垫层材料宜采用中、粗砂,泥土杂质含量小于5%,严禁砂中混有尖石等尖利硬物。

2 密封膜厚度宜为0.12~0.17mm,密封膜每边长度应大于加固区相应边3~4m。薄膜加工后不得存在热穿、热合不紧等现象,不宜有交叉热合缝。

3 每个加固区用2~3层密封膜,具体层数可根据密封膜性能确定。

4 滤管应不透砂。滤管距泥面、砂垫层顶面的距离均应大于50mm。滤管周围必须用砂填实,严禁架空、漏填。

5 密封沟与围堰施工要求如下:

1)沿加固边界开挖密封沟,其深度应低于地下水位并切断透水层,内外坡应平滑。沟底宽度应大于400mm,密封膜与沟底黏土之间应进行密封处理。

2)密封沟回填料应为不含杂质的纯黏土,不得损害密封膜。

3)筑堰位置应跨密封沟的外沟沿,堰体应密实牢固。

4)铺膜前,应把出膜弯管与滤管连接好,并培实砂子,同时处理好出口的连接。

6 真空表测头应埋设于砂垫层中间,每块加固区不少于2个真空度测点,真空管出口须防止弯折或断裂。

7 抽真空施工要求如下:

1)抽真空持续时间应符合设计要求,设计无规定时可持续2~5个月。

2)覆盖厚度宜为200~400mm,膜下真空压力应持续稳定在80kPa以上。

3)应注意观察负压对其相邻结构物的影响。

8 真空堆载联合预压施工要求如下:

1)路堤填筑宜在抽真空30~40d后开始进行,或按设计规定开始堆载。

2)路堤填筑速率应符合设计规定。

3)路堤填筑期间,应保持抽真空。

4)路堤填筑高度达到设计标高(考虑沉降)后,应继续抽真空,路堤沉降值(或地基固结度)达到设计要求后方可停止抽真空。

9 施工监测要求如下:

1)预压过程中,应进行孔隙水压力、真空压力、深层沉降量及水平位移等预压参数的监测。真空压力每隔4h观测一次,表面沉降每2d测一次。

2)当连续五昼夜实测地面沉降小于0.5mm/d、地基固结度已达到设计要求的80%时,经验收,即可终止抽真空。

3)停泵卸荷后24h,应测量地表回弹值。

真空预压法施工是在需要加固的软土内先设置砂井、袋装砂井或塑料板桩等竖向排水通道,在地面铺设砂垫层作横向排水通道,构成排水系统;在砂垫层中埋设主管、滤管,安装主管的出膜装置,安装抽真空装置,构成抽真空系统;铺设密封膜,施工密封沟,深部土层密封,处理加固过程中的地表裂缝,构成密封系统。

真空堆载联合预压时,先按真空预压的要求进行抽气,当真空度稳定后,在膜上铺放编织布等保护材料,将所需的堆载加上,并继续抽气,直至满足工程要求为止。

真空预压法加固地基的基本原理是利用薄膜密封技术,在膜下形成真空,使薄膜内外产生气压差,地基在等向气压差作用下进行排水固结。在固结终了时,地基的真空压力就全部转化为有效应力。由于真空预压荷载是等向的,地基中不产生剪应力,故地基不存在剪切破坏的问题,真空荷载可一次施加,而不必像堆载那样要分级进行加载。因此,真空预压法可大幅缩短预压时间。

真空预压法与排水板堆载预压法相比,主要的优点是加荷时间短、工艺简单、造价低、地基不存在失稳问题,通常在设计荷载不超过80kPa的地基上采用是最适宜的。

真空堆载联合预压是使用真空预压法不能满足设计要求时,再使用堆载法增加预压荷载,使地基加固达到设计要求。

施工注意事项如下:

(1)加固区划分。

真空预压法的加固范围应为整个工程需要加固的范围。为保证气密性好、真空度高,单块加固面积应尽可能大。根据现有的材料和工艺设备,加固面积可达到30 000m^2。当工程上需要对大面积范围加固时,可以分区进行,各区间可以搭接,也可以有一定间距。

(2)抽真空设备。

抽真空设备的优劣决定真空预压的成败和效果,通常宜采用射流真空泵,其真空度高、设备轻便、易于操作。

抽真空时必须达到95kPa以上的真空吸力,最好达到98kPa。真空泵的数量应根据加固面积确定。常用设备为功率不小于7.5kW的射流泵,每台可加固1 000~1 200m^{2}的软土地基。面积大时,每个加固区可用几台射流泵；面积小时，一台射流泵可管几个加固区。每个加固区场地至少应设两台射流泵。

(3)抽真空管路布置。

抽真空管路的连接点应严格进行密封。为避免膜下的真空度在停泵后降低过快，在抽真空管路中应设置回阀和闸阀。抽真空管路由主管和滤管组成，水平向分布的滤管可采用条状、梳齿状、羽字状或目字状等形式，滤水管布置最好能形成回路。滤水管一般设在排水砂垫层中，其上应该有100~200mm厚砂覆盖层。滤水管可采用钢管或塑料管，彼此之间的连接宜采用刚柔性接头。滤水管外面需围绕铅丝，外包尼龙纱、土工织物或棕皮等滤水材料。

密封薄膜在真空预压中起着关键作用，应采用抗老化性能好、柔韧性好、抗穿刺能力强的不透气材料，一般采用聚氯乙烯薄膜。常用的密封膜的厚度为0.12~0.14mm，根据其厚度的不同，真空预压时可铺设2~3层，密封薄膜的周边应埋入密封沟内。密封沟布置在加固区的四周，一般宽度为0.6~0.8m，深度为1.2~1.5m。

当加固区表层为透气性大的土层时，密封沟的深度应大于表层土的厚度而到达下部透气性小的软土层；当加固具有较厚的、水源补给充足的透水层时，或在加固区有管道或其外侧有防空洞等大量漏气的介质时，应采用封闭式截水墙(如深层搅拌桩、粉喷桩、黏土墙、塑料墙、钢板桩)形成防水帷幕等方法来隔断透气、透水层。

当满足下列条件之一时，可停止抽气(卸掉真空负压荷载)：

①连续5d实测沉降速率小于或等于0.5mm/d时；

②满足工程对沉降、承载力、有效压力强度的要求时，如满足工后沉降量的要求、桥台涵洞处满足地基承载力的要求等；

③固结度达到80%以上时。

7.6.12 粒料桩施工应符合下列规定：

1 砂桩宜采用中、粗砂，粒径大于0.5mm颗粒含量宜占总质量的

50%以上,含泥量应小于3%,渗透系数应大于5×10^{-2}mm/s;也可使用砂砾混合料,含泥量应小于5%。

2 碎石桩宜采用级配好、不易风化的碎石或砾石,最大粒径宜不大于50mm,含泥量应小于5%。

3 施工前应进行成桩工艺和成桩挤密试验。

4 粒料桩可采用振冲置换法或振动沉管法,宜从中间向外围或间隔跳打。邻近结构物施工时,应沿背离结构物的方向施工。

5 粒料桩施工质量应符合表7.6.12的规定。

表7.6.12 粒料桩施工质量标准

项次	检查项目	规定值或允许偏差	检查方法和频率
1	桩距(mm)	±150	抽查桩数的2%且不少于5点
2	桩长(m)	≥设计值	查施工记录
3	桩径(mm)	≥设计值	抽查2%
4	粒料灌入率	≥设计值	查施工记录
5	地基承载力	满足设计要求	抽查桩数的0.1%且不少于3处

6 碎石桩密实度抽查频率应为2%,用重Ⅱ型动力触探测试,贯入量100mm时,击数应大于5次。

6.3.9 砂桩

1 材料要求:采用中、粗砂,大于0.6mm颗粒含量宜占总重的50%以上,含泥量应小于3%,渗透系数大于5×10^{-2}mm/s。也可使用砂砾混合料,含泥量应小于5%。

2 砂桩施工应符合以下规定:

1)采用单管冲击法、一次打桩管成桩法或复打成桩法施工时,应使用饱和砂;采用双管冲击法、重复压拔法施工时,可使用含水量为7%~9%的砂;饱和土中施工可用天然湿砂。

2)地面下1~2m土层应超量投砂,通过压挤提高表层砂的密实程度。

3) 成桩过程应连续。

4) 实际灌砂量未达到设计用量时,应进行处理。

3 砂桩施工质量,应符合表6.3.9的规定。

表6.3.9 砂桩施工质量标准

项次	检查项目	规定值或允许偏差	检查方法和频率
1	桩距(mm)	±150	抽查3%
2	桩长	不小于设计值	查施工记录
3	桩径	不小于设计值	抽查3%
4	竖直度(%)	1.5	查施工记录
5	灌砂量	不小于设计值	查施工记录

6.3.10 碎石桩

1 材料要求:未风化碎石或砾石,粒径宜为19~63mm,含泥量应小于10%。

2 施工前应按规定做成桩试验。

3 根据试桩成果,严格控制水压、电流和振冲器在固定深度位置的留振时间。

4 碎石桩施工质量,应符合表6.3.10的规定。

表6.3.10 碎石桩施工质量标准

项次	检查项目	规定值或允许偏差	检查方法和频率
1	桩距(mm)	±150	抽查3%
2	桩径	不小于设计值	查施工记录
3	桩长	不小于设计值	抽查3%
4	竖直度(%)	1.5	查施工记录
5	灌碎石量	不小于设计值	查施工记录

5 碎石桩密实度抽查频率为2%,用重Ⅱ型动力触探测试,贯入量100mm时,击数应大于5次。

粒料桩是以碎石、砂砾、矿渣、砂等松散粒料作为桩料,利用专用机械形成的桩体,常用的有砂桩和碎石桩等。

粒料桩具有技术可靠,机具设备简单、易操作,施工方便等优点。与排水固结法相比,粒料桩加固期短,可以采用快速连续加载方法施工路堤,对缩短工期十分有利。

砂的含水率对桩体密实度有很大影响。采用单管冲击法、一次打桩管成桩法或复打成桩法施工时,应使用饱和砂;采用双管冲击法、重复压拔法施工时,可使用含水率为7%~9%的砂;饱和土中施工可用天然湿砂。

施工前应按规定做成桩工艺试验,记录冲孔、清孔、制桩时间和深度、冲水量、水压、压入砂(碎石)量及电流的变化等,将经验证的设计参数和施工控制的有关参数作为粒料桩施工的控制指标。

桩的施工次序一般是"由里向外"或"一边推向另一边"(图7-2),以利于挤走部分软土。对抗剪强度很低的黏性土地基,为减少制桩时对原土的扰动,宜用间隔跳打的方式施工。当加固区毗邻其他建筑物时,为减少对建筑物的振动影响,宜按图7-2d)所示的次序施工。

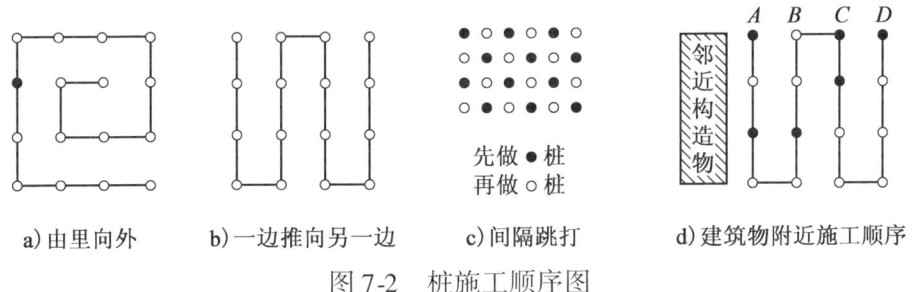

图7-2 桩施工顺序图

制作桩体填料宜就地取材,碎石、卵石、砂砾、矿渣等都可使用,但易风化崩解材料不宜采用。各类填料含泥量均不得大于5%。对填料颗粒级配没有特别要求,填料最大粒径一般不大于63mm,粒径过大不仅容易卡孔,而且会使振冲器外壳出现强烈磨耗。

对砂桩质量要求严格或要求小直径管打大直径砂桩时,可采用双管冲击成桩法或单管振动重复压拔管成桩法。

施工质量检验,常用的方法有单桩荷载试验和动力触探试验;加固效果检验,常用的方法有单桩复合地基荷载试验和多桩复合地基大型荷载试验。

7.6.13 加固土桩施工应符合下列规定:

1 加固土桩的固化剂宜采用生石灰或水泥。生石灰应采用磨细Ⅰ级生石灰,应无杂质,最大粒径应小于 **2mm**。水泥宜采用强度等级不低于 **32.5** 级的普通硅酸盐水泥。

2 加固土桩施工前应进行成桩试验,桩数宜不少于 **5** 根,且应满足下列要求:

1)应取得满足设计喷入量的各种技术参数,如钻进速度、提升速度、搅拌速度、喷气压力、单位时间喷入量等。

2)应确定能保证胶结料与加固软土拌和均匀性的工艺。

3)掌握下钻和提升的阻力情况,选择合理的技术措施。

4)根据地层、地质情况确定复喷范围。

3 施工中发现喷粉量或喷浆量不足,应整桩复打,复打的量应不小于设计用量。中断施工时,应及时记录深度,并在 **12h** 内进行复打,复打重叠长度应大于 **1m**;超过 **12h**,应采取补桩措施。

4 加固土桩施工质量应符合表 7.6.13 的规定。

表 7.6.13 加固土桩施工质量标准

项次	检查项目	规定值或允许偏差	检查方法和频率
1	桩距(mm)	±100	尺量:抽查桩数的2%且不少于5点
2	桩径(mm)	≥设计值	尺量:抽查桩数的2%且不少于5点
3	桩长(m)	≥设计值	查施工记录
4	单桩每延米喷粉(浆)量	≥设计值	查施工记录

续表 7.6.13

项次	检查项目	规定值或允许偏差	检查方法和频率
5	强度(MPa)	≥设计值	取芯法:抽查桩数的0.5%且不少于3根
6	地基承载力	满足设计要求	抽查桩数的0.1%且不少于3处

6.3.11 加固土桩

1 材料要求如下：

1）生石灰粒径应小于2.36mm,无杂质,氧化镁和氧化钙总量应不小于85%,其中氧化钙含量应不小于80%。

2）粉煤灰中二氧化硅和三氧化二铝含量应大于70%,烧失量应小于10%。

3）水泥宜用普通或矿渣水泥。

2 加固土桩施工前必须进行成桩试验,桩数不宜少于5根,且满足以下要求：

1）应取得满足设计喷入量的各种技术参数,如钻进速度、提升速度、搅拌速度、喷气压力、单位时间喷入量等。

2）应确定能保证胶结料与加固软土拌和均匀性的工艺。

3）掌握下钻和提升的阻力情况,选择合理的技术措施。

4）根据地层、地质情况确定复喷范围。

3 应根据固化剂喷入的形态(浆液或粉体),采用不同的施工机械组合。

4 采用浆液固化剂时,制备好的浆液不得离析,不得停置过长。超过2h的浆液应降低等级使用。浆液拌和均匀、不得有结块。供浆应连续。

5 采用粉体固化剂时,应符合以下规定：

1）严格控制喷粉标高和停粉标高,不得中断喷粉,确保桩体长度;严格控制粉喷时间、停粉时间和喷入量。应采取措施防止桩体上下喷粉不匀、下部剂量不足、上下部强度差异大等问题,应按设计要求的深度复搅。

2)当钻头提升到地面以下小于500mm时,送灰器停止送灰,用同剂量的混合土换填。

3)如喷粉量不足,应整桩复打,复打的喷粉量不小于设计用量。因故喷粉中断时,必须复打,复打重叠长度应大于1m。

4)施工设备必须配有自动记录的计量系统。

5)钻头直径的磨损量不得大于10mm。

6 加固土桩施工质量,应符合表6.3.11的规定。

表6.3.11 加固土桩施工质量标准

项次	检查项目	规定值或允许偏差	检查方法和频率
1	桩距(mm)	±100	抽查桩数3%
2	桩径	不小于设计值	抽查桩数3%
3	桩长	不小于设计值	喷粉(浆)前检查钻杆长度,成桩28d后钻孔取芯3%
4	竖直度(%)	1.5	抽查桩数3%
5	单桩每延米喷粉(浆)量(%)	不小于设计值	查施工记录
6	桩体无侧限抗压强度	不小于设计值	成桩28d后钻孔取芯,桩体三等分段各取芯样一个,成桩数3%
7	单桩或复合地基承载力	不小于设计值	成桩数的0.2%,并不少于3根

加固土桩是通过搅拌机将胶结材料与深层地基软土搅拌成桩柱体,具有一定的强度和水稳定性,由加固土桩与四周软土组成复合地基,提高地基承载力,增加地基强度,增大地基变形模量,减少地基沉降。胶结材料主要是水泥、石灰和粉煤灰等,目前国内绝大部分是使用水泥。加固土桩施工法可分为粉体喷射搅拌法(粉喷)和浆液喷射搅拌法(浆喷)两大

类,通常对高含水率软土以粉喷为好,低含水率软土以浆喷较佳,但含水率高低无明确界限,可按地区经验选用。

7.6.14 水泥粉煤灰碎石桩施工应符合下列规定:

1 集料可采用碎石或砾石,泵送混合料时砾石最大粒径宜不大于 **25mm**,碎石最大粒径宜不大于 **20mm**;振动沉管灌注混合料时,集料最大粒径宜不大于 **50mm**。水泥宜选用 **32.5** 级普通硅酸盐水泥。粉煤灰宜选用 II、III 级粉煤灰。

2 施工前应进行成桩试验,成桩试验需要确定施工工艺、速度、投料数量和质量标准。

3 群桩施工,应合理设计打桩顺序、控制打桩速度,宜采用隔桩跳打的打桩顺序,相邻桩打桩间隔时间应不小于 **7d**。

4 水泥粉煤灰碎石桩施工质量应符合表 7.6.14 的规定。

表 7.6.14 水泥粉煤灰碎石桩施工质量标准

项次	检查项目	规定值或允许偏差	检查方法和频率
1	桩距(mm)	±100	尺量:抽查桩数的2%且不少于5点
2	桩径(mm)	≥设计值	尺量:抽查桩数的2%且不少于5点
3	桩长(m)	≥设计值	查施工记录
4	强度(MPa)	≥设计值	取芯法:抽查桩数的0.5%且不少于3根
5	复合地基承载力	≥设计值	抽查桩数的0.1%且不少于3处

6.3.12 水泥粉煤灰碎石桩

1 材料要求如下:

1)集料:应根据施工方法,选择合理的集料级配和最大粒径。

2) 水泥:宜选用普通硅酸盐水泥。

3) 粉煤灰:宜选用袋装Ⅱ、Ⅲ级粉煤灰。

2 施工前应进行成桩试验,试桩数量宜为5~7根。

3 水泥粉煤灰碎石桩施工应符合以下规定:

1) 桩体施工应选择合理的施打顺序,避免对已成桩造成损害。

2) 成桩过程中,应对已打桩的桩顶进行位移监测。

3) 混合料应拌和均匀。

4 水泥粉煤灰碎石桩施工质量,应符合表6.3.12的规定。

表6.3.12 水泥粉煤灰碎石桩施工质量标准

项次	检查项目	规定值或允许偏差	检查方法和频率
1	桩距(mm)	±100	抽查桩数3%
2	桩径	不小于设计值	抽查桩数3%
3	桩长	不小于设计值	查施工记录
4	竖直度(%)	1	抽查桩数3%
5	桩体强度	不小于设计值	取芯法,总桩数的5%
6	单桩和复合地基承载力	不小于设计值	成桩数的0.2%,并不少于3根

水泥粉煤灰碎石桩是一种较成熟的处理软弱地基的技术,2019版规范修订时新增此部分内容。

水泥粉煤灰碎石桩(简称CFG桩)是在碎石桩的基础上加入一些石屑、粉煤灰和少量水泥,再加水拌和制成的一种具有一定黏结强度的桩,它和桩间土、垫层一起形成复合地基,如图7-3所示。

这种加固方法吸取了振冲碎石桩和水泥搅拌桩的优点。桩体中加入了粉煤灰、石屑、水泥形成高黏结强度的桩,从而改善碎石桩的刚性,不仅能发挥全桩的侧摩阻作用,同时,也能充分发挥其端阻作用。

水泥粉煤灰碎石桩的施工工艺与普通振动沉管灌注桩相同,工艺简单,与振冲碎石桩相比,无场地污染,振动影响也较小,水泥用量比水泥搅拌桩少,而受力特性与水泥搅拌桩类似。水泥粉煤灰碎石桩与碎石桩的对比见表7-2。

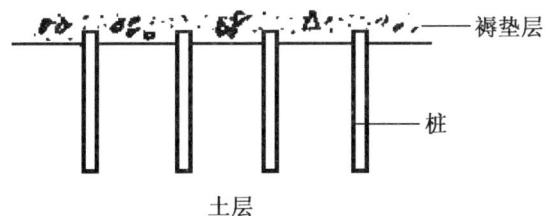

图7-3 水泥粉煤灰碎石桩复合地基示意图

表7-2 水泥粉煤灰碎石桩与碎石桩的对比

对 比 项	水泥粉煤灰碎石桩（CFG桩）	碎 石 桩
单桩承载力	桩的承载力主要来自全桩长的摩阻力及桩端承载力，桩越长则承载力越高。以置换率10%计，桩承担的荷载占总荷载的百分比为40%～75%	桩的承载力主要靠桩顶以下有限长度范围内桩周土的侧向约束。当桩长大于有效桩长时，增加桩长对承载力的提高作用不大。以置换率10%计，桩承担荷载占总荷载的百分比为15%～30%
复合地基承载力	承载力提高幅度有较大的可调性，可提高4倍或更高	加固黏性土复合地基承载力的提高幅度较小，一般为0.5～1倍
变形	增加桩长可有效地减小变形，总的变形量小	减小地基变形的幅度较小，总的变形量较大
三轴应力应变曲线	应力应变曲线为直线，围压对应力应变曲线没较大影响	应力应变曲线不呈直线，增加围压，破坏主应力差增大
适用范围	高速公路、多层和高层建筑地基	各级公路、多层建筑物地基

水泥粉煤灰碎石桩适用范围广，可用于杂填土、饱和及非饱和黏性土、粉土、砂性土及湿陷性黄土地基中，以提高地基承载力和减少地基变形，既可用于挤密效果好的土，又可用于挤密效果差的土。当水泥粉煤灰碎石桩用于挤密效果好的土时，承载力的提高值既有挤密分量，又有置换分量；当水泥粉煤灰碎石桩用于不可挤密的土时，承载力的提高值只与置换作用有关。当土的承载力标准值$f \leqslant 50$kPa时，水泥粉煤灰碎石桩的适用性尚待研究。若以挤密或消除液化为目的时，采用水泥粉煤灰碎石桩

不大经济。

连续施打可能造成的缺陷是桩径被挤扁或缩颈。跳打一般可减小对相邻桩的影响,但土质较硬时,在已打桩中间补打新桩时,已打桩可能被振断或振裂。

7.6.15 现浇混凝土大直径管桩施工应符合下列规定:

1 粗集料宜优先选用卵石。采用碎石时,宜适当增加含砂率。集料最大粒径宜不大于 63mm。混凝土坍落度宜为 80～100mm,在运输和灌注过程中无离析、泌水。

2 桩尖、桩帽混凝土强度等级宜不低于 C30。桩尖表面应平整、密实,桩尖内外面圆度偏差不得大于 1%,桩尖端头支承面应平整。

3 邻近有建筑物或构造物时,应采取有效的隔振措施。

4 群桩施工,应合理设计打桩顺序、控制打桩速度,防止影响邻桩成桩质量。

5 现浇混凝土大直径管桩施工质量应符合表 7.6.15 的规定。

表 7.6.15 现浇混凝土大直径管桩施工质量标准

项次	检查项目	规定值或允许偏差	检查方法和频率
1	混凝土抗压强度(MPa)	在合格标准内	每根桩 2 组,每台班至少 2 组
2	桩距(mm)	±100	尺量:抽查桩数的 2%且不少于 5 点
3	桩径(mm)	≥设计值	尺量:抽查桩数的 2%
4	桩长(m)	≥设计值	查成孔记录
5	竖直度(%)	1	查成孔记录
6	单桩承载力	满足设计要求	抽查桩数的 0.1%且不少于 3 根
7	桩身完整性	无明显缺陷	低应变测试:抽查桩数的 10%

现浇混凝土大直径管桩吸收了振动管桩、振动沉管桩和振动沉模薄壁防渗墙等技术的优点,具有桩身强度高、直径大、有效加固深度大、单桩承载力高、施工工艺简单、可操作性强、质量较易控制等特点。同时现浇

混凝土大直径管桩也可以直接用在砂砾层或风化岩层中,起到支承摩擦桩的作用。桩长可以单节一次性成桩,也可以是接管型多节长桩。壁厚为80~200mm,桩径为0.6~2m,在工程需要及地质条件许可条件下,还可发展出桩长更长、直径更大的桩型,例如唐山曹妃甸围海大堤中采用的薄壁筒型沉管灌注桩直径为2m。

进入21世纪以来,现浇混凝土大直径管桩在长江三角洲地区的高速公路地基处理中得到不少应用。现浇混凝土大直径管桩的单桩承载力可达水泥粉喷桩的10倍,其单位面积加固费用仅略高于水泥粉喷桩,因此为软基处理,特别是为较厚的软基处理提供了一种新的、具有竞争力的技术选择。薄壁筒型沉管灌注桩加固机理,采取自动排土振动灌注成桩技术,依靠沉腔上部锤头的振动力将内外双层钢套管所形成的环形腔体在活瓣桩靴的保护下打入预定的设计深度,在腔体内现浇混凝土或钢筋混凝土,然后振动拔管,在环形区域中土体与外部土体之间形成混凝土管桩。同时,在桩顶设置褥垫层和土工格栅以保证桩土共同承担荷载,并调整桩与桩间土的竖向及水平荷载分担比例,减少基底应力集中问题。现浇混凝土大直径管桩复合地基具有挤密作用、竖向加筋作用和垫层作用,适用于下卧层中有良好持力层的淤泥质黏土、素填土、砂土、粉砂土、高液限及低液限黏土。

7.6.16 预制管桩施工应符合下列规定:

1 管桩堆放场地应平整、坚实,应有排水措施,不得产生不均匀沉陷。

2 施工前检查成品桩,先张法薄壁预应力混凝土管桩应符合现行《先张法预应力混凝土管桩》(GB 13476)、《先张法预应力混凝土薄壁管桩》(JC 888)的规定。

3 预制管桩宜采用静压方式施工,也可采用锤击沉桩方式施工。

4 桩的打设次序宜由路基中心线向两侧打设,由结构物向路堤方向打设。

5 沉桩过程中应严格控制桩身的垂直度。

6 每根桩宜一次性连续沉至设计高程,沉桩过程中停歇时间不应过长。

7 中止沉桩宜采用贯入度控制。

8 桩帽钢筋笼应插入管桩内,连接混凝土应与桩帽混凝土一起灌注。

9 预制管桩施工质量应符合表 7.6.16 的规定。

表 7.6.16 预制管桩施工质量标准

项次	检查项目	规定值或允许偏差	检查方法和频率
1	桩距(mm)	±100	尺量:抽查桩数的 2% 且不少于 5 点
2	桩长(m)	≥设计值	尺量:抽查桩数的 2% 且不少于 5 点
3	竖直度(%)	1	抽查桩数的 2%
4	单桩承载力	满足设计要求	抽查桩数的 0.1% 且不少于 3 根
5	桩帽高度(mm)	+20,−10	尺量:抽查桩数的 2%
6	桩帽长度和宽度(mm)	+30,−20	尺量:抽查桩数的 2%
7	桩帽位置(mm)	50	尺量:抽查桩数的 2%

预制管桩在建筑地基基础工程中应用广泛,施工工艺成熟。近年来,逐渐用于公路软基处理,使用方便,效果良好,但造价较为昂贵。

桩的打设过程中会产生挤土效应,应尽量先进行软基处理的桩基打设,再进行结构物基础施工;如先进行结构物基础施工,打设顺序应由结构物处向路堤方向打设,尽量减少对结构物基础的影响。如路基周边有建筑物,打设顺序应由建筑物侧向另一侧方向打设。必要时可采取减振沟、减振孔等措施。

7.6.17 强夯与强夯置换施工应符合下列规定:

1 强夯置换材料应采用级配好的片石、碎石、矿渣等坚硬的粗颗粒材料,粒径宜不大于夯锤底面直径的 0.2 倍,含泥量宜不大于 10%,粒径大于300mm的颗粒含量宜不大于总质量的30%。

2 应采取隔振、防振措施消除强夯对邻近建筑物的有害影响。

3 施工前应选择有代表性并不小于500m²的路段进行试夯,确定最佳夯击能、间歇时间、夯间距等参数。

4 夯点可采用正方形或等边三角形布置,间距宜为5～7m。在强夯能级不变的条件下,宜采用重锤、低落距。

5 强夯和强夯置换施工前应在地表铺设一定厚度的垫层。强夯施工垫层材料宜采用透水性好的砂、砂砾、石屑、碎石土等,强夯置换施工垫层材料宜与桩体材料相同。垫层宜分层摊铺压实。

6 施工前应检查锤重和落距,单击夯击能量应满足设计要求。

7 强夯施工结束30d后,应通过标准贯入、静力触探等原位测试,测量地基的夯后承载能力是否达到设计要求。

8 强夯置换施工结束30d后,宜采用动力触探试验检查置换墩着底情况及承载力,检验数量不少于墩点数的1%,且不少于3点。检查置换墩直径与深度,应满足设计要求。

6.3.16 强夯

1 应采取隔振、防振措施消除强夯对邻近建筑物的有害影响。

2 施工前应选择有代表性并不小于500m²的路段进行试夯,确定最佳夯击能、间歇时间、夯间距等参数。

3 夯击次数应按现场试夯得到的夯击次数和夯沉量关系曲线确定。

4 垫层材料应采用透水性好的砂、砂砾、石屑、碎石土等。

5 强夯施工应符合以下规定:

1)施工前应检查锤重和落距,单击夯击能量应符合设计要求。

2)夯击前,应对夯点放样并复核,夯完后检查夯坑位置,发现偏差或漏夯应及时纠正。

3)施工过程中应记录每个夯点的夯沉量,原始记录应完整、齐全。

6 强夯施工完成后,应通过标准贯入、静力触探等原位测试,测量地基的夯后承载能力是否达到设计要求。

6.3.17 强夯置换

1 置换材料应采用级配良好的块(片)石、碎石、矿渣等坚硬的粗颗粒材料,粒径不宜大于夯锤底面直径的0.2倍,含泥量不宜大于10%,粒径大于300mm的颗粒含量不宜大于总质量的30%。

2 垫层材料应采用水稳性好的砂、砂砾、石屑、碎石土等。

3 应采取隔振、防振措施消除强夯对邻近建筑物的有害影响。

4 强夯置换施工前应进行试夯。

5 强夯置换施工应符合以下规定:

1)标出第一遍夯点位置,测量地面高程。

2)测量夯前锤底高程。

3)夯击并逐击记录夯坑深度,当夯坑过深而发生起锤困难时,停夯后向坑内填料直至坑顶填平,记录填料数量,如此重复直至满足规定的夯击次数及控制标准,完成一个墩体的夯击。

4)应按由内而外,隔行跳夯击打的原则完成全部夯点的施工。

5)推平地基,用低能量进行满夯,将表层松土夯实,并测量夯后地基高程。

6)按设计铺筑垫层,并分层碾压密实。

6 施工过程质量控制

1)单击夯击能量应符合设计要求。

2)夯击前,应对夯点放样进行复核,夯完后检查夯坑位置,发现偏差或漏夯应及时纠正。

3)按设计要求检查每个夯点的夯击次数和每击沉降量及夯墩的置换深度。

7 质量检验

1)动力触探试验检查置换墩着底情况及承载力。检验数量不少于墩点数1%,且不少于3点。

2) 置换墩直径与深度应符合设计要求。

强夯法,即"强力夯实法"或"动力固结法",是将重锤从高处自由落下,给土体以冲击和振动,从而提高地基的强度,降低土体的压缩性。它是在重锤表层夯实法的基础上发展起来而又与重锤表层夯实法有区别的一项加固技术。

强夯法施工适用于处理碎石土、砂土、低饱和度的粉土与黏土、湿陷性黄土、素填土和杂填土等地基。

地下水位较高的地基采用强夯处理时,夯前应采取适当的降水方法将地下水位降至需加固层深度以下。

强夯置换法施工与一般强夯法施工类似,施工使用的机具设备、操作步骤基本相同,只是在夯击过程中不断地加入散体材料并进行夯实。前者属于把地基土质改良为均质地基,后者属于把地基加固为复合地基。因此,强夯施工的一般法则在强夯置换法中同样适用,只是增加了置换法的特殊内容。

强夯置换是强夯用于加固饱和软黏土地基的方法。强夯置换法的加固机理与强夯法不同,它利用重锤由高度落差产生的高冲击能,将碎石、片石、矿渣等性能较好的材料强力挤入地基中,在地基中形成各个粒料墩,墩与墩间土形成复合地基,以提高地基承载力,减小沉降,对墩周土体作用同强夯法。在强夯置换过程中,土体结构破坏,地基土体产生超孔隙水压力,但随着时间的增加,土体结构强度得到恢复。粒料墩一般都有较好的透水性,有利于土体中超孔隙水压力消散产生固结。

强夯施工中夯锤冲击地基时所产生的冲击波,会对周围环境造成振动甚至损坏,因此,在强夯施工前,必须对周围环境的振动允许程度进行调查,并根据环境要求控制单击夯击能。

施工前应选择有代表性并不小于 $500m^2$ 的路段进行试夯,通过试夯及其效果的检测分析,修改完善强夯设计,确定施工工艺参数,为正式施工提供指导。试夯时的现场测试内容,还应包括地面变形测量、孔隙压力和侧向压应力的测量及高程、载荷板试验和振动影响区观测等。

夯点的定位:强夯前,应采用小木桩或用石灰标出第一遍夯击点的位置,其偏差不大于50mm并测量地面高程。

强夯时,波传播过程中在不同土层间有反射和折射作用,表面的多次反射使表层土体疏松,同时瑞利波的竖向分量也起着松动表层土体的作用。因此,在地表有饱和细颗粒土和地下水位较高时,宜在表面铺设1.0~2.0m的砂石,不仅作为承受强夯机械的持力层,又可减少由于冲击波而造成的上部土层的松动,此外,还可加速强夯产生的超静水压力的消散。施工时应设置监测点,并采取隔振沟等隔振或防振措施。隔振沟一般宜开挖至地表下2.0m左右,或开挖至建筑物基础最大埋置深度。可环绕强夯场地,也可在被保护建筑物临振源侧开挖。强夯场地附近的建(构)筑物距夯击点的最小安全距离不得小于15m,且由强夯引起的地面波速应小于50.8mm/s。

7.6.18 软土地区路堤施工应符合下列规定:

1 软土地区路堤施工应尽早安排,施工计划中应考虑地基所需固结时间。

2 填筑过程中,应严格控制填筑速率,并应进行动态观测。

3 施工期间,路堤中心线地面沉降速率24h应不大于10~15mm,坡脚水平位移速率24h应不大于5mm。应结合沉降和位移观测结果综合分析地基稳定性。填筑速率应以水平位移控制为主,超过标准应立即停止填筑。

4 桥台、涵洞、通道以及加固工程应在预压沉降完成后再进行施工。

5 应按设计要求的预压荷载、预压时间进行预压。堆载预压的填料宜采用上路床填料,并分层填筑压实。

6 在软土地基上直接填筑路堤,应符合下列规定:

1)水面以下部分应选择透水性好的填料,水面以上可用一般土或轻质材料填筑。

2) 填筑路基的土宜从取土场取用。在两侧取土时,取土坑距路堤坡脚的距离应满足路堤稳定的要求。

3) 反压护道宜与路堤同时填筑。分开填筑时,应在路堤达到临界高度前完成反压护道施工。

6.3.18 软土地区路堤施工

1 软土地区路堤施工计划中宜考虑地基固结工期。

2 施工时不宜破坏软土地基表层硬壳层。

3 路堤压实宽度应不小于设计值,坡度应符合设计要求。

4 填筑过程中,路堤中心线地面沉降速率每昼夜应不大于10~15mm,坡脚水平位移速率每昼夜应不大于5mm。应结合沉降和位移发展趋势对观测结果进行综合分析。填筑速率应以水平位移控制为主,超过标准应立即停止填筑。

5 采用排水固结法施工时,桥台、涵洞、通道以及加固工程应在预压沉降完成后方可进行施工。路堤与桥台衔接部位、路堤与锥坡预压填土应同步填筑与碾压,填料宜选用透水性材料。

6 应按设计要求的预压荷载、预压时间进行预压。在预压期内,除添加由于沉降而引起的沉降补方外,严禁其他作业。

7 在软土地基上直接填筑路堤,应符合以下规定:

1) 水面以下部分应选择透水性好的填料,水面以上可用一般土或轻质材料填筑。

2) 填筑路基的土宜从取土场取用。必须在两侧取土时,取土坑距路堤坡脚的距离应满足路堤稳定的要求。

3) 反压护道施工宜与路堤同时填筑。分开填筑时,必须在路堤达到临界高度前完成反压护道施工。

8 吹填砂路堤施工应符合下列规定:

1) 吹填砂材料宜采用中、粗砂,含泥量不宜大于15%。

2) 吹填砂路堤用渗沟排水时,在连接砂堤的端部应设砂砾反滤层,防止砂土堵塞渗沟。排水口处两侧挡水堤应作加固处理。

3)挡水堤外边坡应按设计要求进行防护。

4)吹填砂路堤完工后，应及时完成封闭层。

9 矿渣路堤施工应符合下列规定：

1)路堤填料应为至少放置1年以上的高炉矿渣，并有良好的级配，必要时应予破碎。

2)矿渣用于水位以下或地下水位300mm以内的路堤施工时，其最大粒径应不大于300mm，同时粒径宜小于1/2压实厚度，通过19mm筛孔量应不大于10%，通过0.075mm的筛余料塑性指数应不超过6。

3)每层铺筑厚度应根据试验确定。矿渣填料顶面应采用级配良好的矿渣，或者用最大粒径为75mm的破碎矿渣或碎石进行嵌缝，其厚度应不小于100mm。

软土地基路堤施工宜安排在有利季节进行；应注意充分利用南方深秋至初春间的少雨黄金季节和北方少冰雪、无冻土、避开汛期的旱季暖天等有利时期施工。

应妥善安排施工计划，软土地基较一般地基应提前施工，以便地基有充分时间固结。

软土地区路堤施工应尽早安排，特别是控制工期的桥头、涵洞等构造物处的路堤，应注意提前开工以确保时间充裕，采取路堤自然沉降使地基固结，逐渐趋于稳定，力求少花或不花钱就达到深层地基处理的效果，达到"以时间换金钱"的目的。

路堤填筑过程中，应进行沉降和稳定监测。当接近或达到极限填土高度时，严格控制填土速率，避免由于加载过快而造成地基破坏。每填一层，应进行一次监测，控制标准为：路堤中心线地面沉降速率24h不大于10～15mm，坡脚水平位移速率24h不大于5mm。观测结果应结合沉降和位移发展趋势进行综合分析。其填筑速率应以水平位移控制为主，如超过此限应立即停止填筑。

软土路堤在填筑过程中,曾发生过不少侧向滑移、纵向开裂、剪断桥台及其桩基,以及毁坏邻近房屋和农田等事例,为了保证施工及安全,必须注意严格控制施工速率。本规范规定控制填土速率的标准为:沿路堤中线地面沉降速率每昼夜不宜大于10~15mm(对于刚性桩处理深厚软基、浅层软基处理可取10mm;对于采用塑料排水板处理深厚软基可取15mm);坡脚水平位移每昼夜不宜大于5mm,而且每填一层土,应测定一次。

桥台、涵洞、通道以及加固工程应在预压沉降完成后进行施工。路堤与桥台衔接部位、路堤与锥坡预压填土应同步填筑与碾压,填料宜选用透水性材料。

软土地基施工时,要特别注意路堤和桥涵、通道等人工构造物衔接部位的施工,以尽量减少因不均匀沉降而出现的"跳车"现象和为此而投入的经常维修工作。根据各地的经验,一方面要求桥台处路堤应提前施工预压;另一方面桥背填土采用内摩擦角大于35°的渗水性材料或采用轻质材料填筑,并注意分层压实,对压路机难进场工作的部位用小型打夯机夯实。

路堤完工后应留有沉降期,如设计未规定,则不应少于6个月,沉降期内不应在路堤上进行任何后续工程。

填筑路基的土宜在集中取土场取用。必须在两侧取土时,若路堤填土高度小于2m,取土坑内缘距路堤坡脚的距离不得小于20m;若路堤的填土高度为5m,取土坑内缘距路堤坡脚的距离宜大于40m,且取土坑内每隔50m应留出顶宽为3m的横向土坡。

设置反压护道的目的是防止随着路堤填筑的增高,对地基的剪切力随之增大,当此剪切力大于地基的抗剪力时,发生剪切破坏。此时,路堤下沉,边坡脚外向上突起,反压护道就是为防止这种破坏,向下产生一种平衡压力以阻止路堤破坏的措施。路堤填至临界高度时,破坏最易发生,因此,反压护道施工应在之前完成。

7.6.19 旧路加宽软基处理应符合下列规定:

1 软基路段路基加宽台阶应开挖一层、填筑一层,上层台阶应在下层填筑完成后再开挖,台阶开挖应满足台阶宽度和新老路基处理设计要求。

2 确定加宽软基处理施工工艺和方案时,应考虑软基处理时挤土、震动对老路堤或邻近构筑物的影响。

3 施工期间应对旧路开挖边坡进行覆盖,并设置必要的临时排水设施。

4 旧路加宽路段应同步进行拼宽路基和老路基的沉降观测,观测点宜布置在同一断面上。观测点设置宜为老路路中、老路路肩、拼宽部分中部、拼宽部分外侧。老路路中、老路路肩沉降观测点设置可采用在路表埋设观测点的方法,拼宽部分宜采用埋设沉降板的方法。

7.6.20 路堤施工沉降和稳定观测应符合下列规定:

1 二级及二级以上公路路堤施工,应进行沉降和稳定的动态观测,观测项目、内容和频率应满足设计要求。

2 应观测地表沉降与地表水平位移,土体深层水平位移可根据工程需要确定是否观测,观测要求应符合表 7.6.20 的规定。

表 7.6.20 沉降和稳定动态观测

观测项目	常用仪器	观测内容及目的
地表沉降量	沉降板	根据测定数据调整填土速率;预测沉降趋势,确定预压卸载时间和结构物及路面施工时间;提供施工期间沉降土方量的计算依据
地表水平位移量及隆起量	地表水平位移桩	监测地表水平位移及隆起,确保路堤施工的安全和稳定
土体深层水平位移	测斜仪	监测土体深层水平位移,推定土体剪切破坏的位置

3 观测仪器应在软土地基处理后埋设,并在观测到稳定的初始值后再进行路堤填筑。

4 地基条件差、地形变化大、差异变形大的部位应设置观测点。同一

7 特殊路基

路段不同观测项目的测点宜布置在同一横断面上。

5 如地基稳定出现异常,应立即停止加载,分析原因并采取处理措施,待路堤恢复稳定后,方可继续填筑。

6 施工期间,应按设计要求进行沉降和稳定跟踪观测,观测频率应与路基(包括地基)变形速率相适应,变形大时应加密,反之亦然。填筑期每填一层应观测一次。两次填筑间隔时间长时,每 3~5d 观测一次。路堤填筑完成后,堆载预压期间第一个月宜每 3d 观测一次,第二、第三个月宜每 7d 观测一次,从第四个月起宜每 15d 观测一次,直至预压期结束。

7 各类观测点、基准点在观测期均应采取有效措施加以保护,并在标杆上涂设醒目的警示标志。

软土地基上修筑公路路堤,最突出的问题是稳定和沉降。为掌握路堤在施工中的变形动态,施工期间需要进行动态观测。动态观测项目除设计有明确的要求外,一般视工程的重要性和地基的特殊性以及观测对施工的影响程度等来确定。高速公路、一级公路和二级公路设计车速大,路面平整性要求高,因此,施工过程中需要进行沉降和稳定观测,既可保证路堤在施工中的安全和稳定,又能正确预测工后沉降,使工后沉降控制在设计允许范围之内,同时也为路面的铺筑提供依据。

软土地基路堤的施工应注意观测填筑过程或之后的地基变形动态,故对路堤施工实行动态观测。

根据设计文件要求确定测点位置,并应将其设置在需要观测的位置,观测结果将直接反映出测点处地基变形情况。地基条件差、地形变化大、设计问题多的部位和土质调查点附近均应设置观测点。观测点的设置位置不仅要根据设计要求,同时还应针对施工掌握的地质、地形等情况调整或增设。

为有利于测点保护、便于集中观测、统一观测频率,同时便于各观测项目数据的综合分析,沉降和稳定等观测点应设在同一横断面上。

工作标点桩、沉降板观测标、工作基点桩、校核基点桩在观测期中均必须采取有效措施加以保护或专人看管。沉降板观测标杆易遭施工车辆、压路机等碰撞和人为损坏,除采取有力的保护措施外,还应在标杆上竖有醒目的警示标志。测量标志一旦遭受碰损,应立即复位并复测。

7.7 红黏土与高液限土地区路基

2019版规范对06版规范的内容进行了全面的修订,增补了较多内容。

06版规范规定了红黏土地区的路基施工技术,但未包括高液限土。红黏土与高液限土性能相近,《公路路基设计规范》(JTG D30—2015)中将红黏土与高液限土列为一节。为了与《公路路基设计规范》(JTG D30—2015)相衔接,2019版规范修订时将高液限土与红黏土合并一节进行规定。

红黏土与高液限土广泛分布于我国华南与西南地区,其他省份有零星分布。20年来,交通运输部公路科学研究院吴立坚等人,结合福建、湖南、贵州等省份的高速公路工程建设,对红黏土与高液限土路基填筑技术开展了持续研究,取得了大量研究成果,积累了丰富工程经验,我国在红黏土与高液限土领域的公路建设有了长足进步。

7.7.1 红黏土与高液限土具有膨胀性时,应按膨胀土路基施工要求控制。

红黏土、高液限土和膨胀土间既有共性,也有明显的差异性。红黏土多为高液限土,但也不全是高液限土,部分红黏土具弱膨胀性。膨胀土大多为高液限土,少部分不是。红黏土、高液限土与膨胀土之间具有相关性,如图7-4所示。红黏土与高液限土的主要工程特性是干缩开裂、天然含水率高、压缩性较大,红黏土与高液限土路堤的性能较好,挖方边坡易坍塌。膨胀土的主要工程特性是遇水膨胀、强度降低,膨胀土路堤易产生膨胀变形,其挖方边坡极易坍塌。总体来

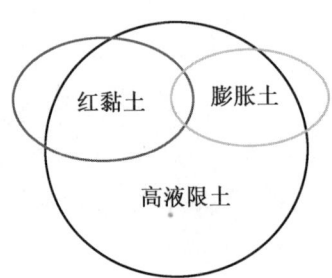

图7-4 红黏土、高液限土与膨胀土的相互关系

7 特殊路基

说,膨胀土的力学性质更差,工程病害类型与红黏土和高液限土路基不同。膨胀土后面专门叙述。

7.7.2 红黏土与高液限土的适用范围应符合表 7.7.2 的规定。高填方、陡坡路基不宜采用红黏土与高液限土填筑;路基浸水部分、桥台背、挡土墙背、涵洞背等部位不得采用红黏土与高液限土填筑。

表 7.7.2 红黏土与高液限土的适用范围

高速、一级公路			二 级 公 路			三、四级公路		
路床	上路堤	下路堤	路床	上路堤	下路堤	上路床	下路床	路堤
×	×	○	×	○	○	×	○	○
×	×	○	×	○	○	×	○	○

注:表中"○"为可用,"×"为不可用。

红黏土与高液限土的天然含水率普遍高,模量与强度低。为此,高速公路、一级公路的路床和上路堤以及二级公路的路床,采用砂砾、碎石等水稳性好的粗粒料填筑,以确保路基弯沉与模量符合要求。

红黏土与高液限土天然含水率高,不同的省区有较大的差异,各地的天然含水率大致范围如下:福建 30%～40%;湖南 25%～35%;贵州 35%～55%;广西及广东 30%～45%。在高天然含水率下,路基的模量很小,弯沉无法满足要求。若采用翻晒等措施,虽能提高压实度与强度,但耗时较多,且受气候影响,路基施工含水率过低并不利于其长期性能的稳定。国内虽有对红黏土与高液限土进行掺配石灰、水泥和碎石改良的案例,但不易拌匀,工程应用规模不大,以试验段性质居多,施工成本较高。为此,2019 版规范对红黏土与高液限土的适用范围作了明确界定。

高填方路基本身的荷载较大,红黏土与高液限土的天然含水率高、压缩性大,高填方路基易产生侧向的塑性变形与挤出,故不得采用。

陡坡路基易产生侧向滑移,红黏土与高液限土的抗剪强度较粗颗粒低,不利于路基的稳定。路基浸水部分、桥台背、挡土墙背、涵洞背等部位需采用透水性良好的材料填筑,用红黏土与高液限土填筑显然不合适。

7.7.3 红黏土与高液限土路基宜在旱季施工。路基填筑宜连续施工，碾压完一层经检测合格后随即进行下一层的摊铺，防止路基表面因水分蒸发而开裂。路基填筑施工间歇期长时，可采取顶层掺配不少于 30% 的碎石后碾压成形等防裂措施。顶层开裂明显的路基应重新翻拌碾压。

6.4.4 路堤填筑应符合下列规定：

1 应尽量避免雨季施工。雨季施工时，应防止松土被雨淋湿。施工中应保持作业面横坡不小于 3%。雨后作业面，应经晾干且重新压实合格后方可进行下道工序的施工。

2 填料应随挖随用。摊铺后必须及时碾压，做到当天摊铺当天完成碾压。

3 路堤填筑应连续，碾压完成后，应采取措施防止路堤作业面因暴晒失水。

红黏土与高液限土的天然含水率高，雨期施工将进一步增加其含水率，不利于碾压成型。红黏土与高液限土路基失水后极易开裂，若不及时覆盖将导致表面开裂。若采用彩条布等覆盖，易被风吹起刮走，影响交通及防裂效果。采用掺配碎石碾压成型的方法不仅防裂效果好，也有利于增强路基强度，对路面强度也有利。

7.7.4 路基底部采用填石路堤基底时，填石料应水稳性好。填石料应从最低处开始沿路基横向水平分层填筑。

红黏土与高液限土路基常位于缓坡丘陵地区，常受地表水与地下潜水的影响。基底填料的水稳性对路基长期性能有着明显的影响。同时，路基分层摊铺碾压。

7.7.5 红黏土与高液限土的击实、CBR 试验应采用湿法试验。

红黏土与高液限土烘干后将失去部分结合水，且具有不可逆性。红黏土与高液限土的湿法击实试验所得的最大干密度小于干法、最佳含水率大于干法,湿法所得的 CBR 值大于干法、膨胀量小于干法。填料烘干后再掺水的情况在路基工程中并不存在,因此湿法试验所得的试验结果更符合工程实际。

7.7.6 红黏土与高液限土路基填筑前,应先铺筑试验路段,确定相应的施工工艺与压实标准。

各地红黏土与高液限土的天然含水率、工程特性差别很大。天然含水率范围在 20%~55%。土的压实度主要取决于碾压含水率,一般而言,若碾压含水率在 20% 左右时,压实度可达 93% 以上;碾压含水率在 30% 左右时,压实度在 90% 左右;碾压含水率在 40% 左右时,压实度在 83% 左右;碾压含水率在 50% 左右时,压实度在 75% 左右。红黏土与高液限土路基填筑前,应先铺筑试验路段,确定相应的施工工艺与压实标准。

7.7.7 红黏土与高液限土路堤宜采用轻型压路机碾压,压实标准应由试验路段结合工程经验确定,且满足压实度不得低于重型压实标准的 90%。

红黏土与高液限土的天然含水率普遍高,不适宜采用大吨位压路机碾压,过大的压实功破坏其结构性,工程上表现为"弹簧"。轻型压实标准与重型压实标准相比,重型击实的锤重 4.5kg、落距 450mm,轻型击实的锤重 2.5kg、落距 300mm。由此可知,不是简单地降低压实度,而是在击实锤的重量、落距等方面有所不同,单击击实能量相差近 3 倍。红黏土与高液限土的工程特性适宜采用轻型压路机碾压,结合实际工程,尝试采用相应的轻型压实标准控制压实度。

红黏土与高液限土的压实度主要取决于天然含水率,含水率低时,能够达到高的压实度;反之含水率高时,其压实度低,但此时路基土的饱和度高,透水性低,稳定性好,路基长期性能好。因此,2019 版规范明确只要压实度不低于重型压实标准的90%,路基压实质量即可得到保障,这在我国福建、湖南、贵州等省份的多个工程上得到了验证。贵州、福建等省根据当地的土质与工程特点编制颁布了相应的地方标准,可供借鉴参考。

7.7.8 红黏土与高液限土路堤边坡防护可采用拱形护坡等常规的防护方式。

红黏土与高液限土失水易开裂。工程调查表明,路堤层与层之间不完全连续,表层裂缝不会贯穿下面的土层,裂缝的影响范围有限,这是分层碾压后重塑土与原状土的差异。红黏土与高液限土路堤边坡的稳定性总体较好,采用常规防护方式能够满足工程要求。

大量的工程实践表明,红黏土与高液限土填方路堤边坡的稳定性良好,发生坍塌的现象很少,采用拱形护坡等常规防护方式能够满足工程要求。若采用包边防护反而增加了施工难度,且不同填料间的差异沉降等问题有可能显现。对于红黏土与高液限土挖方边坡,其稳定性与填方边坡则完全不同,稳定性差。

7.7.9 高速公路、一级公路红黏土与高液限土零填及挖方段可按下列方式换填处理:

1 宜将地表下1.5m范围内的石柱、石笋予以清除。

2 红黏土与高液限土厚度不大于1.5m时,应将红黏土与高液限土全部清除并换填。

3 红黏土与高液限土厚度大于1.5m时,应将路床范围内的红黏土与高液限土挖除并换填。

4 换填材料应采用砂砾、碎石等水稳性好的材料,填料粒径应符合表4.1.2的规定。

5 路堑路段开挖至底部后,应及时进行换填施工,否则宜在底面高程以上预留300mm的土层。

红黏土与高液限土多由石灰岩、白云岩和花岗岩等母岩风化而来,其基底部位常分布有石柱、石笋等。这些岩石位于地表下 1.5m 范围内时,易对路面结构层产生较大的附加应力,不利于路面结构层的均匀受力。红黏土与高液限土挖方路段的土质含水率普遍很高,强度低。采用砂砾、碎石等水稳性好的材料换填,能够确保路基在渗水等不利条件下保持较高的强度,有利于路基的长期稳定。红黏土与高液限土路基开挖后易失水开裂,因此应及时进行换填施工,否则宜在底面高程以上预留 300mm 的土层。

7.7.10 路堑边坡应按设计要求及时进行防护和综合排水施工。工程防护与生物防护相结合时坡率宜为 1:1.25~1:1.5;工程防护时坡率宜为 1:1~1:1.25;采用生物防护时坡率宜为 1:1.75~1:2。

红黏土与高液限土路堑边坡在自然状态下极易坍塌,边坡的坍塌与坡率关系密切。条文中的坡率是对国内大量高速公路红黏土与高液限土边坡坍塌的调查总结后得出的。

红黏土与高液限土挖方边坡极易坍塌,这主要是与开挖后原状土的失水开裂有关。原状土的裂缝深度多在 1~2m,有的更深。这些裂缝充水后将产生很大的水平推力,不利于边坡稳定。红黏土与高液限土边坡的坍塌破坏与传统的圆弧滑动破坏不完全相同,现有的稳定计算方法很难把影响因素考虑全面,而基于工程经验提出边坡的合理坡率则实用性更强。

7.7.11 路堑边坡开挖后应及时进行防护,不得长时间暴露。坡脚应按设计要求及时施工支挡结构物。

防止红黏土与高液限土边坡开裂有利于提高与确保边坡的稳定性。及时施工防护与支挡结构,可以避免边坡坍塌,提高安全性。

7.7.12 施工期间坍塌的路堑边坡宜采用清方放坡或设置挡土墙进行处理。

红黏土与高液限土边坡的坍塌主要是裂缝底部土体的抗压强度不足和裂缝内水的水平推力所致。挡土墙是防治边坡坍塌的"特效药",简单有效。工程中常用的其他措施如锚杆框架梁等总体效果不明显。但有些红黏土与高液限土边坡位于边坡上部,挡墙施工困难,可考虑上部清方放坡。工程中应根据具体情况确定处置方案。

7.8 膨胀土地区路基

本节共13条,06版规范9条。本节内容由06版规范第6.5节修订补充而成,且将06版规范条文说明的一些要求提升为规范规定,细化了膨胀土施工的一些具体要求,增加膨胀土分级、试验段、物理改良膨胀土、掺灰处理膨胀土路基、路基顶封层、零填和挖方路段路床施工要求。

膨胀土是指同时具有吸水膨胀、失水收缩变形特性的黏性土。膨胀土中颗粒主要由蒙脱石、伊利石等亲水性矿物组成。膨胀土主要分布于我国广西、云南、贵州、安徽、湖北等省、自治区,其他省份偶有分布。膨胀土性能特殊,在我国公路工程中引发的病害相对较多。膨胀土地区的路基病害主要有以下几种:

(1)膨胀土地基引起的路基整体失稳。由于一些膨胀土地基的抗剪强度很低(φ值可低至5°~8°),且路基位于斜坡上,导致路基沿坡面整体失稳。由于膨胀土地区地形普遍较缓,高填方不多,因此地质勘察容易忽视,导致此类工程病害较为严重,需引起勘察设计部门重视。

(2)膨胀土挖方边坡的坍塌。膨胀土挖方边坡的坍塌明显较其他土质严重,甚至是最严重的,放缓坡率与加强坡脚支挡是目前主要的防护措施。

(3)膨胀土路基的变形破坏。包括路基路面的纵横向裂缝、锥坡破坏、边沟开裂和桥台推移等。这类病害除膨胀土路堤自身的变形外,对于一些处于膨胀土地基上的路基,也有可能是膨胀土地基的蠕变变形所致。

膨胀土一般分布于低缓丘陵地区。地表裂隙发育,常有光滑面和擦痕,有的裂隙中充填着灰白色黏土、灰绿色黏土,在自然条件下呈坚硬或硬塑状,无明显自然陡坎;常见浅层塑性滑坡、地裂等。

膨胀土、高液限土与红黏土之间具有相关性,如图 7-4 所示。大部分膨胀土为高液限土,少部分膨胀土为低液限土,但高液限土不一定是膨胀土,实际上大部分高液限土不是膨胀土;红黏土多为高液限土,有些具有弱膨胀性,但基本不是膨胀土。

7.8.1 膨胀土地区路基施工应符合下列规定:

1 宜在旱季施工,加强现场排水,基底和已填筑的路基不得被水浸泡。

2 路堑施工前,应先施工截水、排水设施,将水引至路幅以外。

3 应分段施工,各道工序应紧密衔接,连续施工,完成一段封闭一段。

4 大规模施工前应核实膨胀土的分布、数量与膨胀等级,明确其路用性能,施工过程中应及时关注膨胀土的变化。

5 膨胀土的击实、CBR 试验应采用湿法试验。

6.5.1 膨胀土地区路基施工,应避开雨季作业,加强现场排水,基底和已填筑的路基不得被水浸泡。

6.5.2 膨胀土地区路基应分段施工,各道工序应紧密衔接,连续完成。路基边坡按设计要求修整,并应及时进行防护施工。

膨胀土的天然含水率普遍较高,不易碾压密实。膨胀土在旱季施工有利于降低其过高的天然含水率,利于压实。施工前做好防排水设施,可避免膨胀土被雨水浸泡。

膨胀土失水后易开裂,应连续施工以避免开裂,故施工段落不宜过长,以确保连续施工,完成一段后应及时封闭,以防开裂。

公路为线性工程,路基填筑一般是移挖作填,膨胀土在线路上的分布常发生变化。国内工程表明,施工中的膨胀土数量与等级常与设计有较大的出入,因此,施工过程中应及时关注膨胀土的变化。

膨胀土大多是高液限土,其击实、CBR特性等与高液限土类似。湿法试验结果更能体现膨胀土的实际工程特性,拓宽了膨胀土的适用条件与范围,实践表明,按条文规定施工,工程效果良好。

7.8.2 膨胀土分级应符合表7.8.2的规定。

表7.8.2 膨 胀 土 分 级

分级指标	弱膨胀土	中等膨胀土	强膨胀土
自由膨胀率 F_s(40%)	$40 \leq F_s < 60$	$60 \leq F_s < 90$	$F_s \geq 90$
塑性指数 I_p	$15 \leq I_p < 28$	$28 \leq I_p < 40$	$I_p \geq 40$
标准吸湿含水率 w_f	$2.5 \leq w_f < 4.8$	$4.8 \leq w_f < 6.8$	$w_f \geq 6.8$

注:标准吸湿含水率指在标准温度(通常25℃)和标准相对湿度(通常为60%)时,膨胀土试样恒重后的含水率。

膨胀土的正确判别与分类是合理利用的基础与前提。对于膨胀土的分类,各行各业有所不同。建筑行业和公路行业一些教科书通常采用自由膨胀率 F_s 指标,根据自由膨胀率划分土的膨胀等级如下:

弱膨胀土:$40\% \leq F_s < 60\%$;

中等膨胀土:$60\% \leq F_s < 90\%$;

强膨胀土:$F_s \geq 90\%$。

公路行业对膨胀潜势的判别引入了标准吸湿含水率的概念。所谓标准吸湿含水率,是指土样在标准条件下(温度20℃、相对湿度60%)的吸水能力,即在此条件下的土样的含水率,能够较好地反映膨胀土的吸水与持水能力。

《公路路基设计规范》(JTG D30—2015)对膨胀土路基填料设计要求以击实膨胀土的胀缩总率作为分类指标,按表7-3进行膨胀土填料分类,确定各类膨胀土的使用范围。但膨胀土的胀缩总率的试验方法未纳入相关试验规程,影响了该指标的推广应用。因此本次修订继续使用06版规范的分级指标作为膨胀土分级的控制指标。

7 特殊路基

表7-3 膨胀土填料分类

填料等级	有荷压力下胀缩总率(%)	使用范围
非膨胀土	$e_{ps}<0.7$	可直接利用
弱膨胀土	$0.7 \leq e_{ps}<2.5$	采取包边、加筋、设置垫层等物理处理措施后可用于路堤范围的填料,采用无机结合料处理后可用作路床填料
中膨胀土	$2.5 \leq e_{ps}<5.0$	采用无机结合料处理后可用作路基填料
强膨胀土	$e_{ps} \geq 5.0$	不应用作路基填料

注:1. 路堤高度大于或等于3.0m时,应采用50kPa压力下膨胀率试验计算胀缩总率。
    2. 路堤高度小于3.0m时,应采用25kPa压力下膨胀率试验计算胀缩总率。

我国铁路部门根据土的自由膨胀率和矿物成分进行分类,见表7-4。

表7-4 膨胀潜势的分级

分级指标	弱膨胀土	中膨胀土	强膨胀土
自由膨胀率F_s(%)	$40 \leq F_s<60$	$60 \leq F_s<90$	$F_s \geq 90$
蒙脱石含量M(%)	$7 \leq M<17$	$17 \leq M<27$	$M \geq 27$
阳离子交换量CEC(NH_4^+)(mmol/kg)	$170 \leq CEC(NH_4^+)<260$	$260 \leq CEC(NH_4^+)<360$	$CEC(NH_4^+) \geq 360$

注:当有2项指标符合时,即判定为该等级。

7.8.3 膨胀土作为路基填料时应符合下列规定:

1 中等膨胀土、弱膨胀土的适用范围应符合表7.8.3的规定。膨胀土掺拌石灰改良后可用作路基填料,掺灰处置后的膨胀土不宜用于高速公路、一级公路的路床和二级公路的上路床。

2 高填方、陡坡路基不宜采用膨胀土填筑。

3 强膨胀土不得作为路基填料。

4 路基浸水部分不得用膨胀土填筑。

5 桥台背、挡土墙背、涵洞背等部位严禁采用膨胀土填筑。

表 7.8.3　中等膨胀土、弱膨胀土的适用范围

位　置	公　路　等　级		
	高速、一级公路	二级公路	三级公路
上路床	—	—	—
下路床	—	—	弱
上路堤	—	中、弱	中、弱
下路堤	中、弱	中、弱	中、弱

6.5.3　膨胀土作为填料时应符合以下规定：

1　强膨胀土不得作为路堤填料。

2　中等膨胀土经处理后可作为填料，用于二级及二级以上公路路堤填料时，改性处理后胀缩总率应不大于0.7%。

3　胀缩总率不超过0.7%的弱膨胀土可作为填料。

膨胀土石灰改良的室内试验结果良好。由于膨胀土结块成团，掺灰处理很难拌和均匀，由此导致改良后土体的局部膨胀。路床的强度与变形对路面结构层影响大，灰土改良的效果总体上不如粗粒土填料，为确保路基的耐久性，路床部分不宜用改良膨胀土填筑。

膨胀土的天然含水率普遍较高、抗压强度低，膨胀土高填方底部易产生侧向的塑性变形，即侧向挤出。一些地区的膨胀土的抗剪强度很低，贵州毕节与云南昭通一带膨胀土的抗剪强度的内摩擦角 $\varphi < 10°$，浸水后其强度更低，如此低的抗剪强度不宜用于陡坡路基填筑，也不宜用于路基浸水部分。

强膨胀土除对路基路面有极大的影响外，对桥台、锥坡、边沟等结构物也有明显的影响。膨胀土膨胀可能导致桥台的推移，锥坡、边坡等的外鼓、开裂等破坏。因此，强膨胀土禁止用于路基填筑。

桥台背、挡土墙背、涵洞背等部位易受膨胀土的影响，且膨胀土本身透水性差，这些部位严禁用膨胀土填筑。

7.8.4 二级及二级以上公路路堤填土高度小于路床厚度时,应按路床要求进行处理。

6.5.4 二级及二级以上公路路堤基底处理应符合以下规定:

1 高度不足1m的路堤,应按设计要求采取换填或改性处理等措施处治。

2 表层为过湿土,应按设计要求采取换填或进行固化处理等措施处治。

3 填土高度小于路面和路床的总厚度,基底为膨胀土时,宜挖除地表0.30~0.60m的膨胀土,并将路床换填为非膨胀土或掺灰处理。若为强膨胀土,挖除深度应达到大气影响深度。

7.8.5 试验路段铺筑应符合下列规定:

1 膨胀土路基填筑前,应先铺筑试验路段,总结施工工艺与压实标准。

2 应将试验路段测定的含水率、压实度与室内试验结果进行对比分析,采用插值方法确定现场路基的CBR值。应根据路基不同层位对CBR值的要求,确定膨胀土的可用范围、碾压含水率、施工工艺和压实标准等。

3 采用掺灰处理的膨胀土,应根据设计掺灰量进行灰土的击实试验。击实试验的掺灰方法、掺灰间隔时间、闷料时间等制件步骤应与现场实际施工状况一致。

4 应通过施工总结,确定掺灰工艺,掺灰间隔时间,闷料时间,土块粉碎、翻拌设备与工艺要求,土块粒径控制和碾压遍数等。

不同区域的膨胀土的含水率、膨胀等级等往往差别较大,因此试验前需要进行试验路段的铺筑。

一般土的CBR试验按照《公路土工试验规程》(JTG E40—2007),在最佳含水率下按30、50、98击分别进行击实制件,如此得到不同压实度下的CBR值。膨胀土的密实度曲线与强度曲线常常存在一定的分离,如图7-5

所示。路基填筑的质量目标是强度,压实度是为了方便施工、提高试验检测效率,不致因试验检测而影响施工进度,而采取保证路基强度的间接检测手段,而非直接检测,因此路基填筑应确保在较高的CBR值时进行碾压。

膨胀土天然含水率普遍高于最佳含水率,现场干密度(压实度)较低,如此室内试验结果无法与现场工况相对应,也无法确定现场路基的CBR值。因此膨胀土的室内CBR试验的含水率、密实度(压实度)范围应更为宽泛,需包括现场可能遇到的含水率范围。不同的密实度(压实度)通过击数进行调节。通过室内、室外试验,确定膨胀土的可用范围、碾压含水率、施工工艺和压实标准等。

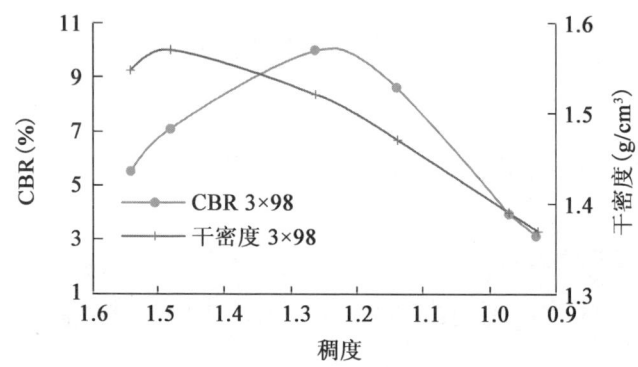

图 7-5　膨胀土的干密度与CBR强度曲线

7.8.6 物理改良的膨胀土路基填筑工艺应符合下列规定:

1 位于斜坡路段的膨胀土路基应从最低处开始逐层填筑。当沟底有涵洞等结构物时,应在结构物两侧对称进行填筑。

2 碾压时填料的含水率应符合试验段确定的范围,稠度宜控制在 1.0～1.3 之间。

3 每层厚度不得大于 300mm。

4 采取包边处理时,应先填筑非膨胀性包边土或石灰处置后的膨胀土,然后再填筑膨胀土,两者交替进行。包边土的宽度宜不小于 2m,以一个压路机宽度为宜。

5 路床采用粗粒料填筑时,应在膨胀土顶面设置 3%～4% 的横坡,并

7 特殊路基

采取防水隔离措施。

6.5.6 膨胀土路基填筑松铺厚度不得大于300mm；土块粒径应小于37.5mm。

膨胀土的天然含水率、液塑限等分布范围广，若以含水率作为控制指标，则范围过于宽泛，针对性不强。稠度指标考虑了土的含水率与塑性指数，能更好地表征土的湿度状态或含水率状态。稠度与含水率的关系有些类似于压实度与干密度的关系。对于膨胀土、红黏土与高液限土等塑性指数较高的土，常采用稠度指标来确定土的碾压含水率范围。

边坡包边是膨胀土路基常用的防护方式。边坡包边土一般采用低液限黏性土，物理力学特性宜与膨胀土相近，以减小差异变形。压路机的宽度略大于2m，若包边土宽度太薄则不便于施工。国内一些工程采用浆砌片石或水泥混凝土护面的方式进行膨胀土边坡的保湿防护，厚度一般在500mm左右，从工程实践来看，防护效果较好。

膨胀土路基的路床一般需采用碎石渣等粗粒料填筑，这些填料水稳性好、强度高，但下渗的雨水会影响下部的膨胀土，故需做好膨胀土顶面的横坡，以利防排水。

7.8.7 掺灰处理膨胀土时，若土的天然含水率偏高，宜采用生石灰粉处置，掺石灰宜分两次进行。拌和深度应达到该层底部，拌和后的土块粒径应小于37.5mm。

生石灰粉消解后吸收部分水分，同时生石灰吸水后变成消石灰，释放出热量，如此有利于降低土的含水率。二次掺灰拌和有利于降低土的塑性指数，有利于拌和均匀。

7.8.8 路基完成后，应做封层，其厚度应不小于200mm，横坡应不小于2%。

6.5.8 路基完成后，当年不能铺筑路面时，应按设计要求做封层，其厚度应

不小于200mm,横坡不小于2%。

　　膨胀土易失水开裂,裂缝宽度可达几十毫米,因此,膨胀土路基应做封层。封层一般采用掺配50%~70%的砂砾、碎石与膨胀土拌和后碾压成型,也可直接采用碎石土填筑封闭。

7.8.9　物理处置的膨胀土填筑时的压实度标准应根据试验路段与各地的工程经验确定,且压实度应满足不低于重型压实标准的90%。化学处置后填筑的中等膨胀土、弱膨胀土路基的压实度应符合表4.4.3的规定。

6.5.9　膨胀土路基的压实度应符合表4.2.2-1的规定;符合6.1.4条规定的中、弱膨胀土可采用6.1.4条的压实标准。

　　压实标准是困扰膨胀土使用的关键问题之一。膨胀土由于天然含水率高,其压实度常小于93。

　　膨胀土的密实度(压实度)与CBR强度间存在一定的差别,如图7-5所示,即最佳含水率与最大CBR含水率相差数个百分点。路基填筑的目标是强度,因此,对于膨胀土路基的压实度不能按照一般填土进行要求。过高的压实度势必要降低碾压含水率,含水率过低导致膨胀土路基在自然环境下吸水,不利于路基长期性能的稳定。因此,膨胀土路基的碾压含水率应按最大CBR含水率而不是最佳含水率进行控制。为此,其压实度理应较一般填料低。对膨胀土路基而言,并不是压实度越高越好,这点不同于一般填料。各地膨胀土的天然含水率差别较大,而土的压实度主要取决于碾压含水率,故压实标准应通过试验路段确定。

　　膨胀土填筑时宜采用轻型压路机,控制填筑厚度进行碾压。

7.8.10　填筑膨胀土路堤时,应及时对路堤边坡及顶面进行防护。

6.5.7　填筑膨胀土路堤时,应及时对路堤边坡及顶面进行防护。

6.5.8　路基完成后,当年不能铺筑路面时,应按设计要求做封层,其厚度应不小于200mm,横坡不小于2%。

7 特殊路基

7.8.11 路堑开挖应符合下列规定：

1 边坡施工过程中，必要时可采取临时防水封闭措施保持土体原状含水率。

2 边坡不得一次挖到设计线，应预留厚度300～500mm，待路堑完成后，再分段削去边坡预留部分，并立即进行加固和封闭处理。

膨胀土路堑预留厚度300～500mm的主要目的是防止膨胀土失水开裂。

7.8.12 路堑边坡防护应符合下列规定：

1 路堑边坡防护施工应根据施工能力，分段组织实施。

2 采用非膨胀土覆盖置换或设置柔性防护结构进行防护时，边坡覆盖置换厚度应不小于**2.5m**并满足机械压实施工的要求，压实度应不小于**90%**。覆盖置换层与下伏膨胀土层之间，应设置排水垫层与渗沟。

3 采用植物防护时，不应采用阔叶树种。

4 圬工防护时，墙背应设置缓冲层，厚度应不大于**0.5m**。支挡结构基础应大于气候影响深度，反滤层厚度应不小于**0.5m**。

5 路堑边坡防护的防渗层、排水垫层、渗沟、反滤层、圬工结构等不同类型的结构施工工艺应符合本规范其他章节的相应规定。

6.5.5 膨胀土地区路堑施工应符合下列规定：

1 路堑施工前，先进行截、排水设施的施工，将水引至路幅以外。

2 边坡施工过程中，必要时，宜采取临时防水封闭措施保持土体原状含水量。边坡不得一次挖到设计线，应预留厚度300～500mm，待路堑完成时，再分段削去边坡预留部分，并立即进行加固和封闭处理。

3 路床底标高以下应按照设计要求进行处理。

4 宜用支挡结构对强膨胀土边坡进行防护。支挡结构基坑应采取措施防止暴晒或浸水，基础埋深应在大气风化作用影响深度以下。

膨胀土挖方边坡的坍塌一直是未完全解决的问题。挖方边坡出露的是原状土，原状土的裂缝易贯通延伸，裂缝深度可达数米，裂缝导致雨水渗透引起土体软化,在水压力的共同作用下,开挖后的膨胀土边坡放置时间过长极易引起坍塌。因此开挖后的膨胀土边坡应根据施工能力,分段组织实施,及时防护。膨胀土边坡常用的防护形式有放坡、拱形护坡、支撑渗沟加拱形护坡、柔性防护、护面墙、挡墙等,这些防护各有其优点与适用条件。应严格按照设计要求进行施工。

7.8.13 零填和挖方路段路床应符合下列规定:

1 高速公路、一级公路零填和挖方路段路床0.8~1.2m范围的膨胀土应进行换填处理,对强膨胀土路堑,路床换填深度宜加深到1.2~1.5m。在1.5m范围内可见基岩时,应清除至基岩。

2 二级公路、三级公路的零填和挖方路段路床0.3m范围的膨胀土应进行换填处理。换填材料为透水性材料时,底部应设置防渗层。二级公路强膨胀土路堑的路床换填深度宜加深至0.5m。

3 路堑超挖后应及时进行换填,不得长时间暴露。

膨胀土多由灰岩等母岩风化而来,其基底部位常分布有石柱、石笋等。这些岩石位于路基顶面下1.5m范围内时,易对路面结构层产生较大的附加应力,不利于路面结构层的受力均匀。而且膨胀土挖方路段的土质含水率普遍很高,强度低。采用砂砾、碎石等水稳性好的材料换填,能够确保在不利条件下保持较高的强度,有利于路基的长期稳定。二级公路强膨胀土路堑的路床换填深度宜加深至0.5m。如前所述,膨胀土路基开挖后易失水开裂,因此应及时进行换填施工。

7.9 黄土地区路基

本次修订按照一般规定、地基处理、陷穴处理、正常路基施工顺序排列条款。

7.9.1 施工前应核对湿陷性黄土的分类区段、基底处理种类并进行确认与标识,编制专项施工方案。

7 特殊路基

本条为新增。

为了按照设计的处置方案对不同湿陷性黄土进行地基处理,基底处理前,应先确定基底是否存在湿陷性,查明湿陷性黄土范围、深度,确定湿陷等级,以期消除湿陷隐患,使路基稳定。

7.9.2 路基边坡坡率应符合要求,坡面应顺适平整,防护及支挡工程施工应与路堤填筑和路堑开挖施工合理衔接。排水沟渠铺砌加固时,应对基底采用夯实或掺石灰夯实的方法进行处理,压实度应达到90%以上。

6.6.1 黄土地区路基施工,应做好施工期排水,将水迅速引离路基。在填挖交界处引出边沟时,应做好出水口的加固,排水设施接缝处应坚固不渗漏。

我国黄土地区分布较广,湿陷性黄土层浸水就会湿陷。黄土路基的边坡容易遭受雨水冲淘,为确保路基的稳定,排水非常重要。施工期间,路基边坡应及时整修、拍紧,应做好临时排水和永久性排水设施及防护工程,及时将水排出路基以外,防止其受雨水侵害。

为防止排水沟渠变形开裂,2019版规范对沟渠基底处理做了明确要求。

7.9.3 湿陷性黄土地基处理应符合下列规定:

1 基底为非自重湿陷性黄土地基时,地表处理应符合本规范第3.4节的相关规定。

2 湿陷性黄土地基处理前,应完成截水及临时排水设施,并应完成路堤基底的坑洞和陷穴回填。低洼积水地段或灌溉区的路堤两侧坡脚外5~10m范围内,应采用素土或石灰土填平并压实,并应高出原地表200mm以上,路基两侧不得积水。

3 地基处理方法均应进行试验段施工。基底处理场地附近有结构物时,场地边缘与结构物的最小水平安全距离应满足规定要求。冲击碾压或强夯处理段,地基土的压实度、压缩系数和湿陷系数应在施工结束

7d后进行检测,强度检验应在15d后进行。

4 地基处理所用原材料应满足设计要求。石灰宜采用Ⅲ级及以上等级的消石灰;水泥宜选用32.5级以上的普通硅酸盐水泥;土料宜采用塑性指数为7~15的不含有机质的黏质土,土块粒径宜不大于15mm。

5 换填法处理湿陷性黄土地基时,宜采用石灰土垫层或水泥土垫层,也可采用素土垫层。石灰土垫层宜采用磨细生石灰粉,石灰剂量或水泥剂量应满足要求。垫层应分层摊铺碾压,每层厚度宜不大于300mm,压实度应符合所在部位的标准要求。

6 冲击碾压法处理湿陷性黄土地基时,冲压处理的施工长度应不小于100m;与结构物的安全距离不满足要求时宜开挖隔震沟;地基土的含水率应控制在最佳含水率±3%范围内;应采用排压法进行冲压;过程中应对地基的沉降值、压实度进行检测。

7 强夯法处理湿陷性黄土地基时,同一强夯能级宜采用重锤、低落距的方式进行;地基土的含水率宜控制在8%~24%之间;宜分为主夯、副夯、满夯三遍实施,两遍夯击之间宜有一定的时间间歇;夯点的夯击次数应按试夯得到的夯击次数和夯沉量关系曲线确定;与结构物安全距离不满足要求时应开挖隔震沟。

8 挤密桩法处理湿陷性黄土地基,深度在12m之内时,宜采用沉管法成孔,超过12m时,可采用预钻孔法进行成孔;石灰土挤密桩不得采用生石灰;干拌水泥碎石挤密桩所用石屑粒径宜为0~5mm,碎石粒径宜为5~20mm,含泥量应不大于5%;填料前应夯实孔底;成桩回填应分层投料分层夯击,填料的压实度宜不小于93%;挤密桩完成后,应及时进行桩顶石灰土垫层的施工。

9 采用桩基础法进行湿陷性黄土地基处理时,桩顶的桩帽应采用水泥混凝土现场浇筑,桩顶进入桩帽的长度宜不小于50mm;桩帽顶的加筋石灰土垫层应及时施工,土工格栅应采用绑扎连接,铺设时应拉紧并锚固,铺设后应及时用石灰土覆盖;过程中应对桩位偏差、桩体质量、桩帽质量、土工格栅的原材料及铺设质量、垫层的质量进行检验;有要求时应进行单桩承载力试验,预制桩应在成桩 **15d** 后进行,灌注桩应在成桩 **28d** 后进行。

6.6.2 路基基底处理应符合以下规定:

1 若基底为非湿陷性黄土,且无地下水时,可按 4.2.2 条第 1 款规定进行基底处理。

2 若地基为一般湿陷性黄土,应采取措施拦截、排除地表水。地下排水构造物与地面排水沟渠必须采取防渗措施,路侧严禁积水。

3 若地基黄土具有强湿陷性或较高的压缩性,应按设计要求进行处理。

湿陷性黄土地基处理是黄土地区路基施工的主要工程。本次修订结合《公路路基设计规范》(JTG D30—2015)对部分要求做了修订,对原条文第 3 款做了细化和补充。

若地基为一般湿陷性黄土,应采取拦截、排出地表水等措施,防止地表水下渗,减少地基湿陷性下沉。其地下排水构造物与地面排水沟渠必须采取防渗措施。

若地基土层具有高湿陷性或较高的压缩性,且允许承载力低于路堤自重压力时,应考虑地基在路堤自重和活载作用下所产生的压缩下沉。在重要路段除采取防止地表水下渗的措施外,对路堤基底及坡脚外 3~10m 范围内的湿陷性黄土地基也要加以处理。为防止黄土地基受水浸泡而湿陷,可按设计要求或根据实际情况因地制宜地采用垫层法(换填法)、无机结合料改性加强法、强夯法、挤密桩(素土桩、灰土桩、碎石桩)加固法、桩基础法、重锤法、冲击压实法、预浸水法、压力注浆加固法等措施加固黄土地基,加固的目的是提高地基承载力、减少路堤下沉量。地基处理范围应按设计要求或大于基础的平面尺寸或每边宽出基础外缘的宽度不宜小于 3m。

常用地基处理方法包括：

(1)垫层法(也称换填法)。

适用范围:浅层地基处理。

垫层法可分为局部垫层法和整体垫层法。当仅要求消除基底之下处理土层的湿陷性时,宜采用局部或整体垫层法;当要求提高土的承载力或水稳性时,宜采用局部或整体灰土垫层法。局部垫层法的平面处理范围,每边超出基底的宽度应不小于垫层厚度的一半。整体垫层法的平面处理范围,每边超出基底边缘的宽度应不小于垫层的厚度,并应不小于2m。

垫层的承载力应通过试验确定,并应不低于设计要求。垫层施工时,应先将需处理的湿陷性黄土挖除,然后利用合格的黄土或其他黏性土作填料,在最佳含水率状态下分层填筑压实至设计高程。改良土垫层的结合料剂量应符合设计要求,按照外掺法确定剂量(如5%、8%的改良土)。

(2)强夯法。

适用范围:薄层～中厚层湿陷性地基处理,可消除4～8m深度的湿陷性。强夯不仅能消除湿陷性,还可提高地基承载力。

强夯法一般采用10～20t重锤,10～20m落距,底面直径2.3～2.8m,底面静压力25～40kPa,夯击湿陷性黄土。

强夯的设计加固深度应根据路段和构造物的重要性确定。

采用强夯法处理湿陷性黄土地基,应符合下列规定:

地基的处理范围应大于基础的平面尺寸,每边超出基础外缘的宽度不宜小于3m。施工前应在现场选点进行试夯,在同一场地内若土质基本相同,试夯一处即可,若差异明显,应在不同地段分别试夯。

在试夯或施工过程中,应测量每个夯点每夯击1次的下沉量(以下简称夯沉量)。在最后一击夯沉量小于前一击的夯沉量前提下,最后两击的平均夯沉量符合表7-5规定后即可停夯,或按试夯结果确定。

表7-5 强夯停夯标准

单击夯击能(kN·m)	最后两击的平均夯沉量(mm)
<2 000	≤50
2 000~4 000	≤100
>4 000	≤200

试夯结束后,应从夯击终止时的夯面起向下5~8m深度内,每隔500mm取土样进行室内试验,测定土的干密度、压缩系数和湿陷系数等指标,也可在现场进行载荷浸水试验或其他原位测试。

强夯结果不满足设计要求时,可调整夯锤质量、落距或其他参数重新进行试夯,也可修改设计方案。

采用强夯法处理湿陷性黄土地基,应控制地基土的含水率。对地基进行强夯施工,夯锤质量、落距、夯点布置、夯击遍数和夯击次数等参数应与试夯确定的参数相同,施工中应有专人监测和记录。

夯击遍数一般为三遍,第一、二遍为主夯和副夯,主夯夯点宜按正三角形布置,副夯夯点与主夯夯点梅花形布置,夯点中距可为锤底直径的1.5~2.2倍,最后一遍为满夯。最后一遍满夯夯击后,宜对表层松土进行压实或清除。夯面以上宜设置一定厚度的改良土垫层。

强夯施工过程中或施工结束后,应按要求对强夯处理地基的质量进行检验:检查强夯施工记录,基础内每个夯点的累计夯沉量不得小于试夯时各夯点平均夯沉量的95%;在每500~1 000m^2面积内任选一处,夯面下5~8m深度内,每隔0.5~1.0m取土样测定土的干密度、湿陷系数等指标;当需要采用静力触探等方法测定强夯土的承载力时,宜在地基强夯结束一个月后进行。根据试验结果,应对不合格处进行补夯,或采取其他补救措施,达到试夯或设计规定指标为止。

(3)挤密桩法。

适用范围:适用于处置层厚度较大的湿陷性黄土。

采用素土、改良土或其他填料的挤密桩法,可消除黄土的湿陷性。

处理深度 12m 以内的可采用沉管法成孔,超过 12m 的可采用钻孔法成孔。成孔后向孔中填入改良土、素土或其他材料加以夯实而成桩。挤密桩法是将周围松散土挤密,使桩和挤密后的地基强度提高,减小地基变形,从而消除黄土地基的湿陷性。

挤密桩的长度视加固路段需要,视消除局部湿陷性或全部湿陷性而定。如需消除全部湿陷性,对自重湿陷性黄土,则应达到整个湿陷性土层的底部;对非自重湿陷性黄土,则按湿陷起始压力确定。

挤密桩直径一般为 400mm,视成孔设备的能力而定,可按梅花形布置,桩间距为土桩直径的 2.5 倍。

挤密桩施工方法为:成孔后,将预先拌和好的回填料分层填入孔中,并用"鱼雷锤"逐层分层夯实,直至达到地基底面高程处为止。

(4)桩基础法。

适用范围:适用于处置层厚度较大的湿陷性黄土。利用桩帽的扩大基础作用、桩基的自身强度与桩周土的摩擦力组成复合地基。与挤密桩法不同之处在于桩基础法对桩周土无挤密作用或只有部分挤密作用,与地基结合利用的是摩擦力。

桩基础的种类包括:非挤土成桩、干作业非挤土成桩、泥浆护壁部分挤土成桩、灌注桩部分挤土成桩、预制桩挤土成桩、预制桩。

(5)冲击压实法。

适用范围:处理表层或浅层湿陷性黄土。

冲击压实法是用冲击压路机的三角形或五边形轮子来产生集中的冲击能量,以达到压实土石填料的目的。

目前常用的冲击压路机为三角形冲击压路机,可用于原位碾压和层厚 1m 以内的填料碾压。冲击压实法利用的是设备产生的巨大冲击能,与碾压速度有密切关系,因此当碾压距离较短、速度缓慢时效果不佳。

(6)重锤法。

重锤法的夯锤质量为 2~3t,落距一般为 4~6m;锤底静压力值不小于20kPa；锤底直径宜为1.2～1.4m。夯击时，地基土宜为最佳含水率，夯击2～3遍。对大面积基底，可采用满夯方式进行夯击；对小面积的独立基底，可采用跳夯法夯击。在同一夯位可连续夯击3～4次。若对地基进行重夯施工，在同一夯位，最后两击的平均夯沉量宜不大于20mm。施工结束后，应对重夯处理地基的质量进行检验。

（7）预浸水法。

预浸水法可用于湿陷性土层厚度大于10m、自重湿陷量不小于500mm的地段。施工前宜通过现场试坑浸水试验确定浸水时间、耗水量和湿陷量等。预浸水需要一定的浸水时间和停水时间，一般认为需要半年到1年时间。由于预浸水法需要时间较长，工程实践中已经很少采用。

在有可能形成地下陷穴的地段，不可采用预浸水法。

采用预浸水法时，浸水坑边长不得小于湿陷性土层的厚度，当浸水坑的面积较大时，可进行分段浸水。浸水坑水深不宜小于300mm，连续浸水时间以湿陷变形稳定为准，其稳定标准为最后5d的平均湿陷量小于5mm。预浸水能消除湿陷土层的大部分湿陷，但其上部4～5m范围内，由于土体自重小而不足以消除湿陷；基底预浸水结束后，在基底填土前应进行补充勘察工作，重新评定基底的湿陷性，并应采取垫层法或强夯法处理上部湿陷性土层。

7.9.4 黄土陷穴处理应符合下列规定：

1 路堤坡脚线或路堑坡顶线之外，原地表高侧80m范围内、低侧50m范围内存在的黄土陷穴宜进行处理，对串珠状陷穴与路堑边坡出露陷穴应进行处理，对规定距离以外倾向路基的陷穴宜进行处理。

2 陷穴处理前，应对流向陷穴的地表水和地下水采取拦截引排措施。

3 采用灌砂法处理的陷穴，地表下0.5m范围内应采用6%～8%的石灰土进行封填并压实。

4 对危及路基安全的黄土陷穴，应根据其埋藏深度和大小选用适当的方法进行处理。常用处理方法可参考表7.9.4选用。

5 处理后仍暴露在外的陷穴口,应采用石灰土等不透水材料进行防渗处理,防渗层厚度应不小于500mm,穴口表面应高于周围地面。

表7.9.4 陷穴处理方法

处理方法	回填夯实	明挖回填夯实	开挖导洞或竖井回填夯实	注浆或爆破回填	灌砂
适用条件	明陷穴	陷穴埋藏深度≤3m	3m<陷穴埋藏深度≤6m	陷穴埋藏深度>6m	陷穴埋藏深度≤3m,直径≤2m,洞身较直

6.6.5 黄土陷穴处理可采取以下措施:

1 路基范围内的陷穴,应在其发源地点对陷穴进口进行封填,并截排周围地表水。

2 现有的陷穴、暗穴,可采用灌砂、灌浆、开挖回填、导洞和竖井等措施进行填充。

3 陷穴表面的防渗处理层厚度不宜小于300mm,并将流向陷穴的附近地面水引离。

4 挖方边坡坡顶以外50m范围内、路堤坡脚以外20m范围内的黄土陷穴宜进行处理。挖方边坡坡顶以外的陷穴,若倾向路基,应作适当处理。对串珠状陷穴应彻底进行处治。

本次修订将黄土陷穴处理条文放在前面,是考虑到施工顺序。在路基填筑前,应对基底范围内的陷穴先行处理;路基挖方范围内,应对在边坡上出现的陷穴以及路床部位的陷穴,进行彻底处理。

本次修订加大了陷穴处理范围,原因是很难在地面判明陷穴走向,为了防止陷穴扩散到路基基底而对路基安全造成隐患,一般情况下,需对规定范围内的陷穴进行处理;如果陷穴走向可以判明远离路基,则酌情确定是否需要处理。

黄土经水冲蚀形成的暗沟、暗洞、暗穴等统称陷穴,其危害很大。黄土陷穴是由黄土的特性(垂直节理、多孔性、大孔性、含可溶盐等)在水的作用下形成的一种物理地质现象。

陷穴的形成:首先是水的冲击作用,一般黄土空隙率较大,受水冲击时,容易被冲垮随流。其次是当黄土受水浸泡时,水既溶解黄土中的可溶盐,又在黄土微粒间起着润滑作用,使黄土微粒在自重作用下发生位移下沉,地表发生沉陷现象。然后,水溶解黄土中的可溶盐,黄土结构遭到破坏,使黄土微粒及其集合体松动坍塌,水流携带松坍的微粒向低处流动,逐渐掏蚀黄土体,使黄土体中产生暗穴,地表水会更多下渗或径流入陷穴,最后导致陷穴的洞壁被流水冲坍,陷穴逐渐扩大。

水是陷穴形成的主要因素,需彻底阻断来水或将来水排走。

陷穴有多种类型,一般多呈竖井状及串珠状。在地形起伏多变、地表径流容易汇集的地方和在土质松散、垂直节理较多的新黄土中容易形成陷穴。

陷穴处理是黄土地区特有的工作。施工前应对路线附近的区域进行调查,可在设计阶段勘探调查的基础上进行,以确认黄土陷穴治理是否有遗漏或定性是否准确。

陷穴常用的处理方法如下:

(1)灌砂法:本法适用小而直的陷穴,以干砂灌实整个洞穴,并用黏土封顶夯实,封填层应高于周围地面,以防止雨水在原有陷穴位置汇聚或流入。

(2)灌(注)浆法:本法适用于陷穴深、洞壁起伏曲折较大的陷穴,施工时应先找到陷穴出口并将陷穴出口用草袋装土堵塞,再从陷穴孔口(垂直方向为主)直接灌浆,或在陷穴顶部(斜状陷穴)每隔4~5m打钻灌浆孔,待灌好的土浆凝固收缩后,再在各孔做补充灌浆,一般需重复2~3次,有时为了封闭水道也可灌水泥砂浆。在陷穴进口位置,应用黏土或改良土封顶夯实,封填层应高于周围地面,以防止雨水在原有陷穴位置汇聚或流入。

(3)开挖回填夯实法:这是最直观、最可靠的方法,适用于各种形状的陷穴，根据陷穴的具体情况，可直接开挖回填，填料一般用就地黄土分层夯实。

(4) 导洞和竖井法：本法适用于较大、较深的陷穴。可采用开挖竖井或导洞的方法，由内向外(或井底向上)逐步分层回填夯实。在回填前，应将穴内的虚土和杂物清除干净。当接近地面距离为 0.5m 时，应采用 10% 的石灰改良土回填夯实。

7.9.5 黄土路堤填筑应符合下列规定：

1 黄土填料应符合表 4.4.3 的规定。当 CBR 值不满足要求时，可掺石灰进行改良。

2 黄土不得用于路基的浸水部位，老黄土不宜用作路床填料。

3 填挖结合处应清除表层土和松散土层，顶部宜开挖成高度不大于 **2m**、宽度不小于 **2m** 的多层台阶，并应对台阶进行压实处理。

4 黄土碾压时的含水率宜控制在最佳含水率 ±2% 范围内。

5 路床区换填非黄土填料时，应按本规范第 4.4 节的要求执行。

6 雨水导致的边坡冲沟应挖台阶夯实处理。

7 高路堤应采用冲击碾压或强夯方式进行补充压实。

6.6.3 黄土填筑路堤应符合下列规定：

1 路床填料不得使用老黄土。路堤填料不得含有粒径大于 100mm 的块料。

2 在填筑横跨沟壑的路基土方时，应做好纵横向界面的处理。

3 黄土路堤边坡应拍实，并应及时予以防护，防止路表水冲刷。

4 浸水路堤不得用黄土填筑。

黄土作为路基填料时，可按一般路基填料要求进行控制，无特殊要求。但因黄土容易被水冲蚀，故在路基的浸水部位，不得采用。Q1 和 Q2 老黄土的透水性差，大块土料不易粉碎，因此路床部分不宜采用。

黄土地区沟壑纵横，黄土有很好的直立性，自然沟坎大多壁陡沟深，

7 特殊路基

高路堤较为常见。高路堤填筑前除应做好基底清理和压实外,填挖结合部位的顶部应按要求挖成台阶,基底还应防止地表水浸入。填筑应分层进行并应严格控制压实标准,为了确保路堤稳定,增加了冲击碾压或强夯补强的要求。横跨沟壑路堤底部设置涵洞等排水工程时,应设置导流工程,对路基可能的浸水部位进行防渗处理。

黄土高路堤常用阶梯形边坡形式,坡率变化位置一般设1.5~2.0m宽的平台。边坡坡率底部较缓,顶部相对较陡。高路堤坡面宜设坡面防护工程。

7.9.6 黄土路堑施工应符合下列规定:

1 施工前应对路堑顶两侧有危害的黄土陷穴进行处理,堑顶的裂缝和积水洼地应填平夯实,地表平坦或自然坡倾向路基时应在堑顶设置防渗截水沟或拦水埂。

2 接近路床高程时宜顺坡开挖。路床需要处理时,应在处理后进行成形层施工。

3 施工中应记录坡面的地层产状及地下水出露情况,存在不利于边坡稳定的状况或发现边坡有变形加剧迹象时,应及时反馈处理。

4 路基边沟宜在基底处理后、路床成形层施工前完成。

6.6.4 黄土路堑施工应符合以下规定:

1 路堑路床土质应符合设计要求,密实度不足时,应采取措施碾压至要求的压实度。

2 路堑施工前,应做好堑顶地表排水导流工程。路堑施工期间,开挖作业面应保持干燥。

3 路堑施工中,如边坡地质与设计不符,可提出修改边坡坡度。

黄土地区路堑施工与一般地区土质路堑施工区别不大。施工时首先应按照土质路堑的要求进行控制,如开挖方式和保持作业面不积水等要求。

黄土地区有可能存在陷穴和湿陷，因此当路堑挖到接近设计高程时，应调查是否存在陷穴和湿陷，并检测原状土的相关指标，确定是否需要采取处理措施。如果需要处理，应按照处理方案处理后再进行成形层施工。路床可采用的处理措施与基底的处理措施基本一致。

如路床原地土质不符合设计规定，则应将其挖除，另行取土或掺加结合料进行改良，再分层摊铺、碾压至规定的压实度。处理厚度根据道路等级对路床的要求而定，高速公路及一级公路处理厚度宜为500mm，其他公路处理厚度可为300mm。

如路床原地土指标合格可用，只是压实度不足，则视其含水率情况，经洒水或翻松晾晒至要求含水率，再行整平碾压至规定压实度。

考虑到黄土的工程特征，黄土路堑施工时还应注意以下几点：

(1) 开挖中，如发现边坡土质与设计不符，应按规定办理设计变更。

(2) 路堑尤其是地形起伏大的深路堑，应先做好堑顶截水沟和排水沟，处理好地表排水导流工程。路堑施工期间，应对导水、排水工程进行检查和维护；下雨期间应对施工区域加强排水，不能使水从坡面渗入坡体或浸泡坡脚，应保持路堑开挖工作区域无积水。

(3) 黄土路堑开挖，严禁采用爆破施工，严禁掏底开挖以防坍塌。如老黄土层或红色黄土层含石过多开挖困难时，可用小雷管在小范围内进行松动破碎施工。

(4) 施工中如发现路堑边坡有变形迹象，不可随便刷方，宜采取应急措施(如反压或减载)，并研究相应技术措施。

(5) 如在路堑段修建支挡工程，需从两端开始跳槽开挖基坑，边挖边修，随时增加支撑力。

(6) 原地面斜坡较大时，不宜在堑顶地面高侧设置弃土堆，弃土堆应尽可能远离路堑堑顶，弃土堆坡脚与截水距离应不小于5m。

7.9.7 黄土填筑的高路堤、陡斜坡地段的路堤、湿陷性黄土地基上的路堤、深路堑段的边坡及坡顶宜进行沉降及位移监测。监测点的布置、观测频率及监测期应符合要求。有要求时应对深路堑边坡的深层进行变形监测。

7.10 盐渍土地区路基

地表下1m内易溶盐含量超过0.3%时即属盐渍土。土中最常遇到的易溶盐类有:氯化钠(NaCl)、氯化镁($MgCl_2$)、氯化钙($CaCl_2$)、硫酸钠(Na_2SO_4)、硫酸镁($MgSO_4$)、碳酸钠(Na_2CO_3)、碳酸氢钠($NaHCO_3$),有时也可遇到不易溶解的硫酸钙($CaSO_4$)和很难溶解的碳酸钙($CaCO_3$)。盐渍土地区的公路在地表水、地下水、环境温度的综合作用下,极易产生盐胀、翻胀及溶陷等病害,对公路建设、运营和养护维修带来极为不利的影响。土中含盐性质及含盐量不同,路基病害的类型和严重程度也不同。盐渍土路基的病害防治主要有抬高路基、降盐、隔离等。隔断盐分的迁移是常用的技术措施,为此,2019版规范增加了盐渍土路基隔断层的施工内容。

7.10.1 原地面和基底处理应符合下列规定:

1 路基填筑前应对照设计资料,复测基底表土的含盐量和含水率,明确地下水位,与设计资料不符时应反馈处理。

2 应将浅层地表盐壳清除干净,并碾压密实。

3 过湿或积水的洼地、软弱地基,应做好排水,进行清淤换填、强夯置换、碎石桩等地基处理。

4 干涸盐湖地段填筑路堤可利用岩盐作为填料。发育有溶洞、溶塘、溶沟的地段应换填砂砾、风积沙、片卵石或盐盖等材料。

6.7.2 基底(包括护坡道)处治

1 表土不符合表6.7.1的规定时,应挖除;路堤高度小于表6.7.2的规定时,除应将基底土挖除外,还应按设计要求换填透水性较好的土。

表6.7.2 盐渍土地区路堤最小高度

土质类别	高出地面(m)		高出地下水位或地表长期积水位(m)	
	弱、中盐渍土	强、过盐渍土	弱、中盐渍土	强、过盐渍土
砾类土	0.4	0.6	1.0	1.1
砂类土	0.6	1.0	1.3	1.4
黏性土	1.0	1.3	1.8	2.0
粉性土	1.3	1.5	2.1	2.3

注:1. 二级公路最小高度可为表中数值的1.2~1.5倍。

2. 一级公路、高速公路最小高度可为表中数值的2倍。

2 含水量超过液限的原地基土,应按设计要求将基底以下1m全部换填为透水性材料;含水量介于液限和塑限之间时,应按设计要求换填100~300mm厚的透水性材料;含水量在塑限以下时,可直接填筑黏性土。

3 地下水位以下的软弱土体应按设计要求采用透水性好的粗粒土换填,高度宜高出地下水位300mm以上。

4 在内陆盆地干旱地区,路面为沥青混凝土、水泥混凝土或沥青表处时,应按设计要求在路堤下部设置封闭性隔断层。

5 地表为过盐渍土的细粒土、有盐结皮和松散土层时,应将其铲除,铲除的深度通过试验确定。地表过盐渍土层过厚时,如仅铲除一部分,则应设置封闭隔断层,隔断层宜设置在路床顶面以下800mm处;若存在盐胀现象,隔断层应设在产生盐胀的深度以下。

在盐渍土地区,土的含盐量、含水率和地下水位等受地形影响较大,在不同的季节也会发生相应的变化,因此,设计文件常与工程实际情况有较大的出入。施工单位进场后,由于交通、取样与试验条件等的便利性,在路基填筑前应进行复测复核,准确判断盐渍土的类别与工程特性。现场工况与设计文件不相符时,应及时进行反馈,以提高处理措施的针对性与处理效果。

盐渍土地区路基基底的处理,主要与基底的地表含盐量和地下水位有关。盐渍土具有聚集的特性,"盐随气来、气散盐存",通过长期的蒸发聚集,地表土层的含盐量普遍较高,所以应将浅层地表盐壳清除干净,并碾压密实。

我国西部地区的湖区和沼泽地等常有盐渍土分布,这些地区的盐渍土基底处理常采取排水、清淤换填、强夯置换、碎石桩等地基处理措施,处理的目的是确保路基的整体稳定与工后沉降控制,同时需隔断地下水对路基的影响,确保路基的长期性能。通常盐渍化软土较薄、公路等级较低时,常采用排水、清淤换填进行浅层处理。盐渍化软土较厚、公路等级较高时,多采用强夯置换、碎石桩等地基处理措施。盐渍土中含有硫酸盐,不宜采用水泥类桩处置。

干涸盐湖地段的地下水一般为饱和的盐水,不会对岩盐产生溶蚀作用;盐湖地区往往缺少其他合格的路基填料,这些地区蒸发量大,饱和盐水不断结晶,因此填筑路堤可利用岩盐作为填料。

干涸盐湖地段一般表面无水,表层为盐盖与岩盐。在地下水的作用下,盐盖、岩盐经长期溶蚀而形成溶洞、溶塘、溶沟等。若通过调查明确盐湖在继续干涸,这些溶洞、溶塘、溶沟可采用换填砂砾、风积沙、片卵石或盐盖等材料进行填筑。

7.10.2 路堤填料应符合下列规定:

1 盐渍土应根据含盐性质和盐渍化程度按表 7.10.2-1、表 7.10.2-2 进行分类。

表 7.10.2-1 盐渍土按含盐性质分类

盐渍土名称	离子含量比值	
	Cl^-/SO_4^{2-}	$(CO_3^{2-} + HCO_3^-)/(Cl^- + SO_4^{2-})$
氯盐渍土	>2	—
亚氯盐渍土	1~2	—
亚硫酸盐渍土	0.3~1.0	—
硫酸盐渍土	<0.3	—
碳酸盐渍土	—	>0.3

注:离子含量以 1kg 土中离子的毫摩尔数计(mmol/kg)。

表 7.10.2-2　盐渍土按盐渍化程度分类

盐渍土类型	细粒土土层的平均含盐量（以质量百分数计）		粗粒土通过1mm筛孔土的平均含盐量（以质量百分数计）	
	氯盐渍土及亚氯盐渍土	硫酸盐渍土及亚硫酸盐渍土	氯盐渍土及亚氯盐渍土	硫酸盐渍土及亚硫酸盐渍土
弱盐渍土	0.3~1.0	0.3~0.5	2.0~5.0	0.5~1.5
中盐渍土	1.0~5.0	0.5~2.0	5.0~8.0	1.5~3.0
强盐渍土	5.0~8.0	2.0~5.0	8.0~10.0	3.0~6.0
过盐渍土	>8.0	>5.0	>10.0	>6.0

注：离子含量以100g干土内的含盐总量计。

2　盐渍土路堤填料应符合表7.10.2-3的规定。

表 7.10.2-3　盐渍土用作路基填料的可用性

土类	盐类	盐渍化程度	高速、一级公路			二级公路			三、四级公路	
			路床	上路堤	下路堤	路床	上路堤	下路堤	路床	上路堤
细粒土	氯盐渍土	弱盐渍土	×	○	○	○	○	○	○	○
		中盐渍土	×	×	○	×	▲²	○	×	○
		强盐渍土	×	×	×	×	×	▲³	×	▲³
		过盐渍土	×	×	×	×	×	▲³	×	×
	硫酸盐渍土	弱盐渍土	×	×	○	×	○	○	▲²	○
		中盐渍土	×	×	×	×	×	○	×	▲²
		强盐渍土	×	×	×	×	×	×	×	×
		过盐渍土	×	×	×	×	×	×	×	×
粗粒土	氯盐渍土	弱盐渍土	▲¹	○	○	○	○	○	○	○
		中盐渍土	×	▲¹▲²	○	▲¹	○	○	○	○
		强盐渍土	×	×	○	×	▲³	○	×	○
		过盐渍土	×	×	×	×	×	▲³	×	▲³
	硫酸盐渍土	弱盐渍土	▲¹▲²	○	○	▲¹	○	○	○	○
		中盐渍土	×	×	○	○	○	○	▲¹	○
		强盐渍土	×	×	×	×	×	▲¹	×	▲³
		过盐渍土	×	×	×	×	×	×	×	×

注：表中"○"为可用，"×"为不可用。
▲¹：除细粒土质砂(砾)以外的粗粒土可用。
▲²：地表无长期集水、地下水位在3m以下的路段可用。
▲³：过干旱地区经论证可用。

7 特殊路基

3 应清除料场地表不满足设计要求的土。料场土的含水率过高时，应结合地形及实际情况开挖临时排水沟或拦水坝，排除及拦截地表水，降低地下水位；或采用挖槽、翻摊晾晒的方法降低含水率。

4 填料不得夹有草根、盐块及其他杂物，有机质含量宜不大于1%。

5 同一料源时，路床填料每5 000m³、路堤填料每10 000m³应做一组含盐量测试，不同料源应分别测试。

6 利用石膏土作填料时，应先破坏其蜂窝状结构，石膏含量一般不予限制，但应确保压实度。

6.7.1 路堤填料

1 路堤填料应符合表6.7.1的规定。

表6.7.1 盐渍土地区路堤填料的可用性

公路等级		高速公路、一级公路			二级公路			三、四级公路	
土类及盐渍化程度	填土层位	0～0.80m	0.80～1.50m	1.50m以下	0～0.80m	0.80～1.50m	1.50m以下	0～0.80m	0.80～1.50m
粗粒土	弱盐渍土	×	○	○	□₁	○	○	○	○
	中盐渍土	×	×	○	□₁	○	○	□₃	○
	强盐渍土	×	×	□₁	×	□₂	□₃	×	□₁
	过盐渍土	×	×	×	×	×	□₂	×	□₂
细粒土	弱盐渍土	×	□₁	○	□₁	○	○	□₁	○
	中盐渍土	×	×	□₁	×	□₁	○	×	□₄
	强盐渍土	×	×	×	×	×	□₂	×	□₂
	过盐渍土	×	×	×	×	×	□₂	×	×

注：表中○-可用；
　　　×-不可用；
　　　□-部分可用；
　　　□₁-氯盐渍土及亚氯盐渍土可用；
　　　□₂-强烈干旱地区的氯盐渍土及亚氯盐渍土经过论证可用；
　　　□₃-粉土质(砂)、黏土质(砂)不可用；
　　　□₄-水文地质条件差时的硫酸盐渍土及亚硫酸盐渍土不可用。
　　　强烈干旱地区的盐渍土经过论证酌情选用。

2 对填料的含盐量及其均匀性应加强施工控制检测,路床以下每 1 000m³ 填料、路床部分每 500m³ 填料应至少做一组测试,每组 3 个土样,填方不足上列数量时,亦应做一组试件。

3 用石膏土作填料时,应先破坏其蜂窝状结构。

不同类型的盐渍土对路基造成的病害不同,盐渍土路基填筑前应首先明确盐渍土的类型,对其进行分类。针对不同的公路等级、部位确定盐渍土的适用范围。盐渍土按形成过程可分为现代积盐盐渍土、残余盐渍土和碱化过程盐渍土;按盐渍化程度可分为弱盐渍土、中盐渍土、强盐渍土和过盐渍土;按含盐性质可分为氯盐渍土、亚氯盐渍土、亚硫酸盐渍土、硫酸盐渍土及碳酸盐渍土等。

盐渍土的工程分类根据含盐类型进行划分。根据氯离子、硫酸根离子、碳酸根离子和碳酸氢根离子的含量比值进行划分,这种分类方法沿用已久,与实际工况也大体相符。但这种分类方法与地基实际盐胀的相关性不强,尤其对于粗粒土,其含盐量与盐胀特性间的相关性与细粒土有明显的差异。大量的研究结果和工程实践表明,决定盐渍土工程性质的主要因素有盐渍土的粒度成分、含盐特征、含水率及温度状况等。因此随着对盐渍土的认识逐步深入,未来盐渍土的分类研究将更多地从定性向定量发展,分类的方法也会从单项内容向综合指标过渡,对盐渍土地区的公路工程实际特点的反映也更全面。

盐渍土中对工程产生影响的主要是易溶盐,碳酸盐在盐渍土中含量较小,且易沉积固化,对路基工程影响不大。土体中常见的易溶盐是氯盐和硫酸盐,因此盐渍土的工程处置方案主要针对氯盐盐渍土和硫酸盐盐渍土。盐渍土对路基的影响主要是盐胀和溶陷。研究表明,土中含有的硫酸钠是盐渍土出现盐胀的主要原因。硫酸钠随温度变化溶解度也随之变化,吸水结晶,体积膨胀,从无水硫酸钠变成含水硫酸钠($Na_2SO_4 \cdot 10H_2O$),体积增大约 3.1 倍。而其他硫酸盐也存在吸水结晶体积膨胀效应,但体积膨胀量相对少得多,如含水硫酸镁($MgSO_4 \cdot 7H_2O$)胀量增大 1.56 倍。长

7 特殊路基

期野外观测表明,土体内硫酸钠含量大于0.5%,而且土体温度下降到5℃以下就有盐胀产生。在路况调查中发现,当路床内土体硫酸钠含量达到1.2%以上时,路面就可观测到明显的盐胀量,硫酸钠含量越大胀量值也随之变大。硫酸钠含量与盐胀率的对应关系见表7-6。盐胀率的大小与公路盐胀表现有较好的一致性,可较准确地反映公路盐胀破坏程度。盐渍土地区多年来大量的路基变形观测结果显示,盐胀率小于1%时,路面平整无裂纹,无盐胀破坏现象(非盐胀性);盐胀率为1%~3%时,路面上可见少量的裂纹,有轻微盐胀产生(弱盐胀性);盐胀率为3%~6%时,路面有较明显的裂纹和盐胀现象(中盐胀性),因此可用盐胀率作为控制盐渍土盐胀的指标。

表7-6　盐胀率与硫酸钠含量的关系

盐胀率 η(%)	$\eta<1$	$1<\eta\leq3$	$3<\eta\leq6$	$\eta>6$
硫酸钠含量 Z(%)	$Z\leq0.5$	$0.5\leq Z\leq1.5$	$1.5\leq Z\leq3.5$	$Z\geq3.5$

盐渍土的溶陷是指水中盐类的溶解和迁移作用产生的土体沉陷。潜蚀的结果使盐渍土的空隙增大,在土体自重和外部荷载的作用下产生溶陷变形。评价盐渍土是否为溶陷性土的指标为溶陷系数 δ,我国《盐渍土地区建筑规范》(SY/T 0317—2012)中的标准是:当 $\delta<0.01$ 时,盐渍土为非溶陷性盐渍土。

路基不同层位(路床、上路堤、下路堤)的功能不同,对填料的要求亦不同。路床对填料要求最高,路堤次之。不同等级的公路对路基的强度(模量)与耐久性要求也不同。通过大量的室内试验与工程经验的总结,2019版规范提出了不同类型盐渍土的适用范围与适用条件。

7.10.3　路堤填筑应符合下列规定:

1　沿线路侧取土坑应按设计要求做好排水,并符合环保要求。

2　盐渍土路堤应分层填筑压实,松铺厚度宜不超过**300mm**,碾压时宜按最佳含水率±2%控制。粗粒土的压实层厚宜不超过**300mm**,风积沙的压实层厚宜不超过 **400mm**。雨天不宜施工。

3 桥、涵两侧台背不宜采用盐渍土填筑。

4 盐渍土的压实标准应符合表4.4.3的规定。

5 盐渍土路堤的施工,应从基底处理开始连续施工。在设置隔断层的地段,宜连续填筑到隔断层的顶部。

6 地下水位高的黏性盐渍土地区,宜在夏季施工;砂性盐渍土地区,宜在春季和夏初施工;强盐渍土地区,宜在表层含盐量低的春季施工。

7 设有护坡道的路段,护坡道也宜分层填筑,压实度应不小于 **90%**。

6.7.3 盐渍土路堤应分层填筑、分层压实,每层松铺厚度不宜大于200mm,砂类土松铺厚度不宜大于300mm。碾压时应严格控制含水量,碾压含水量不宜大于最佳含水量1个百分点。雨天不得施工。

6.7.4 盐渍土路堤的施工,应从基底处理开始,连续施工。在设置隔断层的地段,宜一次做到隔断层的顶部。

盐渍土易产生盐胀与溶陷,相比于正常填土,其工程病害要明显得多。桥、涵两侧台背部位是路基与结构物的刚柔结合部,对路基的变形控制要求高,这些部位不宜采用盐渍土填筑,而应采用透水性良好的非盐渍土填筑。

盐渍土地区气候干燥,土体水分散失快,若不能连续施工,则顶层路基易干燥松散。同时,由于水分的蒸发,下部土体的水汽会上升,干燥后盐分聚集于表面,易加重路基盐胀病害。因此,盐渍土地区路基施工应根据工程规模、机械设备和人力等进行分段填筑,确保路基一次填筑到位。

盐渍土地区路基碾压宜尽量确保填土在最佳含水率附近,地下水位高的黏性盐渍土地区,宜在夏季施工;砂性盐渍土地区,宜在春季和夏初施工;强盐渍土地区,宜在表层含盐量低的春季施工。

7.10.4 土工合成材料隔断层应符合下列规定:

1 土工合成材料应符合设计与现行《公路土工合成材料应用技术规范》(JTG/T D32)的有关规定。

2 路基表面平整度与横坡应符合要求。路基表面不得有尖硬棱角的碎、砾石块凸出,以免扎破土工膜。

3 土工合成材料应按路基横断面的宽度全断面铺设,铺设平展紧贴下承层,不得有褶皱。铺筑后应检查破损状况,对破损处应在上面加铺大小能防止破损处漏水的土工合成材料进行补强。

4 土工合成材料铺设完成后,严禁行人、牲畜和各种车辆通行,并应及时填筑上层路基,避免阳光暴晒。

5 在土工膜上填筑粗粒土的路段,应设上保护层,上保护层厚度宜不小于 **200mm**。保护层摊平后先碾压 **2~3** 遍,再铺一层粗粒土,与上保护层一起碾压,两者的厚度之和应不超过 **400mm**。

6.3.5 土工合成材料

1 土工合成材料技术、质量指标应满足设计要求。土工合成材料在存放以及铺设过程中应避免长时间暴露或暴晒。与土工合成材料直接接触的填料中严禁含强酸性、强碱性物质。

2 土工合成材料施工应符合以下规定:

1) 下承层应平整,摊铺时应拉直、平顺,紧贴下承层,不得扭曲、折皱。在斜坡上摊铺时,应保持一定松紧度。

2) 铺设土工合成材料,应在路堤每边各留一定长度,回折覆裹在已压实的填筑层面上,折回外露部分应用土覆盖。

3) 土工合成材料的连接,采用搭接时,搭接长度宜为 300~600mm;采用缝接时,缝接宽度应不小于 50mm,缝接强度应不低于土工合成材料的抗拉强度;采用黏结时,黏合宽度应不小于 50mm,黏合强度应不低于土工合成材料的抗拉强度。

4) 施工中应采取措施防止土工合成材料受损,出现破损时应及时修补或更换。

5）双层土工合成材料上、下层接缝应错开,错开长度应大于500mm。

盐渍土地区设置的土工合成材料隔断层具有较好的隔水、隔盐、施工简便的特点。但由于其不透水,不利于路基中水汽逸散,土工合成材料隔断层下常会有水分和盐分聚积,可能形成软弱夹层。因此,一定要做好隔断层的排水横坡,严格按2%~5%的要求控制。施工过程中隔断层破损将导致隔断效果大打折扣。我国以前多采用塑料膜作隔断层,现在也有采用"二布一膜"作隔断层,其强度与抗破损性能明显好于塑料膜。

7.10.5　砂砾、碎石隔断层应符合下列规定:

1　反滤层宜采用具有渗透功能的土工织物。

2　砂砾、碎石隔断层应先铺设包边砂砾土,再全层一次铺填,路拱横坡应为2%~5%。

3　砂砾、碎石隔断层压实应由路基两侧向中间碾压。

反滤层宜采用具有渗透功能的土工织物,主要目的是确保铺筑后的砂砾、碎石隔断层有利于水汽逸散。铺设包边砂砾土有利于隔断毛细水的上升通道,排除上升的水汽。采用透水性的砾(碎)石作隔断层,厚度宜为300~500mm,选用的砾石级配最大粒径小于50mm,粉黏粒含量小于5%。

7.10.6　风积沙隔断层应符合下列规定:

1　厚度宜不小于400mm,粉黏粒含量应在5%以下。

2　填筑与压实可采用干压实工艺,压实度应符合表4.4.3的规定。

3　设计厚度大于600mm时,应采用分层填筑,每层松铺厚度宜为300~400mm;设计厚度不大于600mm时,可一次全厚度填筑。

风积沙作隔断层在新疆应用较多。风积沙是单一粒径填料,粉黏粒含量过高将显著影响其隔断效果。风积沙天然含水率极低,且其击实曲线具有多个峰值点,故风积沙多采用干压实工艺进行填筑碾压。

7.10.7 土质路堑的路床换填时,填料应符合本规范第 7.10.2 条的规定。

7.10.8 路基排水应符合下列规定:

1 施工中应及时合理地布置好排水系统,路基及其附近不得有积水。

2 在排水困难地段或取土坑有被水淹没可能时,应在路基一侧或两侧取土坑外设置高度不小于 0.5m、顶宽不小于 1m 的纵向护堤。

3 在地下水位高地段,除应挡导表面水外,还应加深两侧边沟或排水沟。

6.7.6 排水

1 施工中应及时合理设置排水设施,路基及其附近不得积水。

2 取土坑底面应高出地下水位至少 150mm,底面向路堤外侧应有 2%~3% 排水横坡。

3 在排水困难地段或取土坑有可能被水淹没时,应在取土坑外采取适当处治措施。

4 在地下水位较高地段,应加深两侧边沟或排水沟,以降低路基下的地下水位。

5 盐渍土地区的地下排水管与地面排水沟渠,必须采取防渗措施。盐渍土地区不宜采用渗沟。

盐渍土严重的区域一般地势低平,地表及地下水排泄不畅、流速缓滞,易汇集在路基坡脚而影响路基。盐渍土地区的公路排水主要采用深挖边沟(排水沟),设置排碱渠、蒸发池及排水垫层等措施。在排水困难地段或取土坑有被水淹没的可能时,在路基一侧或两侧取土坑外设置高度不小于 0.5m、顶宽不小于 1m 的纵向护堤,也是常用的手段。在地下水位高的地段,除应挡、导表面水外,还应加深两侧边沟或排水沟。

7.11 多年冻土地区路基

本节依据我国多年冻土地区公路设计与施工相关科研成果,主要参考《多年冻土地区公路设计与施工技术细则》(JTG/T D31-04—2012)(简称"技术细则"),针对多年冻土地区路基施工组织、环保措施、路堑开挖、特殊路基填筑等进行了规定。技术细则对具体设计方案与施工工艺有具体规定和说明,本规范不再重复,仅对较为重要的一般性原则进行规定,具体施工工艺及质量控制可参考技术细则。

7.11.1 多年冻土地区路基施工应符合下列规定:

1 应结合高原缺氧、高寒、多年冻土和环境保护的特点,编制施工组织设计。

2 高含冰量冻土地段开挖宜在寒季进行,基底和边坡换填及保温层等施工宜在 6 月底前完成。寒季进行路堤施工时,填料应采取有效的保温措施。

3 路基施工前应形成有效的临时排水系统,路基两侧 100m 范围内不得有常蓄性地表水。

4 隧道弃渣和路堑挖方为少冰冻土、多冰冻土时,融化后符合填料要求的,可用于路基或保温护道的填筑。

5 泥炭土、草皮、黏质土、有机质土和冻土块不得用于路堤填筑。

6 清表产生的草皮与腐殖土宜选址堆放,并进行覆盖与洒水养护,应及时将草皮用于路基边坡防护与取土坑的回填覆盖绿化。

本条是多年冻土地区路基施工的一般规定,主要针对施工组织设计、临时排水、填料、清表、取土等提出要求。

温度高的地表水下渗会导致冻土融化,本条规定在路基施工前先做好排水系统,防止路基施工改变原有水系,引起路基附近范围内的冻土融化,从而影响路基稳定。

7.11.2 多年冻土地区路堤施工应符合下列规定：

1 路堤填筑宜在暖季进行。厚层地下冰地段宜寒季施工,填筑时不得有积雪。

2 路堤填料应集中取土,不得在路基两侧随意取土。在融沉和强融沉分布地段,取土场与路堤坡脚间的距离不得小于200m。

3 填土护道应及时碾压,压实度应达到80%以上,护道应与路堤主体工程同步施工。

取土坑取土后,往往成为积水坑,对附近冻土的融化产生很大影响。为避免冻土融沉对路基的影响,条文对融沉和强融沉多年冻土分布地段的取土坑距路基距离作了明确规定。

7.11.3 多年冻土地区路堑施工应符合下列规定：

1 路堑施工应采取隔水、排水、换填和设置保护层等措施。

2 路堑段路床换填材料为粗粒土时,宜在寒季施工;换填其他填料时,宜在暖季施工。

3 开挖至换填层位时,应对暴露的冰层采取"昼盖夜开"的遮挡防护措施。暖季开挖的路堑在清方成形后,换填部位应及时回填。

4 深路堑施工过程中应监控开挖面冻土的融化情况,并采取必要的冷却措施。

7.11.4 隔热层铺设应符合下列规定：

1 隔热层的铺设应在下垫层高程和压实度等符合设计要求后进行,并根据设计拼接方式进行拼接。

2 施工机械不得直接在铺好的隔热板上碾压,隔热层上填料摊铺达到最小压实厚度200mm后,方可用压路机压实。

7.11.5 通风管安装应符合下列规定：

1 通风管的断面尺寸、材料强度应满足设计要求。

2 通风管纵向间距应满足设计要求,底部宜高出原地面 0.5~0.7m。

3 通风管应采用反开槽法安装,开挖前路堤应填筑至通风管顶面设计高程 200mm 以上。

4 安装通风管的沟槽可采用中粗砂回填,并用小型压路机或平板夯压实。

5 路基完工后应对通风管进行人工清理,管内不得留有碎石等杂物。

通风管的主要作用是将道路吸收的热量通过通风管的气流带走,防止传入地下,从而影响冻土稳定,因此通风管不要求高出地表太多。通风管的通风效果与其横坡、主风向相交角度等因素有关。

7.11.6 热棒安装应符合下列规定:

1 热棒临时存放时,应远离火源;露天存放时,宜进行覆盖。

2 热棒应在路基施工结束、路基两侧边坡平整处理后采用工程钻机安装。

3 钻孔施工完成后应及时进行热棒安装。

4 热棒吊装入孔后,应及时用砂土回填密实。

7.11.7 高含冰量冻土地段挡土墙的施工宜在寒季进行,并应连续施工。基础施工完成后,应立即回填。基坑开挖后,发现基础全部或部分埋在纯冰或含土冰层上时,应进行特殊处理。基础完工后应立即回填夯实。

7.11.8 多年冻土地区二级及二级以上公路应按设计要求进行地温与路基变形监测。

地温与路基变形监测是确保多年冻土地区路基长期性能的监控措施,是路基路面病害分析及运营期养护措施评估的技术支撑,应按设计要求开展监测工作,有条件的典型路段也建议开展。

7 特殊路基

7.12 风沙地区路基

本节是由 06 版规范第 6.8 节的内容补充修订而成,总共 9 条,新增阻沙栅栏、固沙工程、采用输沙措施的路段的规定。

7.12.1 施工准备应符合下列规定:

1 风积沙填料的最大干密度应采用重型击实试验方法确定。

2 清表时不得破坏红线以外的植被和地表硬壳。清表产生的草皮土、腐殖土应集中堆放。

3 应保护测量用控制桩和红线界桩,并设置明显标识。

4 应采用高效、耐高温、具有防风沙性能的施工机械。

6.8.1 施工作业应尽量避开风季。注意保护所有标志桩、点,防止被风刮倒或沙埋。

6.8.2 应遵循边施工边防护的原则,土方施工、防护工程、防沙工程应配套完成。

6.8.3 地表清理时,不得随意破坏路线两侧植被和地表硬壳,注意保护沙漠环境。

6.8.4 流动性沙漠地区,应采用高效并且具有一定防风沙性能的施工机械。路基的填、挖应完成一段,防护一段,确保路基的强度和稳定。

本条将 06 版规范的 4 条修改合并为 1 条,是施工准备的相关内容。对最大干密度的要求是因为其是衡量压实度的标准,必须准确可靠方能保证路基的填筑质量。当沙漠地区有其他确定最大干密度的可靠方式时,规范并不禁止使用,但应与标准方法进行对照。

沙漠地区风积沙粒径极细,易导致机械磨损,故对施工机械的密封性要求高。其他要求都是由沙漠地区的特性决定的。

草皮土、腐殖土可用来覆盖使用后的取土场和弃土场。

7.12.2 取土场和弃土场设置应符合下列规定:

1 应利用挖方的合格材料作为填料,且应使调配方案经济合理。

2 应选择主风向上风侧的沙丘、沙包作为取土场。路侧取土时,取土坑应设在背风侧坡脚 5m 以外。

3 不宜在丘间洼地路段就近取土;不宜在粗沙平地内取土;不得在有植被和地表硬壳的地方设置取土场、弃土场。

4 弃土场应设置在主风向背风侧的低洼处。

5 取土场、弃土场在取土、弃土结束后应大致整平并应进行表面防护。

6.8.5 取土和弃土

1 取土坑应设在背风侧路堤坡脚处 5m 以外;当必须两侧取土时,应封闭或摊平取土坑。粗砂平地一般不宜取土。

2 取土坑应布设合理,减少对植被和原地貌的大面积破坏,取料结束后应整平,恢复原有植被。

3 弃土应根据地形情况,弃于背风侧低洼处,并大致整平。

7.12.3 路基施工应符合下列规定:

1 施工作业宜在风速小时进行,遇到大风天气时,应停止开挖和填筑作业。

2 风积沙填料内不得含有杂草、有机质、黏土块等有害物质,填筑前应进行基底处理并压实。

3 当路堤基底或路堑路床底部为淤积粉质土需要换填时,换填的风积沙厚度应不小于 **500mm**,风积沙中小于 **0.075mm** 颗粒含量应小于 **10%**。

4 路堤填筑前应对拟采取的各种施工方案进行试验路段施工,各种方案的试验路段长度应不小于 **100m**,正式施工应按试验路段选择的方案进行。

5 路堤应按由低向高、水平分层、逐层上料、逐层整平、逐层碾压的

7 特殊路基

方式进行填筑,填挖结合区应予压实。有包边土的路基,应先逐层施工两侧的包边土。

6 路堑施工前应核实确认土方的调配方案,应按设计的形状尺寸进行开挖,挖方应调运到指定的填方段或弃土场。

7 上路床为石灰稳定土时,可采用路拌法或场拌法进行施工。

8 路基完成后应对路基边坡进行整修并施作防护及防沙工程。

6.8.6 填方路堤

1 当基底为非风积沙时,应按设计要求进行换填。

2 风积沙填料应不含有机质、黏土块、杂草和其他有害物质。

3 路堤填筑宜采用水平分层填筑方式,按照横断面全宽推筑。

6.8.7 挖方路基

1 挖方深度大于2m的路基两侧及半填半挖路段两侧路基宜加宽1~2m。

2 流动沙漠路基边坡按设计坡度整平,并按设计要求进行固沙处理。

一般路基的要求都适用于特殊路基,特殊路基只列出相关特殊要求,规范使用时应前后结合。本次修订未分填方和挖方。

填方路堤施工前的原地面,应按照设计要求进行处理。

路堤填筑采用水平分层填筑方式,便于质量控制,填筑时应全断面一次铺筑成形。沙漠路基填筑,有条件的地区宜设置包边土,有利于路基的稳定,缺少黏土或砂砾土的区段,边坡防护应予加强。

挖方要减少对沙体的大面积扰动破坏,以免形成沙害,挖方路基施工前应核实调整土方调运图表。开挖应按路基放样桩标明的轮廓进行,减少超挖,杜绝乱挖。根据施工组织设计配齐成套的、必要的施工机械,并做好保修准备。

路堑开挖中,如遇土质变化或达不到设计要求需修改施工方案及边坡坡度时,应及时报批。

7.12.4 路基压实应符合下列规定：

1 风积沙天然含水率小于2%时，宜采用振动干压实的方法逐层进行初压和终压。

2 供水方便且风积沙天然含水率大于2%时，宜采用洒水压实法逐层进行碾压或采用水沉法逐层进行密实。

3 路基顶层终压宜在土工布及封层或路面底基层铺设后采用重型振动压路机振动碾压。

4 路基压实度应符合表4.4.3土质路基压实度标准的规定，不符合规定处应进行补压处理。本层压实度检测困难时，可采用填上层检下层的方式进行检测。

5 压实度检测宜采用环刀法进行，采用密度仪法进行检测时，应对密度仪进行标定且与环刀法进行对比。

6.8.9 沙漠路基宜采用振动压实机械进行碾压。沙漠路基压实度可采用表6.8.9的规定。

表6.8.9 沙漠路基压实度标准

填挖类型		路床顶面以下深度(m)	压实度(%)	
			高速公路、一级公路	其他等级公路
路堤	上路床	0~0.30	≥95	≥93
	下路床	0.30~0.80	≥95	≥93
	上路堤	0.80~1.50	≥93	≥90
	下路堤	>1.50	≥90	≥90
零填及挖方路基		0~0.30	≥95	≥93
		0.30~0.80	≥95	≥93

本次修订对压实度未做特殊要求，施工时应按照一般路基的标准对各层进行压实度控制。

风积沙路基的压实方法要根据当地气候和水源条件进行选择，压实方法有干压实法、湿压实法和水坠(沉)法。干压实是指风积沙在天然含水率下进行的压实,宜选用较大吨位的压实机械进行压实。

风积沙粒径多在0.06~0.12mm,颗粒表面活性低、松散性强、保水性差,采用振动干压实整体强度可满足路基稳定要求。本次修订采纳了沙漠地区公路路基修筑经验,将干压实法推荐为主要压实方式。对水源相对充足或潮湿地区,可采用湿压实法进行压实或水坠(沉)法进行密实。

压路机技术性能一般为:10~20t铰接式自动振动压路机,振动频率30~40Hz,振幅0.1~0.4mm。

路基干压实宜采用高频低幅的方式进行。填方段碾压速度不大于6km/h,碾压遍数为3~4遍。挖方路段一般碾压2~3遍,碾压速度以2km/h为宜。振动碾压遍数不宜过多,碾压遍数过多会使沙粒重新分布组合,达不到压实效果。

路基表层的碾压,在铺完土工布和砂砾底基层后,按要求振动1~2遍。

沙基的压实度检测方法可采用环刀法。用环刀法试验,环刀中部处于压实层厚的1/2深度。

当压路机不能直接在路基上行走时,可采用推土机进行压实。根据工程经验,合适的风积沙路基碾压厚度和碾压遍数如下:

(1)风积沙天然含水率条件下的路基压实。

中型推土机有效压实厚度250mm,碾压遍数不少于7遍。

大型推土机有效压实厚度300mm,碾压遍数不少于7遍。

(2)水坠(沉)法的路基密实。

水坠(沉)法是较为成熟的风积沙路基密实方法,适用于水源充足、取水方便的区域,对桥台台背、通道台背、涵洞台背等较易产生沉陷的部位,是比较可靠的方法。

水坠(沉)法施工有效密实厚度为300mm,采用中型推土机稳压2遍,18t振动轮振动压路机碾压遍数不少于3遍。

有效厚度为压实后的厚度,摊铺厚度根据有效厚度和松铺系数计算。松铺系数由试验段试验确定,一般取 1.07~1.14。

(3)风积沙路基压实工艺。

压实风积沙路基时,由于表层松散,压路机可能陷入松软的风积沙中,所以应先采用推土机进行稳压。在压实过程中,风积沙表面会有100mm左右的松散层,因此本条文中规定"本层压实度检测困难时,可采用填上层检下层的方式进行检测"。

风积沙路基压实工艺一般为:

①推土机压实风积沙路基的工艺:风积沙摊铺完成后直接用推土机履带压实。

②振动压路机压实风积沙路基的工艺:风积沙摊铺完成后,先用中型推土机稳压1~2遍,再用振动压路机压实,当沙基表面用振动压路机无法压实时,每层的终压可采用大型推土机碾压。

7.12.5 土工合成材料铺设应符合下列规定:

1 路基顶层设置土工布时,应在路基达到设计高程经调平复压后展铺,土工布铺设时应拉紧张平并应采用压路机静压,展铺长度分段宜不大于**500m**,展铺后非作业设备不得在土工布上行驶。

2 土工布搭接宽度横向应不小于**400mm**,纵向应不小于**500mm**,搭接部位应可靠连接。

3 土工布铺设后应立即采用封层料或路面底基层材料进行覆盖,覆盖材料上料时车辆不得在土工布上直接行驶和掉头。

4 路基顶部或高路堤内铺设土工格栅或土工格室时,应按设计的类型、位置和范围进行铺设。

5 土工布、土工合成材料质量应符合设计及现行有关标准的要求。

6 土工合成材料应遮盖存放,铺好的合成材料宜在当日覆盖。

6.8.8 土工布

1 土工布横向搭接宽度应不小于300mm,纵向搭接长度应不小于500mm,搭接部应采用有效方法连接。

2 土工布展铺好后,宜采用振动压路机静压一遍,增强沙基表层密实度,然后方可铺筑垫层。

本次修订将铺设土工布改为土工合成材料。土工合成材料应符合《公路土工合成材料应用技术规范》(JTG/T D32—2012)的要求。

提高沙漠路基稳定性可采用土工格室表面全铺法、多层土工格室路基全铺法、单层土工织物铺压法等方法。土工格室表面全铺法将土工格室铺在土基顶面,对风积沙填筑体起到稳定作用;也可以铺在沙面上,作为沙漠筑路时的施工便道。多层土工格室路基全铺法在路基中采用多层土工格室进行加筋,依据路基高度及公路等级的不同,选择不同规格的土工格室及铺压层数。单层土工织物铺压法依靠土工织物与沙基土体的摩擦力限制沙基侧向位移。

单层土工织物铺压法是在流动沙漠地区沙基上铺设土工合成材料,可以提高沙基的抗剪能力和承载能力,起到加固沙基的作用,有效阻止沙基在荷载作用下变形,同时方便施工。

用于沙漠路基整体稳定时,土工合成材料被夹在沙中,对抗拉强度、抗撕裂强度有一定的要求。根据实际工程经验,条文提出了对土工合成材料的性能要求。土工织物可选用短纤维无纺土工织物,其性能应满足表7-7的要求。

表7-7 单层铺压法土工织物性能要求

单位面积质量 (g/m²)	厚度 (mm)	纵、横向极限抗拉强度(kN/m)	纵、横向极限伸长率(%)	CBR顶破强度(kN)	等效孔径 O_{90}(mm)
≥150	≥1.0	≥8.0	≤25	≥0.5	0.07~0.2

土工合成材料应存放于阴凉的室内或土埋储藏,储藏期从出厂日期算起不得超过18个月。

土工合成材料施工沿路线纵向由人工配合机械牵引,将每卷土工合成材料(不宜超过500m)展铺在沙基上,展铺时尽量减少褶皱。展铺后严禁非作业车辆在其上行驶。土工合成材料应拉紧张平,为防止被风掀起,可在边缘及搭接处用少许风积沙或天然砂砾压住。相邻两幅土工合成材料的接头,可用细铁丝或延伸率较小的尼龙绳呈"之"字形穿绑,或采用其他有效方法连接。

土工合成材料展铺好后,可用压路机静压一遍,使土工合成材料与沙基结合紧密,增强沙基表层密度。土工合成材料破损时,采用面积大于破损面各边200mm的方形土工合成材料置于其下部并铺平。

7.12.6 防护工程及防沙工程施工应符合下列规定:

1 路基成形段的防护工程及防沙工程宜在少风、小风速或雨季时集中施工,应在大风季节来临前配套完成。

2 上风侧的防沙工程宜先于路基施工,也可在路基完成后两侧同时施工。

3 阻沙工程宜先于固沙工程施工,也可同步施工。

4 防沙工程的种类、形式、形状尺寸、所用材料及其质量应符合要求。

6.8.10 防沙工程

1 防沙工程本着"因地制宜、就地取材、因害设防、综合治理"的原则,应注意保护施工区域的天然植被,工程建设和防沙治沙应同步进行。

2 采用天然砂砾或黏土等覆盖地表面时,粒径应不大于63mm。

3 利用各种草类、截枝条全面铺压或带状铺草、平铺杂草固沙施工时,须用草绳或枝条纵横固结,或者用沙砾压盖,防止风毁。

4 草方格应纵横成行、线条清晰。

5 栅栏设置应先于固沙方格或同步施工,路基两侧应同时施工,无条件时,可先施工迎风侧。

6 采用植物固沙法施工时,应严格按设计所要求的树苗(或灌木种类)和设计的种植间距及布置形式进行栽种。

沙漠公路既要重视路基本体的防护,也要注意路基两侧一定范围内的沙质地表的防护。路基本体的防护方法有工程防护、植物防护、综合治理等措施。地表防护方法有利用杂草、芦苇、树枝以及其他材料,在流沙上设置沙障或覆盖固结沙面等。

防沙工程包括下列内容:

(1)阻沙工程:将风动沙流阻止在距公路一定距离之外的措施称为阻沙工程。一般在防护带外缘设置。

(2)固沙工程:将防止沙体流动的措施称为固沙工程。一般设在防护带内侧和路基边坡上。

(3)输沙工程:采用合理的断面及平顺光滑的路面使风沙流通过的措施称为输沙工程。

本次修订按照阻沙、防沙、输沙三个不同的工程分条提出要求。本条是防沙工程的通用要求。

防沙工程的施工要与公路施工同步进行。阻沙和固沙工程可同时施工,路基施工需要及时清理路肩。防沙工程避免在大风天气施工。防沙工程以固、阻、输、导相结合使用较为适宜。

7.12.7 阻沙栅栏应沿沙丘主梁或副梁设置,应位于迎风坡距脊线1.0~1.5m处,栅栏立柱间距应在地形起伏大的段落适当加密,栅栏底部与地面应密贴无空隙。

阻沙措施一般用于沙源丰富地区的固沙带或阻沙措施外缘。外侧的阻沙栅栏与内侧的固沙草方格应同时施工,若不能同时施工,应先设栅栏,后设固沙草方格。

沙障形式有栅式、墙式、堤式、带式等,常见的为栅式沙障,包括芦苇栅栏、尼龙网栅栏及枝条栅栏等。

栅栏必须沿沙丘主梁或副梁设置,一般设在迎风坡距脊线外1.0~

1.5m 位置处。施工前要测量放线,布设栅栏位置。栅栏位置应在固沙草方格外侧,原则上与固沙带之间有 10~15m 空余带用于停积外侧来沙,可视环境调整,切忌设在落沙坡、落沙坡脚及丘间洼地等位置。

栅栏立桩(起加固栅栏作用)一般用木桩制作,桩径不小于 50mm,长度 1.5m,间距一般为 2~3m,两桩间地形起伏较大时应加桩;立柱施工时木桩应钉入沙中 0.5m,外露 1m。木桩间先用铁丝连接,铁丝绑在桩顶或略下位置,以牵引加固立柱。每个木桩均要在两侧用铁丝锚固。

阻沙栅栏为疏透型,疏透度为 20%~30%。阻沙栅栏材料以原状芦苇为主,长度在 1.5m 以上,埋入沙中 0.2m,外露 1.3m。栅栏下部与地面之间不得出现空隙,在栅栏两侧设低立式芦苇沙障以防根部风蚀。

在风蚀强烈部位的栅栏两侧扎制 1~2 道草方格(1m×1m)或一道低立式芦苇沙障加固,以防掏蚀。在栅栏底部如仍然有掏蚀现象,可在其下部进行加密处理。

7.12.8 固沙工程施工应符合下列规定:

1 固沙工程施工前应平整沙面。

2 采用天然砂砾、盐盖、黏土等覆盖沙面时,料块粒径宜不大于 **60mm**,厚度宜在 **20~100mm** 之间。

3 柴草类覆盖沙面时应将各种草类秸秆或枝条截成 300~500mm 长的短节,短节柴草平铺后应灌沙并捣实,也可将柴草扎成束把状固定平铺。

4 柴草类固沙方格施工时,应将短节柴草插入沙土中固定,插入深度及外露高度应符合要求。土类固沙方格的土埂高度应符合要求。方格应纵横成行、线条清晰。

5 植物固沙法的树苗或灌木种类、种植间距及布置形式应符合要求。

在有砂砾、黏土或砾石资源的区域,可选用砂砾或黏土等覆盖固定平坦流动沙地、靠近路旁的流沙及路基边坡。

采用天然砂砾、黏土、砾石等材料覆盖流沙表面时,厚度一般为20~100mm。在覆盖前应整平沙面,运料并在需要防护的位置附近卸料,人工进行摊铺;采用砾石覆盖时要捡出大粒径石块,粒径控制在60mm以下。

平铺杂草固沙适用于有草类地段的沙丘防护,利用各种草类、截枝条全面铺压或带状铺草。铺草压沙厚度50mm左右。需用草绳或枝条纵横固结,或者用沙压盖,以免为风所毁。

草方格沙障是用麦草、稻草、芦苇材料将草插入沙层内直立于沙丘上,在流沙上扎成方格状的半隐蔽式沙障。固沙芦苇方格要采用已被碾压呈扁状且柔性的较新芦苇。草方格施工,要按设计要求测量放线,达到美观和防沙要求。布设草方格,规格一般为1.0m×1.0m或2.0m×2.0m。在风向比较单一的地区,可把格状沙障栽成与主风向垂直的行列式沙障。

植物固沙是防治沙害、改善环境的理想措施。植物固沙包括种草、灌木和乔木,三者配合可形成良好的防沙体系。植物固沙关键条件是水,必须通过自然或人工方法获得。植物管理比较困难,由于生长慢,所以需要较长时间。一般在年平均降雨量大于100mm、沙层含水率大于2%~3%的半干旱荒漠地带或地下水较浅及有水源的地方应采用植物固沙。

7.12.9 采取输沙措施的路段,应铲除路基两侧**20~30m**范围内的凸起物和其他障碍物,并应进行场地平整。防火隔离带内的易燃物应予清除。

7.13 雪害地段路基

7.13.1 施工前应对公路沿线雪害的类型、范围、规模、分布位置及当地防治经验等进行调查核对,并应核查工程地质和水文地质变化,制订合理的施工方案。

6.12.1 应充分理解和掌握防雪工程的设计意图,进行详细现场勘察,核查公路沿线雪害的类型、范围、规模、分布位置等。

本条根据06版规范第6.12.1条修订而成。

雪害的形式有两种:一是积雪;二是雪崩。

(1)积雪,比较严重的积雪多见于我国东北地区、青藏高原及新疆等地。积雪及风雪流对公路的危害主要是影响行车安全,严重的则会阻断交通。

(2)雪崩,多见于新疆及西藏的山区。山上大量的积雪突然沿山坡或山沟向下崩落,即发生雪崩。大量的雪崩不仅掩埋路基、阻断交通,还能击毁建筑物和路上行驶车辆。因此在雪害地区筑路施工,需详细调查沿线积雪和雪崩的情况,制订科学、周密可行的施工组织和技术方案。

山坡上的积雪达到一定厚度便可能发生雪崩。在季节性积雪的山区,仅冬、春季发生雪崩;在永久积雪的高山地区,全年均可能发生雪崩。我国雪崩比较严重的地区有新疆的天山西部和阿尔泰山区,西藏的东南部及喜马拉雅山南坡,还有四川和云南西北部的横断山脉,祁连山及天山东部等地。

7.13.2 路基两侧20m范围内不得设取土坑,不得堆放弃土和废渣。应保护路基两侧地表植被和自然景观,减少施工引起地貌变化而造成积雪的公路雪害。

本条为新增。

地貌变化会造成风吹雪携带的雪粒沉积,形成雪阻。

7.13.3 积雪地段路基宜选用水稳性好的砂砾土作为填料。

6.12.6 积雪地段路基及构造物应采用水稳性和抗冻融性较好的材料,对填料的性能指标及其均匀性应加强施工控制检测,保证雪害地段路基及防雪工程的稳定性。

在雪害地区,路基及构造物材料破坏的主要问题是春季融雪水的毛细作用和材料的冻融变化引起的破坏,应采用水稳性和抗冻融性较好的材料,对填料的性能指标及其均匀性应加强施工控制检测,保证雪害地区路基及防雪工程的稳定性。

7.13.4 在融雪前,应疏通路基的排水系统,保证融雪水顺畅排出。

6.12.5 路基排水应充分考虑春季融雪水的渗透作用,根据当地稳定积雪深度及融雪水的情况,采取措施保证路基的稳定及构造物的抗冻融性。路基的纵横向排水、防水系统要完善,保证融雪水顺畅排出。

本条根据06版规范第6.12.5条精简而成。

在雪害地区,路基破坏主要是春季融雪水的渗透作用,每年到开春时,融雪水形成了大量的地表径流。

7.13.5 路基排水设施、坡面防护应及时施作,应充分考虑冻胀和春季融雪水渗透对路基稳定和边坡坡面的影响。

6.12.7 坡面防护施工应适时,防止温度变化、春融雪水作用破坏边坡坡面。

本条根据06版规范第6.12.7条修改而成。

在雪害地区,任何坡面都会受到春融雪水、温度变化、交替作用破坏。施工时,应保证坡面材料的水稳性和抗冻性。

7.13.6 积雪地段路基防护砌筑工程应满足设计要求,砌筑片石、块石、砌筑砂浆应符合抗冻要求。砂浆强度应不低于**M10**,且应密实、饱满,达到设计强度的**70%**前不得受冻。采用干砌时,应采用大块石砌筑。

本条为新增。

砂浆达到设计强度的70%前不得受冻,此要求参照《公路桥涵施工技术规范》(JTG/T F50—2011)制定。

7.13.7 雪崩地段路基施工应符合下列规定：

1 应配备专门的观测仪器和人员进行监测，及时预警山体塌方、碎石滚落、降雨降雪天气、大量地下水涌出等情况。

2 应及时监测和预防施工机械运转震动造成的坍塌、碎落及山体滑坡。

3 在同一个雪崩区，防雪工程应从雪崩源头开始施工，上一个单项工程完成后方可开始相邻的下一个单项工程施工。

4 挖方施工时，应沿等高线开挖水平台阶，按从上到下的顺序开挖台阶，废方堆于台阶下方。

5 稳雪栅栏应沿等高线设置。稳雪栅栏宜设置多排，最高一排栅栏应在雪崩裂点附近及雪檐下方，应保证基础的稳定性及锚固钢筋的锚固要求，回填土压实度应不小于96%，栅栏与坡面的交角应严格按设计要求施工。

6 防雪林的布设应从雪崩源头开始到雪崩运动区，从上到下分期种植适合当地环境的速生树种。

7 修筑钢筋混凝土或浆砌圬工防雪走廊时，原地基及回填土压实度应不小于96%。墙后填土应与山坡相顺接，应做好结构物的防水、排水及抗冻融。

6.12.8 雪崩地段路基施工

1 应配备专门的观测仪器和人员进行监测，及时预报警示山体塌方、碎石跌落、降雨降雪天气、大量地下水涌出等可能造成的山体变化情况，应制订安全预案，避免施工安全事故。

2 应及时监测和预防施工机械运转振动造成的坍塌、碎落及山体滑坡。

3 在同一个雪崩区，防雪工程应从雪崩源头开始施工，上一个单项工程完成后方可开始相邻的下一个单项工程施工。其他类似工程亦应按此要求依次施工。

4　挖方施工时,应沿等高线开挖水平台阶,按从上到下的顺序开挖台阶,废方堆于台阶下方。

5　稳雪栅栏可沿等高线设置。稳雪栅栏宜设置多排,最高一排栅栏应尽可能在雪崩裂点附近及雪檐下方,应保证基础的稳定性及锚固钢筋的锚固要求,回填土压实度应不小于95%,栅栏与坡面的交角应严格按设计要求施工。

6　防雪林的布设应从雪崩源头开始到雪崩运动区,从上到下分期种植适合当地环境的速生树种。

7　修筑钢筋混凝土或浆砌圬工防雪走廊时,原地基及回填土压实度应不小于95%。应注意结构物的防水、排水及冻融要求,墙后填土应与山坡相顺接。

本条未修订。

(1)防雪工程的施工,主要在海拔2 000～3 000m且较为陡峭的山坡或沟槽中进行,地形及天气情况复杂,施工较危险,应在保护当地生态环境的基础上,科学地组织施工。

工程施工过程中进行爆破以及大面积开挖,有可能造成山体地质地貌的变化,如山坡坡度的改变、山体塌方、碎石跌落等,应配备专门的观测仪器和人员,注意观察,及时警示以避免发生危险。

有一定的积雪和一定坡度的山坡,才有可能发生雪崩。雪崩区,在丰富的降水、强烈的流水侵蚀和复杂的局部山区气候情况下,由于降雨、降雪或开挖造成的大量地下水涌出而引起的山体变化也应及时观察并预防。

(2)一般的防治雪崩工程都在公路以外的山坡、山沟中,山坡上施工机械运转振动会造成坍塌、碎落,甚至造成工程破坏和人员伤亡。

(3)在同一个雪崩区,防雪工程坡面施工的坍塌、碎落,会影响其下方坡面工程施工安全及构造物的稳定性。

(4)在水平台地,地面横坡小于45°、土层较厚且透水性较好、不易产生滑坡或泥流的山坡上,为防止小型雪崩,应沿等高线开挖水平台阶。开挖台阶的弃土可堆填在台阶的下方,以加宽台阶。

(5)稳雪栅栏,可沿等高线设置栅栏以稳定山坡上的积雪。栅栏承受由山坡积雪蠕动及积雪沉陷产生的向下滑动的压力,栅栏基础是其稳定的关键。

(6)改善生态环境是雪害防治的目的。因地制宜综合治理雪害的措施是采取工程治理与生物治理相结合的办法,最终用生物治理取代工程治理,以根治雪害,是雪害地段的生态环境逐步走向良性循环的有效措施。一般选择栽种当地树种,它们对雪崩具有较好的阻挡、防护和适应能力。

(7)防雪走廊基础应放置于坚实地基上,应特别注意防止风吹雪进入走廊内。为防止走廊挡墙春季融雪水的渗透破坏,应做好构造物的排水及抗冻融,墙后填土应与山坡顺接,以减轻雪崩运动时对防雪走廊的直接冲击。

7.13.8 风吹雪地段路基施工应符合下列规定:

1 路基两侧距边坡坡脚不小于 **30m** 范围内的障碍物应清除,并对地表进行整平,必要时应设置防雪设施。

2 应根据当地主风向、风速等情况选择取土坑的位置。在单一风向的路段,取土坑宜设在路堤背风侧,与路堤边坡坡脚距离宜不小于 **50m**。在有两向交替风作用的路段,宜集中设置取土坑,与路堤边坡坡脚距离宜不小于 **100m**,施工完成后应将其边坡修成缓坡,使其平行于主风向的断面平顺通畅。必要时取土坑也可用作储雪场。

3 风吹雪路段路基弃方应弃至背风坡一侧,距路基坡脚或路堑坡顶的距离应不小于 **100m**,并应整理平顺。

4 石方路堑和积雪平台超挖处理应符合下列规定:

1)超挖回填部分应选用水稳性和抗冻融性好的材料,压实度应符合表 4.4.3 的规定。

2) 积雪平台应向路基外设置 2% 的坡度,并应进行硬化处理。

5 土质路堑或遇水崩解软化的风化泥质页岩类路堑的路床和积雪平台压实度应符合表 **4.4.3** 的规定,路基边坡应按防雪设计要求施工,将障碍物清理到设计指定的位置。

6 挖方路基边坡宜不陡于 **1:4**。当外侧剩余台地工程量不大时,宜全部挖除。

6.12.9 风吹雪地段路基施工

1 路基两侧距边坡坡脚不小于 30m 范围内的废方及障碍物应清除,并对地表进行整平,否则,应设置防雪设施。

2 根据当地主风向、风速等情况选择取土坑的位置。在单一风向的路段,取土坑宜设在路堤背风侧,与路堤边坡坡脚最小距离 50m。在有两向交替风作用的路段,宜集中设置取土坑,与路堤边坡坡脚最小距离 100m,施工完成后应将其边坡修成缓坡,使其平行于主风向的断面平顺通畅。根据需要,填方路堤的取土坑也可用作储雪场。

3 风吹雪路段路基弃方位置,应位于背风坡一侧、距离大于 100m 的低地或距路堑坡顶的距离不小于 100m,并应将其整理平顺。

4 石方路堑(包括积雪平台)超挖处理应符合以下规定:

1) 严禁使用劣质开山料或覆盖土回填。

2) 超挖回填部分应选用水稳性和抗冻融性好的材料,压实度应符合表 4.2.2-1 的规定。

3) 超挖部分不规则或超挖深度超过 80mm 时,应用混凝土填补找平。

4) 边坡、积雪平台应按以上要求进行施工整理,并设向路基坡脚外 2% 的坡度,应将积雪平台内进行硬化处理。

5 土质路堑或遇水崩解软化的风化泥质页岩类路堑的路床(包括积雪平台)压实度应符合表 4.2.2-1 的规定,积雪平台应设向外 2% 的坡度,路基边坡应严格按防雪设计要求施工,将废方或障碍物清理到设计指定的位置。

6 挖方路基边坡一般不陡于1:4。当外侧剩余台地工程量不大时,宜全部挖除。

本条根据06版规范第6.12.9条修改而成。

风吹雪灾害成因主要是风速减弱,雪粒沉积堆埋公路,因此风吹雪和地形、地物以及路基形式有很大关系,路基两侧距边坡坡脚各30~50m范围内的弃方及障碍物会引起路基积雪,应将其清除、整理平顺,以保证风雪流顺利通过。

风雪流堆积是发生在地形曲率突然变化的地方,施工过程中应防止由于施工引起的风吹雪沉积在路基上的现象发生。根据最大风速35m/s计算,风雪流的发育长度约42m,则取土坑宜设在路堤下风侧距路堤边坡坡脚至少50m处,施工应将其边坡修成缓坡,使其平行于主风向的断面平顺通畅。

风吹雪路段,尽量做到路基"多填少挖",路基边坡"缓比陡好",路堑的挖方边坡应做成缓坡。春季融雪的地表径流、毛细作用破坏和材料冻融会引起工程破坏,因此应采用水稳性和抗冻融性较好的材料填筑。超挖部分也应选用水稳性和抗冻融性好的材料回填,压实度应大于95%,禁止使用劣质开山料或覆盖土回填。超挖部分不规则或超过80mm时,可用混凝土修补找平。路堑边坡、积雪平台内易积水,按路基坡脚向外2%的坡度整理平顺,以利于路基横向排水,应将积雪平台内级配碎石或水泥稳定碎石、二灰稳定碎石等半刚性材料整平碾压,这样可以保证积雪平台的稳定性。

7.14 涎流冰地段路基

涎流冰是高寒地带山区公路的主要病害之一,寒冷条件下,地下水和地表水漫溢到路面或路基坡面上,逐层冻结,形成涎流冰。

涎流冰可分为山坡涎流冰与河谷涎流冰,主要分布在寒冷地区和高寒山区。河谷涎流冰则是沿沟谷漫流的泉水和冰雪融水冻结形成。涎流冰应重点调查各种水源在寒冷季节形成的冰流量和流动范围。在发育蔓延阶段,涎流冰可能形成冰坎、冰槽甚至堵塞桥涵,形成地面冰体漫淤路面。在融化阶段,涎流冰能渗浸路基路面,降低强度,导致翻浆;融雪洪流通过受阻时易引起路基水毁。治理措施可以归纳为采用人工调治构造物、明疏、暗排、堵截、封闭、蓄汇等方法。发生涎流冰的季节,一般在冬季和初春,持续的时间较长,一般为四五个月,不同的地区持续的时间不同。在冬季封冻前后,气温逐渐降低,出露在坡面的地下水开始冻结,涎流冰开始形成。随着气温继续下降,涎流冰不断蔓延加厚,发展到高峰阶段。冬末初春,气温回升,涎流冰在日照和昼夜温差作用下融冻交替,直到春季气温升高,涎流冰开始融化并逐渐消失。

涎流冰的发育蔓延危害很大,它可沿公路的长度分布,少则几米、几十米,多则几百米、上千米,冰层厚度由数厘米到数米。大量冰水漫溢淹没路基,使路面脱落,造成路面凹凸不平或形成冰坎、冰槽等,影响交通,严重者断绝交通,堵塞桥涵,阻碍融雪洪流顺畅通过,造成路基与桥涵构造物水毁。涎流冰消融水分下渗引起公路强度降低,导致翻浆、边坡滑塌等病害。

7.14.1　施工前,应对当地地形、地质、气象,涎流冰的水源、类型及规模、危害情况及当地防治经验等进行调查核对,制订合理的施工方案。

6.11.1　施工前,应对当地地形、地质、气象,涎流冰的水源、类型及规模、危害情况,当地防治经验等进行调查核对,确定合理的处治措施及施工方案。

本条根据06版规范第6.11.1条精简而成。

在寒冷地区,常采用集水井、渗池、排水暗管和渗沟等防治措施。集水井适用于较集中的山坡地下水露头处;渗池适用于汇集较分散的山坡地下水,排水部分在产砂石地区可用渗沟,在不产砂石地区可用排水暗管。出水口必要时可设置保温和加固措施,保温材料可因地制宜采用树枝、秸秆、炉渣、泥炭、青苔等或土工织物、聚氯乙烯等新型建材。加固措施，如边坡可用浆砌片石。

施工中还应吸取当地防治经验，有助于采取有效的防治措施，避免涎流冰的危害发生。

7.14.2 路基施工应减少对原有自然排水系统的影响。在修建排、挡、截等结构物时，应保留原自然形成的疏水系统的畅通。

6.11.2 施工应尽量减少对原有自然排水系统的影响。在修建排、挡、截等结构物时，不得随意挖掘取土，并注意保留(护)原自然形成的疏水系统。

本条根据06版规范第6.11.2条精简而成。

对于距公路一定范围内山坡上的泉水形成的涎流冰，因泉水长年不断，形成涎流冰的量较大，一般用截、导、渗的方法治理。先要确定水的发源地，找出泉眼位置，如果是单个泉眼，可设置保温盲沟，排至路基的下方；如果是多个泉眼，需依地形将所有泉眼的水用截水沟或保温渗沟汇集到一个较大的渗池内，然后用保温盲沟或排水管排到路基的下方。

7.14.3 在冰冻或高寒的涎流冰地区，路基应选用水稳性好的砂砾石土作为填料。

6.11.3 在冰冻或高寒的涎流冰地区，路基宜选用水稳性良好的砂砾石土作为填料。

本条根据06版规范第6.11.3条修改而成。

砂砾石填料增强了路基的透水性，毛细水不易上升到路基顶面。路基的冻胀减弱，翻浆程度也减弱。

7.14.4 山坡上的涎流冰，可在路基上边坡外设置聚冰沟，将水导入附近的河沟或桥涵。聚冰沟横断面应根据地形、地质、渗水量、聚冰量确定，并做好排水设施的顺接。

本条为新增。

聚冰沟多用于冲积扇沟口处的泉水涎流冰和地势较缓的山坡涎流冰,用以排引涎流冰水源并拦截侵向路基的涎流冰。

聚冰沟需从水源起顺山坡或沟谷布设,把水导入附近的河沟或桥涵,挖出的土用以筑坝挡冰。沟的断面根据地形、水量、水温及聚冰量确定,一般沟深 1~2m。对于水量较大或为温泉时,沟顶可设保温盖层,把水排入河沟中。

7.14.5 对山谷的涎流冰,可利用天然山坳设置聚冰坑堆积涎流冰。聚冰坑的大小应根据地形、地质、渗水量、聚冰量确定,并做好排水设施的顺接。

本条为新增。

聚冰坑多用于水量较小、边坡不高的堑坡涎流冰,用以积聚冬季涎流冰使其不漫路。聚冰坑可由天然山坳加大边沟或超挖边坡而成。

7.14.6 挡冰墙应设置在边沟外侧,防止涎流冰流到路面上。挡冰墙高度和宽度应根据聚冰量确定。

本条为新增。

挡冰墙适用于涌水量不大的山坡涎流冰和挖方边坡涎流冰,用以阻挡和积聚涎流冰,以防漫路。

挡冰墙多修建在路肩外或边沟外,一般用浆砌片石、块石筑成,高度需根据涎流冰的冰量而定,一般为 1.0~1.5m,顶宽为 0.4~0.6m。基础埋置深度按土质、积冰量及当地冰冻深度等情况确定。

7.14.7 砌筑挡冰墙的块石、片石和砂浆应满足抗冻要求。砂浆强度应不低于 M10,达到设计强度的 70% 前不得受冻。砌筑砂浆应密实、饱满。采用干砌时,宜采用块石砌筑。

6.11.4 采用浆砌片(块)石砌筑的挡冰墙,砌筑砂浆必须密实、饱满,未达到设计强度前不得浸水遭受冻胀破坏。采用干砌时,应采用大块石砌筑。挡冰墙外的聚冰坑应按设计要求进行施工。土质地段的聚冰坑,应按设计要求砌筑,并做好防渗施工。

本条根据06版规范第6.11.4条修改而成。

砂浆达到设计强度的70%前不得受冻,参照《公路桥涵施工技术规范》(JTG/T F50—2011)制定。

7.14.8 聚冰沟、土质地段的聚冰坑应满足设计要求,设计未规定时,聚冰沟及其排水边沟应采用浆砌片石防护。土质地段的聚冰坑应根据坡面渗水和土质情况,在边坡坡脚设置干砌片石矮墙,其排水边沟应采用浆砌片石防护。

本条为新增。

7.14.9 当有地下水出露时,应采用渗沟、暗沟等地下排水设施,将地下水引离路基。

本条为新增。

地下水的疏排工程主要有渗沟、暗沟、渗池、渗井等。

渗沟主要用来吸收、汇集和排除地下水。暗沟是把路基范围内的泉水或渗沟汇集的水流排到路基范围以外,避免冻结成冰。

7.14.10 地下排水施工应符合下列规定:

1 地下排水设施应在冻结深度以下,且宜不低于路面以下**2m**,并应做好反滤层、隔水层及出水口的保温。

2 地下排水设施应在路基完工前完成。

3 地下排水结构应分层开挖,并随时排出地下渗水和流水。上口应通过封闭式渗池与含水层衔接,下口应从路基下侧边坡坡脚以外排出,出水口应有保温措施。

6.11.6 地下排水施工应符合以下规定：

1 应按设计要求在冻结深度以下，并在不低于路面以下2m处做好地下排水设施的隔水层或反滤层。

2 地下排水设施应在路基完工前完成。

3 地下排水结构开挖中，应采用有利于排水的方法分层进行，随时排出地下渗水和流水。上口通过封闭式渗池与含水层衔接，下口位于路基下侧边坡坡面以外，出水口应有保温措施。

本条根据06版规范第6.11.6条精简而成。

地下水的疏排工程应埋在冻结深度以下，并宜不低于路面以下2m。暗管入水口通过封闭式渗池与水流衔接，下口于路基下侧边坡坡面以外排出，并做好出口处的保温和加固措施。为了防止水流冻结和冲刷，暗管的最后一段纵坡要适当加大、加快排水，出水口应尽量设在较陡的坡地上或高出地面0.5m以上。出水口除应采取保温措施外，还可在出水口设置纵坡大于10%的排水沟，以防水流冻结堵死排水孔道。另外还可采取以下方式防冻：

(1)出水口受地形限制或必要时可设出口集水井。

(2)有条件的地方也可利用竖井穿过不透水层将水导入下面的渗水层内。

在严寒地区，为防暗管出水口封冻堵塞，可在主出水口上方设置一至数个副出水口。当主出水口封冻后，地下水还可以从副出水口溢出，避免形成涎流冰。为防涎流冰漫延到路面，可设挡冰堤。对于暗沟，其四周还必须做好反滤层及隔水层，以防淤塞。

渗沟的施工及出水口的处理措施可参照暗管进行。

7.15 采空区路基

本节由06版规范第6.17节采空区路基施工的内容补充修订而成，条文总数10条，新增5条内容。本节结合《采空区公路设计与施工技细则》(JTG/T D31-03—2011)、《建筑地基处理技术规范》(JGJ 79—2012)、《公路隧道施工技术规范》(JTG F60—2009)以及《工程测量规范》(GB 50026—2007)等相关规范,增加了干砌片石、强夯法处理采空区,以及衬砌加固法、工程测量以及检测等内容。

采空区为开采地下固体矿床设置的坑道,或地下固体矿床开采后形成的空间及由于其围岩失稳而产生的地表变形和破坏的地区或范围。狭义的采空区指坑道和开采空间。

采空区(空洞)公路为经过各类矿床采空区(或地下溶岩、土洞、地下工程等)的公路。

采空区路基施工应做好地质、水文调查工作,搜集相关资料,如各种地质图、开采时间、水文观测以及顶板管理办法等,必要时进行工程地质调绘、物探和钻探验证。

采空区对我国公路(特别是高速公路、一级公路)建设的影响和危害较为严重。所以,处理好采空区公路的地基,确保其稳定,对保证公路的使用质量极为重要。

7.15.1 施工准备应符合下列规定:

1 应核查采空区埋深,覆岩的岩性、厚度及完整程度,冒落带和裂隙带的发育程度,裂隙的连通性等情况,确认并标识路基范围内采空区的类型、处置方式及相应的范围边界或支撑位置,编制专项施工方案。

2 测量控制点应设置在采空区影响范围之外,并加以防护。

3 地表有出露渗水时,应设置暗沟或截水渗沟将水流引离路基。

6.17.1 施工前,应结合设计详查路幅内采空区类型(平洞、竖井或斜井)、水文地质、地下水高度和顶板地层厚度,复核设计方案的可行性,编制施工组织设计,完善处治措施。

采空区路基的施工主要是指采空区范围内路基基底的处置,至于正常的路基填筑或开挖属于一般路基施工,按照一般路基施工要求进行施工控制即可,如填料为矿渣废弃物等,应按特殊填料的有关要求执行。

覆岩也称上覆岩,指覆盖在采空区上方的地层,采空区的塌陷程度与上覆岩有很大关系。覆岩按坚硬程度可分为坚硬覆岩、中硬覆岩和软弱覆岩。

覆岩破坏有三带,包括覆岩在垂直方向上破坏的冒落带(直接位于采空区上方的顶板岩层,在自重和上覆岩层重力作用下,所受应力超过本身强度时,发生断裂、破碎塌落的岩层)、裂隙带(冒落带上部的岩层在重力作用下,所受应力超过本身强度时,产生裂隙、离层及断裂,但未塌落的岩层)和弯曲带(裂隙带上部的岩层在重力作用下,所受应力尚未超过本身强度,产生微小变形,但整体性未遭破坏,也未产生断裂,仅出现连续平缓的弯曲变形带)。

7.15.2 采空区的处置方式、长度、宽度及深度应满足设计要求,处理后的地基强度及稳定性应满足设计要求。

6.17.4 开挖回填处治采空区,应按设计要求的处理长度、宽度、深度进行处理。

采空区的处置范围包括公路主体工程及其附属工程压覆的采空区,以及与采空区相伴生的巷道、废弃的矿井、地裂缝及塌陷坑。

采空区处理方法的选择,一般应遵守技术可行、经济合理,可满足质量、进度要求的原则。

选择处理方法时应综合考虑以下因素:

(1)采空区的地基条件、道路条件与施工条件等。

(2)采空区的类型有深采空区与浅采空区之分,其治理方法往往不同。浅采空区可以用开挖回填方法治理,但深采空区则不可。

(3)顶板及其覆岩的岩性。

(4)开采方法与顶板管理方法,矿床厚度、层数及其开采的厚度,采空区形成的时间以及矿床倾角等因素。

（5）公路等级及其地段（或构造物）等条件。一般路段的采空区，可采用以充填为主的水泥粉煤灰注浆法治理，其水泥用量不可大于20%；桥涵下伏采空区地段，采用以加固地基为主的水泥浆或水泥含量大于50%的水泥粉煤灰浆的注浆法处理，如为大桥，其基础需用灌注桩或旋喷灌注桩对其地基进行加固处理。

7.15.3 注浆法处理采空区时应符合下列规定：

1 施工前应在典型地段进行试验路段施工，试验注浆孔数应不小于总孔数的3%。成孔钻机、压浆设备、试验检测设备、成孔和注浆工艺、浆液的各种参数应通过试验路段选择确定。

2 注浆区邻近巷道时，应按设计要求在巷道内修建止浆墙。

3 采空区呈大体水平状况时，同一地段的成孔和注浆，应按先帷幕孔、后注浆孔的顺序进行施工；采空区呈倾斜状况时，应按先深层部位、后浅层部位的顺序进行施工。帷幕注浆应分序间隔进行。

4 钻孔的孔径、孔深、垂直度及孔位偏差应符合要求；钻孔至裂隙带及冒落带时应清水钻进；容易塌孔的区域宜跟管钻进；成孔后应对钻孔进行冲洗；不易软化岩层中的空隙和裂隙，注浆前应采用压力水进行冲洗；钻孔未注浆前，孔口应加盖防护。

5 处理区宜分2~3个批次进行间隔成孔和注浆。孔壁稳定时宜分批成孔、分批注浆，孔壁难以稳定时宜逐孔注浆。

6 注浆浆液宜采用水泥、粉煤灰、黏土等材料加水拌和而成，浆液应在集中浆拌站机械拌和。浆液的水固比、外加剂的种类及加入量，应通过现场试验确定。

7 单层采空区或层间间隔小且已坍塌无明显分界的多层采空区，宜采用一次成孔、自下而上、一次灌注的方式注浆；层次分明、层间距大的多层采空区，宜采用分段成孔、自上而下、分段注浆的方式注浆；当采空区空洞大、或裂隙发育、或采空区充水且水的流速大时，宜先灌注砂、石屑等集料进行填充，再进行间歇式注浆，注浆浆液宜掺加水玻璃等添加剂。

8 注浆时应采取止浆措施。注浆过程中发生冒浆或相邻孔串浆时,应进行处理。注浆达到结束条件后方可终止注浆并封孔。

9 处理结束后,应检测岩体原有空洞及裂隙内浆液的充填情况、岩体注浆后的完整程度、浆液结石体的抗压强度等;宜采用取芯钻机进行钻探检测,钻探孔径应不小于**91mm**;当采空区埋深小于**30m**时,宜采用开挖探井、探坑方式进行检测。检测钻探及岩土测试应在采空区处置施工结束一段时间后进行。

6.17.5 采空区采用充填注浆处理时,处理后地基应满足设计对沉降稳定的要求。

注浆法适用条件为矿层开采后覆岩发生严重的垮塌或滑落,或判定为欠稳定、不稳定的采空塌陷区。

浆液的参数包括密度、黏度、结石率、初凝和终凝时间以及结石体的无侧限抗压强度等。

自下而上一次性注浆止浆方式包括法兰盘简易止浆(孔壁稳定时采用)、止浆塞或套管止浆(孔壁不易稳定时采用),自上而下分段注浆采用套管止浆。

冒浆及串浆的处理方式为:冒浆时调整注浆压力或更换止浆措施。相邻孔串浆时,被串浆孔具备注浆条件的可对两孔同时注浆,不具备注浆条件时封堵串浆孔,待注浆孔注浆结束后,再对串浆孔进行扫孔、冲洗,而后进行注浆。注浆终止条件为:在规定的结束压力条件下,注浆量小于**70L/min**,并能稳定**15min**以上。

检测的其他方式包括物探法、钻孔配合孔内电视法、钻孔注浆等。通过拍摄照片、目测、量测计算和室内试验配合做出定性或定量评价。

7.15.4 干砌片石或浆砌片石支撑法处理采空区时应符合下列规定:

1 施工时应采取通风措施,并按从里到外的顺序进行。

2 片石的最小尺寸应不小于**100mm**,母岩抗压强度应不小于

30MPa，砌筑所用砂浆的强度等级应满足设计要求。

3 应分段、分层台阶式砌筑，砌体顶面应填塞紧密。

非注浆法主要有干砌或浆砌支撑法、开挖回填法、强夯法和桥跨法。

支撑法的适用条件为进出采空区的通道或巷道完好可通行、采空空间稳定且空间大、通风好、材料运输方便、具备人工作业条件。

支撑法是在采矿后形成的空洞内，用片石或浆砌片石人工回填砌筑，堆砌到洞顶，砌体与洞顶板紧密接触，堆砌物具有整体性和足够的强度，并与采空区顶板紧密、充分地接触，使堆砌体起到支撑顶板，防止上覆岩层塌落、减少下沉的作用，从而保证采空区上方覆岩的稳定性。浆砌比干砌方法具有更高的整体强度。

干砌或浆砌支撑法适用条件：

（1）主要适用于矿层开采后未完全塌落、空间较大的采空区。

（2）废弃的巷道既有支撑稳定但不能满足路基稳定要求的空洞区。

以上采空区或空洞区应具备通风良好、施工期间不会坍塌、易于人工作业、材料运输方便等施工条件，否则应采用注浆法处置。

对已经废弃的孔壁稳定的竖井、斜井等空洞，也可采用抛填片石灌浆法进行处置。

桥跨法是以桥的形式跨越采空区不稳定的路段，桥的墩台应在稳定的岩体中。该方法主要适用于煤层开采规模较小、开采深度为几米至几十米的采空区。

7.15.5 强夯法处理采空区时应符合下列规定：

1 施工前应在典型地段进行试夯，经检测满足要求后方可正式施工。施工时应按要求的夯点间距、夯击能、点夯次数、夯击遍数进行控制。具体施工可参照本规范第7.6节的强夯部分进行控制。

2 施工过程中的各项测试数据应符合要求，否则应进行补夯或采取其他有效措施进行处理。

3 处理完成并放置一段时间后,应对地基深部的松散体密实程度及处理效果进行检测。

强夯法适用条件为埋深小于10m,上覆顶板完整性差、岩体强度低的采空区。《建筑地基处理技术规范》(JGJ 79—2012)中对采用强夯法进行处理的各种地基有详细规定,可参考借鉴。

强夯法除上述适用条件外,在上覆顶板爆破破坏回填后也可采用,主要变形已经完成的采空区地段或采空区边缘地带裂缝区的地表处置也适用。强夯的目的是增大采空区塌陷充填物的密实度。强夯法处置深度与强夯能有密切关系。

7.15.6 开挖回填法处理采空区时,基坑应按要求坡率进行放坡开挖,回填料应分层压实。

6.17.4 开挖回填处治采空区,应按设计要求的处理长度、宽度、深度进行处理。

开挖回填法适用条件:

(1)埋深小于6m的采空区,且上覆顶板完整性差、岩体强度低、易开挖。

(2)挖方地段路基边坡上规模较小的采空区或巷道。

(3)埋深超过6m但在20m之内,且周围没有任何建筑物的采空区。

回填料优先采用坚硬石料,也可采用各类砂砾类土,无法使用该类填料时,其他适合材料也可使用。

7.15.7 衬砌加固法处理巷道时,应符合现行《公路隧道施工技术规范》(**JTG F60**)的有关规定。

衬砌加固法的适用条件:

对正在使用的各种巷道(生产、通风、运输),当其原有支撑结构不能保证其上修建的公路工程安全时,应采取隧道二次衬砌方式进行加固处置。但经过加固后的巷道内建筑限界,应满足既有巷道的使用要求。

上述各种施工方法分别有其适用的条件,应根据具体情况进行选择。同一个采空区(空洞)内,因条件差异,可采用多种处置方法。

7.15.8 处理效果应按要求进行检测,检测指标达不到规定要求的,应分析原因并反馈处理。

7.15.9 施工期间及完工后,处理区段宜进行水平位移和沉降监测。监测点布置和监测精度应符合设计和现行《工程测量规范》(GB 50026)的有关要求。

一般情况下,采空区处理期间及路基正常施工期间,半年内每周监测一次;半年后至交工验收前每月监测一次;通车两年内,每两个月监测一次;变形显著时,增加监测频次。

7.15.10 采空区路基基底采用砂砾石、碎石、片石等回填时,填料质量和填筑压实度应满足设计要求。路基正常填筑应符合本规范第4章的有关规定。

6.17.3 采空区路基基底采用砂砾石、碎石、干(浆)砌片石等回填时,填料质量和填筑压实度应符合设计要求,片石强度满足设计要求。

7.16 滨海地区路基

本节由06版规范第6.20节滨海地区路基施工的内容补充修订而成,增加了对滨海地区路堤施工方案、斜坡式路堤施工、直墙式路堤施工相关要求。

滨海地区路基施工的独特之处为:海水不深,但常受潮汐、波浪、海流、台风、海啸等水文及气象现象侵害;基底地形或倾斜或平坦,且为一层厚度不等的淤泥,承载能力极低。滨海地区路基施工应注意以下方面:

(1)路基所受外力除与普通路基相同的行车荷载外,还有海流及波浪力。海流和波浪力不仅强度大,而且具有动态性质。在北方寒冷地区,还要受到冰凌的影响。这些因素在设计、施工时应充分考虑。

(2)因多在海滩或水上施工,经常受风、浪、海流等水文、气象因素的影响,施工时应与设计紧密结合,根据现场条件及地理环境,选取合理的断面及防护形式。

(3)路基除长期受海水和生物的侵蚀外,还受水位变动引起的干湿变化及冻融变化的影响,因此选择的路基结构材料应具有较高的耐久性、水稳性、防腐蚀性。

7.16.1　滨海地区路基施工应根据设计要求和潮位、海浪、海流等水文情况,制订合理的施工方案。

6.20.1　滨海地区路基施工应根据设计要求和现场水文地质情况,合理选择施工方法。

本条根据06版规范第6.20.1条修改而成。

滨海地区路基施工应注意潮位、海浪、海流等情况。

(1)潮位

海水周期性涨落的现象叫潮汐。如海边滩地宽阔开敞而又坡度平缓,则潮汐的海水面涨落运动十分显著。对有潮汐的海岸,潮位的变化特征是确定滨海路堤各部分高程的重要依据,施工中应特别重视。

(2)海浪

海水有规律的波动称为海浪或波浪。海洋中最常见的波浪由风产生,称为风浪或风成浪。海浪资料是滨海路堤设计和施工的主要依据,它直接关系到路堤的高度和断面尺寸。

(3)海流

近岸海流主要有潮流和风浪流。潮汐使海面发生周期性升降,海面高度的变化迫使水体做水平方向的周期性流动,形成潮流。海浪以斜向角度达到海岸后,一部分海水以底流方式流回海中,另一部分则沿岸流动、形成沿岸流。

7.16.2 滨海地区路基应采用水稳性好的填料填筑。

6.20.2 滨海地区路基应采用水稳性较好的填料填筑。
本条未修订。

7.16.3 斜坡式路堤施工应符合下列规定：
1 应采取措施保证路堤填料不被海流冲移、侵蚀。
2 护坡采用条石、块石或混凝土人工块体、土工合成材料时，所采用的材料质量应满足相关要求，坡面平整，块体接触面向内倾斜，紧贴坡面。
3 胸墙应在路堤的沉降基本完成以后再修筑。

6.20.3 斜坡式路堤施工要求如下：
1 应采取措施保证路堤填料不被海流冲移、浸蚀。
2 护坡采用条石、块石或混凝土人工块体、土工合成材料时，所采用的材料质量必须满足相关要求，坡面平整，块体接触面向内倾斜，紧贴坡面。
3 胸墙应在路堤的沉降基本完成以后再修筑。
本条根据06版规范第6.20.3修改而成。
在滨海路堤的建造中，斜坡式路堤是一种常见的结构形式。斜坡式路堤结构简单、施工方便。斜坡式路堤和波浪相互作用的特点为波浪在坡面上爬升，然后破碎，其能量被吸收或消散。

7.16.4 直墙式路堤施工应符合下列规定：
1 直墙式路堤应采用石块填筑，石块应嵌、码交错施工。
2 采用抛石方法形成的明基床或暗基床应满足设计要求。在岩性、非岩性地基上的基床厚度应满足设计要求。

6.20.4 直墙式路堤施工要求如下：
1 直墙式路堤应采用石块填筑，石块的大小应以石块能够沉达到位,且能确保路堤安全稳定为原则。

2 采用抛石方法形成的明基床或暗基床应满足设计要求。

本条根据 06 版规范第 6.20.4 条修改而成。

明基床:在水底原地面上直接抛块石,经整平后作为重力式码头或防波堤等的地基传力层。

暗基床:在水底原地面以下挖槽后抛填块石,经整平后作为重力式码头或防波堤等的地基传力层。

直墙式路堤也是滨海路堤常见的一种结构形式。其优点在于其内侧可以兼作码头,并在水深较大时,所需的建筑材料比斜坡式路堤少;其缺点是消除波能的效果差。

7.17 水库地区路基

7.17.1 库区路基施工应根据地质水文情况、设计线位与库岸的位置关系等,制订合理的施工方案。

本条为新增。

沿水库边岸或跨越其支沟、支流修筑公路时,对水库水位升降变化、波浪侵袭、地下水壅升、坍岸、水流冲刷、淤积等因素对库岸和路基的破坏作用,以及库水浸泡、渗透对库岸地基和路基本体强度的影响,在施工时应按这些不利因素的主次,根据设计要求采取相应的防护加固措施。比如路堤在渗透压力作用下,路堤边坡的稳定性降低,同时还可能产生管涌和流土现象。因此选择填料时,应采用级配良好的渗水性填料,并在填筑、铺砌工艺上严格控制,确保路堤填筑的压实度及铺砌质量。对非渗水性土填料,为防止管涌和流土现象,在路堤下游坡脚附近,可设置较厚的反滤层及基底的护底等措施。

对于跨越支沟的路堤,支沟中水位高出水库水位较大时,路基内将产生稳定渗流,若其上下游的水位差不显著,在水库泄洪或洪水来临时,水位骤然变化将在路基内产生不稳定渗流。水库水位下降幅度和时间的变化较为复杂。当水库水位骤然下降时,路堤内侧的水向库区渗流,对水库侧的边坡产生渗透压力和冲蚀作用;当水位上升时,库区的水向路堤渗流,对外侧边坡产生渗透压力和冲蚀作用。

路堤失稳情况大多数发生在水位骤降时,路堤内的渗流主要为管涌现象,管涌造成水土流失,使路堤变形失稳而导致路堤破坏。水库蓄水后,随水位升降变化、地下水壅升、波浪的动力作用及库岸地层浸水后性质的变化,破坏了既有边坡的稳定,造成库岸发生冲蚀、坍塌、滑坡等病害。根据公路所处的具体位置,应对库岸或路基进行防护加固。

库区路堤浸水部位的坡面,一般以防止波浪侵袭破坏作用为主,而水库上游地段,因库水下泄后流速增大,尚需考虑水流的冲刷作用。在防护范围内应设置较强的防护工程,用以抵抗波浪的侵袭作用。浸水路堤皆应采用干砌片石或各种类型的混凝土块(板)铺砌,在防护建筑物与土体之间应做好反滤层,防止土粒流失。

7.17.2 库区路基施工,应采取措施减少对水库水体及周围环境的污染。

6.19.1 库区路基施工,应采取措施减少对水库水体及周围环境的污染。

本条未修订。

7.17.3 沿水库边缘修筑路基,或路基离岸距离近时,应充分考虑库岸的稳定性,采取必要的防护措施。

6.19.3 沿水库边缘修筑的路基,或路基离岸10m以内时,应按设计要求预先对库岸进行防护。

本条根据06版规范第6.19.3条修改而成。

7.17.4 路堤填料宜选用透水性好的材料。

6.19.4 路堤填料宜选择透水性较好的材料。

本条未修订。

7 特殊路基

7.17.5 边坡防护材料应采用强度高、不易风化的硬质石料。冰冻地区的护坡采用片石防护时,应选择抗冻性好的石料。在水库上游地段,护坡基础埋深应满足设计要求。

6.19.5 边坡防护材料应采用强度较高、不易风化的硬质石料。在冰冻地区的护坡采用片石防护时,应选择抗冻性好的石料。在水库上游地段,护坡基础埋深应符合设计要求。

本条未修订。

7.17.6 库区浸水路堤施工应符合下列规定:

1 填料应采用不易风化的硬质石料。

2 路堤外侧边坡的码砌厚度应满足设计要求,码砌石块粒径宜不小于300mm,错缝台阶式砌筑,块体紧贴边坡,块体接触面向内倾斜。

3 路基高且浸水深的路段,可在靠水库库心一侧的迎水坡面护坡坡脚上设置片石石垛。

6.19.6 库区浸水路堤施工要求如下:

1 填料应采用不易风化的硬质石料。

2 路堤外侧边坡的码砌厚度应满足设计要求,码砌石块粒径宜大于300mm,错缝台阶式砌筑,块体紧贴边坡,块体接触面向内倾斜,路堤边坡符合设计要求。

3 路基较高且浸水较深的路段,可在靠水库库心一侧的迎水坡面护脚上设置片石石垛,石块尺寸应不小于码砌厚度。

本条根据06版规范第6.19.6条精简而成。

水库路基施工,首先应了解、分析水库坍岸的影响因素:

(1)水位变化:岸壁岩石受到水位变化的干湿影响,容易产生风化破坏现象,致使岩石破坏而坍落。

(2)波浪作用:波浪冲击、淘刷等是影响坍岸的主要外因。

(3)地质情况:边岸的地质情况对于边岸的破坏影响很大,其中岩石成分、岩性、节理、裂隙及风化程度等都是形成坍岸的主要影响因素。

（4）边岸的形态结构：边岸的高度、陡度及岸线的切割程度，都能直接影响坍岸的形成及其最终宽度。

（5）边岸的位置：边岸的部位不同，坍岸的情况也不同，一般以库首区和库腹区的坍岸较为严重。受季节性风浪影响较大的边岸，坍塌也较严重。

（6）淤积影响：淤积速度快的库区，坍岸宽度一般均较小，黄土地区情况更为明显。

蓄水初期3~4年，坍岸速度最快。在一年之内，涨水、强风期、解冻和开始冻结时，比较容易发生坍岸。

水库路堤施工应符合下列规定：

（1）跨越既有水库的路堤，先查明库堤稳定程度和是否符合路堤使用要求。经当地水利部门同意后，应尽量利用原有库堤。原来库堤宽度不足时，应按设计要求进行加宽，以筑路后不影响原有库堤使用为原则。如属新建水库，应争取路堤在水库蓄水前完成施工。

（2）对于在地方小型水库堤上的路基，其高程按设计要求或考虑日后该水库改造需留有余地。

（3）水库库岸，因水位及地下水位的变化，有可能发生崩塌、滑坡、松软等现象且危及路基，因此必须进行防护加固。库岸和路堤的防护加固措施应按设计要求，确保抵抗波浪冲击的防护工程施工质量。

（4）路堤基底在施工时已被水库水浸泡或蓄水引起地下水位升高，而造成基底松软时，填筑前应先对基底加以处理。

（5）除按规范规定执行外，水库路基及防护还应根据水库特点，按下列规定执行：

①深水浸泡或急浪冲击的高路堤，宜在防护物顶面设置宽度不小于2m的护道。

②路堤长期浸水部分宜采用渗水性良好的土填筑。如有困难，需用一般黏性土填筑时，应经稳定验算，确定水下边坡坡度。若一般路堤高度

低于20m,可采用1:2~1:3的边坡坡度。

③土质库岸防护,应根据路线位置,库岸高、低、陡、缓,浸水深、浅,水流缓、急等,考虑分期处理。

7.18 季节性冻土地区路基

本节由06版规范第6.9节季节性冻土地区路基施工的内容补充修订而成,增加了地基处理要求、边坡防护、防排水施工等内容。

季节性冻土是冬季地表土冻结、春季融化的土,这些地区叫季节性冻土地区(简称季冻区)。自地表面至冻结层底面的厚度称冻结深度。季冻区路基的主要病害是冻胀与翻浆。冻胀与翻浆常常相伴而生,是一个过程的两个阶段。冻胀对道路的破坏作用主要是在春融期,春融引起路基土层的含水率增大,路基强度大幅下降,在汽车动荷载的作用下,路面出现裂缝、翻浆冒泥、沉陷、车辙、拥包等病害。因此,季冻区路基施工应避免道路的冻胀与翻浆。尽管季冻区面积占我国总面积约60%,但对道路影响较大的主要是在青藏高原、东北与西北地区。

7.18.1 季节性冻土地区路基施工应符合下列规定:

1 应复核路基填料的冻胀率、天然含水率等参数。

2 季节性冻土地区路基宜在非冰冻季节施工。冻胀和弱冻胀材料路基不应在冰冻季节施工,非冻胀材料冰冻季节施工应通过试验确定具体指标要求。

3 高速公路、一级公路的土质路堤不得在冰冻期施工。半填半挖地段、填挖交界处不得在冰冻期施工。

4 临时排水应与永久排水结合施作。

5 已完工路基,越冬时应覆盖素土并碾压,并做好顶面及地表排水等保护措施。

6 越冬路基压实度应满足设计要求。

7 春融期路基宜在完全解冻融化后施工。

道路冻胀与翻浆的主要影响因素是水、土质与温度。我国季冻区的范围很广，青藏高原、西北和东北等地的地质状况差异明显，包括了高原、荒漠、戈壁、草地沼泽、高山平原等不同的类型；在同一地区，也因路基填料、高度、地下水位、边沟设置等因素导致路基抗冻性能有所差别。因此，路基开工前应理解路基抗冻设计意图，掌握冻害的条件，对现场的抗冻状况进行调查、核对，施工中发现有可能冻胀时应及时处理，防止路基受冻害。

冰冻期路基填料易结冰，不利于路基的分散与碾压密实。季节性冻土地区路基宜在非冰冻季节施工。冻胀和弱冻胀材料路基不应在冰冻季节施工，非冻胀材料冰冻季节施工应通过试验确定具体指标要求。

冰冻期施工的土质路堤融化后含水率较高、强度低，会降低路基的压实性能与强度。因此，高速公路、一级公路的土质路堤不得在冰冻期施工。半填半挖地段、填挖交界处往往有地下潜水分布与渗出，冰冻期施工不利排除地下潜水。

路基土体经冻融循环后，密实度、强度往往会下降。为确保路基压实质量，已完工的路基，越冬时应覆盖素土并碾压，并做好顶面及地表排水等保护措施。未完工的路基，越冬后路基压实度应满足设计要求；春融期路基宜在完全解冻融化后施工，以保证路基的压实质量。

7.18.2 地基处理应符合下列规定：

1 填筑前应将基底范围内的积雪和冰块清除干净并进行压实，压实标准应符合表4.4.3的规定。

2 需要换填处理的地段应开挖至设计深度，选用合适填料及时整平压实。

季冻区的范围很广，冰冻严重的地区对地基有防冻要求，填筑前应将基底范围内的积雪和冰块清除干净并进行压实，需要换填处理的地段应开挖至设计深度，选用合适填料及时整平压实。否则地基土融化后的承载力可能达不到要求,地基的压缩变形会较大,若换填材料不合格,也可能导致路基的冻胀变形。

7.18.3 路堤填料应符合下列规定:

1 应根据冻胀率将季节性冻土分为不冻胀、弱冻胀、冻胀、强冻胀和特强冻胀五类,冻胀性分级应符合表7.18.3-1的规定。

2 路基冻深范围内土质填料除应符合本规范第4.1.2条的规定外,尚应满足表7.18.3-2的要求。

3 取土场取土时应将未融化的冻土夹层清除,含有冻结块的路基填料,应充分晾晒融化后使用。

表7.18.3-1 季节冻土与季节融化层土的冻胀性分级

土 的 名 称	冻前天然含水率 $w(\%)$	冻前地下水位距设计冻深的最小距离 $h_w(m)$	平均冻胀率 $\eta(\%)$	冻胀等级	冻胀类别
碎(卵)石,砾、粗、中砂(粒径小于0.075mm的颗粒含量不大于15%),细砂(粒径小于0.075mm的颗粒含量不大于10%)	不饱和	不考虑	$\eta \leq 1$	I	不冻胀
	饱和含水	无隔水层	$1 < \eta \leq 3.5$	II	弱冻胀
	饱和含水	有隔水层	$\eta > 3.5$	III	冻胀
	$w \leq 12$	>1.0	$\eta \leq 1$	I	不冻胀
		≤ 1.0	$1 < \eta \leq 3.5$	II	弱冻胀
	$12 < w \leq 18$	>1.0			
		≤ 1.0	$3.5 < \eta \leq 6$	III	冻胀
	$w > 18$	>0.5			
		≤ 0.5	$6 < \eta \leq 12$	IV	强冻胀
粉砂	$w \leq 14$	>1.0	$\eta \leq 1$	I	不冻胀
		≤ 1.0	$1 < \eta \leq 3.5$	II	弱冻胀
	$14 < w \leq 19$	>1.0			
		≤ 1.0	$3.5 < \eta \leq 6$	III	冻胀
	$19 < w \leq 23$	>1.0			
		≤ 1.0	$6 < \eta \leq 12$	IV	强冻胀
	$w > 23$	不考虑	$\eta > 12$	V	特强冻胀

续表 7.18.3-1

土的名称	冻前天然含水率 $w(\%)$	冻前地下水位距设计冻深的最小距离 $h_w(m)$	平均冻胀率 $\eta(\%)$	冻胀等级	冻胀类别
粉土	$w \leq 19$	>1.5	$\eta \leq 1$	I	不冻胀
		≤ 1.5	$1 < \eta \leq 3.5$	II	弱冻胀
	$19 < w \leq 22$	>1.5			
		≤ 1.5	$3.5 < \eta \leq 6$	III	冻胀
	$22 < w \leq 26$	>1.5			
		≤ 1.5	$6 < \eta \leq 12$	IV	强冻胀
	$26 < w \leq 30$	>1.5			
		≤ 1.5	$\eta > 12$	V	特强冻胀
	$w > 30$	不考虑			
黏质土	$w \leq w_p + 2$	>2.0	$\eta \leq 1$	I	不冻胀
		≤ 2.0	$1 < \eta \leq 3.5$	II	弱冻胀
	$w_p + 2 < w \leq w_p + 5$	>2.0			
		≤ 2.0	$3.5 < \eta \leq 6$	III	冻胀
	$w_p + 5 < w \leq w_p + 9$	>2.0			
		≤ 2.0	$6 < \eta \leq 12$	IV	强冻胀
	$w_p + 9 < w \leq w_p + 15$	>2.0			
		≤ 2.0	$\eta > 12$	V	特强冻胀

注:1. w_p 为土的塑限含水率(%),w 为冻前天然含水率在冻层内的平均值。
2. 盐渍化冻土不在表列。
3. 塑性指数大于 22 时,冻胀性降低一级。
4. 粒径小于 0.005mm 粒径含量大于 60% 时为不冻胀土。
5. 碎石类土当填充物大于全部质量的 40% 时,其冻胀性按填充物土的类别判定。
6. 隔水层指季节冻结层底部及以上的隔水层。

表 7.18.3-2 季冻区路基土质填料表

路基形式	冰冻分区	地下水位或地表常水位距路面距离 $h_w(m)$	路基填料选择			
			上路床	下路床	上路堤	下路堤
填方路基	重冰冻区	$h_w > 3$	I	I - III	—	—
		$h_w \leq 3$	I	I - II	I - III	—

7 特殊路基

续表 7.18.3-2

路基形式	冰冻分区	地下水位或地表常水位距路面距离 h_w(m)	路基填料选择 上路床	下路床	上路堤	下路堤
填方路基	中冰冻区	$h_w > 3$	Ⅰ-Ⅱ	Ⅰ-Ⅲ	—	
		$h_w \leq 3$	Ⅰ	Ⅰ-Ⅱ	—	
零填方或挖方路基	重冰冻区	$h_w > 3$	Ⅰ	Ⅰ	—	
		$h_w \leq 3$	Ⅰ	Ⅰ	—	
	中冰冻区	$h_w > 3$	Ⅰ	Ⅰ-Ⅱ	—	
		$h_w \leq 3$	Ⅰ	Ⅰ	—	

注：1. 土组分类号及土的冻胀等级见表 7.18.3-1。
    2. 对重、中冻胀地区的上路床采用Ⅰ类土时，其细粒土（粒径小于 0.075mm）含量宜小于 5%。
    3. 缺少砂石料地区，采用石灰、水泥、粉煤灰、矿渣、固化剂等进行改善处置时，填料可不受此表限制。

6.9.4 路基填料应符合下列规定：

1 路床填料宜优先选择矿渣、炉渣、粉煤灰、砂、砂砾石及碎石等抗冻稳定性较好的材料。

2 路床或上路堤采用粉土、黏土填筑时，可按设计要求使用石灰、水泥、土壤固化剂等单独或混合进行稳定处理，填料的改善或处理应根据路基抗冻胀性能要求，结合填料性质经试验确定。

3 冻土、非透水性过湿土不得直接用于填筑下路堤。

《公路沥青路面设计规范》（JTG D50—2017）根据冻结指数对冰冻区进行划分，见表 7-8。综合相关标准和我国公路的实际冻融病害的严重程度，2019 版规范所指的季节性冰冻地区主要为冻结指数在 800℃·d 以上的中冰冻区、重冰冻区。

表 7-8 冰冻区划分表

冰冻区划分	重冰冻区	中冰冻区	轻冰冻区	其他区
冻结指数（℃·d）	≥2 000	2 000~800	800~50	≤50

土的冻胀性分类各行业的规范基本一致,如《冻土地区建筑地基基础设计规范》(JGJ 118—2011)与《季节性冻土地区公路设计与施工技术规范》(JTG/T D31-06—2017)中土的冻胀分类是一致的。土的冻胀性分类见表7-9。

表7-9 土的冻胀性分类

平均冻胀率 η(%)	冻 胀 等 级	冻 胀 类 别
$\eta \leqslant 1.0$	I	不冻胀
$1.0 < \eta \leqslant 3.5$	II	弱冻胀
$3.5 < \eta \leqslant 6.0$	III	冻胀
$6.0 < \eta \leqslant 12.0$	IV	强冻胀
$\eta > 12.0$	V	特强冻胀

路基填料对减轻冻胀具有重要的作用,不同填料的冻胀系数差别较大,尤其是路基融化后的强度差别更明显,粗粒料即使产生冻胀,融化后仍能保持较高的强度,满足路面的要求。因此选用好的填料是确保道路质量的基本条件,技术可靠、效果显著。

路堑路段是人工低地,高处的潜水会渗入,因此路堑的冻胀病害远较路堤严重。对挖方路段的换填土质要求也更高,以保证有效控制冻胀,减少冻害。

土的冻胀水包括气态水、地表渗水和毛细水,对于砂砾类材料的冻胀以气态水的凝结为主,这有些类似于锅盖效应或冬天窗户玻璃的结冰。采用砂砾料虽能阻断毛细水,但不能完全避免冻结,这在多条路的调查中得到证实。北欧一些国家的路基高度与气温都较低,但他们对于路基的处理很重视,多采用砂砾等粗粒料填筑,因此道路冻胀翻浆状况并不严重。

确保春融时路基的强度是防止冻害的基础。砂砾类材料的透水性好,能够迅速排出融化水,即使在含水率较高的情况下仍能保持较高的强度。对于一些砂石料缺乏的地区,可以采用水泥、石灰、粉煤灰等结合料改良细粒土。据黑龙江省某试验路5年观测资料分析,基层、垫层材料及路基在冻融反复作用下强度衰减系数为:水泥稳定砂砾20%~25%,石灰土30%~40%,砂垫层25%~30%,路基25%~30%,改良细粒土冻融后长期强度较差。

7.18.4 路堤填筑应符合下列规定:

1 填筑前应在路基两侧挖出排水沟或边沟,并结合永久排水先做渗沟、渗井等地下排水设施。

2 冻深范围内的填土不得混杂,冻胀性不同的土应分层填筑,抗冻性强的土宜填在上部层位。

3 每层路基填土顶面应设2%~4%的横坡。

冻胀的一个必要因素是水,加强路基的防排水有利于消减路基的冻胀,填筑前应在路基两侧挖出边沟或排水沟,并结合永久排水先做渗沟、渗井等地下排水设施。冻深范围内的填土混杂填筑,将增加土的渗透性、加大土体的冻胀与不均匀冻胀,不利于路基稳定。从路面结构层受力分析,越靠近路面,路基冻胀翻浆对其影响越大。因此,抗冻性强的土宜填在路基上层部位。

7.18.5 挖方路段施工应符合下列规定:

1 挖方路段应提前填筑拦水埝,并及时疏通排水沟渠。

2 路床部位挖除换填砂砾等粗粒土时,填料中粒径小于0.075mm的颗粒含量宜小于5%。

3 石质挖方段不宜超挖,超挖和清除软层后的凸凹面宜采用水稳性好的砂砾料或混凝土回填找平。

6.9.5 挖方段路基应符合下列规定:

1 路床换填

1)路床地基土挖除、换填深度应符合设计要求。

2)应分层开挖,一般宜从外侧向内侧挖掘,最后一层应从内向外挖掘。

3）使用粗颗粒填料换填时，填料应均匀，小于0.075mm的含量应不大于5%。

4）采用石灰、水泥对填料进行改性处理时，应掺拌均匀，改性剂的剂量应符合设计要求或经试验确定。

5）换填应分层填筑，压实度达到规定要求。

2 排水

1）施工前应完成截水沟，填筑拦水埝，填平坡顶的冲沟、水坑。

2）施工中，应采取措施阻止边界外的水流入路基中；应保持排水沟通畅，将水迅速排出路基之外。

3）填挖交界段应设置过渡边沟。

4）在路基开挖面接近设计标高时，应及时施工地下排水构造物，尽快形成各式沟、管、井、涵等，组成完整、有效的排水系统，严禁路基完成后才进行地下排水构造物施工。

挖方路段施工，山坡上的地表水将流入路堑，导致路堑土体含水率增加，降低其强度。开挖前应提前填筑拦水埝，对于堑内的积水应及时疏通排除。路床换填的砂砾料，若其细粒料过多，将显著增加其冻胀性，影响其抗冻胀翻浆性能。石质挖方段超挖后若采用细粒土填筑，将形成软弱夹层，易受水的影响，产生冻胀翻浆，极大地影响路基的性能。

7.18.6 边坡防护应符合下列规定：

1 冰冻期挖方土质边坡不得一次挖到设计线，应根据坡面土质强度预留100～400mm的覆盖层，到正常施工季节后再修整到设计坡面。路基挖至路床顶面以上1m时应停止开挖，并完成临时排水沟，待冬季过后再施工。

2 边坡植物防护应选择耐寒、抗旱、耐贫瘠、根系发育的草种和灌木。

3 护面墙基础应埋置在冻结线以下不小于0.25m，基础应采用砂砾或碎石垫层处理,厚度不应小于0.15m。

4 挡土墙基础最小埋置深度应不小于1m,且应设置在冻结线以下不小于0.25m。应将基底至冻结线以下0.25m深度范围内的地基土换填为非冻胀材料。

5 挡土墙背填料应采用砂性土等透水性好的材料填筑,严禁采用淤泥、腐殖土等。

6 圬工及砌石边沟等应在冰冻前完成施工。

重冰冻地区的土质边坡经冻融循环后表层土易剥落,预留100～400mm的覆盖层有利于保护边坡土体的强度。同样,土质路堑冬季易受冻融影响,强度衰减,路基挖至路床顶面以上1m时应停止开挖,并完成临时排水沟,待冬季过后再施工。

护面墙、挡墙基础受冻胀影响易产生开裂破坏,故应将基础的冻胀变形量控制在一定范围内。护面墙基础应埋置在冻结线以下不小于0.25m,基础应采用砂砾或碎石垫层处理,厚度应不小于0.15m。挡土墙基础最小埋置深度应不小于1m,且应设置在冻结线以下不小于0.25m。应将基底至冻结线以下0.25m深度范围内的地基土换填为非冻胀材料。挡土墙背应采用砂性土等透水性好的材料填筑,以利排水,减轻或消除墙背土体冻胀对墙体的影响。淤泥、腐殖土的含水率高,渗透性低,冻胀率大,墙背回填严禁采用。

7.18.7 防排水施工应符合下列规定:

1 施工过程中应及时排走地下渗水和地表流水。

2 临时性排水设施施工质量应满足抗冻融破坏的要求。

3 冰冻前未完成的内部排水设施应采取保温措施,避免冻结。

4 冻结前应完善路基及其影响范围的地表排水系统,疏干路基,以防冻胀。

土体冻胀的三要素是水、土质、温度。做好排水对于减轻或消除路基的冻胀具有基础性的作用。对于重冰冻地区,完善防排水系统和其效果对冻胀翻浆的防治起着关键的作用。防排水工程需结合具体的工程特点进行施工,完工后需对全线的防排水系统进行妥善维护,确保防排水效果和长期使用性能。

7.19 沿河地段路基

本节由06版规范第6.18节沿河、沿溪地区路基施工的内容补充修订而成。

7.19.1 沿河地段路基施工前应根据设计要求,现场核实河滩地形地貌、物质组成、水位、水深、流速、冲刷深度等,制订合理的施工方案。

6.18.1 沿河、沿溪地区路基施工应根据设计要求和现场情况,合理选择施工方法。

本条根据06版规范第6.18.1条修改而成。

沿河、沿溪路基包括河滩路基,最容易受到水浸造成水毁。洪水对公路坡脚的冲刷、淘蚀会导致路基坍塌。路基水毁后,不仅会阻断交通,而且修复困难、费料费工。沿河路基的位置选择正确与否,对路基稳定性及工程造价的影响很大。一般在比较狭窄的河谷中,当线位过于靠山时,虽然可以减少防护工程,但必然要增大路基土石方数量,同时废方也可能引起河道壅塞、河床改道,以致冲毁对岸农田村舍,高边坡的挖方路基也容易发生坍方、滑坡等现象;当线位占河过多时,虽然可以减少路基土石方数量,但仍需加强防护工程,也会发生防护工程被破坏、路基被冲垮等水毁现象。因此,沿河路基位置的选择,河滩地形地质条件、洪痕线、洪水历史发生情况等,可为确定合理的施工技术方案提供借鉴施工依据。

7.19.2 路基施工不应压缩河道,弃方应妥善处理,严禁向河中倾弃。

6.18.2 路基弃方应妥善处理,严禁向河中倾弃。

本条根据 06 版规范第 6.18.2 条修改而成。

沿河、沿溪线多为一侧靠山、一侧临河,开山的废方不能沿线弃入河中堵塞河道,应运至指定地点按设计要求存放,有条件时可利用弃方筑坝,以保护沿河村舍农田安全。

7.19.3 受水位涨落影响及常水位以下路堤,宜用水稳性好、不易风化的透水性材料填筑,粒径宜不大于 300mm。常水位以下坡脚宜用装石钢筋笼进行防护处理。

6.18.3 受水位涨落影响及常水位以下路堤,宜用水稳性好、不易风化的透水性材料填筑,粒径不宜大于 300mm。

本条根据 06 版规范第 6.18.3 条修改而成。

路堤的浸水部分或受水位涨落影响的部分,宜选用渗水性较好的填料,如天然级配砂砾、卵石、粗(中)砂,石质坚硬的片石、碎石等。

沿河地段路堤水毁的主要表现形式是路基侧蚀坍塌,其表现为洪水对公路坡脚的冲刷、淘蚀。因此沿河路段边坡防护工程的施工是重点。

7.19.4 沿河地段的高填方、半挖半填、拓宽路段的新老交界面应按设计要求采取措施保证路基稳定,峡谷地段宜采用石质填料。

6.18.4 沿河、沿溪地区的高填方、半挖半填、拓宽路段的新老交界面应按设计要求采取措施保证路基稳定,峡谷地段宜采用石质填料。

本条未修订。

山区沿河、沿溪高填路段的半填半挖及旧路加宽段,施工时必须确保路基稳定,峡谷地段宜采用石质填料或挡土墙支挡;沿河半填及加宽段,接触面应挖成向内反坡 2%～4% 的台阶,每级台阶宽度应不小于 2.0m。

7.19.5 路基边坡有潜水或渗水层时,应采取措施将水引出路基范围之外。

6.18.5 路基边坡有潜水或渗水层时,应参照第5章有关规定按设计要求设置排水设施,将水引出路基范围之外。

本条根据06版规范第6.18.5条修改而成。

8 冬期雨期路基施工

本章将06版规范章名"冬、雨季路基施工"改为"冬期雨期路基施工",章节顺序由第7章调整为第8章。基本内容变化不大。

1. 冬期施工

在反复冻融地区,昼夜平均温度在 -3℃ 以下、连续 10d 以上时,进行的路基施工称为路基冬期施工。当昼夜平均温度虽然上升到 -3℃ 以上但冻土还未完全融化而进行施工时,也应按冬期施工的要求处理。

路基在冬期施工时,气候寒冷,积雪和冰冻使工程质量和施工效率受到影响,准备工作要增加防寒、保温和破冻等工序,施工中要增加粉碎工作量,减小碾压层厚度或加大压路机吨位等,而且人员和机械设备都需要有较完备的防寒措施,这些都相应地增加了工程成本。施工时应在保证工程质量和施工安全的条件下,把所增工程成本降到最低程度。

冬期施工应遵守以下原则:

(1)本着"先易后难,先高后低,先干后湿"的原则,制订施工方案,因时、因地安排施工计划。高、干地容易施工,应优先安排;低、湿地困难大,可安排在冻结后施工。

(2)充分发挥机械作用,提高机械化施工水平。凡是机械能作业的地段,应优先安排;常规机械不能作业的重沼泽地,可安排在冻结后,采用机械与人力、爆破相结合的方法施工。

(3)做好施工排水与防冻工作。能暖土作业的地段,做好保温防冻,确保暖土施工,采取边挖边运、铺筑、整平碾压连续作业方法施工。

(4)工程量较大的工点,应编制详细的施工组织设计,集中力量,分段施工,完成一段,前进一段,不宜全段铺开。

(5)冬期寒冷,应切实加强安全、环保的组织管理工作,注意环境保护。

2. 雨期施工

路基在雨期施工,露天作业,受自然条件的影响较大。雨期施工条件差,施工难度增大,不仅工程经费增加、工程质量不易达到要求,而且给施工安全带来了很多不利的因素,容易发生安全事故。原则上雨期不宜安排路基开挖填筑施工。必须施工时,应遵守以下原则:

(1)丘陵和山岭地区的砂类土、碎砾石土、填石路堤等可进行填筑。

(2)挖方路段可进行施工。

(3)雨期施工时,除施工车辆外,应严格控制其他车辆在施工场地通行。

(4)雨期施工要做好施工现场排水,并保持排水沟渠畅通。

(5)低洼地段和高填深挖地段的土质路基,工程地质不良路段、特殊性岩土路段以及沿河路段,应尽可能避开雨期施工。

8.1 一 般 规 定

8.1.1 冬期、雨期施工应根据季节特点和施工段的地质地形条件,制订合理的施工方案。

7.1.1 冬、雨季施工应根据季节特点和施工段的地质地形条件,制订合理的施工方案。

本条未修订。

路基工程为露天施工,受自然条件影响较大,冬期、雨期施工比常规季节施工条件差,为保证施工质量及安全,制订合理的施工方案非常重要。

8.1.2 冬期、雨期施工应做好临时排水,并与永久排水设施衔接顺畅。

7.1.2 冬、雨季施工应做好临时排水,并与永久排水设施衔接顺畅。

本条未修订。

8.1.3 冬期、雨期施工应及时收集气象信息,避免灾害和事故发生。

7.1.3 冬、雨季施工应加强安全管理,制订安全预案,加强气象信息的收集工作,避免灾害和事故发生。

本条根据06版规范第7.1.3条精简而成,取消了安全预案的要求,第8.1.1条中的施工方案中已经涵盖了这部分内容。

8.1.4 冬期、雨期施工前应做好各项准备工作。

7.1.4 冬、雨季施工前必须做好各项准备工作。

本条根据06版规范第7.1.4条修改而成,调整了程度用词。

冬期施工前的准备工作主要包括:编制实施性的施工组织计划;测量放样,保护好控制桩并树立明显标志,防止被冰雪掩盖或由冻融引起的标志变位;维修保养冬期施工需要的车辆、机具设备;备足冬期施工的工程材料;准备好施工队的生活设施及越冬物资;冰冻前应全部清理路基范围内的树根、草皮和杂物,挖好坡地填方台阶;修通施工便道等。

雨期施工前的准备工作主要包括:制订防汛预案并组建防汛抢险组织机构,调查掌握气象情况,做好施工场地的排水工作计划和临时排水设施,对施工现场的防雷设施及临时用电线路和设施进行全面检查,做好雨期安全教育工作,在施工现场准备好必要数量的防雨设施材料等。

8.2 冬 期 施 工

8.2.1 在季节性冻土地区,昼夜平均温度在-3℃以下且连续10d以上,或者昼夜平均温度虽在-3℃以上但冻土没有完全融化时,均应按冬期施工办理。

7.2.1 在反复冻融地区,昼夜平均温度在-3℃以下,且连续10d以上,或者昼夜平均温度虽在-3℃以上,但冻土没有完全融化时,均应按冬季施工办理。

本条根据06版规范第7.2.1条修改而成,将反复冻融地区修改为季节性冻土地区,冬期施工主要针对季节性冻土地区,永久性冻土地区施工另有规定。

8.2.2 高速公路、一级公路的土质路堤和地质不良地区的公路路堤不宜进行冬期施工。土质路堤路床以下 1m 范围内,不得进行冬期施工。半填半挖地段、填挖交界处不得在冬期施工。

7.2.2 高速公路、一级公路的土质路堤和地质不良地区二级及二级以下公路路堤不宜进行冬季施工。河滩低洼地带,可被水淹没的填土路堤不宜进行冬季施工。土质路堤路床以下 1m 范围内,不得进行冬季施工。半填半挖地段、挖填方交界处不得在冬季施工。

本条根据 06 版规范第 7.2.2 条精简而成。

填土低于 1m 的路堤和填挖交界处,常会有地下水的渗透,由于填土薄,填后易冻结,解冻后土的强度、压实度都会降低,对路面影响大,因此不应冬期施工。

可进行冬期施工的项目有:

(1)泥沼地带河湖冻结到一定深度后,可利用地基冻结后承载力提高的有利条件修筑施工便道,运输所需的机具、设备和材料。如需换土时可趁冻结期挖去原地面的软土、淤泥层,换填合格的填料,或将淤泥挖运至某处堆放(让其冻结、失水、自行粉碎)备用。

(2)含水率高的流动土质、流沙地段的路堑可在冻结期开挖。

(3)河滩地段可利用冬期水位低的条件,开挖基坑修建防护工程,但应采取加温保温措施,并注意养护。

(4)岩石地段的路堑或半填半挖地段,可进行开挖作业。

(5)高速公路、一级公路的土质路基,只有在工期紧的情况下,才可用粒料填筑路堤下部,待转入正常施工条件后,应整理复压达标。二级及二级以下公路路堤可安排冬期施工,但填料应符合规范的要求;融冻后必须按规定重新整理边坡,对填方路堤应进行补充压实以达到规范要求。

8.2.3 冬期路基施工应采取措施,及时排干雨雪水及路堑开挖时出现的地下水。

7.2.3 冬季路基施工应采取措施,及时排放雨雪水及路堑开挖时出现的地下水。

本条根据06版规范第7.2.3条修改而成。将"排放"修改为"排干",更贴切。

8.2.4 冬期施工路基基底处理应符合下列规定:
 1 冻结前应完成表层清理,挖好台阶,并应采取保温措施防止冻结。
 2 填筑前应将基底范围内的积雪和冰块清除干净。
 3 对需要换填土地段或坑洼处需补土的基底,应选用适宜的填料回填,并及时整平压实。
 4 基底处理后应立即采取保温措施防止冻结。

7.2.4 路基基底处理应符合下列规定:
 1 冻结前应完成表层清理,挖好台阶,并应采取保温措施防止冻结。
 2 填筑前应将基底范围内的积雪和冰块清除干净。
 3 对需要换填土地段或坑洼处需补土的基底应选用适宜的填料回填,并及时进行整平压实。
 4 基底处理后应立即采取保温措施防止冻结。
本条未修订。

8.2.5 冬期填方路堤施工应符合下列规定:
 1 路堤填料应选用未冻结的砂类土、碎石、卵石土、石渣等透水性好的材料,不得用含水率大的黏质土。
 2 填筑路堤应按横断面全宽平填,每层松铺厚度应比正常施工减少**20%~30%**,且松铺厚度不得超过**300mm**。当天填土应当天完成碾压。
 3 中途停止填筑时,应整平填层和边坡并进行覆盖防冻,恢复施工时应将表层冰雪清除,并补充压实。

4 当填筑高程距路床底面 1m 时,碾压密实后应停止填筑,在顶面覆盖防冻保温层,待冬期过后整理复压,再分层填至设计高程。

　　5 冬期过后应对填方路堤进行补充压实,压实度应符合表 4.4.3 的规定。

7.2.5 填方路堤施工应符合下列规定:

　　1 路堤填料,应选用未冻结的砂类土、碎石、卵石土、石渣等透水性良好的材料。不得用含水量过大的黏性土。

　　2 填筑路堤,应按横断面全宽平填,每层松铺厚度应比正常施工减少 20%～30%,且松铺厚度不得超过 300mm。当天填土应当天完成碾压。

　　3 中途停止填筑时,应整平填层和边坡并进行覆盖防冻,恢复施工时应将表层冰雪清除,并补充压实。

　　4 当填筑标高距路床底面 1m 时,碾压密实后应停止填筑,在顶面覆盖防冻保温层,待冬季过后整理复压,再分层填至设计标高。

　　5 冬季过后必须对填方路堤进行补充压实,压实度应达到本规范相关要求。

　　本条未修订。

　　冬期填筑路堤一般采取薄层、快填、快压、连续作业的施工方法,迅速填完每一层,使土不冻或少冻。

8.2.6 冬期挖方路基施工应符合下列规定:

　　1 挖方边坡不得一次挖到设计线,应预留一定厚度的覆盖层,待到正常施工季节后再修整到设计坡面。

　　2 路基挖至路床顶面以上 1m 时,完成临时排水沟后,应停止开挖,待冬期过后再施工。

7.2.6 挖方路基施工应符合下列规定:

　　1 挖方边坡不得一次挖到设计线,应预留一定厚度的覆盖层,待到正常施工季节后再修整到设计坡面。

2 路基挖至路床顶面以上1m时,完成临时排水沟后,应停止开挖,待冬季过后再施工。

本条未修订。

本条规定了开挖冻土路堑的要求,如边坡预留、路堑底部预留、排水等,目的是防止路基冻融时造成的不稳定。正常施工时再施作该部分,以保证施工质量。

冬期开挖路堑表层冻土的施工方法很多,如有爆破冻土法、机械破冻法、人工破冻法等,施工时,不同地区根据不同冻土层厚、不同地质情况自行选用合适、有效的施工方法和施工工艺。

8.2.7 河滩地段冬期水位低,可开挖基坑修建防护工程,但应采取措施保证工程质量。

7.2.7 河滩地段可利用冬季水位低的有利条件,开挖基坑修建防护工程,但应采取措施保证工程质量。

本条根据06版规范第7.2.7条精简而成。

8.2.8 在融期来临前,应及时对全线边沟、排水沟进行清理、疏通。

本条为新增,目的为防止融化的冰雪水溢出水沟对路基及其他设施造成冲刷。

8.3 雨期施工

8.3.1 路基排水应符合下列规定:

1 雨期施工应综合规划,合理设置现场防排水系统,及时引排地面水。

2 路堤填筑的每一层表面应设2%~4%的排水横坡。

3 在已填路堤路肩处,应采取设置纵向临时挡水土埝、每隔一定距离设出水口和排水槽等措施,引排雨水至排水系统。

4 雨期路堑施工宜分层开挖,每挖一层均应设置纵横排水坡及临时排水沟,使水排放畅通。

7.3.1 路基排水应符合下列规定:

1 雨季施工应综合规划、合理设置现场防排水系统,采取有效措施,及时引排地面水。

2 对施工临时挤占的沟渠、河道应采取措施保证不降低原有的排水能力。

3 路堤填筑的每一层表面应设2%~4%的排水横坡。

4 在已填路堤路肩处,应采取设置纵向临时挡水土埂、每隔一定距离设出水口和排水槽等措施,引排雨水至排水系统。

5 雨季路堑施工宜分层开挖,每挖一层均应设置纵横排水坡,使水排放畅通。

本条根据06版规范第7.3.1条精简而成。

对雨期施工的地段,要进行详细的现场调查研究,编制实施性施工组织设计。重点解决防排水问题,要把临时排水和永久排水衔接好,把水引入沿线桥涵及排水沟渠,形成完整的排水系统,保证雨期施工场地不被淹没,不积水。

8.3.2 路基基底处理应符合下列规定:

1 应在雨期前将基底处理好,孔洞、坑洼处填平夯实,整平基底,并设纵横排水坡。

2 低洼地段,应在雨期前将原地面处理好,并将填筑作业面填筑到可能的最高积水位 **0.5m** 以上。

7.3.2 路基基底处理应符合下列规定:

1 在雨季前应将基底处理好,孔洞、坑洼处填平夯实,整平基底,并设纵横排水坡。

2 低洼地段,应在雨季前将原地面处理好,并将填筑作业面填筑到可能的最高积水位 0.5m 以上。

本条根据 06 版规范第 7.3.2 条修改而成。

8.3.3 路堤施工应符合下列规定：

1 填料应选用透水性好的碎石土、卵石土、砂砾、石方碎渣和砂类土等。利用挖方土作填料，含水率符合要求时，应随挖随填，及时压实。含水率过大难以晾晒的土不得用作雨期施工填料。

2 每一填筑层表面应做成 2%～4% 双向路拱横坡以利于排水，低洼地带或高出设计洪水位 0.5m 以下部位应选用透水性好、饱水强度高的填料分层填筑，并及时施作护坡、坡脚等防护工程。

3 雨期填筑路堤需借土时，取土坑的设置应满足路基稳定的要求。

4 路堤应分层填筑，并及时碾压。

7.3.3 填方路堤施工应符合下列规定：

1 填料应选用透水性好的碎(卵)石土、砂砾、石方碎渣和砂类土等。利用挖方土作填料，含水量符合要求时，应随挖随填及时压实。含水量过大难以晾晒的土不得用作雨季施工填料。

2 雨季填筑路堤需借土时，取土坑的设置应满足路基稳定的要求。

3 路堤应分层填筑，当天填筑的土层应当天或雨前完成压实。

本条根据 06 版规范第 7.3.3 条扩充而成。增加了填筑层表面设置双向横坡的要求。

雨期路堤施工应选用透水性符合要求的填料，且抓紧在天气好时施工，争取在较短时间内填筑一层。雨期来临之前应对新填松土层进行碾压封水，防止水灌路基。填筑每一层表面，均要做成 2%～4% 的排水横坡，以利排水。

8.3.4 挖方路基施工应符合下列规定：

1 挖方边坡不宜一次挖到设计坡面，应预留一定厚度的覆盖层，待雨期过后再修整到设计坡面。

2 雨期开挖路堑,当挖至路床顶面以上 300~500mm 时应停止开挖,并在两侧挖好临时排水沟,待雨期过后再施工。

3 雨期开挖岩石路基,炮眼宜水平设置。

7.3.4 挖方路基施工应符合下列规定:

1 挖方边坡不宜一次挖到设计坡面,应预留一定厚度的覆盖层,待雨季过后再修整到设计坡面。

2 雨季开挖路堑,当挖至路床顶面以上 300~500mm 时应停止开挖,并在两侧挖好临时排水沟,待雨季过后再施工。

3 雨季开挖岩石路基,炮眼宜水平设置。

本条未修订。

雨期挖方边坡预留厚度及路床预留高度的目的是防止地面水冲毁已成形边坡,或破坏路床。待雨期过后再开挖预留部分,可保持边坡、路床满足设计要求。

挖方地段由于路基强度不够、处置不当,路堑处的路面往往出现病害,故应采取超挖回填压实进行处置,如土质不良还应采取换填或掺结合料改良等措施。回填或换填的厚度及填料按设计要求施工。挖方基底如出现溶洞、夹层及不良土质等特殊情况,应采取特殊处理措施。

8.3.5 结构物基坑在雨期开挖后未能及时施工时,应采取防浸泡措施,必要时雨后应重新检测地基承载力。

7.3.5 结构物基坑在雨季开挖后未能及时施工时,应采取防浸泡措施,必要时雨后应对基坑地基承载力再次检测,以确定是否满足设计要求。

本条根据 06 版规范第 7.3.5 条精简而成。

结构物基坑在雨期施工时,基坑开挖后,如未能及时施工,应对基坑采取砂浆封底及时排水等防浸泡措施。当基底为土质或易风化软石的基坑,雨后施工基础时,应对基坑地基承载力再次检测,以保证满足设计要求。

9 路基施工安全

本章从 06 版规范第 9 章"路基安全施工与环境保护"中拆分而来,单独成章。06 版规范为 2 节 16 条,现调整为 10 节 86 条。主要是吸收了新颁布的《公路工程技术标准》(JTG B01—2014)、《公路路基设计规范》(JTG D30—2015)以及《公路工程施工安全技术规范》(JTG F90—2015)等规范中有关路基施工安全的内容。现行相关规范中有明确规定的,条文直接引用了现行相关规范的内容,补充了相关规范未作明确规定的施工安全要求。本章涵盖了施工准备、路堑开挖、路堤填筑、排水工程、支挡与防护工程等路基施工中所涉及的主要施工安全要求。

本章主要修订了的内容如下:

(1)补充"人工挖孔抗滑桩""排水隧洞"以及"渗水井"等高风险施工环节的安全技术要求。

(2)增加高边坡等高风险工程,以及进行施工安全风险评估的要求。

(3)增加防火、用电、照明和通风的安全技术要求。

(4)增加施工排水的安全技术要求。

(5)扩充施工便道的安全技术要求。

(6)增加既有结构物拆除的安全技术要求。

(7)扩充路堑、基坑和沟槽开挖的安全技术要求。

(8)增加路堤和路床填筑的安全技术要求。

(9)扩充支护结构与排水设施施工的安全技术要求。

(10)增加取土和弃土的安全技术要求。

9.1 一般规定

9.1.1 施工单位应建立健全安全生产管理体系,设置安全管理机构,配备专职安全管理人员,制定安全生产规章制度,落实安全生产责任制,对施工安全管理、施工安全技术和施工安全作业进行全过程、全方位管理与控制。

本条为新增,从管理的角度进行总体要求。

9.1.2 从业人员应熟悉有关安全生产法律法规和技术规范,经培训合格方可上岗。从事特殊作业人员,应经过专业培训,并取得相应资格后持证上岗。施工作业人员必须遵守本工种的各项安全技术操作规程。

本条为新增,主要规定从业人员进行培训,熟悉本岗位的安全要求。

国家现行涉及有关安全生产的主要法律、法规有《中华人民共和国宪法》《中华人民共和国刑法》《中华人民共和国安全生产法》《中华人民共和国消防法》《中华人民共和国劳动法》《中华人民共和国建筑法》和《建设工程安全生产管理条例》《民用爆炸物品安全管理条例》《危险化学品安全管理条例》《国务院关于特大安全事故行政责任追究的规定》《中华人民共和国内河交通安全管理条例》《公路水运工程安全生产监督管理办法》《特种作业人员安全技术培训考核管理规定》等。

在路基施工中应严格执行《公路工程施工安全技术规范》(JTG F90—2015)。路基安全施工还应执行《建设工程施工现场消防安全技术规范》(GB 50720—2011)、《生产经营单位生产安全事故应急预案编制导则》(GB/T 29639—2013)、《施工现场临时用电安全技术规范》(JGJ 46—2005)、《建筑施工高处作业安全技术规范》(JGJ 80—2016)、《高处作业分级》(GB 3608—2008)、《安全网》(GB 5725—2009)、《安全带》(GB 6095—2009)、《爆破安全规程》(GB 6722—2014)和《小型民用爆炸物品储存库安全规范》(GA 838—2009)等标准的相关规定。

《公路工程施工安全技术规范》(JTG F90—2015)术语中关于"特殊作业人员"的定义为:"从事容易发生事故,对操作者本人和他人的安全健康及设备、设施的安全可能造成重大危害的从业人员",与《特种作业人员安全技术培训考核管理规定》(国家安全生产监督管理总局令2010年第30号)中对"特种作业人员"的定义一致。《公路工程施工安全技术规范》(JTG F90—2015)的附录D列举了特殊作业人员的范围,其中包括电工、焊接与热切割作业人员、架子工、从事爆破工作的爆破员、安全员、保管员等。特种作业人员的安全技术培训考核工作应按《特种作业人员安全技术培训考核管理规定》执行。

9.1.3 施工单位在工程开工前,应进行现场调查,根据施工地段的地形、地质、水文、气象以及环境条件,结合设计文件和施工方案,制定安全保障措施。在施工中,应及时掌握气温、雨雪、风暴、汛情和地质灾害等相关信息,并根据周围环境条件的变化,做好防范和应急工作。

9.1.1 工程开工前必须进行现场调查,根据施工地段的地形、地质、水文、气象、环境等,制订相应的安全技术和环境保护措施。施工中应及时掌握气温、雨雪、风暴、汛情等预报,做好防范工作。

  本条采用06版规范第9.1.1条的内容,仅对文字稍作调整。现场调查的目的,一是核对设计文件与现场的符合程度,二是为制定合理的安全技术措施和环境保护措施掌握第一手资料。制定安全技术措施应坚持"预防为主"的方针,必须要根据工程的特点,具有针对性,切忌泛泛而谈。

9.1.4 施工单位在工程开工前,应掌握施工影响范围内的既有道路、结构物、设施、地下和空中的各种管线情况,制定安全保障措施,保证既有结构物和设施的安全。在建公路与既有道路、航道、电力、电信、输油及输气管道等设施发生交叉或并行时,在施工组织设计中应针对既有线工程的结构特点及功能要求制定相应的保通措施以及拆迁、保护或加固方案。施工期间,施工单位应对影响范围内的既有结构物或设备进行监测,发现异常应及时采取措施。

9.1.2 路基施工前,应了解施工范围内地下埋设的各种管线、电缆、光缆等情况并与相关部门联系,制订合理的安全保护措施。施工中如发现有危险品及其他可疑物品时,应立即停止施工,报请有关部门处理。

本条在 06 版规范第 9.1.2 条的基础上扩充了对影响范围内的既有结构物、设备设施等的调查、保护及监测等内容。

9.1.5 同一工点有多个单位同时施工或者不同专业交叉作业时,应共同拟定现场安全技术措施,签订安全生产管理协议。

本条为新增,主要是明确不同施工单位交叉作业时各自的安全管理责任。

9.1.6 在路基施工之前,应根据工程特点和施工环境进行危险源辨识。对重大危险源,应编制应急预案,成立应急组织,配备应急物质,并按规定组织培训和演练。

本条为新增。

危险源是指可能造成人员伤害、疾病、财产损失、作业环境破坏或其他损失的因素或状态。危险源辨识是指发现、识别危险源的存在,并确认其特性的过程。

应急预案是指针对可能发生的事故,为迅速、有序地开展应急行动而预先制定的行动方案。应急预案由综合应急预案、专项应急预案、现场处置方案组成。应急预案编制可参考《生产经营单位生产安全事故应急预案编制导则》(GB/T 29639—2013)。

9.1.7 对高边坡等高风险工程,应按要求进行施工安全风险评估,编制风险评估报告,并进行现场监控。

本条为新增。

施工安全风险评估及风险评估报告内容,应按现行《公路工程施工安全技术规范》(JTG F90)的相关规定执行。

高速公路路堑高边坡工程施工安全风险评估可按《高速公路路堑高边坡工程施工安全风险评估指南》(交安监发〔2014〕266号)执行。施工安全风险评估是针对工程施工过程潜在的风险进行辨识、分析、估测并提出控制措施的系列工作,包括总体风险评估和专项风险评估。

(1)总体风险评估是以高速公路建设项目全线路堑高边坡工程为评估对象,根据工程建设规模、地质条件、工程特点、诱发因素、施工环境、资料完整性等,评估全线路堑高边坡施工安全风险,确定风险等级并提出控制措施。高边坡总体风险评估对象包括:①高于20m的土质边坡、高于30m的岩质边坡;②老滑坡体、岩堆体、老错落体等不良地质体地段开挖形成的不足20m的边坡;③膨胀土、高液限土、冻土、黄土等特殊岩土地段开挖形成的不足20m的边坡;④城乡居民居住区、民用军用地下管线分布区、高压铁塔附近等施工场地周边环境复杂地段开挖形成的不足20m的边坡。

(2)专项风险评估是在总体风险评估基础上,以达到高度风险及以上的路堑高边坡为评估单元,以施工作业活动为评估对象,根据其安全风险特点,进行风险辨识、分析、估测,并针对其中的重大风险源进行量化评估,划分风险等级,提出风险控制措施。专项风险评估可分为施工前专项评估和施工过程专项评估。

9.1.8 公路工程施工必须遵守国家有关劳动保护的法规,改善施工条件,为从业人员配备必要的安全防护用品和用具,并定期更换。

本条为新增,参考《公路工程施工安全技术规范》(JTG F90—2015),明确了施工单位为从业人员配备安全防护用品和用具的责任。

9.1.9 从业人员在施工作业区域内,应正确使用安全防护用品和用具。

9.2.4 施工作业人员,必须遵守本工种的各项安全技术操作规程。作业人员、进入现场人员必须按规定佩戴和使用劳动防护用品。由人工配合机械进行辅助作业时,作业人员应注意观察,严禁在机械正在作业的范围内进行辅助作业。

本条根据06版规范第9.2.4条精简而成。

9.1.10 路基施工前,应逐级进行安全技术交底。交底内容应包括安全技术要求、风险状况和应急处置措施等。

本条为新增。

本条根据《公路水运工程安全生产监督管理办法》(交通运输部令2017年第25号)第二十条,并参照《公路工程施工安全技术规范》(JTG F90—2015)第3.0.5条制定。

安全技术交底制度是指公路工程每项工程实施前,施工单位负责项目管理的技术人员对有关安全施工的技术要求向施工作业班组、作业人员详细说明,并由双方签字确认的制度。

9.1.11 路基施工前,应全面检查施工现场、机具设备及安全防护设施等,施工条件应符合安全要求。用于临时设施受力构件的周转材料,使用之前应进行材质检验。

本条为新增。

受力构件的周转材料材质检验的内容主要为外观、直径、壁厚及力学性能。

9.1.12 施工单位应在施工现场及其管辖范围内根据作业对象及其特点和环境状况,设置安全防护设施。安全防护设施应坚固,安全警示标志应醒目。必要时,宜设置夜用警示灯或反光标识。施工现场的安全防护设施必须设专人管理,随时检查,保持其完整性和有效性。

9.1.3 应按照国家有关规定配置消防设施和器材、设置消防安全标志。

施工现场应设置醒目的安全、警示标志和安全防护设施。

本条根据06版规范第9.1.3条补充修订而成。一般需要设置安全警示标志和安全防护设施的位置如下：

(1)施工场地的出入口和沿线各交叉口；

(2)施工便道急弯、陡坡、连续转弯等危险路段；

(3)施工起重机械、临时用电设施以及脚手架等临时设施；

(4)民用爆炸物品和易燃易爆危险品库房；

(5)填方边坡的边缘、挖方边坡的边缘、沟槽和基坑边缘、桩孔口、洞穴口、施工形成的土台边缘；

(6)边坡防护作业区；

(7)强夯作业区；

(8)滑坡影响范围；

(9)崩塌地段施工的刷坡范围；

(10)采空区塌陷影响范围；

(11)路基施工涉及的其他危险部位。

9.1.13 爆破作业、边坡防护作业、挡土墙施工、锚杆和锚索预应力张拉、人工挖孔作业及拆除作业等危险场所，应按规定设置警戒区，并采取必要的安全防护措施。

本条为新增，主要是为了防止非作业人员进入具有危险因素的作业现场，造成伤害。作业场所未经允许不得进入的区域称为警戒区。

9.1.14 施工现场暂时停止施工的，施工单位应做好现场防护。

本条为新增，根据《建设工程安全生产管理条例》(国务院令第393号)和《公路水运工程安全生产管理办法》(交通运输部令2017年第25号)制定。

9.2 防火、用电、照明和通风

9.2.1 施工临时用房、临时设施、生产区、办公区的防火间距应符合现行《建设工程施工现场消防安全技术规范》(GB 50720)的相关要求。施工场地和生活区域应按国家有关规定配置消防设施和器材,设置消防安全标志。

本条为新增,主要为对路基工程施工现场场地布置时应符合相关消防规范的要求。

9.2.2 施工现场的临时用电应符合现行《公路工程施工安全技术规范》(JTG F90)的相关规定。

本条为新增。

《公路工程施工安全技术规范》(JTG F90—2015)第4.4节施工临时用电的规定较为详细,施工现场临时用电要求直接按此规范执行即可。

9.2.3 施工现场应设有保证施工安全要求的照明设施。

本条为新增,引用自《施工现场临时用电安全技术规范》(JGJ 46—2005)。

9.2.4 人工开挖抗滑桩桩孔、人工开挖渗水井和人工开挖排水隧洞以及在采空区或溶洞内实施砌石加固作业时,应符合下列规定:

1 在地下有限空间内作业,现场应配备气体浓度检测仪器,并满足现行《缺氧危险作业安全规程》(GB 8958)的相关要求。

2 在作业人员进入地下有限空间之前,应预先通风15min,并经检测确认孔内空气符合《环境空气质量标准》(GB 3095—2012)规定的三级标准浓度限值。人工开挖或砌筑作业期间,应持续通风。现场应至少备用1套设备。

3 在含有毒有害气体的地区,地下空间内作业应至少每 **2h** 检测一次有毒有害气体及含氧量,保持通风,同时应配备不少于 **5** 套且满足施救需要的隔绝式压缩氧自救器等应急救援器材。

4 在地下空间内实施爆破时,应待孔内炮烟、粉尘消散后,或者经通风,使炮烟、粉尘全部排除后,再入孔作业。

本条为新增。

按照《公路工程施工安全技术规范》(JTG F90—2015)第6.5.3条和第6.8.3条制定,对地下有限空间作业的通风做出规定,保证作业人员安全。《环境空气质量标准》(GB 3095—2012)规定的环境空气污染物浓度限值参见本规范第10章第5节。

9.3 施 工 排 水

9.3.1 排水方案必须满足路基施工安全和路基附近既有结构物与地下管线的安全要求。

本条为新增。

此处排水方案是指施工过程中的临时排水方案。

9.3.2 降水方案以及软土地基处理方案制订时,应充分考虑地基湿度或孔隙水压力变化对毗邻区域既有结构物或设备安全的影响,降水施工不得危及周围既有道路及结构物安全。

本条为新增。

降水施工可能导致的事故主要有边坡坍塌、周边既有道路或结构物沉降、人身伤害等。降水方案制订时可采取的技术措施有:①采用集水坑降水时,集水坑和集水沟一般应设在基础范围以外,防止地基土结构遭受破坏;②集水坑深度以便于水泵抽水为宜,坑壁可用碎石过滤层等方法加以围护,防止堵塞水泵;③采用井点降水时,应根据含水层土的类别及其渗透系数、要求降水深度、工程特点、施工设备条件和施工期限等因素进行技术经济比较,选择适宜的井点装置;④降水前,应考虑在降水影响范围内已有建筑物和构筑物可能产生的附加沉降、位移或供水水位下降,必要时采取防护措施;⑤降水期间应经常观测并记录水位,以便发现问题及时处理;⑥井点降水工作结束后所留的井孔,必须用砂砾或黏土填实;⑦在地下水位高而采用板桩作支护结构的基坑内抽水时,应注意因板桩的变形、接缝不密或桩端处透水等原因而产生的渗水量大的可能情况,必要时应采取有效措施堵截板桩的渗漏水,防止因抽水过多使板桩外的土随水流入板桩内,从而掏空板桩外原有结构物的地基,危及结构物的安全。

9.3.3 施工过程中,应对降水影响区域内的交通设施、管线、结构物等的沉降、位移、倾斜等进行观测,发现问题应及时采取措施。

本条为新增。

在基坑降水过程中,为了保证基坑周围交通设施、管线、结构物安全及正常使用,需及时观测在降水期间内由于附加沉降引起的变形程度。通过对交通设施、管线、结构物本身的变形观测数据,结合地下水位及基坑降水量的观测数据,进行合理分析判断,从而正确指导降水工作。

9.3.4 施工结束后,应清理场地并恢复地貌,地面遗留的孔洞应及时用砂石等材料回填密实。

本条为新增。

降水排水工程结束后,临时排水沟、降水设施的孔洞如不及时回填、恢复地貌,便会存在一定的安全隐患,并且不符合工完场清的文明施工要求。

9.4 施 工 便 道

9.4.1 路基施工前,应根据工程需要、运输车辆、交通量和现场状况,确定运输路线、施工期间社会临时交通疏导与施工便道修建方案。

9 路基施工安全

本条为新增。

9.4.2 施工便道应根据工程特点、使用功能、车辆荷载和环境条件修建,并应符合下列规定:

1 施工便道应平整、坚实,能满足运输安全要求。施工便道不得破坏原有水系和降低原有河道泄洪能力。

2 双车道施工便道宽度宜不小于6.5m。单车道施工便道宽度宜不小于4.5m,并宜设置错车道。错车道应设置在视野好的地段,间距宜不大于300m。设置错车道路段的施工便道宽度宜不小于6.5m,有效长度宜不小于20m。

3 应设置必要的警示标志。

4 施工便道穿越电力架空线路时,施工便道与架空线路之间的安全距离应符合现行《施工现场临时用电安全技术规范》(JGJ 46)的有关规定。

5 施工便道穿越各种架空管线处,其净空应满足运输安全要求,并应在管线外设限高标志。

6 施工便道穿越结构物处,其净空应满足运输安全要求,并应在结构物外设限高、限宽标志。

本条为新增。

施工便道设置的警示标志包括:根据交通量、路况和环境状况确定车辆行驶速度,在道路明显位置设置的限速标志;在急弯、陡坡、连续转弯等危险路段设置的警示标志;在施工便道中易发生落石、滑坡等危险路段设置的警示标志;在临近河岸、峭壁的一侧设置的安全标志,夜间加设的警示灯;在施工便道与既有道路平面交叉处设置的道口警示标志等。

9.4.3 施工便桥应设置限载、限宽、限速标志,验收后方可使用。

本条为新增。
设置标志的目的是提醒过往车辆不超限、不超速行驶,确保安全。

9.4.4 利用既有道路时,运输前应对既有道路的桥涵、地下管线和构筑物的承载力进行调查、检测和验算,确认其能够满足运输要求和安全,并满足本规范第 **9.4.2** 条和第 **9.4.3** 条的要求。

本条为新增。

利用既有道路时,先要调查清楚既有道路的使用状况和承载能力,同时根据拟通过机械设备类型、运输机械类型、载重量等情况进行检测和验算,满足要求方可利用;如不满足要求,需要进行加固或改造。

9.4.5 在不封闭交通情况下进行公路改扩建施工,应按相关规定和交通组织方案设置作业控制区,施工路段两端及沿线进出口处应设置明显的临时交通安全设施,并定期进行检查和维护。

本条为新增,按照《公路工程施工安全技术规范》(JTG F90—2015)第 11.1.1 条制定。

9.4.6 半幅施工作业区域与行车道之间必须设置隔离设施。应设专人和通信设备指挥交通、疏导车辆。

本条为新增,按照《公路工程施工安全技术规范》(JTG F90—2015)第 11.1.5 条制定。

9.4.7 爆破作业之前,必须临时封闭爆破警戒区内的交通。爆破后应立即清理道路上的土石,检修设施。应确认达到行车条件后,开放交通。

本条为新增,按照《公路工程施工安全技术规范》(JTG F90—2015)第 11.1.3 条制定。封闭交通可防止人、车进入施爆区,确保安全。

9.5 施工机械设备使用

9.5.1 施工单位应制定施工机械设备安全操作规程,建立设备安全技术档案。

本条为新增,按照《公路工程施工安全技术规范》(JTG F90—2015)第4.6.1条制定。

9.5.2 机械设备进场前应查验机械设备证件、性能、状态。机械设备进场后,应向操作人员进行安全技术交底。

本条为新增,按照《公路工程施工安全技术规范》(JTG F90—2015)第4.6.2条制定。

9.5.3 机械设备上各种安全防护、保险限位装置及各种安全信息装置必须齐全有效。

本条为新增,按照《公路工程施工安全技术规范》(JTG F90—2015)第3.0.12条制定。因机械设备安全装置缺失导致事故多发,故作此规定。

9.5.4 机械设备必须按机械设备安全操作规程和机械设备使用说明书规定的技术性能、承载能力和使用条件操作、使用,严禁超载、超速作业或扩大使用范围。

本条为新增,按照《公路工程施工安全技术规范》(JTG F90—2015)第3.0.12条制定。因违章操作导致事故多发,故作此规定。

9.5.5 机械设备不宜在坡度大的边坡区域或不稳定岩土体上作业。机械在路基边坡、基坑、沟壑边缘附近以及不稳定岩土体上作业时,应采取可靠的安全措施。

本条为新增。
路堤边缘一般比较松散,机械靠近路堤边缘作业时易发生倾覆事故,应特别注意且应根据路堤高度留有必要的安全距离并采取设专人指挥、设置安全警示标志等必要的安全措施。

9.5.6 多台机械同时作业时,各台机械之间应保持安全距离。

本条为新增,按照《公路工程施工安全技术规范》(JTG F90—2015)第6.1.5条制定。

多台推土机在同一作业面作业时,前后两机相距应不小于8m,左右相距应大于1.5m;多台拖式铲运机同时作业时,前后净距不得小于10m,左右净距不得小于2m;两台以上压路机同时作业时,其前后间距不得小于3m。

9.5.7 机械作业范围内不得同时进行人工作业。由人工配合机械进行辅助作业时,作业人员应注意观察。

本条为新增,按照《公路工程施工安全技术规范》(JTG F90—2015)第6.1.3条制定。

9.5.8 施工现场的钻机等高耸设备在相邻结构物的防雷装置的保护范围之外时,应按有关规定设置防雷装置。

本条为新增。

保护范围的确定用"滚球法",详细内容见《施工现场临时用电安全技术规范》(JGJ 46—2005)附录B中的方法,防雷装置也按照该规范进行设置。

本条参照《铁路路基工程施工安全技术规程》(TB 10302—2009)第3.1.5条和《铁路基本作业施工安全技术规程》(TB 10301—2009)第4.1.16条制定。

施工现场的钻机、桩基等高耸设备及钢管脚手架等金属设施在相邻建(构)筑物防雷装置的保护范围之外时,应按表9-1设置防雷装置。避雷针(接闪器)和引线接地应符合相关规定。

表9-1 需要设置防雷装置场地条件及设备高度

地区年平均雷暴日 $T(d)$	机械设备高度 $H(m)$
$T \geq 90$ 及雷害特别严重地区	$H \geq 12$
$40 < T \leq 90$	$H \geq 20$
$15 < T \leq 40$	$H \geq 32$
$T \leq 15$	$H \geq 50$

9.5.9 高耸设备与架空线路之间的安全距离应符合现行《公路工程施工安全技术规范》(JTG F90)的相关规定。当需要在小于规定的安全距离范围内进行作业时,应采取严格的安全保护措施,并应按相关规定经有关部门批准。

本条为新增。

9.5.10 起重吊装作业应符合现行《公路工程施工安全技术规范》(JTG F90)的相关规定。

本条为新增。

9.5.11 施工现场的运输车辆应设置反光警示标识。施工车辆运行必须遵守道路交通法规,按规定路线和速度行驶,不得超载,严禁人料混载。

本条为新增。人料混载安全隐患巨大,必须严格禁止。

9.5.12 清洁、保养、维修机械或电气装置之前,必须先切断电源,等机械设备停稳后再进行操作。严禁带电进行检修,严禁采用预约送电时间的方式进行检修。

本条为新增。
根据《建筑机械使用安全技术规程》(JGJ 33—2012)第2.0.21条制定。施工过程中处理故障时,必须停机、断电、停风,防止机械误动作造成事故。故障处理结束,在开机送风、送电之前,通知有关作业人员,防止有人处于危险位置并因突然开机受到伤害。

9.6 既有结构物的拆除

本节内容为新增,除第9.6.6条外,其余条均按照《公路工程施工安全技术规范》(JTG F90—2015)第11.2节中相关条款制定。

拆除既有结构物时应对作业区进行调查,评估拆除过程中可能对相邻结构物及环境造成的危害,制订安全可靠的拆除方案。当采用爆破方法拆除作业时,必须有经批准的控制爆破设计文件并严格遵守爆破安全规程的相关规定。

9.6.1 应根据所拆除结构物的结构特点及施工环境要求确定拆除施工的段落、层次、顺序和方法。拆除施工应从上至下,逐层、分段实施,不得立体交叉作业。

9.6.2 当拆除工程对周围相邻建筑物安全可能产生危险时,应采取相应的保护措施。

9.6.3 拆除作业应符合现行《公路工程施工安全技术规范》(JTG F90)的相关规定。拆除现场应设置警戒区。

9.6.4 拆除施工中的爆破作业应符合本规范第9.7.8条的有关规定。

9.6.5 拆除施工作业人员和机具应处于稳固位置,必须进行临时悬吊作业时,应系好悬吊绳和安全绳。悬吊绳和安全绳应分别锚固且应牢固。

9.6.6 拆除既有路基支挡结构与防护设施,应保证既有路堑边坡稳定。必要时应设置临时支撑进行加固或防护,并应自上而下分层、分段拆除,严禁一拆到底。

9.6.7 拆除的材料应及时清理,分类放置。

9.7 路堑、基坑和沟槽开挖

9.7.1 开挖之前,应按施工组织设计对结构物、既有管线、排水设施实施迁移或加固。施工中,应经常检查、维护加固部位,保持设施的安全运行。对在施工范围内可不迁移的地下管线等地下设施,应确定其地下位置和分布范围,设置警示标志,并采取保护措施。

本条为新增。
开挖之前,确认施工范围的地下管线设施等非常重要。在确定具体位置和范围之前,贸然开挖有可能使管线损坏,造成严重后果。

9.7.2 路堑开挖过程中,应设专人对作业面及施工影响范围内岩土体的稳定性进行监测和巡察,监测人员的位置应在落石、滑坡体危险区域之外。发现异常应立即停工,撤离机具和人员,并及时采取安全措施。

本条为新增。
监测人员的位置应在落石、滑坡体危险区域之外。
本条文中"发现异常"是指通过直接观察或通过观测和评估,确认山体出现滑动、崩塌迹象及危及施工安全的情况。及时采取措施,包括启动应急预案。

9.7.3 公路改建路堑拓宽时,应按横断面自上而下进行。开挖过程中,应随时观测坡面稳定情况,如有危石、裂缝和塌方迹象,应及时采取措施。

本条为新增。
如开挖方法不当,将造成边坡不稳定或坍塌。

9.7.4 结构物基坑开挖,应根据土质、水文和开挖深度等选择安全的边坡坡度或支撑防护。当基坑开挖深或者边坡稳定性差时,应分段、跳槽开挖。在施工过程中,应观察或按规定监测作业面周围岩土体的稳定性,发现问题及时采取相应的处理措施。在坑槽边临时堆放弃土或材料时,应控制弃土或材料与坑槽边缘的距离及堆放高度,不得影响基坑边坡的稳定。机械在基坑周围作业和行驶不得影响施工安全。

本条为新增。

如开挖方法不当,将造成边坡不稳定或坍塌。

支撑防护是路基排水和防护结构基础开挖时关系到施工安全的一项重要工作,其中包括支撑的设计、施工、维护和拆除。这些内容精心设计、精心施工,可避免坑壁失稳,出现塌方,造成人身安全事故。

9.7.5 边坡设置混凝土灌注桩、地下连续墙等支挡结构时,应待支挡结构强度达到设计强度后,方可开挖。

本条为新增。

9.7.6 机械挖掘时,应避开既有结构物和管线,严禁碰撞。严禁在距既有直埋缆线 2m 范围内和距各类管道 1m 范围内采用大型机械开挖作业。在既有结构物和管线附近作业时,宜有专人现场监护。

本条为新增。

9.7.7 开挖中,遇文物、爆炸物、不明物和原设计图纸与管理单位未标注的地下管线、构筑物时,必须立即停止施工,保护现场,向上级报告,并和有关管理单位联系,研究处理措施。经妥善处理,确认安全并形成文件后,方可恢复施工。

本条为新增。

9.7.8 爆破作业应符合下列规定:

1 从事爆破工作的爆破员、安全员、保管员应按有关规定经过专业机构培训,并取得相应的从业资格。

2 爆破作业和爆破器材的采购、运输、储存和使用应按现行《民用爆炸物品安全管理条例》、《爆破安全规程》(GB 6722)及《小型民用爆炸物品储存库安全规范》(GA 838)的有关规定执行。

3 岩石边坡坡率为1:0.1～1:0.75的路堑,必须采用光面爆破。城市、风景名胜区及重要工程设施附近的路堑爆破应采用控制爆破技术。

本条为新增。

爆破有害效应及安全允许距离按《爆破安全规程》(GB 6722—2014)中的计算方法确定。

9.7.9 沟槽开挖深度超过2m时,其边缘上面作业应按高处作业要求进行安全防护并设置警告标志。开挖沟槽位于现场通道或居民区附近时,应设置安全护栏,夜间应设置警示灯。

本条为新增。

9.8 路堤和路床填筑

9.8.1 路堤施工应先做好临时防水、排水系统。路基基底、坡脚及影响路基稳定的范围内不得积水浸泡。傍山修筑路堤时,应防止地表水、地下水渗入路堤结构各部位。

本条为新增。

9.8.2 使用振动压路机碾压路基前,应对附近地上和地下结构物、管线可能造成的振动影响进行分析,确认安全。

本条为新增。

9.8.3 填土地段与架空线路之间的安全距离应符合现行《施工现场临时用电安全技术规范》(JGJ 46)的有关规定。

本条为新增。

9.8.4 路基下存在管线时,管顶以上 0.5m 范围内不得用压路机碾压。采用重型压实机械压实或有重车在回填土上行驶时,管道顶部以上应铺设一定厚度的压实填土。填土最小厚度应根据机械和车辆的质量与管道的设计承载力等情况,经计算确定。

本条为新增。

9.8.5 填方作业区边缘应设明显的警示标志。

本条为新增,目的是防止作业机械及人员滑落。

9.9 支护结构与排水设施施工

9.9.1 在边坡上或在基坑内作业之前,应首先检查边坡或坑壁的稳定状况。对影响施工安全的危岩、危石、松动土石块应予清除,或者采取必要的防护措施。

本条为新增。

9.9.2 在边坡上或者在基坑内施工,应设置攀登设施。在施工过程中,应由专人随时检查和定期监测边坡稳定性,并确认安全。发现异常,应立即停工,撤离人员,采取安全措施后方可复工。

本条为新增。

9.9.3 作业高度超过 1.2m 时,应设置脚手架。脚手架应通过专业设计,必须进行强度、刚度及稳定性等方面的验算,并符合现行《公路工程施工安全技术规范》(JTG F90)的相关规定。高的脚手架平台应采用锚杆锚固在岩壁上。脚手架搭建经验收合格后,方可使用。施工过程中,应经常检查脚手架,发现松动、变形或沉陷应及时加固。

9 路基施工安全

9.2.9 作业高度超过 1.2m 时,应设置脚手架,脚手架应通过专业设计,必须进行强度、刚度及稳定性等方面的验算。施工过程中,对脚手架应经常检查,发现松动、变形或沉陷应及时加固。

本条根据 06 版规范第 9.2.9 条扩充而成。增加了高的脚手架平台应锚固在岩壁上的要求。在进行脚手架设计时,其上料斜道的铺设宽度不得小于 1.5m,坡度不得大于 1∶3,防滑条的间距不得大于 0.3m。

9.9.4 挡土墙高度超过 2m 时,应按现行《公路工程施工安全技术规范》(JTG F90)高处作业要求进行安全防护。

本条为新增。

9.9.5 砌筑作业时,脚手架下不得有人作业或停留,不得重叠作业,不得采用顺坡滚落或抛掷传递的方式运送材料。

9.2.11 砌筑作业时,脚手架下不得有人操作及停留,不得重叠作业。砌筑护坡时,严禁在坡面上行走,不得采用从上向下自由滚落的方式运输材料。

本条根据 06 版规范第 9.2.11 条调整而成。

9.9.6 用提升架运送石料时,应有专人指挥和操作,严禁超负荷运行。严禁使用提升架载人。临时起吊设备的制作、安装必须符合国家相关规定。

9.2.10 用提升架运送石料时,应有专人指挥和操作,严禁超负荷运行。严禁使用提升架载人。临时起吊设备的制作、安装必须符合国家相关规定。

本条根据 06 版规范第 9.2.10 条调整而成。

9.9.7 拆除墙背向内倾斜的混凝土重力式挡土墙模板时,应在墙背侧设置必要的临时支撑。

9.9.8 预制构件安装前,应根据现场条件制订详细的吊装方案,所有起重设备必须符合国家关于特种设备的安全管理规定。

9.2.14 预制构件安装前,应根据现场条件制订详细的吊装方案,所有起重设备必须符合国家关于特种设备的安全管理规定。

本条未修订。

9.9.9 喷浆作业应按自上而下顺序施作。喷浆作业时应密切注意压力表变化,出现异常时,必须停机、断电、停风,并及时排除故障。作业区内严禁在喷浆嘴前方站人。处理堵管时,作业人员应紧握喷嘴,防止管道甩动伤人。管道有压力时不得拆卸管接头。

9.2.12 喷浆作业时,应密切注意压力表变化,出现异常时,应停机、断电、停风,并及时排除故障。作业区内严禁在喷浆嘴前方站人。

本条根据06版规范第9.2.12条扩充而成。

施工过程中处理故障时,必须停机、断电、停风,防止机械误动作造成事故。故障处理结束,在开机送风、送电之前,通知有关作业人员,防止有人因为处于危险位置并因机械突然开机受到伤害。

9.9.10 锚杆和锚索钻孔施工,吹孔时作业人员应站在孔的侧边,以防吹出泥水、砂土伤人。

本条为新增。

9.9.11 张拉作业区域应设为警戒区。张拉作业平台应稳固,张拉设备必须安装牢固。张拉过程中操作人员不得离岗,千斤顶旁严禁站人。

9.2.13 预应力张拉时,预应力张拉设备必须安装牢固,千斤顶近旁严禁站人,无关人员不得进入现场。

本条根据06版规范第9.2.13条补充修订而成。

张拉预应力锚杆(索)时,可能会发生断丝和锚具楔子滑脱沿轴向飞出伤人的事故,或因锚固不可靠而可能发生整个锚杆(索)连同张拉设备一起被弹出。故张拉时千斤顶旁严禁站人,以防止发生伤害事故。

9.9.12 人工挖孔抗滑桩施工应编制专项施工方案,除应符合本规范第6.12节相关规定外,尚应符合下列规定:

1 同排桩施工应采用间隔跳挖方式进行。

2 孔口处应设置护圈,护圈应高出地面0.3m。孔口周围应设置护栏和临时排水沟,夜间应悬挂示警红灯。孔口周围不得堆积弃渣、无关机具及其他杂物。

3 非爆破开挖的挖孔桩雨期施工,孔口应设置防雨棚。雨天孔内不得施工。

4 孔内爆破作业应专门设计,采用浅眼松动爆破法施工,并应严格控制炸药用量。爆破作业的安全管理应按现行《爆破安全规程》(GB 6722)中的有关规定执行。爆破前,相邻桩孔内的人员必须撤离。

5 混凝土护壁应随开挖、随浇筑。每节开挖深度应满足施工方案要求,且不得超过1m。护壁模板应在混凝土强度达到5MPa以后拆除。

6 孔内作业人员应戴安全帽、系安全带、穿防滑鞋,安全绳应系在孔口。作业人员通过带护笼的直梯进入。人员上下不得携带工具和材料。作业人员不得利用卷扬机上下桩孔。

7 绞车、绞绳、吊斗、卷扬机等设备应完好,起吊设备应装设限位器和防脱钩装置。

8 挖孔作业人员的头顶部应设置护盖。弃渣吊斗不得装满。出渣时,孔内作业人员应位于护盖下。

9 孔内照明电压必须为安全电压。应使用防水带罩灯泡。电缆应为防水绝缘电缆。

10 孔内通风要求及空气质量应符合本规范第9.2.4条的规定。

11 孔深超过15m的桩孔内应配备有效的通信器材。作业人员在孔内连续作业不得超过2h。桩周支护应采用钢筋混凝土护壁。护壁上的爬梯应每间隔 8m 设一处休息平台。孔深超过 30m 的应配备作业人员升降设备。

12 滑坡监测应与施工同步进行。当滑坡出现险情并危及施工人员安全时,应及时通知人员撤离。

13 孔口应设专人看守。孔内作业人员应检查护壁变形、裂缝、渗水等情况,并与孔口人员保持联系,发现异常应立即撤出。

本条为新增。

在人工挖孔抗滑桩施工过程中,容易出现以下安全问题,需严加注意。

(1)孔壁坍塌。

当地下水位较高,地基土为渗透系数大的粉土、粉细砂等砂性土层或深厚的饱和淤泥质黏土,且无护壁,不能承受水、土侧压力,又未采取降水措施时,极易出现渗水、流沙、涌泥现象,最终可能造成孔壁坍塌。故在地下水位较高的场区,不宜采用人工挖孔抗滑桩。

(2)孔口落物。

桩孔附近有堆积物未能及时清理,在人为或雨水冲刷下,物体落入孔内而造成人员伤亡事故,或地面上操作人员不慎将物体落入孔内也会造成人员伤亡事故。

(3)窒息中毒。

下挖较深时,孔内可能积累大量有害、可燃气体,若无相应措施测定孔内的有毒有害气体的种类和含量,并且没有采取有效的通风措施时,也会对施工人员造成伤害。

(4)触电伤亡。

桩孔内施工面窄且多水、潮湿,若孔内未按要求采用低于 12 V 的安全电压和安全灯,或者使用的通风设备、照明设备的电线破损等,均易发生触电事故。

(5)坠落孔内。

孔口无盖板、护栏等防护措施或明显的标志,夜间又无足够照明,人员易失足掉入孔内。施工人员用麻绳、尼龙绳吊挂或脚踏孔壁上下及电动葫芦(或卷扬机)无自动卡紧保险装置也易发生事故。

9.9.13 机械成孔渗水井的施工应符合下列安全规定:

1 施工场地及便道应平坦坚实,满足钻机正常工作和移动的要求。

2 钻机安设应平稳、牢固。

3 施工中严禁人员进入孔内作业。

4 严禁在架空线路下方采用机械钻孔或吊装作业,在电力架空线路附近作业时,机械边缘与电力线路的最小距离应符合现行《施工现场临时用电安全技术规范》(JGJ 46)的规定。

5 井管安装宜由起重机进行,吊装时吊点应正确,拴系应牢固。往井孔吊放井管时,严禁将手、脚置于井孔口上。

6 井管口应高出地面 0.5m 以上,必须封闭并设安全标志。

本条为新增。

9.9.14 人工挖孔渗水井的施工,应制订专项施工方案,并符合下列安全规定:

1 在不稳定的土层中施作渗水井时,应根据土质状况对渗水井井壁及井口采取相应的支护措施。

2 渗水井周围 1m 范围内不得堆放材料、机具和土方,井口应采取防坠落、防滑措施。

3 井内作业环境恶劣时,人工掏挖应轮换作业,每次下井作业不得超过 2h。上、下井筒应走安全梯。孔内通风要求及空气质量应符合本规范第 9.2.4 条的规定。

4 井内掏挖作业时,应随时观察井壁、支护的稳定状况。当土壁有坍塌征兆、井筒发生扭斜或支护位移、变形大时,必须立即停止作业,撤至安全处,待采取安全技术措施并确认安全后,方可继续作业。

5 井深大于1.5m，井内掏挖作业时，井上应设专人监护。安装预制井筒时，井内不得有人。用吊斗出土时，防止发生碰撞或脱钩，并通知井下人员暂时避开。

6 利用排水的间歇时间掏挖渗水井时，井下掏挖作业人员应与水泵操作工密切配合，并穿绝缘胶靴。

7 起吊和运输设备靠近渗井边缘作业时，应加强对地基稳定性的检查，防止发生地面塌陷或设备倾翻事故。

本条为新增。

本条安全风险与第9.9.12条人工挖孔抗滑桩的内容类似。

9.9.15 排水隧洞施工应符合下列安全规定：

1 应根据危险源辨识情况编制排水隧洞坍塌、突水突泥、触电、火灾、爆炸、窒息、有害气体等应急预案并应配备相应的应急资源。

2 当地层完整、地质条件好时，排水隧洞的开挖、衬砌和灌浆三个施工过程可依次进行，即先将隧洞全部挖通，以后再进行衬砌和灌浆。当岩层破碎、地质条件不良时，应边开挖边衬砌。

3 排水隧洞开挖，可依据滑坡具体地质情况，选择人工开挖方法或钻孔爆破方法进行。使用钻孔爆破法时，需根据岩层完整程度，确定全断面开挖或导洞开挖。在地下水丰富的地段，宜采用下导洞开挖。

4 对不稳定地层，在开挖爆破后，永久衬砌前，应采取木支撑、钢支撑或喷混凝土锚杆支护等临时支护措施。在松软或流沙地层中掘进，永久性支护至掘进面之间，应架设支护或特殊支护。

5 在特别软弱或大量涌水的地层中开挖隧洞，应采用超前灌浆或管棚加固方法，先将地层预先加固，然后再进行开挖。

6 孔内通风要求及空气质量应符合本规范第9.2.4条的规定。在瓦斯地层开挖时，应符合现行《公路工程施工安全技术规范》（JTG F90）中含瓦斯隧道施工作业的安全要求。

7 通风机、抽水机等安全设备应配备备用设备。
8 漏水地段应采用防水灯具，瓦斯地段应采用防爆灯具。

本条为新增。

排水隧洞中施工安全风险与隧道施工类似，本条中仅列出施工中风险较大的施工过程的安全技术措施，其他可参照隧道施工中的安全技术措施。

9.9.16 高边坡截水沟施工，应设置防止作业人员跌落的设施。

本条为新增，一般设置防护栏杆和防护网。

9.9.17 渗沟的开挖应自下游向上游进行。应随开挖随支撑并迅速回填，防止造成坍塌。停止施工或完工后，应及时加盖封闭。

本条为新增。

排水工程施工遵循先低后高的原则，有利于排除地下水及降雨造成的积水。先挖通下游方能把沟槽里的水排出，先挖上游则沟槽的积水会流到作业面。

9.9.18 支撑渗沟应间隔开挖。支撑渗沟开挖深度超过 **1.5m** 时，应加设支撑。

本条为新增。
避免连续开挖长度过长，沟壁长时间暴露造成坍塌。

9.9.19 边坡防护和支挡结构以及排水设施施工作业应设警戒区，并应设置明显的警戒标志。停止施工的抗滑桩桩孔和渗水井及其他排水设施周围应设置防护栏及明显的警示标志，夜间应悬挂警示灯。

本条为新增。
新增的内容主要目的是防止非作业人员进入现场发生危险。

9.10 取土和弃土

9.10.1 取土场的边坡坡率和深度设计应满足稳定性要求。取土场宜远离结构物、设施、管线等生活生产设施,不应影响其安全。

本条为新增,目的是保证取土场自身稳定和周围设施的安全。

9.10.2 取土场周围应设置安全防护设施和警示标志,必要时应设置夜间警示或反光标示。

本条为新增,目的是防止人员和车辆进入取土场,避免安全事故。

9.10.3 场地上有架空线时,应对线杆和拉线采取预留土台等防护措施。土台半径应依线杆和拉线结构、埋入深度和土质而定。土台周围应设安全标志。

本条为新增。
一般情况下,土台半径线杆不小于1m,拉线不小于1.5m。

9.10.4 需在结构物附近取土时,应对结构物采取安全技术措施,确认安全后方可取土。

本条为新增。
取土前,应对相邻的结构物进行调查,并制订相应的临时加固方案,然后实施加固,防止因取土引发的相邻结构物下沉和变形。

9.10.5 弃土场应避开建筑物、围墙和电力架空线路等,弃土时不得妨碍各类地下管线、构筑物等的正常使用和维护。

本条为新增。
新增的内容主要是防止弃土场一旦整体失稳,会对周边设施造成破坏。

10 路基施工环境保护

本章从 06 版规范第 9 章"路基安全施工与环境保护"中拆分而来，单独成章。06 版规范为 3 节 7 条，现调整为 7 节 43 条，内容增加较多。本章主要吸收了国家和行业现行法律、法规中有关路基施工环境保护的内容。现行相关规范中有明确规定的，条文直接引用了现行相关规范的内容，补充了相关规范未作明确规定的内容。本章包括一般规定、土地资源利用与水土保持、生态保护与生态恢复、水资源保护与废弃物污染控制、空气污染控制、噪声和振动控制、文物保护 7 节。

本章修订的主要内容如下：

(1) 增加环境条件调查、施工组织中环保措施、合理利用土地等要求。

(2) 增加严控临时用地、减少地貌地表破坏、取弃土场选址设计等要求。

(3) 增加生态环境调查与评价、林地、草原及湿地的保护、生态恢复等要求。

(4) 增加废弃物、污水排放要求，岩溶水地段修筑路基的要求，工业废渣利用的要求。

(5) 增加机械设备废气排放、施工便道洒水降尘、垃圾焚烧等环保要求。

(6) 增加机械设备噪声排放、减振降噪、振动隔离等环保要求。

10.1 一 般 规 定

10.1.1 路基施工应遵守国家土地管理、水土保持、环境保护、生态保护、资源利用、能源利用、循环经济的有关法律法规,合理利用资源和能源,控制污染，保护环境。

本条为新增。

现行涉及环境保护的主要法律、法规有《中华人民共和国环境保护法》《中华人民共和国环境影响评价法》《中华人民共和国水土保持法》《中华人民共和国水土保持法实施细则》《中华人民共和国固体废物污染环境防治法》《中华人民共和国大气污染防治法》《中华人民共和国环境噪声污染防治法》《中华人民共和国水污染防治法》《中华人民共和国水污染防治法实施细则》《中华人民共和国草原法》《中华人民共和国森林法》《中华人民共和国野生动物保护法》《中华人民共和国野生植物保护条例》《建设项目环境保护管理条例》《中华人民共和国自然保护区条例》及《中华人民共和国文物保护法》《中华人民共和国节约能源法》《公路、水路交通实施〈中华人民共和国节约能源法〉办法》及《中华人民共和国循环经济促进法》《中华人民共和国清洁生产促进法》等。

10.1.2 工程开工前，应对施工现场的地形、地质、水文、气象、生态环境条件以及既有结构物状况进行调查，根据国家有关建设项目环境保护管理的规定以及节约资源、节约能源、减少排放等相关法规和技术标准，结合工程特点、设计要求和施工环境，编制并实施工程施工环境保护措施与节能减排技术方案。

本条为新增。

现场调查的目的，一是核对设计文件与现场的符合程度，二是为制定合理的环境保护措施掌握第一手资料。制定环境保护措施应根据工程的周边环境情况，着重考虑路基施工而引发的环境保护问题，如施工扬尘、噪声、废水、废弃物排放、水土保持、生物保护等。

为落实施工企业环境保护、水土保持的主体责任，减少或防止对自然环境的破坏和污染，保护路基施工沿线自然、生态、工作环境，施工单位在开工前，在详细调查现状的基础上，制定切实可行的环境保护措施是非常

10 路基施工环境保护

重要的。

10.1.3 公路路基施工组织设计,应结合工程实际按环境保护设计的各项要求,针对施工中可能造成的环境破坏和不利影响制定具体防止措施和方案,并实施。公路路基施工组织设计应包括下列与环境保护有关的内容:

1 土地利用和水土保持措施;
2 生态保护与恢复措施;
3 水资源保护与废弃物污染控制措施;
4 空气污染控制措施;
5 噪声与振动控制措施;
6 节能减排措施;
7 既有结构物保护措施;
8 文物保护措施。

本条为新增。

施工工法和工艺的选择需要充分考虑边坡开挖、填筑堆载、振动、噪声、粉尘、污水等可能对环境产生的影响。

10.1.4 路基施工中,应重视对农田水利和环境的保护,节约土地,少占耕地,临时占用土地应及时做好复垦工作。施工便道、施工场地等临时工程的规划应尽量利用既有道路、荒地等,减少对环境的影响。

本条为新增。

十分珍惜、合理利用土地和切实保护耕地是我国的基本国策。施工过程中要严格控制临时用地数量,各种临时设施尽可能设置在公路用地范围内或利用荒坡、废弃地解决。施工过程中要采取有效措施保护水土资源,防止水土流失和农田污染。

10.1.5 自然保护区、森林、草原、湿地及风景名胜区的路基施工方案应有利于生态保护和生态恢复。

9.3.1 防止水土污染和流失

6 在自然保护区、森林、草原、湿地及风景名胜区进行施工时,应遵守国家环境保护的相关规定。

本条根据06版规范第9.3.1条第6款进行修改。06版规范规定较为笼统,本次修订把保护区施工环境保护的重点放在方案制订时要有利于生态保护和修复。

在自然保护区、森林、草原、湿地及风景名胜区进行路基施工时,要从有利于生态环境保护的角度来制订施工方案。例如,公路通过林地时,应严格控制林木的砍伐数量,禁止砍伐公路用地范围之外不影响视线的林木;公路用地范围内,应按绿化设计要求进行栽植;公路经过草原时,应注意保护草原植被,取、弃土场地应选择在牧草生长差的地方;公路进入法定保护的湿地时,工程方案应避免造成生态环境的重大改变,施工废料应弃于湿地之外等。

10.1.6 施工机械设备选型应符合环保规定,首选低噪声、低振动、低排放的节能环保型机械设备。在使用中应定期保养、维护,减少油料跑、冒、滴、漏对环境的影响。

本条为新增。

使用节能环保型施工机械进行施工是国际发展潮流,是和谐社会可持续发展的要求。

10.2 土地资源利用与水土保持

10.2.1 路基施工应严格控制临时占地的数量。

本条为新增。

交通部2004年印发了《关于在公路建设中实行最严格的耕地保护制度的若干意见》(交公路发〔2004〕164号),文件中提出:"施工单位要严格控制临时用地数量,施工便道、各种料场、预制场要根据工程进度统筹考虑,尽可能设置在公路用地范围内或利用荒坡、废弃地解决,不得占用农田。施工过程中要采取有效措施防止污染农田,项目完工后临时用地要按照合同条款要求认真恢复。"

10.2.2 路基施工应控制和减少对原地貌、地表植被、水系的扰动和损毁,保护原地表植被、表土及结皮层。

本条为新增,根据《生产建设项目水土保持技术标准》(GB 50433—2018)制定。

10.2.3 路基土石方调配宜移挖作填,充分利用挖方材料,节约土地。不能利用的弃方应集中堆放和处理。施工组织设计应符合现行法律、法规的相关要求。

本条为新增。

移挖作填有利于环境保护,避免了由借土开挖可能造成的水土流失、河道堵塞、塌方等,减少对生态环境的影响。

10.2.4 路基施工水土保持应符合下列规定:

1 施工便道应控制在规定范围内,减小施工扰动范围。临时道路在施工结束后应进行迹地恢复。

2 主体工程动工前,应剥离熟土层并集中堆放,施工结束后宜作为复耕地、林草地的覆土。

3 减少地表裸露的时间,遇暴雨或大风天气应加强临时防护。雨期填筑土方时应随挖、随运、随填、随压,避免产生水土流失。

4 临时堆土及料场加工的成品料应集中堆放,设置沉沙、拦挡等措施。

5 开挖土石和取料场地应先设置截排水、沉沙、拦挡等措施后再开挖。不得在指定取土场以外的地方乱挖。

6 土、砂、石、渣料在运输过程中应采取保护措施,防止沿途散溢,造成水土流失。

本条为新增,根据《生产建设项目水土保持技术标准》(GB 50433—2018)制定。

10.2.5 取、弃土场选址,应按设计文件要求并应符合下列规定:

1 取、弃土场选址应符合区域性环境规划和当地的土地利用规划,取、弃土场选址应符合城镇、景区等规划要求,并与周边景观相互协调。

2 取、弃土场应不占或少占林地、耕地或园地;应远离江河、湖泊和水库生态管理范围,远离野生动物迁移通道;宜选择荒山、荒坡或荒地。

3 严禁在崩塌和滑坡危险区、泥石流易发区内设置取土场。

4 取土场在山区、丘陵区选址,应分析诱发崩塌、滑坡和泥石流的可能性。

5 在河道取砂砾料的应遵循河道管理的有关规定。

6 弃土场选址不得影响周边公共设施、工业企业、居民点等的安全。

7 弃土场涉及河道的,应符合治导规划及防洪行洪的规定,不得在河道、湖泊管理范围内设置弃土场。

8 严禁在对重要基础设施、人民群众生命财产安全及行洪安全有重大影响的区域布设弃土场。

9 弃土场不宜布设在流量大的沟道,否则应进行防洪论证。

10 弃土场在山丘区宜选择荒沟、凹地、支毛沟,平原区宜选择凹地、荒地,风沙区应避开风口和易产生风蚀的地方。

本条为新增,参照《生产建设项目水土保持技术标准》(GB 50433—2018)以及国家环境保护标准《道路交通建设生态保护与恢复标准(征求意见稿)》制定。

根据交通部《关于进一步加强山区公路建设生态保护和水土保持工作的指导意见》(交公路发〔2005〕441号),取、弃土场设置的总体原则为"取、弃土场应尽量减少设置数量,并进行专项设计。取、弃土场应考虑尽量减少对坡面植物、河水流向的影响,有条件的地方,应及时绿化和设置必要的防护设施,恢复植被或覆土造地,防止水土流失。取、弃土场尽可能布设在公路视线以外",遵循"安全、经济、适用、环保"的设置原则。

10.2.6 取、弃土场平面及断面设计,应符合本规范第4.15.1条和第4.15.2条的规定,并应符合下列规定:

1 取、弃土场的平面布置及断面(轮廓)设计应有利于边坡稳定和工后的恢复利用。

2 陡坡路堤和深路堑地段的弃土,应置于山坡下侧,并间断堆填,保证弃土内地面水可顺利排出。

3 弃土场的支挡结构应根据弃土或弃石等堆放的数量、位置和地形特点,选择合理的结构形式并进行专门设计,以有效控制水土流失。

本条为新增。

《生产建设项目水土保持技术标准》(GB 50433—2018)规定了临时防护工程的设计要求。

10.2.7 施工过程必须有临时防护措施。临时防护工程设计应符合现行《开发建设项目水土保持技术规范》(GB 50433)的规定。

本条为新增,参照《生产建设项目水土保持技术标准》(GB 50433—2018)制定。

10.2.8 开挖、填筑、排弃的场地应采取拦挡、护坡、截(排)水等防治措施。

本条为新增,参照《生产建设项目水土保持技术标准》(GB 50433—2018)制定。

10.2.9 公路路基施工应缩短临时占地使用时间。施工迹地应及时进行土地整治,采取水土保持措施,恢复其使用功能。

本条为新增,参照《生产建设项目水土保持技术标准》(GB 50433—2018)制定。

10.3 生态保护与生态恢复

10.3.1 路基施工前应对沿线生态环境进行调查,评价施工对生态环境可能造成的影响。

本条为新增。

10.3.2 路堤填筑、路堑开挖及取弃土,均应根据路基施工进度有计划地进行表土剥离,并进行保存。表土最小剥离厚度应根据国家现行环境保护标准相关规定确定。表土堆存高度应不超过2m,必要时应采取设置排水沟等相应保护措施,防止水土流失。

本条为新增。

《道路交通建设生态保护与恢复标准(征求意见稿)》第4.3.3条规定,表土剥离厚度应不低于表10-1要求。

表10-1 表土剥离厚度限值

土壤区域	土壤类型	表土剥离厚度(m)
Ⅰ.东部森林区土壤区域	$Ⅰ_1$华南—滇南砖红壤、赤红壤、水稻土区	0.3
	$Ⅰ_2$江南—台北红壤、水稻土区	0.3
	$Ⅰ_3$西南红壤、黄壤、水稻土区	0.3
	$Ⅰ_4$汉江—长江中下游黄棕壤、水稻土区	0.2
	$Ⅰ_5$辽东—华北棕壤、褐土、潮土区	0.3
	$Ⅰ_6$东北暗棕壤、白浆土、黑土区	0.5
Ⅱ.蒙新草原荒漠土壤区域	$Ⅱ_1$内蒙古黑钙土、栗钙土、棕钙土区	0.4
	$Ⅱ_2$西北黑垆土、黄绵土、灰钙土区	0.4
	$Ⅱ_3$甘新灰棕漠土、棕漠土、风沙土区	0.05

10 路基施工环境保护

续表 10-1

土壤区域	土壤类型	表土剥离厚度(m)
Ⅲ．青藏高山草甸—草原土壤区域	Ⅲ₁青藏东南部亚高山—高山草甸土区	0.25
	Ⅲ₂藏北亚高山—高山草原土区	0.2
	Ⅲ₃藏西北高山漠土区	0.05

10.3.3 施工前,应根据环境保护标准相关规定采取相应措施对位于路基范围内的珍稀植物进行保护。

本条为新增。

《道路交通建设生态保护与恢复标准(征求意见稿)》第4.4.2条规定,道路交通建设确需占用珍稀植物的生长地时,应采取下列措施:

(1)珍稀树木应移植到相似环境。移植前应对该物种的繁殖方式进行调查,事先确立繁殖方法,确保移植成功。

(2)珍稀草本植物应采取异地补偿。异地补偿应注意补偿地点和补偿形式,确保等当量补偿。

10.3.4 公路通过林地时,应注意保护用地范围以内的林木,并严格控制林木的砍伐数量,严禁砍伐道路用地范围之外不影响行车安全的林木。

本条为新增。

根据《中华人民共和国森林法》第五十六条规定,砍伐林木必须申请砍伐许可证,按许可证的规定进行砍伐;农村居民砍伐自留地和房前屋后个人所有的零星林木除外。

10.3.5 公路经过草原和草甸时,应注意保护腐殖土和地表植被,限制路侧取土。取土场和弃土场宜选择在植被生长差的地方,集中设置。

本条为新增。

地表腐殖土中富含植物生长所必需的营养成分和种子及根系,是植物赖以生存的条件;腐殖土经过上万年的物理化学及生物作用形成,是一种有限的自然资源。工程实践证明,在公路建设中先将腐殖土挖移并保护,工后回填绿化,是恢复生态环境十分迅速、经济、有效的方法。

10.3.6 公路经过湿地时,施工废料暂时放置地应设置在湿地之外,施工结束后应及时处理。

本条为新增。

国务院办公厅《关于印发湿地保护修复制度方案的通知》(国办发〔2016〕89号)中要求:"完善涉及湿地相关资源的用途管理制度,合理设立湿地相关资源利用的强度和时限,避免对湿地生态要素、生态过程、生态服务功能等方面造成破坏。进一步加强对取水、污染物排放、野生动植物资源利用、挖砂、取土、开矿、引进外来物种和涉外科学考察等活动的管理。"

10.3.7 在草、木密集的地区施工时,应遵守护林防火规定。

本条为新增。

在草、木密集的地区焚烧清除的丛草、树木容易引发火灾和空气污染,要严格遵守护林防火规定。

10.3.8 在国家或地方重点保护野生动物出没路段进行路基施工时,应设置预告、禁止鸣笛等标志,并应根据野生动物的种类、习性及迁徙季节、路线和活动规律,合理安排施工计划,为动物横向过路设置必要的通道。

本条为新增。

在国家级保护的野生动物出没路段进行路基施工时,应设置预告、禁止鸣笛等标志,注意维护野生动物的栖息环境,并根据野生动物的种类、习性及迁徙季节、路线和活动规律,合理安排施工计划,为动物横向过路设置必要的通道。

10.3.9 生态恢复应符合下列规定：

1 取弃土工程结束后,取弃土场应及时进行必要的回填、整平、压实,地面坡度一般应小于5°,并利用储存的表土进行复垦。施工结束后应对开挖面恢复植被。

2 公路施工结束后,应对施工临时占地、施工营地、临时道路、设备及材料堆放场地等进行有计划的复垦。复垦后,应尽量保持原有地貌和景观。原属性为农田的应复耕。

3 项目区的裸露地,适应种植林草的应恢复植被。

本条为新增。

生态恢复是指通过人工设计和恢复措施,在受干扰破坏的生态系统的基础上,恢复和重新建立一个具有自我恢复能力的健康的生态系统,包括自然生态系统、人工生态系统和半自然半人工生态系统。

复垦是指公路建设过程中,因挖损、塌陷、压占等造成破坏的土地,采取整治措施,使其恢复到可供利用状态的活动。

10.4 水资源保护与废弃物污染控制

10.4.1 在施工及生活区域应设置相应的场地堆放生产及生活废弃物,并定期处理。污水处理产生的污泥,应运至指定堆放场地。

本条为新增。

《中华人民共和国固体废物污染环境防治法》也有相应要求。如第十六条规定:"产生固体废物的单位和个人,应采取措施,防止或者减少固体废物对环境的污染。"

第十七条规定:"收集、贮存、运输、利用、处置固体废物的单位和个人,必须采取防扬散、防流失、防渗漏或者其他防止污染环境的措施;不得擅自倾倒、堆放、丢弃、遗撒固体废物。禁止任何单位或者个人向江河、湖泊、运河、渠道、水库及其最高水位线以下的滩地和岸坡等法律、法规规定禁止倾倒、堆放废弃物的地点倾倒、堆放固体废物。"

10.4.2 生产污水和生活污水不得随意排放。施工过程中,各种排水沟渠的水流不得直接排放到饮用水源、农田、鱼塘中。

本条为新增。

生产污水主要包括清洗施工机械设备的污水或废油以及地基处理施工中溢出的浆液,生活污水主要包括人类生活中厨房用水、洗涤用水和卫生间用水所产生的排放水。这两类水如直接排放,会污染水质、土质,影响人们的饮用水源和鱼类的生存、农作物的生长,必须在进行必要的净化处理后,方可排放。

10.4.3 岩溶水发育地段,路基修筑不应切断岩溶(地下和地表)水的径流通道,不得造成阻水、滞水或农田缺水。

本条为新增。

路基修建改变原地下水或地表水的径流通道,原地下水可能变为地表水或使原地表水变为地下水,地表水和地下水的比例将会发生变化,从而影响水环境。

10.4.4 严禁采用有害物质超标的工业废渣作为路基填料。

本条为新增。

利用工业废渣作为填料或外掺料时,使用前应进行有害物质的含量测试,避免有害物质超标,污染环境。

10.5 空气污染控制

10.5.1 路基施工过程中应采取措施控制废气排放和扬尘,并应符合国家环境空气质量标准的相关规定。

9.3.2 噪声、空气污染的防治

3 路基施工过程中应采取措施控制扬尘、废气排放等。

本条根据06版规范第9.3.2条第3款修订。

《环境空气质量标准》(GB 3095—2012)将环境空气功能区分为二类:一类为自然保护区、风景名胜区和其他需要特殊保护的区域;二类区为居住区、商业交通居民混合区、文化区、工业区和农村地区。

一类区适用一级浓度限值,二类区适用二级浓度限值。一、二类环境空气功能区质量要求见表10-2和表10-3。

表10-2 环境空气污染物基本项目浓度限值

序号	污染物项目	平均时间	浓度限值 一级	浓度限值 二级	单位
1	二氧化硫(SO_2)	年平均	20	60	$\mu g/m^3$
		24h平均	50	150	
		1h平均	150	500	
2	二氧化氮(NO_2)	年平均	40	40	
		24h平均	80	80	
		1h平均	200	200	
3	一氧化碳(CO)	24h平均	4	4	mg/m^3
		1h平均	10	160	
4	臭氧(O_3)	日最大8h平均	100	160	
		1h平均	160	200	
5	颗粒物(粒径小于或等于10μm)	年平均	40	70	$\mu g/m^3$
		24h平均	50	150	
6	颗粒物(粒径小于或等于2.5μm)	年平均	15	35	
		24h平均	35	75	

表10-2在全国范围内实施;表10-3由国务院环境保护行政主管部门或省级人民政府根据实际情况,确定具体实施方式。

表 10-3　环境空气污染物其他项目浓度限值

序号	污染物项目	平均时间	浓度限值 一级	浓度限值 二级	单位
1	总悬浮颗粒物(TSP)	年平均	80	200	$\mu g/m^3$
1	总悬浮颗粒物(TSP)	24h 平均	120	300	$\mu g/m^3$
2	氮氧化物(NO_x)	年平均	50	50	$\mu g/m^3$
2	氮氧化物(NO_x)	24h 平均	100	100	$\mu g/m^3$
2	氮氧化物(NO_x)	1h 平均	250	250	$\mu g/m^3$
3	铅(Pb)	年平均	0.5	0.5	$\mu g/m^3$
3	铅(Pb)	季平均	1	1	$\mu g/m^3$
4	苯并[a]芘(BaP)	年平均	0.001	0.001	$\mu g/m^3$
4	苯并[a]芘(BaP)	24h 平均	0.002 5	0.002 5	$\mu g/m^3$

10.5.2 机械设备及运输车辆的废气排放应符合国家和地方政府的相关规定。

本条为新增。

如《北京市大气污染防治条例》第二十七条规定:"向大气排放污染物的企业事业单位和其他生产经营者,应当遵守国家和本市规定的大气污染物排放和控制标准,并不得超过核定的重点大气污染物排放总量指标。"

10.5.3 路基施工堆料场、拌和站、材料加工厂等宜设于主要风向的下风处的空旷地区,远离居民区和学校。当无法满足上述要求时,应采取必要的环保措施。

4　路基施工堆料场、拌和站、材料加工厂等宜设于主要风向的下风处的空旷地区。当无法满足时,应采取必要的环保措施。

本条根据 06 版规范第 9.3.2 条第 4 款修改而成。

路基施工的堆料场、拌和站、材料加工厂等要远离居民区、学校,以防止操作过程中产生的粉尘、废气和噪声污染人们居住、工作和学习环境。

10.5.4 施工便道应采取洒水降尘措施。在便道与既有道路交道口处应设专人负责清扫和管理。

本条为新增。

施工便道一般为砂石或泥结石路面,易发生扬尘,故要求采取洒水降尘措施。在便道与既有道路交道口处,为防止施工车辆轮胎将泥土等带入既有道路,造成路面污染,要求专人进行管理和清扫。

10.5.5 粉状材料运输、堆放和使用,应符合下列规定:

1 粉状材料运输应采取防止材料散落或扬尘污染措施。干粉状材料宜采用袋装或罐装方式运输。

2 粉煤灰、石灰等材料不应露天堆放。

3 采用粉状材料作为路基填料或对路基填料进行现场改良施工,应避免在大风天作业,并应采取有效措施防止粉尘污染。

5 粉状材料运输应采取措施防止材料散落。

6 粉煤灰、石灰等在露天堆存时,应采取防尘、防水措施。

7 采用粉状材料作为路基填料或对路基填料进行现场改良施工时,应避免在大风天作业,施工人员应佩戴防尘口罩等劳动保护用品,并采取环境保护措施。

本条根据06版规范第9.3.2条第5~7款修改而成。

粉状材料在运输、堆放和使用过程中易产生扬尘污染,可采取遮盖、袋装、罐装、洒水等措施处理。

10.5.6 不得焚烧生活和生产垃圾。在场地清理时,不得焚烧杂草和树木。

本条为新增。

焚烧过程中会释放有毒有害气体,造成空气污染。

10.6 噪声和振动控制

10.6.1 路基施工机动车辆和机械设备,应加强维修和保养,保持技术性能稳定,防止环境噪声污染。

本条为新增。

施工设备工作状态良好可降低噪声和振动,加强维护和保养也可予减少。

10.6.2 公路施工组织设计应对环境敏感点附近路段施工期间产生强噪声辐射的施工机械作业时间、施工方式等做出规定。施工场界声级应符合现行《建筑施工场界噪声限值》(GB 12523)的规定。

本条为新增。

公路建设周期一般较长,在这期间一些施工机械和各种运输车辆会辐射出较强烈的噪声,对附近公共场所产生较大的影响。在公路施工组织设计中,应对环境敏感附近路段施工期间产生强噪声辐射的施工机械作业时间、施工方式等做出规定。

10.6.3 在居民聚集区或噪声敏感区,因特殊需要必须连续作业且在施工过程中场界环境噪声有可能超过排放标准的,应制定环境噪声污染防治措施。

本条为新增。

公路施工噪声有其自身的特点,表现为:①施工噪声的随意性和无规律性。②施工机械的噪声较大,但它们之间声级相差仍很大,有些设备的运行噪声可高达110分贝左右。③施工噪声源与一般的固定噪声源及流动噪声源有所不同,施工机械往往都是暴露在室外,而且它们会在某段时间内小范围移动,与固定噪声源相比,增加了这段时间内的噪声污染范围,但与流动噪声源相比,施工噪声污染却是在局部范围内。④道路施工噪声是公路建设过程中的短期污染行为,应采取必要的噪声控制措施,努力降低施工噪声对环境的影响。施工机械噪声对公路沿线学校、医院、村镇居民点工作生活空间带来了污染,尤其是对公路的起讫点、交通出入点和城乡结合部位等交通噪声污染的严重地区。

噪声超过限值规定的,可采取调整作业时间、优化施工机械设备组合、改变施工方法、增加消声装置、布设临时性的噪声隔挡等噪声污染防治措施。

10.6.4 强振机械设备宜采取消声、隔音、安装减振衬垫等减振降噪技术措施。

本条为新增。

常见的强振机械设备有空压机、破碎机等。下面简单介绍一下空压机的消声减振措施,其他设备的措施大同小异。

空压机是目前工程中广泛使用的动力设备,空压机运行时的噪声很大,通常在 90~110dB(A),而且呈低频特性,严重影响周围环境,特别在夜晚影响范围可达到数百米。所以,如何进行空压机降噪是工业噪声治理中经常遇到的问题。空压机按其工作原理可分为容积式和叶片式两类。空压机是综合性噪声源,其噪声主要来自进、出气口辐射的空气动力性噪声、机械运动部件产生的机械性噪声和驱动电机振动等部分。

空压机噪声治理方法如下:

(1)进气口安装消声器。

进气噪声呈低频特性,一般加装阻抗复合式消声器、微穿孔板复合消声器、文氏管消声器等。

(2)空压机减振。

空压机振动很大,通常需要对机座进行减振处理,根据空压机的质量和振动频率进行减振设计和减振产品选型。空压机排气至储气罐的管道,受排气的压力脉动作用,而产生振动及辐射出噪声。它不仅会造成管道和支架的疲劳破坏,还会影响周围环境。为此,对管道需要采取防振降噪措施,如排气管中加装截流孔板等方法。

(3)空压机安装隔声罩。

在环境噪声要求较高的场合,对于空压机的噪声,仅在进气口安装消声器往往不能满足降噪要求,还必须对机壳及机械构件辐射的噪声采取处理,在整个机组加装隔声罩是控制这种噪声的有效措施。隔声罩的设计要保证其密闭性,以便获得良好的隔声效果。为了便于检修和拆装,隔声罩可设计成可拆式,留检修门及观察窗。同时应考虑机组的散热问题,在进、出风口安装消声器。

从噪声控制的效果来看,如在空压机站工艺设计、土建施工时综合考虑噪声控制措施,可以获得更好的降噪效果。

10.6.5 在居民聚居区或其他振动敏感建筑物附近进行强夯、冲击压实施工作业时,应对可能造成危害的建筑物进行监控,并采取振动隔离措施。

本条为新增。

常用的振动隔离措施为挖隔振沟,其深度宜为强夯影响深度的0.7倍以上或者现场试验确定,隔振沟的开挖需符合土方放坡稳定要求。

10.6.6 爆破作业点距敏感建筑物近时,应采取控制爆破炸药用量和控制开挖进尺数量来减轻振动。

本条为新增。

研究表明,距爆源一定距离的质点振动加速度随药量的增大而增加,随药量的降低而减少,因此控制药量可以减轻振动。

10.7 文物保护

10.7.1 在文物保护区周围进行施工时,应制定相应的保护措施,严禁损毁文物古迹。

9.5.1 在文物保护区周围进行施工时,应制订相应的保护措施,严防损毁文物古迹。

本条采用06版规范第9.5.1条的内容。

《中华人民共和国文物保护法》第十七条规定:"文物保护单位的保护范围内不得进行其他建设工程或者爆破、钻探、挖掘等作业。但是,因特殊情况需要在文物保护单位的保护范围内进行其他建设工程或者爆破、钻探、挖掘等作业的,必须保证文物保护单位的安全,并经核定公布该文物保护单位的人民政府批准,在批准前应征得上一级人民政府文物行政部门同意;在全国重点文物保护单位的保护范围内进行其他建设工程或者爆破、钻探、挖掘等作业的,必须经省、自治区、直辖市人民政府批准,在批准前应征得国务院文物行政部门同意。"

10.7.2 施工中发现文物时,应暂停施工,保护好现场,并立即报告当地文物管理部门研究处理,不得隐瞒不报或私自处置。

9.5.2 施工中发现文物时,应暂停施工,保护好现场,并立即报告当地文物管理部门研究处理,不得隐瞒不报或私自处置。

本条采用06版规范第9.5.2条的内容。

根据《中华人民共和国文物保护法》第三十二条的规定,在建设工程中发现的文物属于国家所有,任何单位或者个人不得哄抢、私分、藏匿。

11 路基整修与验收

06版规范有路基整修、交工验收共2节11条,2019版规范改为路基整修、路基交接验收、路基竣(交)工验收,共3节10条。

11.1 路基整修

11.1.1 路基工程完工交接验收前,应对外观质量进行整修,对局部缺陷进行处理。

10.1.1 路基交工验收前,应对外观质量和局部缺陷进行整修或处理。
　　本条根据06版规范第10.1.1条修改而成。
　　路基整修包括自检后的整修和交接验收后的整修。整修是为了路基工程达到设计文件和2019版规范规定的技术标准和质量标准。

11.1.2 路基表层的整修,应根据质量缺陷的具体情况采用合理的方案与工艺。补填的土层压实厚度应不小于**100mm**,压实后表面应平整,不得松散、起皮。整修后的坡面应顺适、美观、牢固,坡度应满足设计要求。

10.1.2 路基顶面表层的整修,应根据质量缺陷的具体情况采用合理的方案、工艺进行。补填的土层压实厚度应不小于100mm,压实后表面应平整,不得松散、起皮。
10.1.3 整修后的坡面应顺适、美观、牢固,坡度符合设计要求。
　　本条由06版规范第10.1.2条和第10.1.3条合并修改而成。
　　一般情况下,由于路面与路基施工的不连续性,路基顶面表层在多种因素影响下会产生不同类型的局部质量缺陷。为保证路床与路面的整体性,防止出现"夹层",故应有针对性的处理措施。

路堤超宽的部分在取得甲方、监理、设计单位批准后,可不完全切除,但应采取适当措施和工艺保持边坡平整顺适、稳定。

11.1.3 防护与支挡工程应检查泄水孔是否有遗漏和是否通畅,结构物是否有变形位移等,如有质量缺陷应进行处理。

10.1.4 防护与支挡工程应检查石料风化情况、泄水孔是否通畅、结构物是否有变形和位移等,如果有质量缺陷应进行处理。

本条根据06版规范第10.1.4条修改而成。

交工前,应对所有结构物本身以及可能引起隐患的因素进行检查、排除。

11.1.4 排水系统的沟、槽表面应整齐,沟底应平整,排水应畅通不渗漏。如有质量缺陷,应进行处理。

10.1.5 永久性排水系统的沟、槽,表面应整齐,沟底平整,排水畅通不渗漏,如有质量缺陷应进行处理。

本条根据06版规范第10.1.5条修改而成。

常见的质量缺陷有勾缝脱落、不均匀沉降造成的砌块间裂缝等。

11.1.5 应对临时工程和设施进行合理处置,使之与自然环境协调。

10.1.6 应对临时工程和设施进行合理处置,使之与原地形以及自然环境协调。

本条根据06版规范第10.1.6条精简而成。

这里的"处置"包括拆除、加固和绿化、复垦等。

11.2 路基交接验收

11.2.1 分项工程、分部工程、单位工程完成后,应按有关规定进行中间交接检查验收。

10.2.1 分项工程、分部工程、单位工程完成后,应按有关规定进行中间检查验收。

本条根据06版规范第10.2.1条修改而成。

中间交接检查验收是保证工程质量的重要环节。出现的质量事故、质量问题要按规定程序进行处理,发现的质量缺陷根据规范规定或设计要求进行返工或者处理。

11.2.2 路基交接验收前应恢复施工段内的导线点、水准点,以及验收中要求和可能需要的其他标志桩。

10.2.2 交工验收前应恢复施工段内的导线点、水准点,以及验收中要求和可能需要的其他标志桩。

本条根据06版规范第10.2.2条修改而成。

恢复的桩点主要是为路面施工单位和运营单位使用。

11.2.3 路基交接验收前应按本规范及现行《公路工程质量检验评定标准 第一册 土建工程》(JTG F80/1)的要求进行自检。自检合格后,编制符合要求的交接资料,申请进行交接验收。

10.2.3 交工验收前应按照本规范及《公路工程质量检验评定标准》(JTG F80/1)的要求进行自检,自检合格后,编制符合要求的交工资料,申请进行交工验收。

本条根据06版规范第10.2.3条修改而成。

11.3 路基竣(交)工验收

11.3.1 路基竣(交)工验收应按交通运输部有关规定和现行《公路工程质量检验评定标准 第一册 土建工程》(JTG F80/1)的有关规定执行。

10.2.4 交工验收应按照交通部《公路工程竣(交)工验收办法》和《公路工程质量检验评定标准》(JTG F80/1)有关规定执行。

11 路基整修与验收

本条根据 06 版规范第 10.2.4 条修改而成,增加了竣工验收的要求。

11.3.2 设计文件和本规范要求进行监测的项目,应按要求进行跟踪监测。

10.2.5 设计文件和本规范要求进行监测的项目,应按要求进行跟踪监测。

本条未修订。